检察业务技能丛书
JIANCHA YEWU JINENG CONGSHU

刑事抗诉 修订版
重点与方法

XINGSHIKANGSU
ZHONGDIAN YU FANGFA

周永年 / 主编

中国检察出版社

图书在版编目(CIP)数据

刑事抗诉重点与方法/周永年主编. —修订本. —北京:中国检察出版社,2013.5
ISBN 978-7-5102-0825-6

Ⅰ.①刑… Ⅱ.①周… Ⅲ.①刑事诉讼-抗诉-研究-中国 Ⅳ.①D925.218.04

中国版本图书馆 CIP 数据核字(2013)第 010039 号

刑事抗诉重点与方法
(修订版)
周永年　主编

出版发行	中国检察出版社
社　　址	北京市石景山区鲁谷东街 5 号(100040)
网　　址	中国检察出版社(www.zgjccbs.com)
电　　话	(010)68682164(编辑)　68650015(发行)　68636518(门市)
经　　销	新华书店
印　　刷	三河市西华印务有限公司
开　　本	720 mm×960 mm　16 开
印　　张	20.25 印张
字　　数	375 千字
版　　次	2013 年 5 月第二版　2013 年 5 月第三次印刷
书　　号	ISBN 978-7-5102-0825-6
定　　价	42.00 元

检察版图书,版权所有,侵权必究
如遇图书印装质量问题本社负责调换

目 录 Catalogue

第一章　刑事抗诉工作应掌握的基本理论　　1

第一节　深刻认识刑事抗诉的诉讼价值　　1
 一、刑事抗诉的性质　　1
 二、刑事抗诉的任务　　12
 三、刑事抗诉的作用　　14

第二节　正确把握刑事抗诉的法律特征　　15
 一、刑事抗诉的对象　　15
 二、刑事抗诉的特征　　17
 三、刑事抗诉的形式与区别　　18

第三节　刑事抗诉的基本原则　　20
 一、坚持依法履行审判监督职能与诉讼经济相结合的原则　　21
 二、坚持法律效果与社会效果兼顾的原则　　21
 三、坚持宽严相济刑事司法政策的原则　　22
 四、坚持实体公正与程序公正并重的原则　　24
 五、坚持打击犯罪与保障人权并重的原则　　25
 六、坚持准确、及时、慎重的原则　　26

第二章　刑事抗诉基本条件的实践应用　　28

第一节　刑事抗诉基本条件的内容和关系　　28
 一、确定刑事抗诉基本条件的现实意义　　28
 二、刑事抗诉基本条件就是刑事抗诉的规格和标准　　30
 三、刑事抗诉基本条件的相互关系　　31

第二节　"判决、裁定确有错误"的认定　　32
 一、判决、裁定认定事实不清、证据不足　　32
 二、判决、裁定适用法律错误　　43

三、判决、裁定严重违反诉讼程序　　　　　　　　　　　49
　　四、审判人员的贪污、受贿、徇私舞弊、枉法裁判等行为　　50

第三节　"抗诉理由充分"的认定　　　　　　　　　　　　　　51
　　一、抗诉理由的正当性　　　　　　　　　　　　　　　　51
　　二、抗诉理由的充分性　　　　　　　　　　　　　　　　53
　　三、抗诉理由的合理性　　　　　　　　　　　　　　　　54

第四节　"有抗诉必要"的认定　　　　　　　　　　　　　　　56
　　一、"有抗诉必要"的审查判定　　　　　　　　　　　　56
　　二、无抗诉必要的常见情形　　　　　　　　　　　　　　61
　　三、审判监督程序"有抗诉必要"的特殊条件　　　　　　64

第三章　二审程序刑事抗诉的审查重点与方法　　68

第一节　二审程序刑事抗诉的有关工作制度　　　　　　　　68
　　一、认真审查一审刑事裁判　　　　　　　　　　　　　　68
　　二、受理被害人提出的抗诉请求　　　　　　　　　　　　69
　　三、坚持抗诉办案制度　　　　　　　　　　　　　　　　71
　　四、对职务犯罪案件的同步审查　　　　　　　　　　　　72

第二节　二审程序刑事抗诉案件的特点和审查方法　　　　　74
　　一、二审程序刑事抗诉案件的特点　　　　　　　　　　　74
　　二、二审程序刑事抗诉案件的审查方法　　　　　　　　　75
　　三、提出审查结论　　　　　　　　　　　　　　　　　　77

第三节　二审程序刑事抗诉的审查重点　　　　　　　　　　77
　　一、审查一审裁判在认定犯罪主体方面是否正确　　　　　78
　　二、审查一审裁判在认定犯罪客体方面是否正确　　　　　79
　　三、审查一审裁判在认定犯罪主观方面是否正确　　　　　79
　　四、审查一审裁判在认定犯罪客观方面是否正确　　　　　80
　　五、审查一审裁判在适用法律条款及刑罚裁量方面是否正确　81
　　六、审查有无违反法律规定的诉讼程序的情形　　　　　　82
　　七、审查上诉、抗诉是否提出了新的事实和证据　　　　　83
　　八、审查被告人的供述和辩解情况　　　　　　　　　　　83
　　九、审查辩护律师的辩护意见以及被采纳的情况　　　　　85
　　十、审查是否存在非法证据的情况　　　　　　　　　　　85

十一、审查刑事附带民事诉讼的有关情况　　　　　　　　　　　86

　第四节　相关刑事抗诉法律文书的具体制作方法　　　　　　　　87
　　一、二审抗诉案件审查结案报告的制作　　　　　　　　　　　87
　　二、刑事抗诉书的制作及应用实例　　　　　　　　　　　　　89
　　三、支持抗诉报告书的制作及应用实例　　　　　　　　　　　111
　　四、支持抗诉意见书的制作及应用实例　　　　　　　　　　　112
　　五、撤回抗诉决定书的制作　　　　　　　　　　　　　　　　114

第四章　审判监督程序刑事抗诉的审查重点与方法　　　　　　116

　第一节　审判监督程序刑事抗诉的有关工作制度　　　　　　　　116
　　一、审判监督程序抗诉工作的总体要求　　　　　　　　　　　116
　　二、审判监督程序抗诉案件的来源　　　　　　　　　　　　　117
　　三、审判监督程序抗诉的提起　　　　　　　　　　　　　　　118

　第二节　审判监督程序抗诉案件的特点和审查方法　　　　　　　120
　　一、审判监督程序抗诉案件的特点　　　　　　　　　　　　　120
　　二、审判监督程序抗诉案件的审查方法　　　　　　　　　　　121
　　三、提出审查结论　　　　　　　　　　　　　　　　　　　　127

　第三节　审判监督程序抗诉的审查重点　　　　　　　　　　　　128
　　一、审查是否有新的证据证明原审裁判认定的事实确有错误并可能影响定罪
　　　　量刑的　　　　　　　　　　　　　　　　　　　　　　　128
　　二、审查证据是否确实、充分以及证据之间是否存在矛盾　　　129
　　三、审查原审裁判适用法律是否确有错误　　　　　　　　　　129
　　四、审查是否存在违反法律规定的诉讼程序并可能影响公正审判的情况　130
　　五、审查审判人员在审理该案件时有无贪污受贿、徇私舞弊、枉法裁判等行为　131

第五章　刑事抗诉的出庭准备　　　　　　　　　　　　　　　132

　第一节　刑事抗诉出庭概述　　　　　　　　　　　　　　　　　132
　　一、二审抗诉法庭的审理特点　　　　　　　　　　　　　　　132
　　二、审判监督程序抗诉法庭的审理特点　　　　　　　　　　　134
　　三、出席刑事抗诉法庭的诉讼价值　　　　　　　　　　　　　135

第二节　抗诉法庭调查提纲的制作方法与技巧　　136
一、讯问被告人提纲的制作　　137
二、询问被害人、证人、鉴定人提纲的制作　　139
三、出示、宣读、播放、展示证据计划的制作　　141

第三节　抗诉法庭答辩提纲的制作方法与技巧　　143
一、抗诉法庭答辩与一审公诉法庭答辩的区别　　143
二、抗诉法庭答辩的总体策略　　144
三、抗诉法庭答辩的常用方法　　145

第四节　精心制作抗诉案件出庭检察员意见书　　149
一、抗诉案件出庭检察员意见书的制作要点　　149
二、抗诉案件出庭检察员意见书制作的常见误区　　149
三、抗诉案件出庭检察员意见书应用实例　　150

第六章　出席刑事抗诉法庭的方法与技巧　　161

第一节　出席刑事抗诉法庭的总体要求　　161
一、熟悉抗诉法庭审理流程　　162
二、吃透抗诉相关法律规定　　164
三、全面准确找出刑事抗点　　166
四、精心研究抗诉出庭策略　　171
五、坚决克服各种人性弱点　　173

第二节　出席二审刑事抗诉法庭的方法和技巧　　174
一、掌握讯（询）问的方法和技巧　　174
二、掌握举证的方法和技巧　　176
三、掌握质证的方法和技巧　　179
四、掌握答辩的方法和技巧　　184

第三节　出席审判监督程序抗诉法庭的方法和技巧　　188
一、围绕案件事实　　188
二、围绕犯罪构成　　189
三、围绕案件证据　　190
四、围绕证据联结点　　192
五、运用矛盾法则　　195
六、运用经验法则　　197

第七章 刑事审判活动监督的重点与方法　　202

第一节 深刻认识刑事审判活动监督的诉讼价值　　202
　　一、刑事审判活动监督的价值和法律依据　　202
　　二、刑事审判活动监督的性质　　203
　　三、刑事审判活动监督的任务　　204
　　四、刑事审判活动监督的对象　　206
　　五、刑事审判活动监督的特点　　211

第二节 准确把握刑事审判活动监督的主要内容　　213
　　一、违反有关回避规定造成不良影响　　213
　　二、审判组织的组成不符合法律规定　　214
　　三、违反公开审理或者不公开审理的法律规定　　215
　　四、非法剥夺或者限制当事人的法定诉讼权利　　215
　　五、合议庭未经评议直接宣判　　217
　　六、错误决定适用简易程序　　218
　　七、具有法定中止审理的情形而未中止审理或不具有法定中止审理的情形而中止审理　　218
　　八、裁定终止审理不符合法律规定　　219
　　九、对二审应当开庭审理的案件不开庭审理　　220
　　十、违反关于特别程序的法律规定　　220
　　十一、审判人员在审理该案件时有贪污受贿、徇私舞弊、枉法裁判行为　　222
　　十二、其他常见的严重违反法定诉讼程序的行为　　222

第三节 刑事审判活动监督的发现途径　　233
　　一、审查刑事判决、裁定文书　　233
　　二、职务犯罪案件一审判决同步审查　　242
　　三、量刑专门审查　　243
　　四、出庭支持公诉或履行检察职务　　244
　　五、查阅庭审笔录　　245
　　六、庭外调查和取证　　245
　　七、其他途径　　247

第四节 刑事审判活动监督的主要方法　　247
　　一、提出抗诉　　248
　　二、纠正违法　　249

三、检察建议　　250
　　四、检察公函　　252
　　五、工作通报　　253
　　六、检法联席会议　　254
　　七、检察长列席审委会　　255
　　八、依法追究刑事责任　　256
　　九、其他监督方法　　256

第五节　刑事审判活动监督的技巧　　257
　　一、法律法规要熟悉——监督知识技巧　　257
　　二、静态监督要仔细——审查文书技巧　　258
　　三、动态监督要灵敏——出庭监督技巧　　259
　　四、程序监督要严格——层层把关技巧　　260
　　五、正面监督要到位——直面监督技巧　　260
　　六、侧面监督要抓好——外围监督技巧　　261
　　七、迂回监督要勤奋——全面监督技巧　　262

第六节　刑事审判活动监督机制的完善　　262
　　一、重大有影响案件的检察一体化办案机制　　263
　　二、抗前（三级）会商机制　　264
　　三、审判监督数据库和专人审查机制　　265
　　四、其他监督机制　　267

第八章　如何提高刑事审判监督能力　　270

第一节　制约刑事审判监督工作开展的主要因素　　270
　　一、立法因素　　270
　　二、认识因素　　273
　　三、机制因素　　274
　　四、素质因素　　275

第二节　强化刑事审判监督应正确处理的六个关系　　277
　　一、正确处理刑事审判监督与公诉的关系　　277
　　二、正确处理检法之间依法监督与相互配合的关系　　279
　　三、正确处理刑事审判监督质量与数量的关系　　280
　　四、正确处理刑事审判个案监督与类案监督的关系　　281

  五、正确处理刑事审判监督法律效果与社会效果的关系 283

  六、正确处理依法独立行使刑事审判监督权与社会舆情的关系 284

 第三节 提高刑事审判监督能力的方法 286

  一、法律监督能力与刑事审判监督能力 286

  二、刑事审判监督能力的基本构成要素 287

  三、提高刑事审判监督能力的方法 290

附录 294

 最高人民检察院关于抗诉案件向同级人大常委会报告的通知 294

 最高人民检察院办公厅关于执行高检院《关于抗诉案件向同级人大常委会报告的通知》中若干问题的通知 294

 最高人民检察院关于刑事抗诉工作的若干意见 295

 关于进一步加强刑事抗诉工作强化审判监督的若干意见 299

 最高人民检察院公诉厅关于在公诉工作中全面加强诉讼监督的意见 306

修订版后记 314

第一章
刑事抗诉工作应掌握的基本理论

第一节　深刻认识刑事抗诉的诉讼价值

刑事抗诉是指人民检察院认为人民法院的刑事判决或裁定确有错误时，在法律规定的范围内，依照一定的程序要求人民法院对案件重新审理的诉讼活动。刑事抗诉是检察机关的一项重要工作，刑事抗诉权是检察机关法律监督权的重要组成部分。为了提高刑事抗诉的质量与效率，加大刑事抗诉工作力度，改进刑事抗诉工作效果，检察人员必须要熟练掌握刑事抗诉的一些基本理论，包括刑事抗诉的性质和任务、刑事抗诉的形式、刑事抗诉权与相关权力、权利的比较、刑事抗诉工作中应坚持的一些基本原则，等等。

一、刑事抗诉的性质

对于刑事抗诉可从两方面来理解：首先，刑事抗诉是一种诉讼活动。通过刑事抗诉与民事抗诉的比较，可以更加准确地把握刑事抗诉的性质。其次，刑事抗诉是一种权力，我们称之为刑事抗诉权。通过刑事抗诉权与相关权力及权利，如检察机关的法律监督权、法院的审判权、被告人的上诉权、被害人的抗诉请求权等进行比较，可以进一步加深对刑事抗诉权性质的理解。

（一）刑事抗诉与民事抗诉的比较

刑事抗诉和民事抗诉同为检察机关的抗诉活动，分别发生于刑事诉讼和民事诉讼活动中，由刑事诉讼法和民事诉讼法所调整。我国《刑事诉讼法》第217条规定，"地方各级人民检察院认为本级人民法院第一审的判决、裁定确有错误的时候，应当向上一级人民法院提出抗诉"。第243条规定，"最高人民检察院对各级人民法院已经发生法律效力的判决和裁定，上级人民检察院对下级人民法院已经发生法律效力的判决和裁定，如果发现确有错误，有权按照审判监督程序向同级人民法院提出抗诉。人民检察院抗诉的案件，接受抗诉的人民法院应当组成合议庭重新审理，对于原判决事实不清楚或者证据不足的，可以指令下级人民法院再审"。

现行的民事诉讼法对民事抗诉也作出了明确规定。民事诉讼法规定："人民检察院有权对民事诉讼实行法律监督。""最高人民检察院对各级人民法院已经发生法律效力的判决、裁定，上级人民检察院对下级人民法院已经发生法律效力的判决、裁定，发现有本法第二百条规定情形之一的，或者发现调解书损害国家利益、社会公共利益的，应当提出抗诉。地方各级人民检察院对同级人民法院已经发生法律效力的判决、裁定，发现有本法第二百条规定情形之一的，或者发现调解书损害国家利益、社会公共利益的……也可以提请同级人民检察院向同级人民法院提出抗诉。""人民检察院提出抗诉的案件，接受抗诉的人民法院应当自收到抗诉书之日起三十日内作出再审的裁定。"

刑事抗诉与民事抗诉有许多相同之处，如都是检察机关的抗诉活动，抗诉的对象主要是针对法院的判决和裁定，抗诉的条件都是法院的判决或裁定确有错误，都体现了检察机关的法律监督职能，对于检察机关的抗诉，法院都必须开庭审理，等等。

但是，刑事抗诉和民事抗诉也存在如下区别：

（1）介入时间不同。刑事抗诉是指人民检察院认为人民法院的刑事判决或裁定确有错误，要求人民法院重新审判案件的诉讼行为。在刑事诉讼中，人民检察院代表国家作为公诉机关，在原审活动中出庭支持公诉并对庭审活动实施监督，当认为法院判决、裁定确有错误时，既可以在该裁判尚未生效时，以抗诉形式介入二审程序，也可以在其生效后，以抗诉形式介入审判监督程序。因此刑事抗诉既有事前监督的性质，又有事后监督的性质。而在民事诉讼中，人民检察院没有参加原审活动，对原案庭审活动没有进行过监督，而只有在法院的判决、裁定发生法律效力之后，发现其确有认定事实上的错误、适用法律上的错误等法定条件的，才依照审判监督程序提出抗诉。可以说，民事抗诉在性质上仅是一种事后监督。

(2) 审级不同。刑事案件抗诉分为两种，即二审刑事抗诉和审判监督程序刑事抗诉。二审刑事抗诉是"下抗上审"，审判监督程序的抗诉则是"上抗同审"或"上抗下审"。而民事抗诉的方式只有一种，即引起民事审判监督程序的抗诉方式，没有二审程序的抗诉，属上抗下审（极少用上抗同审），即同级人民检察院发现同级人民法院已生效的判决、裁定认为符合抗诉法定要件、条件后，只能提请上级人民检察院抗诉，由上级人民检察院审查决定是否向同级人民法院提出抗诉。下级人民检察院不能直接向同级人民法院提出抗诉。受理抗诉的人民法院可以直接进行再审，也可以裁定指令作出生效判决的人民法院进行再审。司法实践中，裁定指令作出生效判决的人民法院进行再审的比较多，即通常所说的"上抗下审"，和刑事抗诉较多采用的"上抗同审"的方法不同。

(3) 对象不同。在刑事抗诉中，二审刑事抗诉的对象是尚未发生法律效力的一审法院的判决和裁定。审判监督程序刑事抗诉的对象是已经发生法律效力的一审或二审判决或裁定。而在民事抗诉中，抗诉的对象是人民法院已生效的判决、裁定，以及损害国家利益、社会公共利益的调解书，而且并不是所有已经生效的判决、裁定以及调解书都可以成为民事抗诉的对象。根据民事诉讼法及最高人民法院的有关司法解释，下列案件不能成为抗诉的对象：一是人民法院已按审判监督程序决定再审的案件；二是人民法院判决解除婚姻关系的案件；三是依特别程序、督促程序、公示催告程序审理的非讼案件。可见，民事抗诉对象的范围有一定的限制。

(4) 抗诉的期间不同。刑事案件的"下抗上审"法定期间为"不服判决的上诉和抗诉期限为十日，不服裁定的上诉和抗诉的期限为五日，从接到判决书、裁定书的第二日起算"。"上抗同审"或"上抗下审"法律没有期间限制，上级检察机关对下级人民法院的判决和裁定"如果发现确有错误"就有权提起抗诉。而民事案件的判决和裁定抗诉期间虽无法律明确规定和限制，但根据有关解释、规定及司法实践，判决、裁定发生法律效力后6个月内，当事人无正当理由未曾申请再审或者申诉的，人民检察院不予受理。

(5) 职责、职权不同。刑事抗诉，检察机关无论是在一审、二审或再审程序中，无论是作为公诉人还是作为出庭履行职务的检察员角色都是与被告人相对应的，并作为控辩一方参与诉讼。检察机关抗诉的最终目的是保证法律的正确统一实施，因此检察机关在刑事抗诉中的职权范围也是相当广泛的。但在民事抗诉中，检察机关的抗诉只是启动再审程序，在庭审中的作用仅表现为一种再审的提起。人民检察院在民事抗诉中行使的职权范围则是有限的。在参加庭审时，检察人员的主要任务有下列几项：一是宣读抗诉书；二是参加法庭调查；三是说明抗诉根据和理由；四是对法庭审判活动是否合法进行监督。可见，在民事再审案件的庭审中，人民检察院并不参加法庭辩论，即不享有辩论权。再审焦点的确定和再审主张事实、证据的提供均应由当事人负责，当事人在民事诉讼活动中具有平等的诉讼地位和平等的诉讼权利。我国检察机关在民事诉讼活动中，既不是原告，也不是被告，民事裁判结果与之没有直接的利害关系。而在刑事二审和再审案件的庭审中，检察院有权参加法庭辩论。由此可见，检察机关在民事抗诉中行使的职权比在刑事抗诉中行使的职权范围要小一些。

（6）检察机关的诉讼地位不同。在刑事抗诉中，检察机关具有双重的地位和身份：一是法律监督地位，以法律监督者的身份对刑事审判程序进行监督；二是国家公诉机关的地位，以国家公诉人的身份，代表国家对刑事被告人继续履行刑事追诉的职能。而在民事诉讼中，对人民检察院提出抗诉的案件，人民法院再审时，应当通知人民检察院派员出席法庭。在这里，出庭支持抗诉的检察院的地位是单一的。人民检察院在民事抗诉中处法律监督的地位，仅以法律监督者的身份参与民事案件的再审程序。①

（7）抗诉案件的审结期限不同。根据《刑事诉讼法》第232条的规定，"第二审人民法院受理上诉、抗诉案件，应当在二个月以内审结。对于可能判处死刑的案件或者附带民事诉讼的案件，以及有本法第一百五十六条规定情形之一的，经省、自治区、直辖市高级人民法院批准或者决定，可以延长二个月；因特殊情况还需要延长的，报请最高人民法院批准"。关于刑事再审期限问题，《刑事诉讼法》第247条作了规定，即接受抗诉的人民法院按审判监督程序审判抗诉案件，应当在3个月以内审结，需要延长期限的，不得超过6个月；对需要指令下级人民法院再审的，应当自接受抗诉之日起1个月以内作出决定，受指令的下级人民法院也应在3个月以内审结，需要延长的，也不得超过6个月。民事抗诉案件的审结期限，民事诉讼法里没有规定。根据最高人民法院《关于适用〈中华人民共和国民事诉讼法〉若干问题的意见》的规定可知，按一审程序审理的民事抗诉案件，审结期限一般为6个月；按二审程序审理的民事抗诉案件，如果原审是判决结案的，则再审期限为3个月，如果原审是裁定结案的，则再审期限为30日。

（8）执行效力不同。刑事抗诉引发的再审，按照最高人民法院《关于适用〈中华人民共和国刑事诉讼法〉的解释》的规定，"再审期间不停止原判

---

① 成凤明、肖晗：《我国刑事抗诉与民事抗诉之比较》，载《湖南师范大学社会科学学报》1997年第2期。

决、裁定的执行"。而民事抗诉引发的再审，按照民事诉讼法的规定，"裁定中止原判决、裁定、调解书的执行，但追索赡养费、扶养费、抚育费、抚恤金、医疗费用、劳动报酬等案件，可以不中止执行"。即刑事抗诉不停止执行，而民事抗诉原则上须中止执行。

可见，刑事抗诉是国家法律赋予检察机关的一种诉讼活动，抗诉的主体是检察机关而不是检察官个人；抗诉的对象是法院确有错误的判决或裁定；抗诉的目的是纠正法院判决或裁定中的错误，保障法律的正确、统一实施，保障诉讼参与人的合法权益；抗诉的种类有二审刑事抗诉和审判监督程序的刑事抗诉；抗诉的根本属性充分体现了检察机关的法律监督职能，这在审判监督程序的刑事抗诉中表现得比较突出。

（二）刑事抗诉和特别诉讼程序抗诉的比较

刑事抗诉，是检察机关对确有错误的裁判进行监督的一种重要方式。在既往的法律词汇中，刑事抗诉特指第二审程序抗诉和审判监督程序抗诉两种。2012年刑事诉讼法修改，在增加的第五编第三章"犯罪嫌疑人、被告人逃匿、死亡案件违法所得的没收程序"中规定，对于贪污贿赂犯罪、恐怖活动犯罪等案件，犯罪嫌疑人、被告人逃匿一定时间或死亡，依照刑法规定应当追缴其违法所得及其他涉案财产的，人民检察院可以向法院提出没收违法所得的申请。法院经审理，作出没收或驳回申请的裁定。对于该裁定不服的，人民检察院可以提出抗诉。

法条此处援用了"抗诉"这一表述方式，说明特别诉讼程序抗诉与传统意义上的抗诉（二审抗、审监抗）有共同点：（1）提起主体相同。在"特别没收程序"中，检察机关向法院提出没收申请，本质上是一种特别的起诉程序，既然是起诉程序，就只能由提起公诉的检察机关来提起违法所得没收程序诉讼，因而检察机关当然地成为这一特别起诉程序的合法主体。（2）表现形式相同。特别没收程序检察院提起申请后，法院组成合议庭进行审理并视情作出裁定，检察机关不服裁定的，可以提起抗诉。虽然刑事诉讼法未对该抗诉的效果进行明确规定，但应当可以引起法院的再次审理，否则设置"抗诉"这一救济程序就没有意义。由此，特别诉讼程序抗诉与刑事抗诉的表现形式都可以归结为"为纠正错误裁决，通过抗诉手段，引起法院重新审理"。

但是，由于二者所属诉讼阶段、诉讼属性的差异，刑事抗诉和特别诉讼程序抗诉仍有着明显的区别。（1）所属的诉讼阶段不同。刑事抗诉隶属于二审程序和审判监督程序，是刑事案件的基本程序，刑事诉讼法对于刑事抗诉的程序规定十分详尽。而特别诉讼程序抗诉，顾名思义，是依附于新刑事诉讼法特别规定的一类程序（违法所得特别没收程序），新刑事诉讼法仅规定了检察机关可以提出抗诉。但 2012 年最高人民检察院《人民检察院刑事诉讼规则（试行）》第 536 条明确规定："人民检察院认为同级人民法院按照违法所得没收程序所作的第一审裁定确有错误的，应当在五日以内向上一级人民法院提出抗诉。最高人民检察院、省级人民检察院认为下级人民法院按照违法所得没收程序所作的已经发生法律效力的裁定确有错误的，应当按照审判监督程序向同级人民法院提出抗诉。"可见是参照二审抗诉和审判监督抗诉程序。（2）诉讼属性不同。刑事抗诉是典型的刑事诉讼程序；而法院审理犯罪嫌疑人、被告人逃匿、死亡案件违法所得的没收案件，与审理刑事附带民事诉讼案件具有相似之处，都兼具刑事程序和民事程序的特点。由此，特别程序抗诉带有一定的民事抗诉属性。（3）适用的案件范围、前提不同。《刑事诉讼法》第 280 条规定："对于贪污贿赂犯罪、恐怖活动犯罪等重大犯罪案件，犯罪嫌疑人、被告人逃匿，在通缉一年后不能到案，或者犯罪嫌疑人、被告人死亡，依照刑法规定应当追缴其违法所得及其他涉案财产的，人民检察院可以向人民法院提出没收违法所得的申请。"可见，它主要针对重大的贪污贿赂犯罪、恐怖活动犯罪等重大犯罪案件，其还有两个适用前提：一是犯罪嫌疑人、被告人逃匿，在通缉一年后不能到案。这是指一定的犯罪事实证明行为人已经构成犯罪，在公安机关、检察院或者法院采取强制措施之前或者办理案件期间逃匿，经过公安机关通缉时间达一年之后仍未到案。二是犯罪嫌疑人、被告人死亡。这是指在刑事诉讼过程中，已经查清的犯罪事实、证据能够证明犯罪嫌疑人、被告人应当被追究刑事责任，但犯罪嫌疑人、被告人已经在诉讼过程中死亡。只有出现上述两种情况之一时，检察院才能向法院提出没收违法所得的申请，从而启动刑事案件违法所得的没收程序。① 而刑事抗诉则适用于所有刑事案件，且除了满足"案件审判确有错误、抗诉理由充分、有抗诉必要"的基本条件外，没有其他的附带条件。（4）抗诉的具体目标不同。刑事抗诉纠正法院的错误判决，往往着眼于对被告人的定罪、量刑或者适用法律错误，抗诉的意见通常表现为"原判量刑畸轻畸重、罪名认定不当、适用法律错误、审判程序严重违法"等，换言之，抗诉始终围绕着被告人刑事责任的承担。特别诉讼程序抗诉，则针对着法院不予没收被告人、犯罪嫌疑人财产的裁定，抗诉围绕着被告人、犯罪嫌疑人的违法所得和涉案财产的归属，并不涉及对被告人、犯罪嫌疑人的定罪量刑。

鉴于特别诉讼程序属于一种非常规的刑事诉讼程序，故本书以后各章节仅对二审程序抗诉和审判监督程序抗诉展开论述，而对特别诉讼程序抗诉不作全面论述。

---

① 刘方：《违法所得特别没收程序的处理原则》，载《检察日报》2012 年 4 月 3 日版。

（三）刑事抗诉权与法律监督权的比较

刑事抗诉除了表现为一种诉讼活动外，它还体现为法律赋予检察机关的一种国家权力，我们称之为刑事抗诉权。刑事抗诉权与相关的一些公权力，如检察机关的法律监督权、审判机关的审判权，以及一些公民的私权利如被告人的上诉权、被害人的抗诉请求权容易混淆，有必要作一比较。

刑事抗诉权与法律监督权关系比较密切，权力行使的主体都是检察机关。可以说，刑事抗诉权是检察机关法律监督权的重要组成部分，或者说是法律监督权的子权力。《宪法》第129条规定："中华人民共和国人民检察院是国家的法律监督机关。"《刑事诉讼法》第8条规定："人民检察院依法对刑事诉讼实行法律监督。"可见，法律监督是检察机关的根本职能，检察机关的各项权力都是围绕着"法律监督"这一职能来配置的。"立案监督"、"侦查监督"、"审判监督"、"执行监督"，这些字面上有"监督"二字的职能毫无疑问是法律监督的具体职能，是对立案、侦查、审判和执行等司法活动的监督。而即使是检察机关拥有的侦查权、批捕权、公诉权，也是具有法律监督属性的。检察机关的这些子权力统归为法律监督权。刑事抗诉权是检察机关诸多法律监督权中的一种，即审判监督权。可见，刑事抗诉权与法律监督权的最大区别是范畴的不同，两者之间是种属关系，刑事抗诉权仅为法律监督权的一种而不是全部，检察机关的法律监督权除了刑事抗诉权外，还包括立案监督权、侦查监督权、审判监督权、执行监督权和职务犯罪侦查权，等等。刑事抗诉权与法律监督权的联系表现在，刑事抗诉权是检察机关法律监督权力中最重要的权力之一，它充分体现了检察机关的法律监督属性，是检察机关履行审判监督职能的重要体现之一。

（四）刑事抗诉权与审判权的比较

《刑事诉讼法》第3条规定："审判由人民法院负责。除法律特别规定的以外，其他任何机关、团体和个人都无权行使这些权力。"审判权（这里指刑事审判权）是指人民法院通过审理确定被告人是否犯有被指控的罪行和应否处以刑罚以及处以何种刑罚的权力。审判权与刑事抗诉权是既有区别又存在联系的。

1. 审判权和刑事抗诉权的主要区别

（1）两者行使的主体不同。审判权行使的主体为人民法院，人民法院是行使审判权的唯一主体，其他任何机关、团体和个人都无权行使审判权。刑事抗诉权行使的主体为检察机关，同样，检察机关也为行使刑事抗诉权的唯一主体，其他任何机关、团体和个人都无权行使抗诉权。（2）两者的性质不同。审判权既包括程序方面的权力，如庭审指挥权，但更多地表现为实体的裁判权。而刑事抗诉权主要体现为程序方面的权力，即通过刑事抗诉引起二审程序或者审判监督程序，至于二审审理或审判监督程序审理的结果，是否改变原审判决或裁定，抑或发回重审等，则由法院裁判。(3) 两者的对象和处理的方式不同。审判权的对象是检察机关指控的犯罪事实和证据，或者自诉人起诉的案件事实、证据。处理的方式是对被告人是否有罪以及被告人的罪责轻重作出判决和裁定。刑事抗诉权的对象是确有错误的人民法院的判决和裁定，处理的方式是向人民法院提出刑事抗诉，并必然引起人民法院的审判程序。

2. 审判权和刑事抗诉权的相互联系

(1) 两者是相互依存的关系。没有审判权，也就不存在刑事抗诉权。刑事抗诉权是以审判权的存在为前提的。(2) 两者是监督与被监督的关系。这是由刑事抗诉权所具有的审判监督职能决定的。监督直接来源于宪法和法律的规定，是一种法定职权，只有人民检察院才是监督的主体；具有单向性、主动性，是以向人民法院发出重新裁判的指令形式进行的。而人民法院则是被监督的对象，应当自觉地接受人民检察院的监督，当人民检察院依法提出刑事抗诉时，都必须无条件地接受并重新对案件进行审理。(3) 两者是相互配合的关系。这是由人民检察院和人民法院在刑事诉讼中的地位和承担的任务决定的。它们和公安机关一样，在刑事诉讼中都不属于当事人一方，而是代表国家的专门机关，共同承担着揭露犯罪、证实犯罪、惩罚犯罪分子、保护当事人的合法权益、保障国家安全和社会公共安全、维护社会秩序的任务，各自所拥有的权力都是由国家权力机关代表人民授予的，并且其权力的行使要受人民代表大会的监督，对其负责，不存在绝对的对立、矛盾问题。虽然刑事抗诉权是基于监督而进行的，但行使过程也同样需要与审判权相互配合，即人民检察院通过提出抗诉、支持抗诉指出原审法院判决、裁定中存在的认定事实或者适用法律上的错误，敦促并帮助法院重新审理时加以纠正；人民法院则以主动的姿态，尊重人民检察院的抗诉意见，对抗诉案件进行全面、细致、认真的审理，发现错误，及时纠正。这就要求人民检察院、人民法院在整个刑事抗诉案件的提起、审理、裁决过程中，都切实履行好双方的义务，通力合作、互通情况、互相支持、协调一致，共同完成刑事诉讼的任务，使法律得到统一、正确的实施，而不能互不通气，彼此掣肘，甚至互相扯皮，抵消力量。①

(五) 刑事抗诉权与上诉权的比较

上诉权是法律赋予被告人、自诉人及其法定代理人的一种诉讼权利。我国

---

① 史卫忠：《论刑事抗诉权与检察权、审判权的关系》，载《中国刑事法杂志》总第41期。

《刑事诉讼法》第 216 条规定："被告人、自诉人和他们的法定代理人，不服地方各级人民法院第一审的判决、裁定，有权用书状或者口头向上一级人民法院上诉。被告人的辩护人和近亲属，经被告人同意，可以提出上诉。附带民事诉讼的当事人和他们的法定代理人，可以对地方各级人民法院第一审的判决、裁定中的附带民事诉讼部分，提出上诉。"上诉权和抗诉权特别是二审刑事抗诉权（这里主要谈上诉与二审刑事抗诉的比较）存在很多相同之处。在英美法系国家的刑事审判程序中，刑事诉讼实行当事人主义，"控辩激烈对抗，法官消极被动"，检察机关被视为刑事诉讼的一方当事人，所以英美法系国家的刑事审判程序中并未严格区分检察机关的抗诉和被告人的上诉，检察机关和被告人不服一审法院判决的，统称为上诉。[①] 可见，上诉权和抗诉权关系之密切。

在我国，检察机关是国家的法律监督机关，检察官是行使司法权的国家官员，在刑事诉讼中检察人员不是单纯行使诉权的一方当事人。所以，在我国，检察机关的抗诉权和被告人的上诉权存在着许多甚至是本质的区别：

（1）两者的性质不同。抗诉权是一种公权力，《刑事诉讼法》第 217 条规定："地方各级人民检察院认为本级人民法院第一审的判决、裁定确有错误的时候，应当向上一级人民法院提出抗诉。"注意这里规定的是"应当"而不是"可以"，抗诉权具有公权力的性质，意味着它对检察机关来说，既是一种权力，更是一种职责，这种权力是不能放弃，也不能让与的。而上诉权则是公民的一种权利而不是一种责任，属于权利的范畴。对于这种权利，权利主体既可以行使，也可以放弃。但对于权利主体行使的权利，不得以任何借口加以剥夺。

（2）提起的人员不同。抗诉的提起是法律监督者，是国家检察机关，其权威性和严肃性均远远超过被告人。而上诉的提起者主要为被告人及其法定代理人，在自诉案件中，上诉的主体还包括自诉人及其法定代理人，对于附带民事诉讼的，对附带民事诉讼部分上诉的主体还包括附带民事诉讼的当事人和他们的法定代理人。

（3）提起的条件不同。提起抗诉的条件比上诉的条件更为严格。抗诉条件是检察机关认为法院的判决和裁定确有错误，但上诉的条件只要被告人、自诉人和他们的法定代理人不服法院的判决和裁定即可以提起上诉，而不论该判决、裁定是否确有错误。

（4）提起的程序不同。为了进一步强化抗诉的权威性，《刑事诉讼法》第

---

① 参见李义冠：《美国刑事审判制度》，法律出版社 1999 年版，第 132 页。

221条规定:"地方各级人民检察院对同级人民法院第一审判决、裁定的抗诉,应当通过原审人民法院提出抗诉书,并且将抗诉书抄送上一级人民检察院。原审人民法院应当将抗诉书连同案卷、证据移送上一级人民法院,并且将抗诉书副本送交当事人。上级人民检察院如果认为抗诉不当,可以向同级人民法院撤回抗诉,并且通知下级人民检察院。"这说明,为了力保抗诉的准确性和严肃性,抗诉只有经上级检察院认可以后才能引起二审程序,而且抗诉书应当通过原审人民法院提出。上诉则没有上述条件的限制,根据《刑事诉讼法》第220条规定,被告人、自诉人、附带民事诉讼的原告人和被告人,既可以通过原审人民法院提出上诉,也可以直接向第二审人民法院提出上诉。

(5) 法庭审理的方式不同。《刑事诉讼法》第223条规定,"第二审人民法院对于下列案件,应当组成合议庭,开庭审理:(一)被告人、自诉人及其法定代理人对第一审认定的事实、证据提出异议,可能影响定罪量刑的上诉案件;(二)被告人被判处死刑的上诉案件;(三)人民检察院抗诉的案件;(四)其他应当开庭审理的案件。第二审人民法院决定不开庭审理的,应当讯问被告人,听取其他当事人、辩护人、诉讼代理人的意见"。可见,对于上诉案件,人民法院的审理方式有两种:开庭审理和不开庭审理。而对于检察机关的抗诉案件,则必须开庭审理。

(6) 处理的结果不同。《刑事诉讼法》第226条规定:"第二审人民法院审理被告人或者他的法定代理人、辩护人、近亲属上诉的案件,不得加重被告人的刑罚。第二审人民法院发回原审人民法院重新审判的案件,除有新的犯罪事实,人民检察院补充起诉的以外,原审人民法院也不得加重被告人的刑罚。"对于只有被告方上诉的案件,要受上诉不加刑原则的限制,而检察机关提出抗诉的案件,人民法院审判后既可以加重被告人的刑罚,也可以减轻被告人的刑罚。

(六) 刑事抗诉权与抗诉请求权的比较

抗诉请求权是刑事诉讼特别是公诉案件中被害人的一种重要权利。《刑事诉讼法》第218条规定:"被害人及其法定代理人不服地方各级人民法院第一审的判决的,自收到判决书后五日以内,有权请求人民检察院提出抗诉。人民检察院自收到被害人及其法定代理人的请求后五日以内,应当作出是否抗诉的决定并且答复请求人。"这是刑事诉讼法对被害人抗诉请求权的规定。在刑事诉讼的公诉案件中,尽管被害人是诉讼的一方当事人,但是,被害人没有提起公诉的权利,也没有直接上诉的权利。如果被害人及其法定代理人不服人民法院一审判决,他有权向人民检察院提出抗诉的请求。被害人的抗诉请求权与检察机关的抗诉权具有密切的关系。被害人的抗诉请求是促使检察机关提起刑事抗诉（主要是二审刑事抗诉）的重要原因之一。但是，被害人的抗诉请求并不必然导致检察机关提起刑事抗诉，检察机关在决定是否提起刑事抗诉时，除了要考虑被害人的利益之外，还要考虑更高层次、更大范围的国家利益甚至是保护被告人的利益，以衡量是否有抗诉的必要。因此，被害人的抗诉请求权与检察机关的刑事抗诉权又有重要的区别。

（1）两者的性质不同。正如抗诉权与上诉权的关系一样，被害人的抗诉请求权与检察机关的刑事抗诉权也是一种公民权利与国家权力之间的关系，刑事抗诉权是一种公权力，检察机关对此既不能放弃，也不能让与；而抗诉请求权则是一种公民的权利，对于这种权利，被害人既可以行使，也可以放弃。

（2）两者的主体不同。抗诉请求权的主体是被害人及其法定代理人，刑事抗诉权的主体为检察机关，不是检察官个人。

（3）两者代表的利益不同。被害人提起抗诉请求权，是代表和为了被害人自己的个人利益，而检察机关提起刑事抗诉则不同，它要考虑的是国家的整体利益，在这个国家利益的前提下，也可能包含维护被害人的利益，甚至是维护被告人的个人利益。

（4）两者提起的条件不同。对于抗诉请求权，只要被害人及其法定代理人不服地方各级人民法院第一审判决的，即可提起。而对于刑事抗诉，检察机关只有在认为人民法院的判决、裁定确有错误时，才能提出。

（5）两者提起的程序和期限不同。被害人及其法定代理人提出抗诉请求，是向人民检察院提出，是在自收到判决书后5日以内提出。而检察机关提出二审刑事抗诉是在接到判决书、裁定书后的分别为10日、5日以内通过原审人民法院提出。

（6）两者的结果不同。被害人提出抗诉请求的结果是引起刑事抗诉，但并不必然引起检察机关的刑事抗诉。是否提起刑事抗诉，由检察机关审查后作出决定。即使被害人及其法定代理人认为一审判决严重错误，只要检察院认为判决是正确的，也不能进入二审。检察机关二审刑事抗诉的结果是引起二审程序，并必然引起二审审判程序。对于人民检察院抗诉的案件，人民法院应当开庭审理。

由前面刑事抗诉权与法律监督权、审判权、上诉权和抗诉请求权等的比较，我们可以看出，刑事抗诉权是国家的一种公权力而非公民的私权利，这种公权力既是检察机关的一种权力，更是检察机关的一种职责，检察机关在履行这种职责时既不能放弃，也不能让与；刑事抗诉权具有引起一定刑事诉讼程序的效力，对于刑事抗诉的案件，人民法院必须开庭审理，但刑事抗诉并不具有实体裁判的效力；刑事抗诉权是检察机关法律监督权的重要组成部分，充分体现了法律监督的属性;刑事抗诉权与法院的审判权具有对立统一的关系,两者的目的一致,都是保证准确查明案件事实,并作出正确的处理,保障司法公正;刑事抗诉权与被告人的上诉权并不是完全对立的,检察机关在提出刑事抗诉时,既要"抗重",也要"抗轻",要维护被告人正当的诉讼权利和合法利益;刑事抗诉权与被害人的抗诉请求权考虑问题的角度并不完全一致,检察机关在决定是否提出刑事抗诉时,要认真审查被害人的抗诉请求,但并不把被害人的抗诉请求作为考虑的唯一因素。

二、刑事抗诉的任务

刑事抗诉的任务是指通过刑事抗诉要实现什么样的任务。目前对于刑事抗诉的任务鲜有文章探讨。一些书籍或文章对刑事抗诉的目的进行了阐述,认为刑事抗诉的目的实质上是回答为什么要进行刑事抗诉,并且刑事抗诉的目的可分为直接目的和根本目的。直接目的包括对人民法院的判决、裁定是否合法和正确进行法律监督,保障人民法院依法独立行使审判权和对审判权进行制约,根本目包括维护司法平等公正,保障公民基本人权。①

我们认为,刑事抗诉的任务与刑事抗诉的目的有所区别。就像刑事诉讼的目的和刑事诉讼的任务存在差别一样。《刑事诉讼法》第 1 条规定了刑事诉讼的目的,即保证刑法的正确实施,惩罚犯罪,保护人民,保障国家安全和社会公共安全,维护社会主义社会秩序。第 2 条规定了刑事诉讼的任务。同样,刑法也规定了刑法的目的和任务。刑事抗诉的任务与刑事抗诉的目的是有所差别的。就目的和任务本身而言,一般认为目的比较抽象和主观,而任务比较具体和客观;目的有直接目的和间接目的(或根本目的)之分,而任务是可以分解的,也有总任务和具体任务之别。目的和任务又是相互联系的,目的说明为什么要做某项事情,做这项事情的目的是什么。而任务则说明通过做这项事情要实现什么样的任务。目的是方向,任务是行动,目的说明为什么要干,任务说明干什么。

刑事抗诉的任务与刑事诉讼的任务之间是具体任务和总任务之别。《刑事诉讼法》第 2 条规定,"中华人民共和国刑事诉讼法的任务,是保证准确、及时地查明犯罪事实,正确应用法律,惩罚犯罪分子,保障无罪的人不受刑事追究,教育公民自觉遵守法律,积极同犯罪行为作斗争,维护社会主义法制,尊重和保障人权,保护公民的人身权利、财产权利、民主权利和其他权利,保障社会主义建设事业的顺利进行"。这是刑事诉讼法的总任务,是通过立案、侦

---

① 黄河等:《刑事抗诉的理论与实务》,中国检察出版社 2000 年版,第 71—74 页。

查、起诉、审判和执行等刑事诉讼阶段所要实现的总任务。刑事抗诉只是刑事诉讼过程中的一个程序，刑事抗诉的任务当然应该包括在刑事诉讼总任务之中，是刑事诉讼总任务在刑事抗诉程序的具体化。

据此，我们根据刑事抗诉的性质，将刑事抗诉的任务归纳如下：

第一，准确、及时地查明犯罪事实，正确应用法律，审查人民法院的判决、裁定是否确有错误。人民法院的判决、裁定确有错误是检察机关提起刑事抗诉的前提和条件。因此，刑事抗诉的一个重要任务就是审查人民法院的判决、裁定是否存在错误。人民检察院在收到人民法院一审判决书或者裁定书后，应当及时审查。审查人民法院的判决、裁定认定的事实是否清楚，证据是否充分，适用法律是否正确，人民法院在审理过程中是否存在严重违反法律规定的诉讼程序的情形，等等。同时，根据《人民检察院刑事诉讼规则（试行）》的规定，上一级人民检察院对下级人民检察院按照第二审程序提出抗诉的案件，也应当进行审查，认为抗诉正确的，应当支持抗诉；认为抗诉不当的，应当向同级人民法院撤回抗诉；发现下级人民检察院应当提出抗诉而没有提出抗诉的案件，如在上诉、抗诉期限内，可以指令下级人民检察院依法提出抗诉。

第二，提起刑事抗诉，通过二审程序或审判监督程序，纠正人民法院判决、裁定中的错误，维护司法公正。提出刑事抗诉，不管是二审刑事抗诉，还是审判监督程序抗诉，其根本目的就是要纠正人民法院判决、裁定中的错误，维护司法公正。因此，刑事抗诉的任务之一就是通过提起刑事抗诉，启动二审程序或审判监督程序，并通过出席抗诉法庭的活动，阐明抗诉的主张及理由，对人民法院作出的错误判决、裁定提出纠正意见，保证准确惩罚犯罪分子，保障无罪的人不受刑事追究；防止有罪而判无罪或者无罪判有罪，重罪轻判或者轻罪重判等现象的发生。

第三，通过审判活动监督，维护诉讼参与人的合法权利。保障诉讼参与人特别是被告人的合法权利也是刑事抗诉的一个重要任务。检察机关除了通过抗诉，纠正错误的法院判决、裁定，防止无罪判有罪或者轻罪重判、重罪轻判等现象的发生外，还对人民法院抗诉庭审活动依法进行监督，发现和纠正侵犯当事人和其他诉讼参与人的诉讼权利和其他合法权利的情形及其他违反法律规定的审理程序的行为，以保障诉讼参与人特别是被告人正当的诉讼权利。

第四，通过出席抗诉法庭的活动，教育公民自觉遵守法律，积极同犯罪行为作斗争。庭审活动是法制教育的生动教材。通过出席抗诉法庭的活动，出庭的检察人员与二审法庭或再审法庭一道，可以对所有诉讼参与人，甚至包括对旁听的群众进行生动的法制教育，使人们知道什么事情可为，什么事情不能为,国家的法律颁扬什么,反对什么,什么行为是刑法所禁止、社会所不接受的。同时,对于不稳定分子也有一定的威慑作用,使他们知道犯罪是要受到法律惩处的,从而悬崖勒马,由此起到别开生面的法制教育的作用。

三、刑事抗诉的作用

"作用"与"任务"既有区别又有联系。一方面,两者含义不同。"任务"通常是指交派的工作、担负的责任,在英语中译为"task"。"作用"通常是指对事物产生的影响、效果,英语译为"action"、"effect"、"function"、"role"、"influence"等。另一方面,两者又有紧密的联系,完成了刑事抗诉的任务,刑事抗诉也就体现出了其应有的作用。结合法律规定及司法实践,我们认为,刑事抗诉具有三大作用。

（一）诉讼救济

诉讼救济又称司法救济,指的是司法机关在权利人权利受到侵害时,依法通过诉讼的手段按照一定的程序对权利人的权利进行补救的一种方法。诉讼救济是现代社会最重要、最正式的权利救济方式,发挥着社会减压阀与平衡器的作用。司法机关依靠一系列公正且严谨的程序以及司法官的人格魅力和职业专长,在很大程度上保障了其中立性、客观性和公正性,这种救济是其他权利救济所难以比拟的。正因为如此,诉讼救济也被称为权利保障的最后一道屏障,是法律救济的核心。

诉讼救济一般要遵守有侵害必有救济原则、及时救济原则、充分救济原则、正义与经济性协调原则等原则。

刑事抗诉以诉讼的手段实现对当事人权利的救济。不管是二审刑事抗诉还是审判监督程序刑事抗诉,其抗诉的对象都是法院确有错误的判决或裁定。错误的判决、裁定对诉讼当事人包括被告人、被害人等的合法权益和诉讼权利造成了侵害。对于一审未生效的法院判决、裁定,被告人有权提起上诉,但是根据现行法律,被害人却没有提起上诉的权利,只能向人民检察院提出抗诉的请求。对于二审生效的法院判决、裁定,当事人包括被告人、被害人虽然有权提出申诉,但并不必然引起再审程序。鉴于此,法律赋予检察机关刑事抗诉权,对法院确有错误的判决或裁定提出刑事抗诉,而且对于检察机关的抗诉,法院必须开庭审理,启动相应审判程序。因此,检察机关的刑事抗诉在客观上起到了弥补当事人自身救济手段不足、保障当事人合法权益的诉讼救济的作用。

（二）维护公正

司法公正是指在司法活动的过程和结果中体现公平、平等、正当、正义的精神。就法律实施而言,司法活动是保障法律公正的最后一道关口,也是保障法律公正最重要和最有实效的一种手段。从某种意义上说，如果一个社会不能保障司法公正，那么这个社会也就根本没有公正可言。所以司法公正既是司法活动自身的目标和要求，也是依法治国的根本内容所在。

司法公正包括两个重要的方面，即实体公正和程序公正，二者不可偏废。前者是司法公正的根本目标，后者是司法公正的重要保障，本身也体现出独立的诉讼价值。

检察机关的刑事抗诉具有维护司法公正，包括实体公正和程序公正的作用。毫无疑问，检察机关通过刑事抗诉，纠正法院确有错误的判决或裁定，体现出维护司法实体公正的作用。同时，根据法律规定，检察机关刑事抗诉针对的不仅是实体问题，还包括程序问题，如根据《人民检察院刑事诉讼规则（试行）》规定，人民检察院认为同级人民法院在审理过程中具有严重违反法律规定的诉讼程序情形时，应当提出抗诉。通过纠正人民法院审判过程中的严重程序违法情形，刑事抗诉也起到了维护司法程序公正的作用。

（三）法制统一

法制统一是我国宪法的一项重要原则，其内涵是指国家必须制定统一的宪法和法律，并保证它们在全国范围内和全体公民中得到统一的遵守和执行。它包括国家立法的统一、执法统一等几个方面。这里主要是指执法的统一。执法统一是维护社会主义法制统一的关键。如果立法统一而执法不统一，社会主义法制的统一也是一句空话。

检察机关通过正确履行法律赋予的刑事抗诉职能，纠正法院确有错误的判决或裁定，保障国家法律包括刑法、刑事诉讼法等的严格执行，保障相同的案件得到相同的处理，防止同案不同判或作不同处理的情况发生，维护国家法制的统一。

第二节　正确把握刑事抗诉的法律特征

一、刑事抗诉的对象

刑事抗诉的对象是刑事抗诉的一个重要内容，它说明了检察机关提起刑事抗诉所针对的目标和内容，即抗什么的问题。根据《刑事诉讼法》第217条和第243条的规定，我们可以将刑事抗诉的对象归纳为人民法院作出的确有错误的判决和裁定。刑事抗诉的对象因抗诉的种类不同而有所不同。

（一）二审刑事抗诉的对象

根据《刑事诉讼法》第217条规定，二审刑事抗诉的对象为人民法院作出的确有错误的一审判决和裁定。我们可以从下列几方面予以阐述：

1. 人民法院的判决和裁定

在刑事诉讼中，司法机关对有关问题所作的处理方式主要有三种：判决、裁定和决定。其中，判决和裁定为人民法院所独有，而决定，公安机关、人民检察院和人民法院皆可使用。法院判决是指人民法院对案件的实体问题所作的处理决定。它是人民法院代表国家行使审判权的具体体现。法院裁定是人民法院在审理过程中和判决执行过程中，对诉讼程序问题和部分案件的实体问题所作的决定。必须注意的是，法院的全部刑事判决都可以作为刑事抗诉的对象，但法院的刑事裁定则不一定都能够作为刑事抗诉的对象，能够作为刑事抗诉对象的刑事裁定必须是涉及当事人实体权利的行使、可能影响案件实体问题的处理的那些裁定。在刑事诉讼中，人民法院除了使用判决和裁定外，还有一种处理方式是决定。但是人民法院的决定不是刑事抗诉的对象，如人民法院关于申请回避的决定、关于延期审理的决定，等等。

2. 一审判决和裁定

所谓一审判决和裁定是指第一审人民法院所作出的判决和裁定，而且这种判决和裁定是未发生法律效力的一审判决和裁定，如果一审判决和裁定发生法律效力，即使判决和裁定确有错误，检察机关也不能提起二审刑事抗诉，而只能通过审判监督程序提起抗诉。所以，法律对提起二审刑事抗诉是有严格的期限要求的，对于法院判决的抗诉，要求在接到判决书的第 2 日起 10 日内提起，对于法院裁定的抗诉，要求在接到裁定书的第 2 日起 5 日内提起。

3. 确有错误的判决和裁定

刑事抗诉的目的之一就是纠正人民法院判决、裁定中的错误，因此抗诉的条件之一就是人民法院所作出的判决或裁定中确实存在错误。根据《人民检察院刑事诉讼规则（试行）》第 584 条的规定，人民检察院认为同级人民法院第一审判决、裁定有下列情形之一的，应当提出抗诉：（1）认定事实不清、证据不足的；（2）有确实、充分证据证明有罪而判无罪，或者无罪判有罪的；（3）重罪轻判，轻罪重判，适用刑罚明显不当的；（4）认定罪名不正确，一罪判数罪、数罪判一罪，影响量刑或者造成严重的社会影响的；（5）免除刑事处罚或者适用缓刑、禁止令、限制减刑错误的；（6）人民法院在审理过程中严重违反法律规定的诉讼程序的。

（二）审判监督程序抗诉的对象

审判监督程序抗诉的对象与二审刑事抗诉的对象基本相同，都是人民法院的判决和裁定，都是判决和裁定中确实存在错误。所不同的是，审判监督程序抗诉的对象是生效的判决和裁定。依照刑事诉讼法的规定，发生法律效力的判决和裁定主要有以下几种：一是已过法定期限没有上诉、抗诉的地方各级人民法院的第一审案件的判决和裁定；二是终审的判决和裁定，包括中级人民法院、高级人民法院和最高人民法院第二审和最高人民法院第一审的判决和裁定；三是最高人民法院核准的死刑判决；四是高级人民法院核准的死刑缓期二年执行的判决。对未发生法律效力的判决和裁定，不能提起审判监督程序的抗诉。

二、刑事抗诉的特征

通过前面对刑事抗诉和刑事抗诉权的分析及比较，我们可以归纳出刑事抗诉权具有以下特征：

（一）刑事抗诉的专门性

刑事抗诉权是人民检察院的专门职能，其他任何机关、社会团体、企事业单位和个人都无权行使这种权力。尽管法律赋予被告人及其法定代理人在公诉案件中的上诉权，但上诉权与刑事抗诉权有较大甚至是本质的区别。尽管法律还赋予了被害人及其法定代理人抗诉请求权，但抗诉请求权毕竟不是抗诉权，对于被害人的抗诉请求，是否采纳还需检察机关审查决定。因此，检察机关是唯一行使刑事抗诉权的国家机关，其他机关，包括公安机关、人民法院都无权行使刑事抗诉权。

（二）刑事抗诉的监督性

整个刑事抗诉工作的中心在于如何能够切实有效地发挥其监督作用，监督人民法院依法行使刑事审判权，准确认定犯罪，正确适用法律，维护社会主义法制。刑事抗诉权的理论基础是法律监督，它充分体现了检察机关审判监督的职能和属性。检察机关的刑事抗诉权不是代表检察机关自身的利益，而是代表国家，以法律监督者的身份对人民法院的审判活动实施监督，刑事抗诉是检察机关履行法律监督职能的一种重要手段。

（三）刑事抗诉的规范性

刑事抗诉的规范性是指刑事抗诉必须严格依法进行，这种法律既包括刑法等实体法，也包括刑事诉讼法等程序法。抗诉的规范性不仅指抗诉的依据或条件必须合法，还包括提起抗诉的程序必须合法。刑事抗诉是法律监督的一种手段。作为法律监督者，自身的抗诉行为必须严格规范，否则，"己不正，何以服人"。

（四）刑事抗诉的效力性

刑事抗诉的效力性是指人民检察院的刑事抗诉对人民法院的审判活动和刑事判决、裁定引起直接的法律效果，或者具有特定的约束力。刑事抗诉的效力性主要体现在两个方面：一是抗诉对法院审判活动的效力性。对于人民检察院的刑事抗诉,不管是二审刑事抗诉还是审判监督程序的抗诉,人民法院都必须开庭审理,而不能书面审,或需审查后决定。二是抗诉对法院判决、裁定的效力性。不同的刑事抗诉对法院判决、裁定的效力性有所不同。二审刑事抗诉具有阻止法院判决、裁定发生法律效力的效力,而审判监督程序的抗诉,不能停止判决、裁定的执行。

(五)刑事抗诉的程序性

刑事抗诉的程序性是指刑事抗诉制度的约束力和法律后果都只有程序上的意义,并不必然产生直接的实体效果。即刑事抗诉只是引起二审审判程序或再审审判程序,对于是否纠正及如何纠正法院判决、裁定中的错误,则需经法院的审理才能产生实体处理的后果。即使确有错误,检察机关也不能直接纠正法院判决、裁定中的错误。

三、刑事抗诉的形式与区别

(一)两种不同的刑事抗诉

根据刑事诉讼法的规定,可将刑事抗诉分为两种:一种是二审程序的抗诉,另一种是审判监督程序的抗诉。所谓二审程序的抗诉,简而言之,就是引起二审审判程序的抗诉,即人民检察院认为本级第一审人民法院所作出的未发生法律效力的判决、裁定确有错误时,向上级人民法院提出要求重新审判的刑事抗诉。所谓审判监督程序的抗诉,简而言之,就是按照审判监督程序提起的抗诉,是指最高人民检察院对各级人民法院所作出的已经发生法律效力的判决、裁定,以及上级人民检察院对下级人民法院所作出的已经发生法律效力的判决和裁定认为确有错误时,按照审判监督程序向同级人民法院提出要求重新审判的刑事抗诉。如《刑事诉讼法》第243条规定:"最高人民检察院对各级人民法院已经发生法律效力的判决和裁定,上级人民检察院对下级人民法院已经发生法律效力的判决和裁定,如果发现确有错误,有权按照审判监督程序向同级人民法院提出抗诉。"

(二)两种刑事抗诉的区别

二审刑事抗诉和审判监督程序抗诉都是检察机关的刑事抗诉,都是对人民法院所作出的确有错误的刑事判决或裁定提出,都体现了人民检察院对刑事审判活动的监督职能,但是两者也存在一定的区别,主要体现在:

1. 适用主体不同

按照《刑事诉讼法》第217条规定,有权对人民法院尚未发生法律效力的一审刑事判决、裁定提出抗诉的,只能是同级地方人民检察院;由于最高人民法院的判决、裁定都是终审的判决、裁定,所以最高人民检察院不能针对最高人民法院的判决、裁定提出第二审程序的抗诉。而审判监督程序抗诉除了最高人民检察院有权对各级人民法院的生效判决、裁定提出抗诉外，还包括上级人民检察院对下级人民法院的生效判决、裁定提出抗诉；但地方各级人民检察院对同级人民法院生效的判决、裁定不能提出抗诉，如果发现已生效的同级人民法院的判决确有错误，可提请上级人民检察院提出抗诉。

2. 适用对象不同

第二审程序抗诉的对象只能是本级人民法院作出的尚未发生法律效力、确有错误的刑事判决、裁定。而审判监督程序抗诉的对象是已经发生法律效力的刑事判决、裁定。这里所谓已经发生法律效力的刑事判决、裁定，包括：（1）已经超过法定上诉、抗诉期限的第一审刑事判决、裁定；（2）经第二审终审的刑事判决、裁定；（3）最高人民法院所作的刑事判决、裁定；（4）经最高人民法院核准死刑的判决；（5）经高级人民法院核准判处死刑，缓期二年执行的判决。这里需要注意，死刑、死缓案件的二审判决、裁定作出后，不能立即提请抗诉，应当待死刑复核程序结束后，再提请抗诉。

3. 抗诉期限不同

对于第二审程序的抗诉，按刑事诉讼法规定，对判决的抗诉时限为 10 日，对裁定的抗诉时限为 5 日，两者皆从接到判决书、裁定书的第二日起算。而对于审判监督程序的抗诉，法律没有规定期限，只要发现已经发生法律效力的判决或裁定确有错误，任何时候都有权提出抗诉，包括终审判决、裁定刚刚生效，原审被告人正在服刑期间，或者原判已经执行完毕。

4. 法律效力不同

经第二审程序抗诉的，除发回原审法院重新审理外，应当按照第二审程序审理，所作的判决、裁定是终审判决、裁定，不能再按第二审程序提出抗诉。而经审判监督程序抗诉的，如果原来是第一审案件，应当按照第一审程序进行重新审判，所作的判决、裁定可以上诉、抗诉；如果原来是第二审案件，应当依照第二审程序进行重新审判，所作的判决、裁定，是终审的判决、裁定。

5. 具体的内部操作程序不同

二审刑事抗诉由各级人民检察院提出后引起，然后需要将有关材料报送上一级人民检察院，上一级人民检察院具有审查权，经审查认为抗诉理由成立的，支持抗诉；认为抗诉理由不成立的，可以撤销抗诉，结束抗诉程序。二审刑事案件的抗诉权在下级人民检察院，而最终的决定权在上一级人民检察院。这类抗诉案件一般不要求报检察委员会研究，只要主管检察长同意即可。再审案件的抗诉，要求则更为严格。检察机关发现同级人民法院已经发生法律效力的判决、裁定确有错误，需要抗诉的，必须报检察委员会研究同意后向上一级人民检察院提请抗诉,上级人民检察院认为应当抗诉的,经检察委员会研究同意后向所对应的法院提出抗诉。再审程序的抗诉往往需要经过两级检察机关的检察委员会研究后才可以提出。

6. 抗诉的作用不同

二审刑事抗诉的意义,除了纠正错案外,还是为了阻断一审法院错误的判决和裁定交付执行。而审判监督程序的抗诉,主要是为了纠正错误的判决和裁定,对已经交付执行的错案予以纠正。

总之,上述两种刑事抗诉活动,都是为了监督人民法院依法正确审判、准确认定犯罪事实、正确适用法律、有效地惩治犯罪和维护公民的合法权益。第二审程序的抗诉,主要是为使人民法院的错误判决、裁定在生效以前得到纠正,而审判监督程序抗诉,则是使法院已经生效的错误判决、裁定得到纠正,做到有错必纠。

第三节　刑事抗诉的基本原则

原则,通常是指"观察问题、处理问题的准绳"。[①] 刑事抗诉的基本原则是指具有普遍指导意义,贯穿于刑事抗诉全过程,为参与抗诉的检察机关及检察人员所必须遵循的基本准则。刑事抗诉原则应是刑事诉讼原则在抗诉阶段的具体化。刑事诉讼原则是指刑事诉讼法规定,贯穿于刑事诉讼全过程,为司法机关和诉讼参与人进行刑事诉讼活动所必须遵循的基本准则。一般认为,刑事诉讼的原则有一般原则和刑事诉讼的特有原则之分,但对一般原则和特有原则的具体内容,学界具有不同的看法。不过,总体说来,比较公认的刑事诉讼原则主要包括:法制原则、证据裁判原则、独立行使刑事司法原则、审判公开原则、公民在适用法律上一律平等原则、诉讼经济原则、权利保障原则、辩护原则、及时性原则、"以事实为根据,以法律为准绳"原则、"分工负责、互相配合、互相制约"原则、检察监督原则等。这些刑事诉讼原则都是刑事抗诉必须遵守的原则。

确定刑事抗诉的基本原则必须以我国现行相关法律规定为法律依据。但是我国刑事诉讼法对刑事抗诉的基本原则没有作出规定。2001年2月5日最高人民检察院第九届检察委员会第八十一次会议通过的《关于刑事抗诉工作的若干意见》第1条规定了刑事抗诉工作应当遵循的四项原则,包括坚持依法

[①] 《辞海》,上海辞书出版社1979年版,第151页。

履行审判监督职能与诉讼经济相结合；贯彻国家的刑事政策；坚持法律效果与社会效果的统一；贯彻"慎重、准确、及时"的抗诉方针。这四项原则理当成为我们刑事抗诉的基本原则。但是，参照刑事诉讼的基本原则，并结合抗诉工作实践，我们认为，刑事抗诉还应强调以下两项原则：坚持实体公正与程序公正并重的原则、打击刑事犯罪与保障诉讼参与人合法权益并重的原则。

一、坚持依法履行审判监督职能与诉讼经济相结合的原则

坚持依法履行审判监督职能与诉讼经济相结合的原则包括三方面的含义：

（一）刑事抗诉必须严格依法进行

依法抗诉，要求对符合抗诉条件的案件应当依法提出抗诉，包括抗诉的条件和依据要依法，抗诉的提出要依法，要严格遵守法律、法规及相关的规定。而不能该抗诉的不抗诉，或者不该抗诉的提出抗诉，或者随意抗诉。要充分认识刑事抗诉所具有的审判监督的重要意义。

（二）刑事抗诉必须注重效率

诉讼经济原则是指在诉讼过程中，应当尽量减少人力、物力和时间的耗费，以最低的诉讼成本取得最大的法律效益，实现诉讼目的。就刑事抗诉工作来说，诉讼经济原则是指人民检察院的抗诉活动，必须依法采取方便、快捷、高效的工作方式，最大限度地节省人力、物力，缩短案件办理期限，便利检察机关办理案件。这要求检察机关在刑事抗诉工作中把握好抗诉的范围，减少盲目性。检察机关要科学制定刑事抗诉的具体标准，合理确定哪些案件属于确有错误和确有必要抗诉的案件。贯彻诉讼经济原则，还要从刑事诉讼的目的出发，充分考虑纠正判决、裁定错误的其他途径。有些生效判决、裁定虽然存在明显错误，但是人民法院已经发现了错误并准备进行再审的，人民检察院就没有抗诉的必要。人民检察院在办理申诉过程中，发现判决、裁定确有错误的，也可以主动与人民法院沟通情况，人民法院拟再审的，就不需要再行抗诉。[1]

（三）刑事抗诉必须兼顾坚持依法履行审判监督职能与诉讼经济相结合

依法履行审判监督职能与诉讼经济是相互统一的，二者不可偏废，既不能片面强调依法履行审判监督职能，而不注重刑事抗诉的效率，也不能片面为了提高刑事抗诉的效率，而忽视了依照法律规定来履行审判监督职能。

二、坚持法律效果与社会效果兼顾的原则

坚持法律效果和社会效果的统一是我们办理刑事案件包括刑事抗诉工作要坚

---

[1] 彭东：《论刑事抗诉工作的基本原则》，载《中国刑事法杂志》2001年第3期。

持的原则。刑事抗诉工作中坚持法律效果和社会效果兼顾原则，包括以下含义：

（一）刑事抗诉工作要体现法律效果

抗诉工作要严格依法进行，要依法使判决、裁定的错误得到纠正，从而取得好的法律效果，这是对刑事抗诉工作的基本要求，也是法制原则在抗诉工作中的具体体现。

（二）刑事抗诉工作还要注重社会效果

社会效果是对抗诉工作的综合评价，既包括抗诉过程是否公正的评价，也包括公诉结论是否正确的评价，还包括公诉效果是否有利于社会、有利于当事人的评价。通过抗诉实现良好的社会效果，是对刑事抗诉工作的更高要求。刑事抗诉工作既要纠正判决、裁定中的错误，又要赢得党委、人大、政府、社会各界和人民群众的广泛支持，要充分听取社会各界和人民群众的反映，特别是被告人家属、被害人及其家属的意见。要考虑抗诉的结果对社会关系的稳定作用，考虑社会对抗诉结果的认同程度，考虑抗诉结果的是非观念对社会有关方面的各种影响。①

（三）刑事抗诉的效果应当是法律效果和社会效果相统一

只有好的法律效果，没有好的社会效果，抗诉效果是不全面、不圆满的。相反，为片面地迎合所谓的诉讼社会效果，而不顾法律效果，甚至违法处理案件，这是对法律公正、社会公正的最大的破坏。因此检察机关在办理抗诉案件过程中，要全面衡量案件的各种情况，既要克服法律虚无主义，也要反对法律至上观念，要避免法律评价和社会评价的冲突。考虑抗诉的社会效果时要在法律允许的范围内进行。

三、坚持宽严相济刑事司法政策的原则

（一）宽严相济刑事司法政策

检察机关在进行刑事抗诉工作时，必须从大局出发，根据形势变化贯彻好国家的刑事政策，具体情况具体分析，不能机械地理解和适用法律。宽严相济是我国的重要刑事司法政策。它是指要根据犯罪的具体情况，实行区别对待，做到该宽则宽，当严则严，宽严相济，罚当其罪，打击和孤立极少数，教育、感化和挽救大多数，最大限度地减少社会对立面，促进社会和谐稳定，维护国家长治久安。

"宽"是指宽大、宽缓和宽容。"宽"不是单纯的轻刑主义，而是要根据实际情况，区别对待，做到宽之有据。在检察活动中的"宽"，主要是指对于

---

① 参见姜伟：《公诉的价值》，载《法学研究》2002年第2期。

情节较轻、社会危害性较小的犯罪，或者罪行虽然严重，但具有法定、酌定从宽处罚情节，以及主观恶性相对较小、人身危险性不大的被告人，可以依法从宽处罚。

"严"是指严密、严厉和严肃。所谓的严密是指法网严密，对危害社会并应当受到刑罚处罚的行为绝不姑息。严厉是指采取较苛刻的刑罚，从重惩罚。严肃是指依法行事，不徇私情。在检察活动中通过体现依法从"严"的政策要求，有效震慑犯罪分子和社会不稳定分子，达到有效遏制犯罪、预防犯罪的目的。

"济"是指协调，结合。也就是要求宽严有度，宽中有严，严中有宽，并且要因时因地制宜。宽严相济刑事司法政策的重点在于"济"，即如何将宽、严结合好、协调好，使整个刑法更好地保护公民的权利，从长远的角度看能促进社会发展。宽严相济刑事司法政策的核心是区别对待。应当综合考虑犯罪的社会危害性（包括犯罪侵害的客体、情节、手段、后果等）、犯罪人的主观恶性（包括犯罪时的主观方面、犯罪后的态度、平时表现等）以及案件的社会影响，根据不同时期、不同地区犯罪与社会治安的形势，具体情况具体分析，依法予以从宽或者从严处理。宽严相济刑事司法政策不仅是指对于犯罪应当有宽有严，而且在宽与严之间还应当具有一定的平衡，互相衔接，形成良性互动。

（二）坚持宽严相济刑事司法政策

在宽严相济刑事司法政策的语境中，既不能宽大无边或严厉过苛，也不能时宽时严，宽严失当。实施宽严相济的刑事司法政策的重要现实意义总的说就是四个"最大限度"，即最大限度地增加社会和谐因素、最大限度地减少社会不和谐因素、最大限度地缓解社会冲突和最大限度地防止社会对立。它体现的是对犯罪区别对待，打击少部分，教育、挽救大多数，既包括对严重犯罪从严打击，又包括对一般犯罪宽严有度，有利于实现惩治犯罪与保障人权、法律效果与社会效果、执法办案与化解矛盾的有机统一。

检察活动中贯彻宽严相济刑事政策，一是要正确把握宽与严的关系，切实做到宽严并用。既要注意克服重刑主义思想影响，防止片面从严，也要避免受轻刑化思想影响，一味从宽。二是必须坚持严格依法办案，切实贯彻落实罪刑法定原则、罪刑相适应原则和法律面前人人平等原则，宽和严都必须严格依照法律，在法律范围内进行，做到宽严合法、于法有据。三是要根据经济社会的发展和治安形势的变化，尤其要根据犯罪情况的变化，在法律规定的范围内，适时调整从宽和从严的对象、范围和力度。四是注重效果。贯彻宽严相济刑事司法政策，应当做到惩治犯罪与保障人权的有机统一，法律效果与社会效果的有机统一，保护犯罪嫌疑人、被告人的合法权利与保护被害人的合法权益的有机统一,特殊预防与一般预防的有机统一,执法办案与化解矛盾的有机统一,以有利于维护稳定,化解矛盾,减少对抗,促进和谐。

(三)要准确把握抗诉的必要性

在抗诉工作中贯彻宽严相济的刑事司法政策,既要对有罪判无罪、量刑畸轻的案件及时提出抗诉,又要重视对无罪判有罪、量刑畸重的案件及时提出抗诉。在这一政策指导下,对抗诉应当把握的"确有必要"要赋予新的内容,并在实践中不断探索、总结、提高,具体而言,要着重做好以下几个方面的工作:一是要加强对一审判决正确与否的及时审查,发现问题和错误,确有改正必要的,要及时通过程序内抗诉予以解决。二是对被告人认罪并积极赔偿损失,取得被害人谅解的案件、未成年人犯罪案件以及具有法定从轻、减轻情节的案件,人民法院处罚偏轻的,一般不提出抗诉。三是对一审宣判后在法定期限内未提出抗诉或者判决、裁定生效后六个月内未提出抗诉的案件,没有新的事实和证据一般不得为加重刑罚而依照审判监督程序提出抗诉。四是对因人民内部矛盾引发的轻微刑事案件和因亲友、邻里及同学、同事间纠纷引发的轻微刑事案件,要本着化解矛盾、解决纠纷的精神正确处理,一般不提出抗诉。五是对群体性事件中犯罪案件的首要和骨干分子以外的一般参与者,法院处罚偏轻的,一般不宜提出抗诉。

四、坚持实体公正与程序公正并重的原则

公正是人类在社会生活中长期追求的目标之一,也是法的基本价值定位所在。司法公正作为法律所追求的一个重要价值目标,包括实体公正和程序公正两大方面。所谓实体公正,是指司法机关在处理案件时正确运用实体法律规定,解决刑事案件中犯罪嫌疑人是否构成犯罪和具体量刑问题,以及对其他案件中当事人间纠纷实体处理问题。所谓程序公正,是指司法机关正确地依照法律规定的具体次序、方式和手续来处理案件。司法程序是司法机关处理案件所应遵循的工作程序和操作规程,是处理各种法律关系和案件的科学方法,它以严格的法律性质和规范内容有别于一般的工作程序。

程序公正与实体公正两者相比较,具有内在公平与外在公平之别。实体公正强调的是一个争端最后的结果,要在司法的结果中体现公平正义的精神;程序公正关注的是过程,要在诉讼的过程(而非裁判结果)中实现特定的价值,讲求的是制作结果的过程是否符合正义的要求,它具有自己独立的内在要求和意义,即"正义不仅要实现,而且要以人们看得见的方式实现"。实体公正与程序公正是实现司法公正不可缺少的两个方面。在刑事抗诉工作中维护社会正义,实现执法公正,是检察人员从事执法活动的基本目标。因此,为全面实现

公正价值目标，检察人员必须坚持实体公正与程序公正并重的原则，彻底扭转"重实体、轻程序"的陈旧观念。

从司法实践看，过去存在着"重实体，轻程序"的程序工具主义乃至程序虚无主义。这种观念认为程序可有可无，程序违法不算违法。这种认识是错误的。"重实体，轻程序"是造成司法不公、执法不文明的重要原因之一，很多执法过错往往都是出在程序不完善和不严格遵守程序上。程序不仅是实现实体公正的手段，更是防止、限制司法权被滥用，保障诉讼参与人的合法权利并提供救济途径的重要机制。重视程序的价值，维护程序正义，是法制进步、司法文明的重要标志。在现代诉讼中，一味追求实体公正，抑或一味寻求程序公正都是偏颇的，都不符合现代的诉讼理念。因此，检察人员在抗诉工作中必须严格遵循法定程序，全面体现实体公正和程序公正的协调统一。①

五、坚持打击犯罪与保障人权并重的原则

所谓保障人权，是指检察人员在履行检察职能的各项执法办案工作中，严格依照法律规定，确保诉讼参与人的合法权利得以实现和受到保护。我国《宪法》第33条规定，中华人民共和国公民在法律面前一律平等；国家尊重和保障人权。《刑事诉讼法》第2条也明确规定，中华人民共和国刑事诉讼法的任务，是维护社会主义法制，尊重和保障人权，保护公民的人身权利、财产权利、民主权利和其他权利，保障社会主义建设事业的顺利进行。

刑事诉讼中的人权保障内涵丰富，主要有以下四个方面：一是保障无罪的人不受刑事追究。二是保障有罪的人受到公正的对待，其合法权益亦不容侵犯。三是保障所有诉讼参与人，尤其是自诉人、被害人、辩护人的诉讼权利得到充分的行使。四是保障一般公民的合法权益，通过打击犯罪来防止广大人民群众的利益受到犯罪的侵犯。

惩罚犯罪与保障人权，是检察工作并行不悖的两大目标。过去在司法实践中，办案人员比较注重于对犯罪的打击而忽略了人权尤其是犯罪嫌疑人、被告人诉讼权利的保障。一些办案人员为了发现客观真实，侦破犯罪事实而不惜一切手段，指供、诱供乃至刑讯逼供时有发生，严重地侵犯了公民的合法权益。

检察机关在办案过程中要尊重当事人的人格尊严，严格遵守刑事诉讼法的规定，切实保障当事人特别是犯罪嫌疑人和被告人的人身权利和诉讼权利。保障律师为当事人提供法律帮助和辩护的权利。坚决禁止和纠正刑讯逼供、超期

---

① 王立秋、黄继荣：《检察人员社会主义法治理念的培养》，载《国家检察官学院学报》2006年第3期。

羁押、违法采取强制措施、违法扣押与案件无关的财物等违法行为。

具体到刑事抗诉工作，检察机关在抗诉庭审中，要做到：第一，既要依法抗诉，纠正人民法院判决、裁定中的错误，又要依法对庭审活动进行监督，防止剥夺或限制当事人和其他诉讼参与人的诉讼权利和其他合法权利的行为发生；第二，既要"抗重"，又要"抗轻"，即既要对有罪而判无罪、重罪轻判的法院判决、裁定依法提起刑事抗诉，又要对无罪判有罪、轻罪重判等法院判决、裁定依法提起刑事抗诉；第三，在补充收集证据时，既要注意收集不利于被告人的有罪、罪重的证据，也要注重收集有利于被告人的无罪、罪轻的证据；第四，在法庭上，既要注重指控犯罪揭露犯罪，使犯罪分子受到应有的刑事制裁，也要恰当地考虑和顾及被告人的合理的诉讼主张及被告人存在的从轻、减轻情节。

六、坚持准确、及时、慎重的原则

（一）刑事抗诉必须强调准确

刑事抗诉必须强调准确，即不仅抗诉意见要准确，抗诉理由也要准确，只有这样，才能促使错误的判决或裁定得到纠正。在刑事抗诉工作中，要正确处理好抗诉数量与质量的辩证关系。当前检察机关提起抗诉的刑事案件数量还不多，与人民群众纠正司法不公的要求相比还有一定差距，另一方面抗诉质量不高的问题也比较突出。我们认为，办理刑事抗诉案件首先应强调质量，只有强调质量才能树立刑事抗诉的权威。在保证抗诉质量的基础上，还要通过不断加大工作力度，提高抗诉案件的数量。

（二）办理刑事抗诉案件必须强调慎重

办理刑事抗诉案件必须强调慎重，是指刑事抗诉是人民检察院进行审判监督的一项严肃的职能活动，具有必然引起刑事案件重新审理的法律效力，因此必须本着极端负责的态度审查和作出决定，既要敢于抗诉，又不能草率抗诉，慎重行使刑事抗诉的权力。

（三）办理刑事抗诉案件必须强调及时

办理刑事抗诉案件必须强调及时，是指要通过加强对判决、裁定的审查，尽快发现错误，通过刑事抗诉及时加以纠正。错误的判决、裁定不仅对当事人包括被告人、被害人等个人，甚至对当事人的家庭乃至对社会的稳定等都带来不利的影响。抗诉不及时，往往导致当事人及其亲属上访等事件的发生，容易激化矛盾，增加社会不安定因素，影响抗诉的社会效果。① 同时，抗诉不及时，一些证据也可能因时过境迁而湮灭，证人也可能因出国、丧失作证能力及

---

① 彭东：《论刑事抗诉工作的基本原则》，载《中国刑事法杂志》2001年第3期。

其他因素等无法作证。总之，时间越长，抗诉的难度越大，错误判决、裁定对当事人带来的不利后果也越大。因此，办理刑事抗诉案件包括审判监督程序抗诉的案件，都必须及时，及时查明案件事实，及时补充收集和固定证据，及时提出抗诉，通过审判程序及时纠正法院的错误判决和裁定。

第二章
刑事抗诉基本条件的实践应用

第一节 刑事抗诉基本条件的内容和关系

一、确定刑事抗诉基本条件的现实意义

根据法律规定,检察机关刑事抗诉的条件和被告人、自诉人及其法定代理人的上诉条件不同,也与被害人请求抗诉的条件不同。《刑事诉讼法》第216条规定,被告人、自诉人和他们的法定代理人,不服地方各级人民法院第一审的判决、裁定,有权用书状或者口头形式向上一级人民法院提出上诉。被告人的辩护人和近亲属,经被告人同意,也可以提出上诉。第218条规定,被害人及其法定代理人不服地方各级人民法院第一审判决的,自收到判决书后五日以内,有权请求人民检察院提出抗诉。可见,被告人、自诉人和他们的法定代理人,只要不服人民法院的判决、裁定,即可提出上诉;被害人及其法定代理人只要不服人民法院的判决、裁定,即可提出抗诉请求,而不需要特别的条件和理由。

但是,对于检察机关的刑事抗诉,不管是二审程序的抗诉还是审判监督程序的抗诉,法律都规定了严格的条件。《刑事诉讼法》第217条规定,地方各级人民检察院认为本级人民法院第一审的判决、裁定确有错误的时候,应当向上

一级人民法院提出抗诉。该法第243条规定，最高人民检察院对各级人民法院已经发生法律效力的判决和裁定，上级人民检察院对下级人民法院已经发生法律效力的判决和裁定，如果发现确有错误，有权按照审判监督程序向同级人民法院提出抗诉。因此，不管是二审程序的抗诉还是审判监督程序的抗诉，检察机关只有认为法院的"判决、裁定确有错误，抗诉理由充分，有抗诉必要"时，才能提出刑事抗诉。"判决、裁定确有错误，抗诉理由充分，有抗诉必要"，这就是检察机关刑事抗诉的基本条件。

必须指出的是，刑事抗诉权的行使必须以我为主，检察机关确认判决、裁定是否错误，是抗诉主体自行依照职权作出的法律上的评价，不以法院的裁判结果作为衡量抗诉是否正确的唯一标准。各级人民检察院只要认为人民法院的"判决、裁定确有错误，抗诉理由充分，有抗诉必要"，就应该依法提出抗诉。当然，人民检察院在决定是否抗诉时，还要根据这三项条件对判决、裁定作全面分析、考察和具体情况具体分析。

（一）规定刑事抗诉的基本条件是由刑事抗诉权的性质所决定的

众所周知，刑事抗诉权是一种公权力，这与被告人、自诉人及其法定代理人的上诉权以及被害人的请求抗诉权不同，后两者为权利。权力和权利，一字之差，性质却有着天壤之别。对于公权力，任何权力都必须予以制约，失去制约的权力必然被滥用，绝对的权力，绝对的滥用。因此，从某种意义上说，规定刑事抗诉的基本条件实质上是对刑事抗诉权的制约和限制，从而有效防止权力的滥用。

（二）规定刑事抗诉的基本条件是由刑事抗诉的效力所决定的

刑事抗诉权与被害人的请求抗诉权以及当事人及其法定代理人在判决、裁定发生法律效力后的申诉权不同，后者并不必然引起二审审判程序或审判监督程序。而根据法律规定，检察机关的刑事抗诉，不管是二审程序的抗诉还是审判监督程序的抗诉，都必然引起相应的审判程序。《刑事诉讼法》第223条第3项规定，对人民检察院抗诉的案件，第二审人民法院应当开庭审理。第243条规定，人民检察院抗诉的案件，接受抗诉的人民法院应当组成合议庭重新审理，对于原判决事实不清或者证据不足的，可以指令下级人民法院再审。由于检察机关的刑事抗诉，必然引起相应的审判程序，因此，对于检察机关的刑事抗诉规定适当的标准和要求，也就在情理之中。

（三）规定刑事抗诉的基本条件有利于保障刑事抗诉权的正确行使

刑事抗诉基本条件的确立，既有利于防止检察机关对于符合刑事抗诉基本条件的不予抗诉，也有利于防止检察机关对于不符合刑事抗诉基本条件的提出抗诉，即抗诉的不作为和滥用抗诉权。这样，刑事抗诉的基本条件就是检察机关在刑事诉讼活动中据以决定是否提出抗诉的标准和规格,有利于保障刑事抗诉权正确行使,维护法律的统一实施。

(四)规定刑事抗诉的基本条件是对法院自由裁量权的尊重

司法实践中,犯罪事实的千差万别、丰富多样以及法律条文的局限性也决定了一定程度的法院自由裁量权存在的合理性。同样,检察机关在判断是否有刑事抗诉必要时,也存在一定的主观认识。但是这个主观认识并不必然与法院的自由裁量保持完全一致,可能存在一定的差异。因此就有必要规定比较明确的刑事抗诉的基本条件。这既是统一检法两家法律认识之所需,也是对法院自由裁量权的一种尊重。

二、刑事抗诉基本条件就是刑事抗诉的规格和标准

(一)刑事抗诉基本条件是决定刑事抗诉启动与否的必要条件

在我国,处理刑事案件通常经过侦查、起诉、审判、执行等程序,而在审判程序中又包括四个阶段,即第一审程序、第二审程序、死刑复核程序和审判监督程序。除了第一审程序是必经程序之外,其余三种审判程序虽非每一个刑事案件的必经程序,但就刑事诉讼总体而言,后三种审判程序是保证刑事判决的正确性,避免冤假错案,维护司法公正所必不可少的一种司法救济程序。上述这些彼此衔接而又相对独立的诉讼阶段,构成了刑事诉讼的科学体系和基本框架。刑事抗诉从总体上来说也是属于诉讼程序上纠正错误裁判的一种救济手段,其目的在于通过启动刑事审判程序对案件进行重新审理来纠正错误的判决、裁定,维护法律的统一和正确实施。由于刑事抗诉毕竟是一项能强制启动某种诉讼程序的法律监督权力,检察机关的刑事抗诉一经提出,就必然启动新的刑事审判程序,并起到阻断既有判决、裁定的自然生效进程或者中止生效裁判的实际执行的作用。因此,刑事诉讼法对地方各级人民检察院提出抗诉的理由、程序和方式等都作了严格的规定。这与当事人上诉权、请求权和申诉权的行使截然不同。只有完全具备了刑事抗诉的基本条件,检察机关才能依法启动刑事抗诉程序。

(二)严格把握刑事抗诉的规格和标准

检察机关在行使刑事抗诉权时,应当十分慎重,要严格把握抗诉的基本条件,既要有错必纠,有错必抗,敢于抗诉,及时抗诉;又要注意规格,把握标准,善于抗诉,准确抗诉。做到既不漏抗,又不滥抗。最高人民检察院《关于刑事抗诉工作的若干意见》对刑事抗诉的范围、应当提出抗诉和支持抗诉、不宜抗诉的情形都作出了明确规定;2005年8月24日,最高人民检察院《关于进一步加强刑事抗诉工作强化审判监督的若干意见》对"有抗诉必要"的

情形作出了更为具体的规定。这些具体规定，完善和补充了刑事抗诉案件的规格和标准，检察机关在行使刑事抗诉权时，应当严格遵循高检院的有关规定，准确把握刑事抗诉的规格和标准。

（三）突出刑事抗诉工作的重点

根据最高人民检察院的有关规定，当前刑事抗诉的重点是：（1）有罪判无罪、无罪判有罪的案件；（2）量刑畸轻畸重的案件；（3）因徇私枉法和违反诉讼程序造成错误裁判的案件；（4）各类错误裁判的重特大案件和有较大社会影响的案件。对这些重点案件应当发现一件纠正一件，坚决依法抗诉。要加强对人民法院刑事判决、裁定的审查工作，保证刑事抗诉的及时性；要严格掌握抗诉标准，提高办理刑事抗诉案件的质量，保证刑事抗诉的准确性；要在重视对重罪轻判案件提出抗诉的同时，重视对轻罪重判案件提出抗诉，保证刑事抗诉的全面性，使检察机关的刑事抗诉工作取得良好的法律效果和社会效果。

三、刑事抗诉基本条件的相互关系

《刑事诉讼法》第217条、第243条规定，人民检察院认为人民法院的判决、裁定确有错误的时候，就应当依法提出抗诉。最高人民检察院《关于进一步加强刑事抗诉工作强化审判监督的若干意见》中又再次将抗诉基本条件细化为：人民检察院提出抗诉的案件，必须是"判决、裁定确有错误，抗诉理由充分，且有抗诉必要"的，三个条件必须同时具备，缺一不可。

（一）"判决、裁定确有错误"是提出抗诉的前提条件

只有当法院判决、裁定确有错误时，检察机关才有刑事抗诉的必要。如果法院判决、裁定本身不存在错误，即使它与检察机关的起诉事实、证据和法律适用有所出入，刑事抗诉也无从谈起。不能仅仅因为不服法院的判决、裁定而提起刑事抗诉，这也是刑事抗诉与被告人的上诉、被害人的抗诉请求的不同之处。所以"判决、裁定确有错误"是提出刑事抗诉的前提条件和基础。

（二）"抗诉理由充分"是决定抗诉的重要条件

检察机关提出刑事抗诉，必须有充分的理由支持自己的抗诉主张，才能使抗诉主张最终为法院所采纳。因此，提出刑事抗诉，除了考虑法院判决、裁定是否确有错误外，一个重要因素就是要考虑是否有充分的抗诉理由。比如，司法实践中，有时出现法院的判决、裁定与检察机关起诉的事实或证据存在一定的出入，如检察机关起诉被告人十节贪污事实，但通过法庭审判，有充分证据证明的只有六节贪污事实，最后法院只认定被告人其中的六节贪污事实。尽管法院的判决、裁定与检察机关起诉的事实有所出入，但是检察机关对另外四节

贪污事实抗诉的理由并不充分。因此，检察机关在决定是否提出刑事抗诉时，应该考虑抗诉理由是否充分，抗诉理由不够充分的，不宜提出抗诉，特别是审判监督程序的抗诉。

（三）"有抗诉必要"是启动抗诉程序的必备条件

"判决、裁定确有错误"、"抗诉理由充分"仅仅是提起抗诉的前提和基础，但是否确实提出抗诉，还需要检察机关根据案件的具体情况斟酌决定，是否"有抗诉必要"完全由检察机关自由裁量。当然，检察机关在裁量是否提出抗诉时应当考虑抗诉的价值和目的，并不是只要发现人民法院的判决、裁定确有错误，就一概都要提出抗诉。对于某些出于政治因素或社会公共利益考量、抗诉社会效果不好的；因为法律规定不明确、检法两家对案件的定性存有一定争议的；或者法院的审判活动虽存在一定的瑕疵，但是未达到影响公正裁判的严重程度的；或者法院的判决书、裁定书存在某些技术性差错，但不影响案件实质性结论的；或者法院量刑偏轻，但是却是在法律规定幅度内量刑的，检察机关提出抗诉的依据不充分等情形的，一般不宜提出刑事抗诉。因此，检察机关在考虑是否提出刑事抗诉时，必须考虑是否有抗诉的必要，要尽可能做到"抗必准"，不能为了片面地追求抗诉数量而忽视抗诉的质量和效果。

第二节 "判决、裁定确有错误"的认定

"判决、裁定确有错误"主要表现为：判决、裁定认定事实不清、证据不足；判决、裁定定罪有误、量刑不当；判决、裁定严重违反法律规定的诉讼程序；审判人员在审理案件时有贪污受贿、徇私舞弊、枉法裁判等行为。

一、判决、裁定认定事实不清、证据不足

（一）事实不清的认定

所谓事实不清，是指判决、裁定认定的案件基本事实与客观事实不符以致该认定的没有认定，不该认定的却予以认定，以及认定的事实之间互相矛盾等情形。检察人员在审查人民法院判决、裁定时，如何判定其认定事实是否清楚涉及的内容很多，涵盖了犯罪构成要件以及量刑情节的方方面面，但从抗诉实践中争议涉及比较多的一些情形看，通常可从以下五个方面来加以重点把握：

1. 犯罪的动机、目的是否明确

犯罪动机虽然不是每个犯罪所必须具备的构成要件，但量刑要考虑犯罪的

情节,而动机是犯罪的重要情节之一。在许多故意犯罪中,犯罪动机卑劣与否,可以直接决定刑罚的轻重,甚至在有些已经造成严重后果的案件中,由于犯罪分子作案动机并不卑劣,司法机关在量刑时,也会综合考虑,全面衡量。犯罪目的则是故意犯罪的一个重要构成要件,在故意犯罪案件中,通常有无犯罪目的会影响到案件认定的罪与非罪,犯罪目的的异同也会决定案件认定的此罪与彼罪。成都开远铁路运输检察院办理的一起毒品犯罪案件就是因为检法两家对犯罪目的的不同认识而产生了罪与非罪的争议。①

[案例] 被告人严某,男,26岁,曾因贩卖毒品被判处有期徒刑5年;被告人梁某,男,21岁,曾因盗窃、吸毒被劳教3年。1996年4月的一天,梁某叫严某帮其购买500元钱的海洛因,严某到开远市文化宫附近,购得1克海洛因交给梁某,自己分得少量吸食。梁某将海洛因分成数小包,除自己吸食外,还多次贩卖给黄某、孙某、孙××、郑某、高某等吸毒人员。同年6月的一天,李某(另案处理)让严某帮其购买1030元钱的海洛因,当天严某到开远市青年路茶铺购得海洛因2克交给李某,李某多次转手贩卖。

开远铁路运输检察院起诉认为,被告人严某、梁某均构成贩卖毒品罪,严某还系累犯,应从重处罚。同年10月24日,开远铁路运输法院经审理认为,检察机关指控被告人梁某贩卖毒品罪名成立,但对被告人严某贩卖毒品罪的指控,因严某在帮助购买海洛因之前并不知道梁某、李某除吸食外还进行贩卖,严某事后也没参与贩卖,即没有贩卖毒品的主观目的,罪名不能成立,判决宣告被告人严某无罪。

一审宣判后,开远铁路运输检察院认为一审判决错误认定被告人严某无罪,遂提请上级检察院依法抗诉。1996年11月8日,成都铁路运输检察分院向成都铁路运输中级法院提出抗诉,抗诉理由为:一审法院判决的认定与全国人大常委会《关于禁毒的决定》第2条第3款、第5款及最高人民法院《关于执行全国人民代表大会常务委员会关于禁毒的决定的若干问题的解释》第2条第1款规定"贩卖毒品,是指明知是毒品而非法销售或者以贩卖为目的而非法收买毒品的行为"相悖。判决书仅从"帮助购买"字面上片面理解,抹杀了其买卖毒品的性质。从本案事实来看,严某收取了梁某、李某的钱在先,后将买来的海洛因交给了梁某、李某,此时严某买卖毒品的行为已经完成。至于在毒品买卖过程中是否赢利,被告人严某是否知道梁某、李某购买海洛因用于吸食或者贩卖,均不影响严某贩卖毒品罪的成立。被告人严某贩卖毒品的目

---

① 1997年3月26日最高人民法院颁布的刑事类案例,见国家信息中心国家法规数据库。

的清楚，主观故意明确，客观要件具备，已经构成贩卖毒品罪，且系累犯，应从重处罚。一审法院判处被告人严某无罪，显属错判，应予纠正。

1997年3月26日，成都铁路运输中级法院审理认为，检察机关抗诉理由成立，应予采纳。判决：（1）维持对被告人梁某的判决；（2）改判被告人严某犯贩卖毒品罪，判处有期徒刑3年。

上面这个案例虽然是起小案件，却是检察机关针对法院对犯罪目的的错误认识而抗诉比较成功的典型案例。

2. 犯罪的手段是否清楚

犯罪手段是否清楚既可以决定案件的性质、情节，又可以影响到对犯罪分子的刑罚裁量。在检察机关的抗诉实践中，检法两家争议比较多的往往就是对犯罪手段的认识不同，从而导致对定罪量刑的看法迥异。某省某市人民检察院抗诉的张××故意伤害案就是由于检法两家对犯罪手段的不同认识产生分歧。①

[案例] 被告人张××于1999年9月2日凌晨1时许，携带砖块翻墙进入邻居院内，闯入14岁少女段××的房间欲行不轨。段××惊醒后，张××用砖块照段××的头部猛击，段父听到女儿哭声前去查看，张××夺门而逃。段××被打伤后出现恶心、呕吐、抽搐、昏迷等现象，经送医院抢救，于10月23日才神志清醒。经法医鉴定：段××硬膜外血肿伴左侧肢体肌力4级，达7级伤残；尿失禁达4级伤残；中度智力减退，达4级伤残；右眼视力神经萎缩，达4级伤残；损伤程度为甲级重伤。某县人民检察院以被告人犯故意伤害罪，且犯罪手段特别残忍提起公诉。某县人民法院一审认为，《刑法》第232条规定的"特别残忍手段"是指采取朝人面部泼镪水、用刀划伤面部等方法毁人容貌、挖人眼睛、砍掉双脚等特别残忍手段，造成他人严重伤残的行为。本案中张××虽然造成被害人严重伤残，但从使用的工具和实施过程看，属一般的故意伤害行为。对被告人认定"特别残忍手段"，在"10年以上有期徒刑、无期徒刑或者死刑"范围内量刑于法无据，而在3年以上10年以下徒刑内量刑则于法有据。因此，判处张××有期徒刑10年。

某县人民检察院提出抗诉认为：被告人凌晨翻墙进入段家宅院，趁年仅14岁的少女熟睡之机，持砖块朝该少女头部连续击打，致其头部重伤，昏迷达50余天，虽经抢救，仍造成严重残疾，实属犯罪手段特别残忍，犯罪后果特别严重，应在"10年以上有期徒刑、无期徒刑或者死刑"这一法定刑幅度内决定刑罚。市人民检察院支持抗诉。经该市中级人民法院提审，采纳了检察

---

① 最高人民检察院公诉厅编：《刑事抗诉典型案例辩点析分》，中国检察出版社2003年版，第114页。

机关抗诉意见，认定被告人犯罪手段特别残忍，决定判处张××无期徒刑，剥夺政治权利终身。

该案抗诉的成功之处在于，认定是否属于犯罪手段特别残忍，不能单纯从作案工具上看，而应从实际出发，结合案件的性质、案发时间、案发地点、被告人的动机、侵害的对象、作案工具、打击的部位、打击的力度、造成的危害后果等因素，综合加以评定。

3. 犯罪的危害结果是否查明

犯罪危害结果的大小，有的可以决定罪与非罪，但在大多数情况下都是作为量刑轻重的重要依据。对犯罪结果的理解不能把和实际发生的损害后果混为一谈。犯罪的危害结果有时候既包括犯罪的直接的、有形的危害结果，也包括间接的、无形的危害结果。有的案件虽然还没有发生人员和财物受损的实际后果，但对整个社会的危害结果可能仍然十分严重。以下就是一个比较典型的抗诉案例。

[案例] 被告人黄某因向被害人黄××索讨赌债发生矛盾。2008年四五月间，被告人黄某在原籍自购炸药、电线、胶布等物品，非法制造爆炸装置一枚。同年6月下旬，被告人黄某携带该装置来到被害人所在城市，在暂住处将该枚爆炸装置内的炸药一分为二，伙同被告人蔡××又非法制造了另一枚爆炸装置。

同年8月4日上午10时许，被告人黄某携带其中一枚爆炸装置，与以协助索要债务为名的邓某、彭某、高某等人（均另案处理），乘坐普桑轿车至某广场地下车库，欲对被害人黄××的轿车实施爆炸。因被害人黄××的轿车未在现场，只有被害人黄××的妻子范××的轿车停在地下车库，被告人黄某等人决定等候并跟踪范××找到被害人黄××。当日16时许，巡逻民警上前盘查，因黄某等人神色慌张，且未带身份证，民警将其带至派出所，并在黄某等人所乘坐的普桑轿车内缴获爆炸装置一枚、遥控器一只。嗣后，同案犯蔡××也到案。经鉴定，上述2枚自制装置能够起爆且具有一定杀伤力。

一审人民法院以非法制造爆炸物罪、爆炸罪分别判处被告人黄某有期徒刑3年6个月和4年，决定执行有期徒刑6年。一审检察机关不服，认为量刑畸轻，提出抗诉。二审检察机关经审查认为：（1）被告人黄某非法制造爆炸物罪既遂，且系两个爆炸装置。依据刑法应当判处3年以上10年以下有期徒刑，基准刑为6年，黄某系累犯，依法应当从重处罚，黄某在非法制造爆炸物的犯罪中，没有任何从轻、减轻处罚的情节，一审人民法院以非法制造爆炸物罪判处黄某有期徒刑3年6个月，没有体现黄某系累犯应从重处罚的量刑情节。（2）被告人黄某携带爆炸装置进入人口集中的公共场所，欲对被害人的轿车实施爆炸，其行为已构成爆炸罪，具有巨大的公共危险性。本案虽未实际造成人员伤亡，但爆炸罪侵犯的客体是公共安全，社会危害性大，属严重刑事犯罪，历来为我国刑法打击的重点。依据刑法应当判处3年以上10年以下有期徒刑，基准刑也是6年，黄系犯罪预备，依法可以比照既遂犯从轻、减轻或免除处罚，但黄系累犯，应当从重处罚，黄系为索取非法债务而欲实施爆炸犯罪，综合本案的犯罪情节及社会危害性，一审人民法院对黄某犯爆炸罪判处有期徒刑4年，量刑不当。（3）黄某前罪系与他人预谋后持枪入户抢劫犯罪，被判处有期徒刑8年。黄某刑满释放未到3年，又犯危害公共安全的数罪，说明黄某主观恶性较深，犯罪性质恶劣，社会危害性严重。

二审人民法院采纳检察机关抗诉意见，以非法制造爆炸物罪、爆炸罪分别判处被告人有期徒刑5年和4年，决定执行有期徒刑8年。

4. 行为和结果之间是否存在着刑法上的因果关系

刑法上的因果关系如何判断历来争议很大，在我国刑法理论界占主导地位的是"相当因果关系说"。① 相当因果关系说的核心问题是相当性，这是法律设定的一种判断刑法因果关系的标准，因而是从事实上的因果关系转化为法律上的因果关系的关键。在因果关系上要把握的是，具有相当性的因果关系是以某一行为具有危险性为前提的，只有具有危险性的行为刑法才可能确定为犯罪，从而将因果关系限定在法律规定的构成要件范围之内，这也是我们在审查抗诉案件时判断行为和结果之间是否存在着刑法上因果关系的理论基础。某省人民检察院抗诉的邓××重大责任事故案就是正确分析刑法上的因果关系的典型案例。②

［案例］被告人邓××系电影院录像厅收费员，1997年9月20日下午，邓××在二楼录像厅当班负责收费时，有3名儿童通过一楼开着的小门进入电影院大厅，由于放映厅门未锁，3名儿童自由进入放映厅包厢玩火而引起火灾，造成影院直接经济损失20万元。该影院对当班工作人员在何处收费没有明文规定。案发后，该影院负责人等作证，曾经口头吩咐过，放录像时"要有一个人在一楼收费"，但实践中既有在一楼收费的，也有在二楼收费的。

某县人民检察院认定邓××由于没有在一楼收费，从而导致儿童进入放映厅玩火，邓××的疏忽行为与影院的经济损失之间具有刑法上的因果关系，并以重大责任事故罪对邓提起公诉。当地两级人民法院经审判均认定邓××罪名

---

① 陈兴良：《本体刑法学》，商务印书馆2001年版，第289—294页。
② 最高人民检察院公诉厅编：《刑事抗诉典型案例辩点析分》，中国检察出版社2003年版，第72页。

成立，判处其有期徒刑1年，缓刑1年。

邓××在判决生效后不断申诉，某省人民检察院经审查认为：电影院没有赋予当班工作人员进行安全管理的职责，也没有这方面的明文规定；即使曾有应在一楼收费的口头规定，但也是针对收费而和安全管理无关。被告人在二楼收费，给肇事儿童进入影院大厅提供了条件，但仅凭这一条件，肇事儿童还不能进入一楼放映厅包厢，放映厅门未锁才是肇事儿童进入现场的直接原因。被告人的行为和后果之间不具有刑法上的因果关系，故其不构成犯罪。1999年7月30日，该院以审判监督程序提出抗诉，经省高级人民法院审理，采纳了检察机关的抗诉意见，判决撤销原一、二审裁判，宣告被告人邓××无罪。本案原审检察机关和一、二审人民法院仅凭邓××的行为和危害结果之间具有联系就认定其构成重大责任事故罪，是对犯罪构成要件把握不当造成的。

5. 与定罪量刑有关的事实情节是否具备

除了以上这些以外，还要注意审查其他有关的事实情节。这方面需要审查的内容很多，既要审查与定罪有关的事实情节，又要审查与量刑有关的事实情节。比如，犯罪的时间、地点和对象，犯罪人的刑事责任年龄和刑事责任能力，有无从重、从轻、减轻、免除处罚的情节，是否犯罪预备、未遂、中止，是否累犯、惯犯，在共同犯罪中的地位和作用，有无自首、立功，甚至还要审查犯罪人的一贯表现包括犯罪后的态度，等等。以上这些与定罪量刑有关的事实情节在抗诉实践中碰到比较多的是对自首和从犯的认定争议，其中，对自首的争议包括即使认定为自首，但是否一概从轻判处。江西省人民检察院支持抗诉的一起故意杀人案就体现了检法两家对自首是否一律从轻处罚而产生的分歧。

[案例] 1998年10月29日晚9时许，被告人叶××在林××杂货店与刘××发生口角并互相殴打，被张××劝阻，引起叶××的不满，叶××又与张××发生争吵。张××的妹夫林××朝叶××的脸部打了一拳，致叶××脸部出血。当晚11时许，叶××驾驶一辆东风卡车行至林××杂货店门口时，突然拐弯冲进店内，将坐在店门口的胡××、黄××、林××、张甲某撞倒，造成胡××死亡和黄××、林××、张甲某轻伤的严重后果。被告人叶××作案后投案自首。

吉安地区中级人民法院审理认为：公诉机关指控被告人叶××犯以危险方法危害公共安全罪的事实清楚，罪名成立。被告人因纠纷故意驾车冲进杂货店造成一死三伤，后果严重，应依法严惩。鉴于其一贯表现较好，系初犯，且案发后能投案自首，积极赔偿被害人的经济损失，认罪、悔罪态度较好，依法可从轻处罚，判处叶××死刑，缓刑两年执行，剥夺政治权利终身。

吉安检察分院认为叶××以危险方法危害公共安全，犯罪情节特别恶劣，后果特别严重,应当判处死刑,立即执行。遂提请省检察院抗诉。江西省人民检察院审查后支持抗诉意见,向省高级人民法院提出抗诉。理由是:第一,被告人叶××犯罪手段特别残忍,情节特别恶劣,后果特别严重,应予严惩。第二,叶××虽有自首、能赔偿被害人经济损失等情节,但均不足以减轻其罪责而从轻判处,一审判处其死缓量刑畸轻。

江西省高级人民法院审理认为:原审被告人叶××为报复林××,置他人生命于不顾,驾车朝林××的杂货店撞去,造成一死三伤的严重后果,虽其中一死两伤为无辜群众,但叶××的侵害对象是明确的,损害范畴是特定的,是可以预见和控制的,其行为应构成故意杀人罪。原审判决以危险方法危害公共安全罪定性不当。叶××所犯罪行,情节恶劣,后果特别严重,虽有投案自首情节,但不足以减轻其处罚。遂作出终审判决,以故意杀人罪判处叶××死刑,剥夺政治权利终身。

共同犯罪中,刑法根据各犯罪人作用的大小,并适当考虑犯罪分工,将共同犯罪人区分为主犯、从犯、胁从犯、教唆犯。立法用意在于根据不同的作用,区分各自的刑事责任。关于主从犯的认定,检法分歧由来已久,认定与否导致的诉判差异亦时有发生。

[案例] 2008年12月至2009年1月间,董某单独或伙同他人先后4次进入杨南路某仓库,窃得价值23000余元的废硬质合辊环和废冷热交换器内紫铜散热管等物,并在该仓库门卫吴××的配合下将赃物运送出库。在董某、吴××4次共同犯罪中,吴××作为被害单位门卫,在发现董某第一次实施盗窃时,予以配合放行,并向董某提供手机号码的联系方式;后3次盗窃,董某均与吴××事先预谋,在吴××当班在岗时,董某等人进入仓库盗窃财物,后由吴××放行,并分得赃款。一审判决认定,吴××在犯罪中起次要作用,系从犯,对吴××减刑处罚。

区人民检察院认为,一审判决认定吴××系从犯不当,并提出抗诉。理由是吴××多次积极主动参与盗窃,全面参与犯罪整个过程,事先预谋,事中放行,事后分赃,在共同犯罪中起到关键作用,其行为是盗窃犯罪不可或缺的组成部分,且二人勾结,监守自盗,性质恶劣。经支抗,二审判决采纳了抗诉意见,对吴××不以从犯认定。该案抗诉的成功,为界定主从犯认定的标准提供了很好的案例,也为该地区十余起类似案件的判决提供了判例,取得了较好的法律效果和社会效果。

(二)证据不足的认定

所谓证据不足,是指判决、裁定认定案件事实的证据不确实、不充分,以致认定的案件事实与结论之间缺乏联系或者证据之间互相矛盾等情形。"不确实"实际上是质量标准,即指被当作定案依据的证据材料未经查证属实。"不充分"实际上是数量标准,即指现有证据不足以认定案件事实,或证明的案件事实与案件结论之间缺乏必然联系。在审查人民法院判决、裁定时,如何判定证据不足通常也可以从以下四方面加以把握:

1. 认定犯罪主体的证据是否确实充分

认定犯罪主体的证据一般需要注意审查犯罪自然人的姓名、年龄、性别、文化程度、职业和住所、有无前科劣迹以及身体状况等方面的证据。如果是职务犯罪,还要审查其职务的任免情况、任职时间以及职责范围等方面的证据。如果是单位犯罪,则要注意审查单位的性质、单位住所地、单位法定代表人以及是否以单位名义、代表单位意志和利益等方面的证据。

[案例] 被告人于某系某市购物中心采购员,1997年10月,于某以购物中心名义向广东省汕头市某酒行订购价值人民币73万余元的进口名酒,因定价过低,该酒行经理表示无法再开具增值税专用发票。于某便私自介绍上海锦实贸易实业公司江某为供货商虚开增值税专用发票74万余元,购物中心事后将税款10万余元予以抵扣。

检察机关指控,于某的行为构成虚开增值税专用发票罪,且属于自然人犯罪。该市第一中级人民法院判决认为:于某作为采购员,在为本单位购进货物过程中指使他人虚开增值税专用发票,属于单位行为,构成单位虚开增值税专用发票罪。鉴于于某未谋取个人利益,犯罪情节轻微,遂判处免予刑事处分。

检察机关认为:原审判决认定于某犯罪情节轻微,于法无据。一是对被告人适用单位犯罪条款显属不当;二是根据《刑法》第205条和最高人民法院有关司法解释,于某介绍他人虚开增值税专用发票的税款数额和实际抵扣数额,属于"虚开的税款数额较大",并且已同时具备"有其他严重情节"的法定条件,依法应判处3年以上10年以下有期徒刑,并处5万元以上50万元以下罚金;三是于某在法庭审理期间并无认罪悔罪之意,"未谋取个人利益"并非本案"情节轻微"的法定条件。人民法院判决于法无据,导致量刑畸轻。据此,提出抗诉。[①]

本案中检法两家就是否构成单位犯罪存在分歧。在认定单位犯罪时,通常要着重审查有关单位主体犯罪方面的证据,一般可从以下两个方面来加以把握:

第一,考察意志性因素。这是区分单位犯罪与自然人犯罪的主观特征。单位意志与自然人意志不同,单位意志代表了单位的集体利益,体现了单位的整

---

① 最高人民检察院公诉厅编:《刑事抗诉典型案例辩点析分》,中国检察出版社2003年版,第22—25页。

体意志,其有两种表现形式,即单位决策机构的决定和单位负责人的决定。单位一般工作人员的私自行为,由于是该工作人员个体意志的体现,所以不能视作单位意志。

第二,考察利益性因素。这是区分单位犯罪和自然人犯罪的客观特征。犯罪所得利益全部归个人所有的,应当认定为自然人犯罪。只有犯罪所得利益归单位所有的,才能认定为单位犯罪。但这并不是说,凡是犯罪所得利益归单位的,就一律是单位犯罪。正确认定单位犯罪应本着主客观一致的原则,进行综合分析。

就该案而言,检察机关核实了于某的具体职权范围和单位与其之间的工作关系,查明了所在单位的制度规定,确定于某的行为已经超出了他的职权范围。于某让他人虚开增值税专用发票,虽然所得的利益归单位所有,符合上述单位犯罪的第二个特征,但于某的行为事先并未征得本单位决策机构或单位负责人的同意,事后购物中心也没有表示认可。于某的行为是在单位不知悉的情况下所为的,其个人意志不能代表单位意志。作为单位来说,不知者也不为罪。因此,于某的犯罪行为完全是个人行为,应认定为自然人犯罪,检察机关的抗诉意见是对的。该市高级人民法院采纳了抗诉意见,改判被告人于某有期徒刑5年,并处罚金人民币10万元。

2. 认定犯罪行为的证据和证明其他犯罪要素的证据是否确实充分

在司法实践中,大多数的所谓疑难案件实际上就是难在证据问题上,尤其是难在对行为人所实施的一系列行为的证据判定上,只要证明犯罪行为和其他犯罪要素的证据没有大的争议,一般来说,案件也不会有特别大的疑难。

[案例]被告人钱××系某高级人民法院刑庭庭长。1993年1月底,钱××的同学肖××找到他,要其对管辖的某市中级人民法院审理的王××故意杀人案在二审时"关照"一下。钱××表示等案件来了以后再说。王××一审被判死刑后,其胞弟、妹夫和肖××的表弟许××等人于1993年3月找到钱××,要求其在二审期间尽量"往活处搞"。钱××表示"搞搞看",在不违反法律的情况下,尽量帮忙。王××的胞弟于是将装有1万元人民币和申诉信的档案袋交给钱××,并请其吃了饭。同年5月12日,省高级人民法院对王××杀人案维持原判。8月20日,钱××与来索要贿赂款的王××胞弟订立攻守同盟,后被查获归案。赃款从其胞弟钱某处追缴。

本案争议的焦点是:证明钱××犯有受贿罪的证据是否确实、充分。

省人民检察院认为,钱××身为高级人民法院的审判人员,收受案件当事人亲属的钱财,并且从收钱到案发有5个月时间,钱没上交也未退回,还与行贿人订立攻守同盟,企图逃避刑事追究。被告人虽两次托人让王××胞弟的亲属来,但没明确表示是要退钱。省人民法院负责人找其谈话时,钱××否认收钱的事。事实说明钱××有受贿故意。钱××在审委会上先对事实和定性提出异议,因意见站不住脚才表示维持原判。事实说明,钱××有利用职权为他人谋利的行为。省法院认为,认定钱××受贿故意的证据不充分,客观上钱××也没有利用职务上的便利为他人谋取利益的行为,所以宣告其无罪。

从该案的具体情况来看,现有证据确实不能证明钱××有受贿故意。理由是:(1)行贿人将1万元分成三叠,用报纸包好,形状与申诉信一样大小,和申诉信一起装入档案袋,从外表看不出异样。(2)行贿人将档案袋交给钱××时没说里面有1万元人民币,只说要钱××看申诉材料。而钱××在此之前已两次看该案材料,也听过律师介绍情况,认为没什么搞头。其辩解说吃饭后回到机关就将档案袋放进办公桌,没有看申诉信,也不知里面有钱。行贿人和当时在场的几个人都说钱××吃饭时将档案袋随便放,是行贿人在饭后将档案袋又夹在钱××的自行车后架上的。现有证据不能否定其辩解。(3)钱××供称在讨论王××案的审委会后清理办公桌内文件时才发现档案袋中有钱。在案证据不能推翻其辩解。(4)钱××供称发现钱后曾经两次让行贿人取回。有证据证明1993年6月上旬许××给钱打电话时,钱××叫许××等人赶快来。律师彭××证实,6月份钱××说袋子里装的东西害死人,叫彭××请当事人来。许××和彭××证言说,因有其他事,忘记告诉当事人。(5)钱××退钱时与行贿人有串供,院领导找其谈话时也否认收过钱。但这并不能证明其有受贿故意。从串供时的录音看,不能证明钱××是什么时候发现钱的,只能证实其说钱全部退回这没问题,只要不是说送钱的事,说了对双方都不好。既然已与行贿人约好退钱的事,院领导找其谈话时不承认行贿人给钱也不能证明其就有受贿故意。(6)赃款是从钱××的弟弟钱某家提取的。钱某证明赃款是钱××交其保管的,说好将来退还,但说不清是什么时候交给他保管的。从款额和有关证言看,不能证明钱××动用过赃款。(7)钱某共有6次证言,其中第1次和第5次证实,与妻子到钱××家,钱××将钱交他保管送他出门时说:拿档案袋"回家一看是钱"、"回去一看是钱"。但其他几次证言均没证实这一情节。第6次又证实钱××说回去很长时间后才发现有钱。几次证言不仅不具体,而且前后矛盾,与其他人的证言也不吻合,被告人也否认说过这句话。证据之间不能互相印证。

综上,由于认定钱××受贿故意的证据不足,该案不宜抗诉。

这起案件在法律适用上本身并没有什么疑难之处,但由于证据难以统一认识,所以才产生了争议。①

---

① 黄河等:《刑事抗诉的理论与实务》,中国检察出版社2000年版,第323—326页。

3. 涉及犯罪性质、决定罪名的证据是否确实充分

认定犯罪性质、正确决定罪名是刑事司法工作的中心环节，也是准确量刑的基础。只有正确地认定了性质，确定了罪名，才能准确地适用法律，才能确保刑事司法的公正与客观。因此，在抗诉实践中，要注意审查这方面的证据情况，从而作出正确的判断。

4. 影响量刑情节的相关证据是否确实充分

办理抗诉案件，除了必须审查案件定性方面的证据以外，还得注意审查所有影响案件量刑情节的有关证据，只有这样，才能准确判断法院判决、裁定的正确与否。

[案例] 某贸易公司门市部承包人邱××1995年12月至1996年4月间，为牟取非法利益，以收取开票金额0.5%至6%费用的方法，先后为孙某、葛某、朱某（均已判刑）、沈某、陆某（均在逃）等人代开、虚开增值税专用发票171份，价税总额累计1100余万元，其中抵扣税额累计166万余元，非法获利3.5万元。该案起诉后，人民法院以已经查到的发票使用人证明的数额和已经抵扣的数额为依据，认定邱××为他人虚开增值税发票的金额为230余万元，判处邱有期徒刑6年，剥夺政治权利1年。

检察机关认为，人民法院判决认定事实有误，量刑畸轻，提出抗诉。本案分歧的焦点主要是邱××虚开增值税专用发票的数额的认定问题。这是决定刑罚的基础，实际上涉及证据采信问题。检察机关认为：尽管发票使用人沈某和陆某在逃，但依据邱××虚开发票的存根、收取手续费的账目、司法审计鉴定书以及邱本人的供述等大量证据，足以认定邱虚开增值税专用发票171份，总额累计1100余万元。

我们认为，检察机关依据的证据足可形成证据锁链，达到证明邱××虚开1100余万元的要求，不需要在逃发票使用人的证言足可证明。该案经检察机关先后两次抗诉，人民法院依法作了改判。

（三）认定事实、采信证据方面的常见错误

在审判实践中，人民法院的判决、裁定在有关事实认定、证据采信方面容易出现的错误主要有：

1. 无充分理由否定指控主要犯罪事实的；
2. 无充分理由否定指控部分犯罪事实并影响定罪量刑的；
3. 无充分理由否定或者适用从轻、减轻、从重、加重等法定情节，导致量刑不当的；
4. 指控的犯罪证据确实、充分而未被采纳，影响案件事实认定和定罪量刑的；

5. 采信的主要证据不具备合法性、客观性和关联性条件，影响事实认定和定罪量刑的；

6. 据以定案的证据没有经过庭审质证，可能造成案件事实错误或者定罪量刑不当的，等等。

二、判决、裁定适用法律错误

适用法律错误主要指三种情况，即定罪有误、量刑不当和其他适用法律不当的情况。

（一）定罪有误的认定

所谓定罪有误，是指判决、裁定在确定犯罪性质上出现错误，混淆了罪与非罪、此罪与彼罪、轻罪与重罪、一罪与数罪的界限，以致错误引用了法律条款，影响量刑或者造成严重社会影响的。在司法实践中，由于对定罪的认识不一，导致罪刑不相适应的情况时有发生。甚至在检察机关内部，也会对定罪产生分歧。被告人王××诈骗、盗窃一案就比较典型。①

[案例] 被告人王××与他人结伙，电话联系某运输公司谎称可以承运集装箱。随后王××驾驶挂有伪造的"沪83489"牌号的集装箱卡车到运输公司装货，在运输公司将被害单位250套空调集装箱交其承运后，即将该车开至某仓库，打开集装箱箱门，窃得上述价值人民币465897.50元的空调并销售给他人。被告人王××还于2008年4月至6月间，多次伙同他人盗窃集装箱内货物，共计价值人民币118198元。

×市××区人民检察院以诈骗罪对王××等人提起公诉。区人民法院审理认为：被告人王××等人分别结伙，以非法占有为目的，秘密窃取单位财物，均已构成盗窃罪，其中被告人王××盗窃数额特别巨大，判处有期徒刑12年，并处罚金人民币2万元。

区人民检察院认为一审判决将起诉书指控被告人王××诈骗一节事实改变定性为盗窃，系定性错误；对被告人王××等人非法占有集装箱的事实遗漏刑法评价，也未认定被告人盗窃罪的自首情节，系适用法律不当。×市人民检察院经审查认为：本案被告人王××通过使用伪造的车牌号码和专门购买的手机，谎称可帮助运输的手法骗得被害单位的货物；被害单位信以为真，以为王××等人有合法运输的诚意，从而将货物交其运输。被告人王××等人从一开始就没有为被害单位承运货物的意图，只是假借承运的幌子骗取被害单位的货

---

① 最高人民检察院公诉厅编：《刑事抗诉典型案例辩点析分》，中国检察出版社2003年版，第65—67页。

物，为其所占有和支配。因此，被告人与被害单位之间的意图并不一致，被告人所谓承运的意思表示并不真实，他们之间所达成的委托与被委托关系是无效的。被告人王××等人通过先前的一系列诈骗行为从被害单位处所取得的并不是货物的代为保管权，而是取得了对装有价值人民币465897.50元变频空调的集装箱的实际控制权。换言之，被告人王××等人在货物交付时其诈骗行为已经既遂。至于将集装箱运至仓库并销赃，只是对赃物的处置，不影响对被告人王××等人诈骗行为性质的认定。因此，原判将此行为认定为盗窃属定性不当，适用法律错误。此外，被告人王××到案后主动交代上述诈骗犯罪事实，与王其他盗窃犯罪不属同类，应认定其该节为自首，并适用《刑法》第67条之规定予以从轻或减轻处罚，原判对此未作认定亦有错误。被骗的集装箱经过估价鉴定价值人民币18800元，一审判决对该集装箱的价值没有作为犯罪事实认定以及作出评判也是错误的。二审人民法院审理后，采纳了人民检察院的全部抗诉意见，作出终审判决，认定王××犯诈骗罪，判处有期徒刑10年，并处罚金人民币1万元；犯盗窃罪判处有期徒刑6年，并处罚金人民币1万元；决定执行有期徒刑14年，并处罚金人民币2万元。

本案抗诉后二审人民法院既改变了定性，又改变了量刑。因此，检察机关对定性不准而导致量刑不当的案件，应大胆地提出抗诉，履行法律监督职责，以维护司法公正。

（二）量刑不当的认定

所谓量刑不当，是指判决、裁定在具体裁量刑罚时错误地认定了从重、从轻、减轻、免除处罚等法定情节，造成重罪轻判、轻罪重判、适用刑罚明显不当的。被最高人民检察院评为2000年全国十大公诉案件的高××等人诈骗一案就是检察机关近年来既抗量刑过重又抗量刑畸轻的经典案例。

[案例] 1997年5月，福建农民高××、汤××、吴××共谋，以租船航运的方式，伺机诈骗承运货物。三人以化名签订"合股联营运输协议"作为诈骗后分赃的依据，并由汤××提供资金，高××通过他人租得一艘无船名、无航行证的400吨机动运输船。高××与吴××通过他人伪造了该船的航行证件及私刻了多枚航行管理部门公章。同年8月，吴××因脚伤滞留在原籍家中养伤。同年9月28日，高××冒名高某，将租得的无名船取名为"华州五号"，以"华州五号"货船船长的身份带该船到上海，又以伪造的证件，取得了航运中介人和被害人的信任，准备将货物从上海崇明运往福建南安，从而骗取价值人民币49万多元的小麦370多吨。9月30日，高××将小麦装船后离开崇明，汤××携带样品从陆地先赶到温州，联系销赃。10月1日，船上出现机械故障抛锚在上海吴淞口。高××打电话通知航运中介人，告知要晚一些

到南安，以便稳住货主。这时，货主已怀疑货物被骗并报了案，高××被公安机关抓获。同年10月4日，高××按公安机关布置，通知吴××到温州提货。公安机关在温州分别将汤××和吴××抓获。

1997年8月上海市虹口区人民检察院将此案提起公诉，指控高××、汤××犯有诈骗罪（既遂），吴××犯有诈骗罪（预备）。区人民法院审理认为：（1）检察机关指控高××、汤××诈骗既遂不当，高××、汤××在实施诈骗犯罪中，由于船只出现机械故障，致使其犯罪目的未得逞，应系犯罪未遂。（2）检察机关认定吴××系诈骗预备依据不足。吴××虽因脚伤未直接参与实施犯罪，但其事前与高××、汤××共同策划诈骗，事后又赶往销赃地，属犯罪未遂的共犯。区人民法院以共同诈骗罪（未遂）判处高××有期徒刑5年，并处罚金2万元；判处汤××有期徒刑4年，并处罚金2万元；判处吴××有期徒刑3年，并处罚金1万元。

虹口区人民检察院按照当地抗诉工作机制请示市人民检察二分院。二分院认为，区人民检察院起诉指控意见准确，一审判决认定三人共同诈骗（未遂）定性不当，其中两被告人畸轻、一被告人畸重，指示区人民检察院及时提出抗诉。但二审人民法院没有采纳抗诉意见，裁定驳回抗诉、维持原判。二分院提请上海市人民检察院依照审判监督程序提出抗诉。

1999年6月21日，上海市人民检察院按照审判监督程序，向上海市高级人民法院提出抗诉。抗诉理由是：

（1）认定犯罪既遂与否的标准，只能是以行为人所实施的行为是否已经具备刑法分则规定的某一犯罪构成的全部要件。高××等人以诈骗为目的，用虚假航运及身份证件骗取受害人的信任，与之签订的合同属于无效合同。被害人将货物交给高××时即被高××直接控制占有，被害人基于货物运输合同转为对货物的间接占有，也因假合同而对小麦的间接占有根本无法实施，高××等人已经侵犯了货物主对货物的所有权关系。高××等人的行为符合诈骗犯罪构成的全部要件，且已经发生了预期的犯罪结果，处于既遂的犯罪形态。人民法院认定三名被告人在诈骗过程中，由于船只机械故障无法继续行驶，致使犯罪目的未能得逞，是犯罪未遂，定性不当。船只机械故障无法行驶，仅仅是被告人未能将骗得的小麦予以销赃的原因，应当在量刑时考虑。

（2）一、二审人民法院认为吴××未直接参与实施诈骗小麦犯罪，同时又认定吴××为共同犯罪（未遂）的共犯，这本身自相矛盾。是否直接参与实施犯罪正是区别犯罪预备和犯罪既遂、未遂的关键点。吴××没有参与实施此次诈骗犯罪，应属于诈骗犯罪预备形态，只能承担犯罪预备的刑事责任，而不能按整个诈骗共同犯罪结果处罚。因此，对高××、汤××构成诈骗罪

（既遂），吴××构成诈骗罪（预备）的犯罪事实应予确认。

上海市高级人民法院经开庭审理，全部采纳检察机关的抗诉意见，于1999年11月2日作出终审判决：（1）撤销一、二审人民法院判决、裁定；（2）被告人高××、汤××犯诈骗罪（既遂），分别判处有期徒刑6年、5年，并各处罚金2万元；（3）被告人吴××犯诈骗罪（预备），判处有期徒刑2年2个月，并处罚金1万元。至此，这起长达2年之久的抗诉案件终于画上了圆满的句号。

该案虽然案值不大，但此案的抗诉成功主要在于在同一起案件中既抗畸重，又抗畸轻，充分体现了检察机关作为法律监督机关实事求是维护法律尊严的坚强决心和三级检察机关办案人员在错误判决面前密切配合、上下联动、坚决纠错的工作韧劲。

在抗量刑不当的不少案件中，检、法两家对主要犯罪事实和定性方面并无异议，争议的焦点往往集中在"如何确定这类案件的量刑，是略有不当还是明显不当"。厘清原判究竟属于"量刑偏轻"还是"量刑畸轻"，是抗赢这类案件的一个关键。

[案例] 2009年2月25日21时30分许，被告人李××经过精心计划、踩点，身着黑色外套、深色裤子和运动鞋，至某居民小区，采用攀爬围墙、落水管等方法潜入3楼被害人徐某家中欲实施盗窃时，被徐某发现。被告人李××为抗拒抓捕，上前对徐某实施殴打后逃跑。当被害人徐某追至一楼过道时，被告人李××又持楼道里放着的一把拖把柄对徐某实施殴打，造成徐某身体多处软组织挫伤。被告人李××被当场抓获。

区人民法院一审判决认定被告人李××入户抢劫的犯罪事实与区人民检察院起诉指控的一致，检法两家无分歧。被告人李××在实施犯罪过程中因意志以外的原因而未得逞，系犯罪未遂，可以比照既遂犯减轻处罚。一审人民法院以被告人李××犯抢劫罪，判处有期徒刑2年6个月，并处罚金人民币3000元。区人民检察院以量刑畸轻为由提出抗诉，认为虽然被告人李××有法定减轻情节，但人民法院判处其有期徒刑2年6个月未能充分考虑到本案的犯罪性质、犯罪情节及被告人认罪、悔罪的态度，也未能体现当前宽严相济的刑事司法政策，对其减轻处罚两个量刑档次至3年以下量刑属减轻处罚适用不当导致量刑不当。

二审检察机关审查认为，本案是一起由入户盗窃转化为入户抢劫的犯罪，相比一般抢劫犯罪，入户抢劫在侵犯公私财产权、公民人身权的同时，还严重侵犯了公民的住宅安全，严重影响人民群众的安全感，社会危害性大于一般抢劫犯罪。作案中，被告人李××的犯意坚决、犯罪计划完整周详，实施的犯罪方法表明其具有相当的人身危险性。尤其值得指出的是，到案后被告人在审查起诉阶段及法庭审理阶段均推翻原口供，否认殴打被害人的事实，无悔罪表现，更反映出其较深的主观恶性。据此，本案被告人李××虽有犯罪未遂的法定从轻、减轻情节，可以比照既遂犯从轻或者减轻处罚，但量刑中还应当将其整个作案事实、危害及认罪态度一并予以综合考虑，依法对李××量刑的刑罚基准刑在 10 年以上。原审人民法院判处其有期徒刑 2 年 6 个月，尚在普通抢劫 3 年基准刑之下，失之过轻。二审人民法院采纳了检察机关的抗诉意见，改判被告人李××有期徒刑 4 年，罚金人民币 4000 元。

[**案例**] 2009 年 3 月，卢××曾因盗窃罪被判处有期徒刑 7 个月。2010 年 10 月 19 日，卢××又因赌博输钱而纠集王××、李××（均已判刑）外出偷车。当晚，3 人行至某区武进路 260 号，发现被害人李某停放于该处的本田牌 SDH125T-22 型二轮摩托车（价值人民币 3400 元），即由王××、李××在旁望风，卢××动手扳开车锁、拉出电线搭线启动摩托车，窃取该车。3 人随后将窃得的摩托车驶至某市中山北路，由卢××联系收赃人，并与之谈妥价格后以 1200 元将该摩托车销赃，赃款 3 人均分。此后，王××、李××于 2010 年 10 月 27 日案发归案，分别被判处有期徒刑 8 个月和拘役 4 个月，并处罚金人民币 1000 元。2011 年 9 月 2 日，卢××主动至铁路车站派出所投案，并如实交代了上述犯罪事实。区人民法院审理后认为，卢××以非法占有为目的，秘密窃取他人财物，数额较大，其行为构成盗窃罪。在共同犯罪中起主要作用，系主犯。卢××系自首，可以从轻处罚。据此依照刑法的相关规定，以盗窃罪判处卢××罚金人民币 2000 元。

对事实检法两家的认识一致，但就本案的量刑两家产生分歧。本案中，除被告人卢××纠集他人共同实施盗窃，窃得他人价值 3400 元的摩托车一辆，销赃 1200 元均分外，相关于量刑的还有以下几项情节：（1）从轻情节。第一，卢××自首，且在《通告》清网工作期间；第二，认罪态度较好。（2）从重情节。第一，被告人有前科，可能构成累犯；第二，作案中纠集他人，主要实施盗窃行为，联系销赃，系主犯；第三，两抢一盗对人民群众危害直接，仍属打击之重点；第四，盗窃动机非因生活所迫等事由，不具有情理上的可恕性；第五，赃物未能调取，亦未退赃款。

经审查发现：（1）被告人卢××2009 年 3 月因结伙他人在街面盗窃助动车被审判的事实，其服刑期满一年左右又再次作案，说明该被告人有较深的主观恶性，有侵财同质累犯评价的可能。（2）两名同案犯在本案中系从犯，分别被判处拘役 4 个月、有期徒刑 8 个月（其中李××涉本案事实被合并）的主刑，而卢××作为主犯却未被判处主刑。经过以上梳理与比较，原审判决既不认定累犯，亦不判处实刑，或附缓刑之执行方式，给予必要的刑罚震慑，而仅仅判处附加罚金人民币2000元确有不当。

此外，司法实践中值得注意的一个现象是，由于附加刑的执行并不严格，不易引起注意，个别审判人员在对附加刑作判决时，随意性较大，容易出现违反法律规定的情形。比较典型的一种情况是，被告人犯前罪判处的附加刑剥夺政治权利尚未执行完毕，后罪又被判处附加刑剥夺政治权利，法院判决未对前罪剩余的剥夺政治权利进行数罪并罚。为了体现法律的公正和权威，应当对此类情况加强法律监督。

（三）其他适用法律不当的情况

其他适用法律不当的，是指定罪和量刑虽无大碍，但对于法律的适用不当的。较为典型的案例如陈××等三人信用卡诈骗一案。

[案例] 2008年9月至12月间，被告人陈××伙同他人使用虚假的身份证明骗领3张信用卡，从中套取现金4.8万元。陈××还先后申领两张信用卡，恶意透支5.6万余元，经发卡银行多次催收后超过3个月仍不归还。后陈××接到公安机关传唤后主动投案自首。区人民法院一审认定：被告人陈××伙同他人使用以虚假的身份证明骗领的信用卡进行诈骗，数额较大；又恶意透支，数额较大，其行为构成信用卡诈骗罪。陈××具有自首情节，在共同犯罪中系从犯，认罪态度较好，应依法从轻处罚。人民法院遂判决：被告人陈××犯信用卡诈骗罪，判处有期徒刑3年，并处罚金3万元；追缴非法所得，依法发还被害单位。

检察机关审查认为，被告人陈××分别实施了《刑法》第196条信用卡诈骗罪中"以虚假身份骗领信用卡并使用"及"恶意透支"的犯罪行为，且分别达到入罪标准。根据现有刑法规定，"以虚假身份骗领信用卡并使用"和"恶意透支"同属于信用卡诈骗罪，这两种犯罪情形仅仅是信用卡诈骗罪罪状表述的两种不同形式。对被告人陈××的犯罪行为，应以信用卡诈骗一罪论处，对于恶意透支、传统型信用卡诈骗并存的行为应当以总额计算犯罪数额。一审人民法院仅因司法解释对"以虚假身份骗领信用卡并使用"及"恶意透支"的信用卡诈骗行为的犯罪数额标准不相同，即对被告人的两个犯罪行为分别比照司法解释，认定两节犯罪均系"数额较大"，从而在"数额较大"的幅度内对被告人陈××量刑，系适用法律错误，导致量刑不当。支持抗诉后，人民法院经审理后采纳了出庭检察意见，由原来认定的数额较大改为数额巨大，考虑到被告人具有从犯、自首情节，对其减轻处罚，仍判处有期徒刑3年。

（四）在定罪方面适用法律错误的常见情况

在定罪方面适用法律错误的通常有如下几种情况：

1. 判决、裁定对案件进行实体评判时发生错误，导致有罪判无罪、无罪判有罪和混淆此罪与彼罪、轻罪与重罪、一罪与数罪的界限，造成适用法律错误，罪刑不相当的；

2. 判决、裁定重罪轻判、轻罪重判、量刑明显不当，严重违反罪刑相适应原则的；

3. 对刑事附带民事诉讼部分应予裁判而未予裁判，或者明显不当的；

4. 适用法律违反有关溯及力规定的；

5. 适用法律违反有关追诉时效规定的等。

在抗诉工作中只要发现具有上述错误之一的，就应当认为判决、裁定在定罪方面适用法律确有错误。

（五）在量刑方面适用法律错误的常见情况

量刑方面适用法律错误实际上就是罚不当罪，这样的情况在一些错误的裁判中相对比较多，也是检察机关抗诉实践中经常碰到的情形。常见的主要有以下几种：

1. 主刑刑种适用错误的；
2. 违反法定附加刑适用条件的；
3. 违反法定免予刑事处分适用条件的；
4. 违反法定缓刑适用条件的；
5. 违反法定适用禁止令条件的；
6. 违反法定限制减刑条件的；
7. 违反法定数罪并罚原则的；
8. 重罪轻判或者轻罪重判，超出法定量刑幅度的；
9. 重罪轻判或者轻罪重判，虽未超出量刑幅度，但量刑明显不当的；
10. 应当判处死刑立即执行而未判处，或者不应当判处死刑立即执行而判处的等。

只要具有上述错误之一的，就应当认为判决、裁定在量刑方面适用法律确有错误。

三、判决、裁定严重违反诉讼程序

所谓严重违反诉讼程序，是指人民法院在刑事审判过程中违反了刑事诉讼法规定的诉讼程序，且这一程序违法的行为已严重影响到对该案件实体处理上的公正的情况。具有以下情形之一的，应当认定人民法院的判决、裁定严重违反了诉讼程序：

1. 审判人员应当回避而未回避的；
2. 审判组织的组成不符合法律规定的；

3. 非法剥夺可能影响公正审判的当事人的法定诉讼权利的；

4. 违反了审判公开原则的；

5. 法庭审理案件没有依照法律规定的顺序依次进行，以及省略了某一程序的；

6. 当庭审判的案件，合议庭不经过评议直接宣判的；

7. 有具备中止审理的情形而不中止审理的；

8. 裁定终止审理不符合法律规定的；

9. 其他严重违反法律规定的诉讼程序的。比如，错误决定适用被告人认罪案件审理程序简化审理的；错误决定适用简易程序审理案件的；直接以裁定形式补正原刑事判决书中认定的事实或者适用法律的；除另有规定的以外，证人证言未经庭审质证直接作为定案根据，或者人民法院根据律师申请收集、调取的证据材料和合议庭休庭后自行调查取得的证据材料没有经过庭审辨认、质证直接采纳为定案根据的，等等。

[案例] 被告人吴××抢夺案，一审判决认定吴××在1年内多次乘人不备，公然夺取他人财物，共计价值人民币18000余元，其行为构成抢夺罪。但在适用法律时，认定为数额较大，且具有其他严重情节。检察机关经审查后认为，根据相关规定应当认定为数额巨大，因此，一审判决系认定法定量刑情节错误，属于适用法律错误，遂依法提出抗诉。二审期间，一审人民法院以裁定的形式将判决书"数额较大"更正为"数额巨大"。上级检察机关经审查认为，虽然一审人民法院以裁定的形式对法定量刑情节的认定进行了更正，但未对判决的量刑进行改变，由于抢夺罪"数额较大"和"数额巨大"的量刑起点相差较大，一审判决的量刑仍与事实认定不相符合，一审人民法院的裁定未对判决作实质性改变，且用裁定形式也无法改变判决主文的内容，抗诉理由仍然成立，遂支持抗诉意见。二审人民法院采纳支抗意见，将被告人的刑期由有期徒刑3年6个月改为7年，维护了法律的统一、正确实施。①

四、审判人员的贪污、受贿、徇私舞弊、枉法裁判等行为

在具体判定是否具备该项抗诉基本条件时，应着重把握以下几点：

1. 有违法犯罪行为的必须是审理该案件的审判人员。审判人员包括人民法院的正、副院长，审判委员会委员，正、副庭长，审判员和助理审判员。作为合议庭组成人员的人民陪审员也属于审判人员。

2. 具有贪污、受贿、徇私舞弊或者枉法裁判行为之一。是否具有上述行

---

① 梁国庆主编：《中国检察业务教程》，中国检察出版社2002年版，第267页。

为之一必须经有关方面查证属实，如果没有查证属实或者还处于查证过程当中的，则不应予以确定。

3. 不仅要有违法犯罪行为，而且必须影响到公正裁判。如果审判人员仅有上述违法犯罪行为，但其行为与审判结果的公正性没有关系，也不能作为提起抗诉的理由之一。

4. "审理案件时"是指在审理"本案期间"。既包括该案的一审、二审期间，也包括该案的再审期间。如果是在审理其他案件时审判人员有上述违法犯罪行为之一，而与"本案"没有任何关系，则不应以此为由提出抗诉。

必须指出的是，如果其他有关司法机关工作人员，在本案审理期间，有贪污、受贿、徇私舞弊行为之一，并实施了足以影响案件正确审理的违法犯罪行为，从而导致人民法院最终对该案作出了错误裁判的，也应当依法提出抗诉。×市检察院第二分院抗诉的被告人杜××非法持有毒品案就是如此情况。

[案例] 原审被告人杜××因非法持有毒品被逮捕，在羁押期间，看守所民警童××与杜约定，为杜获得司法机关从轻处罚提供帮助，并约定按每减轻1年收取2万元好处费。随后，童××利用职务便利，授意另一管教民警薛××将一名在押犯交代的抢劫犯罪虚构为是杜××检举揭发而破案的，并向司法机关提供了杜具有立功表现的"情况说明"，致使人民法院判决认定杜具有立功表现，对杜××从轻判处1年6个月有期徒刑。嗣后，童××收受好处费4.2万元，薛××收受好处费1万元。判决生效后，×市人民检察院第二分院经检察委员会讨论一致认为：原审被告人杜××以行贿方式让管教民警为其伪造立功表现的材料，导致原审法院根据该材料认定杜有立功表现。对其从轻判处确有错误，应予纠正。决定依照审判监督程序提出抗诉。

第三节 "抗诉理由充分"的认定

一、抗诉理由的正当性

（一）提出刑事抗诉必须有确凿的事实依据

人民检察院作为国家专门的法律监督机关，其一切活动都是为了履行宪法赋予的神圣职责，都是为了体现法律监督的正当性。刑事抗诉的启动，同样必须具有正当的抗诉理由。抗诉理由的正当性是就刑事抗诉理由的质而言的，它是认定抗诉理由充分性的前提条件。如果抗诉理由不具正当性，那么，抗诉理由再充分也难以纠正错误的判决和裁定，难以维护法律的统一和准确实施。抗诉理由的正当性是指检察机关提出刑事抗诉必须具有正当的理由。通常在司法实践中，"判决、裁定确有错误"的主要表现为案件事实认定错误。案件事实是与定罪量刑有关的全部事实和情节，是人民法院正确裁判的基础，也是检察机关提出刑事抗诉的前提条件。由于检察机关与人民法院的工作性质不同，看问题的角度不同，对同一案件事实产生不同的认识也是很正常的，但前提是案件事实必须能够确定。如果人民法院判决、裁定确认的案件事实本身都没有查清，或者依据不足，就难以在法律上对其作出是否公正、是否准确的评判。同样，检察机关凡是认为要提出刑事抗诉的案件，也必须有确凿的事实依据，这样才能判断抗诉的正当与否。

（二）提出刑事抗诉必须有适格的证据依据

对于检察机关认为法院判决、裁定在认定案件事实上存在错误的，必须有适格的证据依据。一是要求检察机关据以支持自己刑事抗诉主张的证据内容、形式以及证据的来源必须符合法律的规定。二是要求所有支持抗诉主张的证据都必须符合客观实际，不能有任何主观臆断。三是所有的证据和案件事实之间，以及证据和证据之间还应该具有紧密的联系。如果检察机关提出抗诉主张的证据不符合证据的"三性"标准，如采用刑讯逼供等其他非法手段获得的证据，或与案件事实无关的证据等，即使再多也不能用来支持自己的刑事抗诉主张。否则，提出抗诉的本身就失去了法律监督的正当性。

（三）提出刑事抗诉必须有正当的法律依据

检察机关认为法院判决、裁定在定罪、量刑或其他适用法律上存在错误时，必须要有正当的法律依据。首先，这个依据是法律依据，不是学理依据，不是学界专家教授包括一些权威的专家教授对某一问题的看法或观点。因为对很多法律问题特别是一些存在争议的问题，专家教授可能仁者见仁，智者见智，存在不同的看法。一些权威的甚至是学界公认的专家教授，其观点仅代表自己的一方观点，不能代替法律，不能用作抗诉的依据。其次，是具有法律效力的法律依据，不是检法内部或其他不具法律效力的文件、纪要等依据。在司法实践中，检、法两家之间，甚至检法各自对一些问题进行研讨，形成一些共识，有些共识并未形成具有法律效力的规范性文件。这些不具有法律效力的规范性文件一般不能作为刑事抗诉的法律依据。再次，是法律上具有明确规定的依据，而不是模棱两可的依据。对于某种情形应当定什么罪，量多少年刑都必须有明确的规定，这也是罪刑法定原则的根本要求之一。如对于牵连犯，法律有的规定实行数罪并罚，有的规定从一重罪处理，有的则没有作出明确规定。对没有作出明确规定的，就不能认为对牵连犯一定是实行数罪并罚或从一重罪处理。

二、抗诉理由的充分性

(一) 抗诉理由充分的判断依据

刑事抗诉理由的充分性是抗诉理由量的体现,就是指检察机关提出抗诉的理由充足翔实。在刑事抗诉工作实践中,判断一个案件的抗诉理由是否充分,通常可以从以下几个方面加以分析判明:

1. 提出抗诉主张的事实清楚,符合案件实际情况;
2. 提出抗诉主张的证据具备客观性、关联性和合法性;
3. 抗诉主张的每一环节均有相应的证据予以证实,且抗诉主张与证据之间、证据与证据之间没有矛盾;
4. 提出抗诉主张的证据能形成完整的锁链;
5. 提出抗诉主张的法律依据充分;
6. 如果不以抗诉手段加以纠正,错误判决、裁定就会生效,影响到审判的公正等。

[**案例**] 被告人牛××,绰号"老牛",男,1989年8月8日出生。2008年6月27日18时许,被害人刘××(女,1995年1月8日生,时年13周岁)在其父亲刘某的陪同下至公安局报案称:2007年9月,刘××在工人俱乐部溜冰场结识外号"老牛"(即牛××)的男青年,随后二人多次发生性关系,现刘××已怀孕。公安机关于2008年6月28日立案侦查,同年7月3日晚,被害人刘××的父亲刘某通过他人联系到牛××,并约其当晚至刘某暂住处商谈,牛××到后被刘某扣留并报警,民警将其带回派出所审查,牛××对与刘××多次发生性关系并致刘怀孕一事供认不讳。

区人民检察院指控被告人牛××犯强奸罪,并建议对被告人牛××判处有期徒刑11至13年。区人民法院一审以被告人牛××犯强奸罪判处有期徒刑3年。区人民检察院收到一审判决书后,认为被告人具有奸淫幼女的法定从重处罚情节,又具有奸淫幼女多次,并致幼女怀孕等酌定从重处罚情节,且没有法定从轻、减轻处罚情节,一审判决在认定被告人奸淫幼女多次,并致幼女怀孕的犯罪事实基础上,仅判决被告人有期徒刑3年,量刑明显不当,一审判决适用法律错误,且量刑畸轻,拟提出抗诉。

我们认为,该案一审检察机关的意见虽亦有一定道理,但本案有其特殊性,是否应该提出抗诉值得商榷。理由是:虽然被告人具有奸淫幼女的法定从重情节,但被告人与被害人的年龄均处于构罪年龄临界点,双方系在谈恋爱的过程中自愿发生性行为,与一般奸淫幼女的行为有所不同,被告人主观恶性、造成的社会危害性较轻,一审判决量刑尚无明显不当,故不宜提出抗诉。

（二）抗诉理由不够充分的一些情形

抗诉理由不够充分的情形在实践中也是比较多的，但经常见到的主要有以下几种情形：

1. 被告人提出罪轻、无罪辩解或者翻供后，有罪证据之间的矛盾无法排除，导致起诉书、判决书对事实的认定分歧较大的

这种情形，尽管起诉书、判决书对事实的认定分歧较大，但是由于被告人提出罪轻、无罪辩解或者翻供后，有罪证据之间的矛盾无法合理排除，认定被告人有罪或者被告人的某几节犯罪事实的证据不足，一般不宜提出抗诉。

2. 裁判法律文书出现技术性差错，但未影响案件实质性结论的

这种技术性差错往往是人民法院工作人员的粗心所致，只要没有影响到案件诉讼参与人的各项诉讼权利，没有影响到对案件性质的准确判定，没有影响到司法活动的严肃性，就没必要提起刑事抗诉。如果确需纠正，可以以检察建议等形式，建议人民法院更正法律文书中的差错即可。

3. 法律规定不明确、存有争议，抗诉的法律依据不充分的

由于法律条文文字本身的局限性，现实情况千差万别，以及随着社会的不断发展，会不断出现一些新的社会现象。对于这些社会现象是否定罪、定此罪还是彼罪以及如何量刑等，法律规定并不明确或者存在较大的争议。针对这种情况，抗诉的法律依据又不充分的，检察机关不宜提出刑事抗诉。

4. 人民法院在对被告人量刑时稍有偏轻偏重，但尚未超出法定量刑幅度的

"法定量刑幅度"是指根据该起案件的具体情况，依照法律规定所应当适用的具体量刑档次和幅度，而不是法律条文里对该类案件一般适用的量刑幅度。由于法律条文相对比较原则和抽象，人民法院在具体裁量刑罚时必然要根据案件的具体情况，在一定的范围内斟酌确定，检察机关对人民法院的自由裁量权应当予以尊重。人民法院的判决、裁定在行使自由裁量权时，只要没有超出该起案件应该适用的法定量刑幅度，即使稍有偏轻偏重，检察机关也不宜提出抗诉。当然，如果这种偏轻偏重的裁判在社会上造成了比较严重的负面影响，并进而影响到了司法的严肃性，则要根据具体情况，另当别论。

三、抗诉理由的合理性

（一）抗诉理由合理的依据

"抗诉理由充分"除了必须具备抗诉理由的正当性和充分性以外，还必须把握好抗诉理由的合理性。可能有些案件抗诉理由不仅是正当的，而且还是比较充分的，但综观全案，权衡利弊，从更高层面上来看，很可能据此提出抗

诉、重新审判就不一定合理。抗诉理由合理要求检察机关在把握抗与不抗的尺度时，所作出的检察决定要合乎法律的规定，合乎理性的思考，合乎具体的情况，更要注意的是要把刑事抗诉工作放在国家建设与发展的整个大背景中去思考，要服从大局、服务大局，尽可能地找到法律与情理的最佳结合点，慎重准确地依法行使刑事抗诉权，尽最大努力把握好办案法律效果和社会效果的高度统一。抗诉理由合理的判断依据，一般可从以下几方面加以判断：

1. 是否符合社会公共利益和最广大人民群众的根本利益；
2. 是否合乎公众的一般认知水平、道德观念和价值判断；
3. 是否有利于实现司法公正与效率；
4. 是否符合国家各项基本刑事政策；
5. 是否有利于构建社会主义和谐社会，等等。

（二）抗诉理由不尽合理的一些情形

在抗诉实践中，有些案件可能从法律上来说，提出抗诉并无不当，但如果从情理以及社会效果等方面来加以考察，则可能会有些不尽合理的情况。下述情形，如果检察机关发现判决、裁定确有错误也不一定要提出抗诉：

1. 被告人认罪并积极赔偿损失，得到被害人谅解，人民法院适当从轻判处的

在办理刑事案件中强化化解矛盾的工作是检察机关的工作任务之一，人民检察院不仅仅是构建社会主义和谐社会的保障者，也应该是社会主义和谐社会的建设者。检察机关在办理刑事抗诉案件中，对于大多数因人民内部矛盾引发的刑事案件，应当本着"冤家宜解不宜结"的精神，加强对于与犯罪有关的社会矛盾、纠纷的化解和调处工作，将矛盾化解情况和被告人与被害人达成协议以及履行情况作为考虑从宽处理的一个重要因素。对于被告人认罪悔过、赔礼道歉、积极赔偿损失，得到被害人谅解或者双方达成和解并切实履行的案件，人民法院适当从轻判处的，检察机关应当给予积极评价。

2. 未成年人犯罪案件，人民法院处罚偏轻的

办理未成年人犯罪案件应当坚持"教育、感化、挽救"的方针和"教育为主，惩罚为辅"的原则。除极少数主观恶性大，社会危害特别严重的案件以外，人民法院对未成年人犯罪案件处罚偏轻的，检察机关一般不宜对此类案件提出抗诉。

3. 具有法定从轻、减轻情节的案件，人民法院处罚偏轻的

此类案件反映出被告人具有刑法宽宥的正当性，而法官在判决时享有法定幅度内的一定的自由裁量权，对此我们也应予以尊重。在罪刑基本相当的情况下，不宜提起抗诉。

4. 当时判决、裁定量刑畸轻，但检察机关并未提出抗诉，时过境迁后，被告人已刑满释放，回归社会且遵纪守法，确已悔改，刑罚的目的已经达到的

对这样确有错误的判决、裁定，就不应再去提出抗诉，要求人民法院纠正。执法的最高境界就是追求法律与情理的高度统一。对这类案件就不能仅仅考察是否合法，而不去认真考虑是否合理。

第四节 "有抗诉必要"的认定

一、"有抗诉必要"的审查判定

人民检察院在审查人民法院的刑事判决、裁定时，如果发现该判决、裁定确有错误，并且抗诉理由充分，一般还没有完全符合刑事抗诉的基本条件，还应当分析有无抗诉必要。

（一）认定事实方面如何把握"有抗诉必要"

刑事抗诉是履行审判监督职能的重要手段，但检察机关进行审判监督的手段和途径是相当丰富的，即使在审判阶段也有当庭口头建议、书面检察建议、纠正违法通知书、检察长列席审判委员会等。在认定事实方面，需要提出刑事抗诉的必须是由于判决、裁定对事实的错误认定，已经或可能影响到法律的统一和正确实施，影响到司法的公平和正义，影响到国家机关的执法形象和声誉。所谓的事实认定，应当包括犯罪事实的认定和犯罪情节的认定。司法实践中，在认定事实错误方面应注意从以下几方面来准确把握有无抗诉必要：

1. 对重要犯罪事实或法定情节认定错误而导致错误裁判，对司法实践产生不良影响的

检察机关在审查判决、裁定时，一般都会注意比较裁判认定事实与公诉指控事实的异同，也容易及时发现人民法院裁判在重要事实认定上存在的一些错误。从大量抗诉案例来看，检法两家争议比较多的是对法定情节的不同认识而产生的分歧，尤其是对自首、立功等法定从轻、减轻情节的分歧相对较多。对这类争议案件在把握是否有必要提出抗诉时，除了要分析判决、裁定在量刑上有无畸轻畸重之外，还要注意考察判决、裁定在事实、情节方面的认定标准和结果，以及对司法实践可能带来的不良影响。如果判决、裁定在认定重要犯罪事实和法定情节方面发生错误，即使在量刑上并没有导致畸轻畸重的结果，但已造成司法认定上的标准不一和司法实践的混乱，给公正司法带来了严重的负面影响，也应该依法抗诉，予以纠正。

2. 对一般犯罪事实或者酌定情节认定错误而导致量刑畸轻畸重的

人民法院通过开庭审理案件,作出的裁判结论与公诉意见存在差异,这在司法实践中也很正常,在对案件一般事实的认定以及有关酌定情节的认定上出现一些错误也在所难免,关键是看其所作出的结论是否导致了对被告人量刑上的畸轻畸重。如果在案件的一般事实以及有关酌定情节的认定上虽有错误,但还没有导致量刑上的畸轻畸重,我们认为,对这样的裁判结论也没有提起抗诉的必要。只有这样的错误已导致裁判的畸轻畸重,已影响到司法的公正和法律的统一正确实施,才应该将其作为检察机关提起抗诉的对象。

3. 判决、裁定认定事实错误,量刑虽然未致畸轻畸重,但社会影响恶劣的

有些判决、裁定虽然仅在认定案件的一般事实上发生了错误,量刑可能也没有出现畸轻畸重的情况,但如果由于该裁判认定案件事实的一些错误,在社会上已引起恶劣的负面影响。为了以正视听,让社会公众了解客观事实真相,消除各种负面影响,对这类裁判结论也应当依法及时提出抗诉,以表明检察机关的态度,维护司法的公信力和权威性。

(二)采信证据方面如何把握"有抗诉必要"

我国刑事诉讼采用严格的证明标准,即每起案件必须做到"事实清楚,证据确实充分"才能予以认定。要求定罪量刑的事实都有证据证明,据以定案的证据均经法定程序查证属实,综合全案证据对所认定的事实已排除合理怀疑。在整个刑事诉讼过程中,司法人员都应该遵循同样的证据标准。但这并不是说,凡是人民法院裁判在采信证据问题上可能存有错误的,检察机关就应一概提出抗诉。由于检察机关和审判机关所处的角度不同,工作职责的不同,在刑事诉讼进行过程中对同样的证据产生各种不同的认识和差异,甚至是产生判断上的失误是难免的,关键还是要看人民法院在错误采信证据后,是否最终导致了裁判的错误。司法实践中,通常具有以下几种情形之一的,应该视作在采信证据方面确有错误,并有抗诉必要:

1. 人民法院采信自行收集的证据,未经庭审质证即作为裁判的根据,导致裁判错误的。

[案例] 被告人王某原系某省投资服务总公司总经理。1998年3月5日,某区人民检察院指控被告人王某利用职务之便,在与金某商谈办理公司注册资金验资的业务活动中,于1997年2月27日收受金某送的好处费3万元,构成受贿罪。法庭审理中,王某对指控收受3万元无异议,但辩解称,受贿款中有2万元以公司名义借给公司聘用的职员曹某。辩护人则辩称:第一,收受的钱款中有2万元已以公司名义预支给了曹某,作为曹某的部分年薪,应从赃款中扣除;第二,王某认罪态度好,已退出赃款,建议对王某从宽判处缓刑。公诉

人当庭提出，王某这一辩解与其以前的供述互相矛盾，且没有相应的证据证明，不能成立。庭审后，法庭对王某的辩解作了调查，收集了曹某等人的证言，认为可予采纳，据此，以被告人王某收受金某好处费3万元，其中以公司名义借支给曹某2万元，作为曹某的年薪预支款，此款虽未从公司财务支出，但有曹某等人的证言证明属实，应将其从受贿数额中扣除。王某实得1万元，判处有期徒刑1年，缓刑2年。

检察机关认为，一审判决采纳了未经庭审质证的证人证言，违反了刑事诉讼法的规定，影响了对案件事实的正确认定，遂提出抗诉。市中级人民法院经开庭审理，采纳了抗诉意见，撤销原判，将案件发回重审。①

2. 人民法院不采纳检察机关庭前收集并经庭审质证的有效证据，仅因被告人翻供或证人变证而判决无罪或改变事实认定，造成错误裁判的。

由于言词证据的多变性，被告人翻供和证人变证是司法实践中最常见的证据变化情况。碰到这种情况，一定要本着重证据、重调查研究、不轻信口供的原则来办理。如果人民法院在审判活动中，仅因相关言词证据发生了变化，就忽视了言词证据之间、言词证据和其他证据之间的客观性、关联性和合法性，就不采纳依法收集的法定有效证据，并作出了错误裁判的，检察机关应当通过抗诉程序予以监督纠正。

3. 人民法院与检察机关因对证据的认识不同而产生分歧，并进而作出了错误判断，导致裁判错误的。

在刑事诉讼过程中，不同的司法人员由于各自所处的地位不同以及法学理论水平和办案经验的差异，对同一个证据产生不同的看法，这很正常，关键是看其对证据的审查、判断和运用有没有严格按照法律的规定进行，是不是符合证据的本质属性。检察人员在采纳证据方面判断有无抗诉必要时，可以参照下列标准进行评判：一是据以定罪的证据是否均已查证属实，即每一份证据是否都具有证据的客观性、关联性和合法性的本质属性；二是案件事实均有必要的证据予以证明，没有证据证明的事实不能认定；三是证据之间、证据与案件事实之间的矛盾能够得到合理排除；四是所有证据对案件事实的证明结论是唯一的，排除了其他可能性。如果人民法院的裁判在证据的审查判断上不符合上述四个标准，那么案件的处理结果必然就难以做到公正和准确，也就应当认为"有抗诉必要"。

4. 出现了新的证据证明人民法院采信的原有证据有误的。

[案例] 2005年12月28日，被告人朱××伙同王某、郝某等8人，经预

---

① 黄河等：《刑事抗诉的理论与实务》，中国检察出版社2001年版，第378页。

谋后携带刀具、绳子、胶布等作案工具，乘车至某废品收购站欲实施抢劫，因该废品收购站老板不开门而未果。接着，被告人朱××即提出到另一家"东风"废品收购站抢钱。因朱××与老板徐某相识，故由王某等7人以卖废品为由，骗得徐某之妻陈某开门后进入屋内，持刀威胁徐某、陈某，并用绳子将2名被害人的手脚捆住，用胶布封住陈某的嘴。在劫得2名被害人现金人民币12万余元后，8人逃离现场。2006年1月，朱××、王某、郝某3人被警方抓获。一审中，朱××因抢劫被判处有期徒刑11年，朱××不服，以没有作案时间为由提出上诉。二审庭审中，朱××的辩护人提供了1张2005年12月27日晚上海至江苏泗阳高速巴士车票，2份吴××、徐××关于当月28日上午在泗阳见到过朱××的证人证言。二审人民法院采信这一证据，认为原判抢劫事实不清、证据不足，撤销抢劫罪判罚。

检察机关经仔细研判认为，辩护人提供的车票属非实名制车票，没有乘坐人姓名，不能据此证明该车票的乘坐人就是被告人朱××；上海发往江苏泗阳的高速巴士每天有两个班次，一班早上4时20分发车，一班晚上20时30分发车，途中时间一般五六个小时。故吴××、徐××的证言，只能证明2005年12月28日上午10时后，朱××在江苏泗阳，但不能证明朱××没有抢劫作案时间。上述证据不具有排他性。此外，二审判决后，同案另3名参与本案抢劫犯罪的被告人陆续到案，并供认朱××参与抢劫，与先期归案的王某、郝某供述相印证，且相关作案细节吻合。据此，该案经审判监督程序抗诉，人民法院经再审认为被告人朱××的辩解及其辩护人的辩护意见并不能得到有效证据证实，以被告人朱××犯有抢劫罪，判处有期徒刑11年。

（三）法律适用方面如何把握"有抗诉必要"

司法人员准确认定案件事实，依法审查、判断、运用证据，都是为了保障最后适用法律的正确。只有法律适用正确，才能发挥人民法院判决、裁定的有效教育和惩治功能，才能维护法律的统一和正确实施。在法律适用方面既要审查法院裁判在实体法适用方面的正确与否，又要审查法院裁判在程序法适用方面的正确与否。在这方面认为"有抗诉必要"的主要有以下几种情形：

1. 人民法院审判活动严重违反法定诉讼程序，影响公正裁判的

诉讼程序是实体法得以贯彻实施的保障，没有程序法的公正，实体法的公正就无从谈起。如果人民法院在审判活动中出现了严重的程序违法行为，必然要影响到案件当事人的各项诉讼权利的有效行使，其结果也必然要影响到案件最终裁判结果的准确性和公正性。某市一区人民法院在按照普通程序审理被告

人王××盗窃一案时,① 在法庭审理过程中,被告人作最后陈述后,审判长未宣布休庭合议,就直接进行了宣判,严重违反了刑事诉讼法的有关规定,属于"先定后审",根本就没有认真听取被告人的最后陈述,影响了公正裁判。区检察院发现这一问题后,认为有必要提出抗诉。市中级人民法院经审理后认为,检察机关抗诉有理,根据刑事诉讼法的有关规定,裁定撤销原判,发回重审。

2. 审判人员在审理案件期间有贪污受贿、徇私舞弊等行为,影响公正裁判的

审判人员的秉公执法是人民法院作出正确裁判的前提和条件,如果审判人员本身在审理案件期间,贪污受贿、徇私舞弊,必然难以保证裁判结论在适用法律方面的公正和准确。

3. 判决、裁定适用法律错误,且社会影响恶劣的

人民法院的生效裁判对于引导正确的社会舆论,彰显优良的道德价值观,往往具有积极的促进作用。但是,如果是错误的生效裁判,其对于整个社会各方面的危害,同样是十分严重的。在检察机关的抗诉对象中,适用法律错误的裁判应该是重中之重。有的时候,检察机关通过抗诉一起法律适用方面的典型错误案件,可以纠正一类在法律适用方面带有倾向性的错误,这对规范司法行为,准确适用法律,公正履行法定职责会起到很好的示范效应,对整个社会也会起到良好的教育和引导作用。比如,在1997年刑法颁布以前,有些地方法院对国家工作人员主体身份的认定出现了偏差,导致了一些本应按照贪污贿赂犯罪定罪量刑的犯罪分子,被错误地按照职务侵占和商业贿赂的有关罪名定罪量刑,造成法律适用上的严重错误。检察机关通过抗诉权的正确行使,纠正了一批在这方面适用法律错误的案件,收到了很好的社会效果和法律效果。

4. 人民法院判处死刑立即执行的案件,如果犯罪分子具有某种可以适当从宽的酌定情节,不是非杀不可的

这类案件虽然后果比较严重,判决、裁定认定事实、适用法律也没有什么大的问题,但由于没有考虑案件的具体情况,不符合我国一贯坚持的"少杀、慎杀"刑事政策,检察机关也应该认为"有抗诉必要"。

[案例] 1997年3月9日晚,四川省绵阳市江油市某村村民王××,前往本村村民张甲某家向张索要婚姻介绍费未果,双方发生争吵,王××持瓦块将张甲某的左颧部击伤。张甲某的儿子张××闻讯赶至现场,随手从田地里拔起一根松树枝朝王××的肩部、头部猛击两下。王××转身逃跑,张××追至王××的身后,双手持松树枝朝王××的后脑猛击数下,致王××倒地并当场死亡。经法医鉴定:王××因头部钝器伤致严重颅脑损伤死亡。人民法院经审理

---

① 黄河等:《刑事抗诉的理论与实务》,中国检察出版社2000年版,第377页。

认为，被告人张××见其父与被害人发生纠纷非但不劝止，反而持棒故意非法剥夺他人生命，其行为构成故意杀人罪，且情节、后果严重，应依法严惩，以故意杀人罪判处张××死刑。

宣判后，绵阳市人民检察院认为一审判处张××死刑不当，遂提出抗诉。抗诉理由为：一是本案受害人王××并没有帮助张家介绍婚姻成功，却无理索要介绍费，遭拒绝后又与人发生争吵，并拿瓦块砸伤他人，王××有过错，对本案危害后果的发生负有一定责任；二是张××是在看到其父被王打伤后，才起意追打王的，属于临时激愤杀人，动机不卑劣；三是到案后，张××的认罪态度较好，并积极赔偿损失，不属不杀不足以平民愤。1998年3月12日，四川省高级人民法院审理认为，检察机关抗诉理由成立，应予采纳，当庭改判张××死刑，缓期2年执行。

二、无抗诉必要的常见情形

（一）认定事实和采信证据方面无抗诉必要的常见情形

1. 案件基本事实清楚，因有关量刑情节难以查清，人民法院从轻处罚的。这种情形是人民法院基于有利于被告人原则进行量刑。因有关量刑情节难以查清，人民法院对被告人予以从轻处罚，法院的判决、裁定并不存在明显的错误，提出刑事抗诉的理由不足，不宜提出抗诉。

2. 认定事实稍有偏差，但不影响对被告人的定罪判刑的。这种情形，虽然法院裁判对检察机关指控的事实，在认定时有所偏差，甚至有些错误，但只要最后的裁判结论没有影响到对被告人定罪量刑的准确性，就还没有必要去通过抗诉的手段，予以纠正。

[案例] 被告人赵某原系集体企业工作人员，2000年10月至2004年6月在受镇政府委派担任镇经济开发区负责人期间，利用职务便利，先后三次将本单位公款共计171万元，用于其本人参股的××服装公司成立验资以及此后的营利活动，事后均及时归还了公款。2007年1月，赵某主动向镇领导交代了自己曾经挪用公款的事实，遂被移送检察机关立案。

该案公诉后，一审人民法院审理认为：检察机关起诉的赵某第一次挪用31万元用于成立私人公司验资的事实清楚，但后两笔共计140万元的事实，经查，按照该镇经济开发区负责人职责规定，被告人赵某有义务为开发区的招商引资以及为客户验资所需的资金进行筹措。为此，赵某在职权范围内代表镇经济开发区经常至注册在开发区内的××公司提取资金为其他客户代为验资，××公司不收取任何费用；而××公司缺少流动资金时，镇开发区也汇款至该公司。因此，客观上开发区和××公司资金上互有往来，应视为互惠互利的协作关系，对该两节挪用事实不予认定。以挪用公款罪，判处赵某有期徒刑3年，宣告缓刑3年。

县人民检察院认为，一审法院以赵某所在的××公司与经济开发区之间存在互惠互利协作关系而否定其第二、三笔挪用公款的性质属认定事实错误，并提出抗诉。二审检察机关审查后认为：镇经济开发区与××公司之间并不存在互惠互利关系，从审计材料反映，2000年10月至2007年2月，赵某先后个人决定将开发区资金共1400余万元陆续划至××公司账上，因此，即使赵某代表开发区经常去××公司提取资金为开发区客户代为验资等，实际上用的还是开发区放在××公司账上的资金。开发区划到××公司的资金共有1400多万元，而××公司划到开发区账上使用的资金仅为200余万元，且大多为当天归还，两者差额巨大，以此认定双方为互惠互利关系，而否定赵某挪用公款为个人公司营利的事实确有偏差。但考虑到司法实践中对此类行为定性确有争议，且被告人系主动投案自首，并已退还全部挪用款项，即使将一审没有认定的140万元计算在内，也在同一量刑幅度内，对其定罪量刑影响不大。据此认为，该案没有抗诉必要。最后作了撤抗处理。

3. 判决或裁定采信的证据不确实、不充分，或者证据之间存有矛盾，但是支持抗诉主张的证据也不确实、不充分，或者不能合理排除证据之间的矛盾的。

[案例] 某县人民检察院认定该县港东小学校长张某，于2003年七八月间，利用主管学校财务的职务便利，从学校账上预支102000元后用于赌博、还债等，事后因无钱与财务结账，张某以支付蔡某工程款的名义，写了张8万元的白条，并冒充蔡某的签名后，交财务入账，此款直至案发时尚未支付给蔡某。因此，此节事实构成挪用公款罪。

一审人民法院经审理认为，港东小学确实与蔡某有尚未结算的工程款，张某本人虽然供认了其私自挪用本单位应支付给蔡某的工程款的事实，但证人蔡某陈述其是知道张某挪用此8万元的，也就是说，蔡某已经默许张某使用本该支付给他的部分工程款，因此不能就此简单认定张某是擅自挪用单位公款。一审判决对此节挪用事实未予认定。

县人民检察院提出抗诉认为，张某在检察机关侦查期间交代了此款是在蔡某不知情的情况下被其挪用的，蔡某的陈述难以排除伪证嫌疑，而张某的供述则比较符合客观事实，应予认定。二审检察机关在审理时认为：被告人张某使用冒用蔡某签名的8万元白条入账抵充其预支款的事实可以确认，但由于蔡某系港东小学教育楼修建工程的承包人，该工程是包工包料。工程完工后，学校还没有与蔡某结算工程款。如果张某在蔡某不知情的情况下，使用白条冲抵其挪作私用的预支款，其行为符合挪用公款罪的特征；如果蔡某知情并同意的话，则该款性质就发生了变化，属于被告人与蔡某个人之间的债务关系，认定张某挪用公款也就缺乏依据。在张某与蔡某两人说法不一的情况下，一审人民法院采纳了蔡某的陈述，虽然判决理由并不充分，依据也不能使人信服，但检察机关就此认定张某的供述符合客观事实，同样理由并不充分，也缺乏依据。因此二审检察机关最终对此节事实未予支抗。

4. 人民法院以证据不足、指控的犯罪不能成立为由，宣告被告人无罪的案件，人民检察院如果发现新的证据材料证明被告人有罪，应当重新起诉，不能提出抗诉。这是一种比较特殊的情形。

5. 刑事判决改变起诉定性，导致量刑差异较大，但没有足够证据证明人民法院改变定性错误的。司法实践中，往往存在人民法院改变检察机关指控罪名的情况，如将贪污罪改为职务侵占罪，将挪用公款罪改为挪用资金罪，将抢劫罪改为抢夺罪等，对于人民法院是否有权改变检察机关指控的罪名，学界和司法实务界本身存在争议。刑事判决改变起诉定性，尽管导致量刑差异较大，但检察机关没有足够证据来证明人民法院改变定性是错误的，刑事抗诉的理由不足。

（二）适用法律方面无抗诉必要的常见情形

在把握刑事抗诉条件时尤其要注意发挥各项刑事司法政策在抗诉工作中的指导作用，增强打击效果，有效化解社会矛盾，达到抗诉的法律效果和社会效果的有机统一。根据高检院的有关规定，在法律适用方面无抗诉必要的情形主要有：

1. 被告人具有法定从轻、减轻情节的案件，人民法院处罚偏轻的

这种情形之所以认为无抗诉必要，是因为对法院"处罚是否偏轻"是一个主观判断，不同的人可能有不同的看法。而且被告人本身具有法定从轻、减轻情节，要确认人民法院判决、裁定确有错误，理由并不充分。所以，尽管人民法院处罚偏轻，但只要被告人具有法定从轻、减轻情节，人民法院量刑又在法律规定范围内，就不宜提出刑事抗诉。

2. 判决、裁定认定罪名不当，但量刑基本适当的

刑事抗诉的目的之一既在于打击犯罪，也在于保障被告人的合法权益。法院判决、裁定认定罪名不当，但量刑基本适当的，既无损于打击犯罪，也基本无损于被告人的合法权益，而且对许多案件事实的定性，检法两家甚至学术界和司法实务界本身存在较大争议，对于此类案件提出刑事抗诉意义不大。

3. 人民法院在审判活动中虽然违反法定程序但尚未达到严重程度的或者未影响公正裁判的

程序法上的错误是刑事抗诉的基本条件之一，但是这种错误是指必须达到"严重违反法定诉讼程序"的行为。换言之，程序上轻微的违法行为虽然属"确有错误"，抗诉理由也较充分，但尚无提起抗诉的必要。所谓"严重违反

法定诉讼程序"一般可理解为由于司法机关在诉讼程序上的违法行为已严重影响到对案件处理实体上的公正与公平的情形。

4. 因学术上不同理解而对裁判产生分歧意见,但影响不大的

例如,在于某诈骗抗诉案中,人民检察院认为,被告人的行为既符合诈骗罪的构成要件,又符合招摇撞骗罪的构成要件,属于典型的法条竞合,依法应适用特别法优于普通法的原则,对被告人以招摇撞骗罪定罪,而不是以诈骗罪定罪,一审适用法律错误,应该予以纠正。关于法条竞合如何处理,我国刑法并没有明确规定,根据我国的刑法理论,如果出现法条竞合问题,适用法律所遵循的原则是特别法优于普通法、全部法优于部分法、重法优于轻法等,而且具体适用应符合罪刑相适应的原则。于某案中被告人的行为分别触犯两个罪名和法条,一审适用重法优于轻法原则,以诈骗罪对被告人定罪量刑,并无明显不当,且法条竞合适用原则有争议,故本案抗诉理由不充分,不宜提出抗诉。

三、审判监督程序"有抗诉必要"的特殊条件

审判监督程序刑事抗诉的基本条件在许多方面和二审程序刑事抗诉的基本条件是相同的,即同样必须具备"判决、裁定确有错误,抗诉理由充分,有抗诉必要",但在具体把握审判监督程序的刑事抗诉条件时还要注意二审程序的抗诉与审判监督程序抗诉的区别。为了维护人民法院生效判决、裁定的稳定性和司法权威,法律对提起审判监督程序重新审理案件规定了比较严格的条件和前提,因此,检察机关依照审判监督程序提出抗诉的案件除了要坚持抗诉的基本条件外,还应当注意把握好审判监督程序的一些特殊抗诉条件。

(一) 时效性

对于已经发生法律效力的错误判决、裁定应该在什么时间内提出抗诉,法律上虽然没有规定具体的时限,但从维护人民法院判决、裁定的稳定性,以及有利于犯罪分子教育改造的角度出发,对人民法院判决、裁定发生法律效力后六个月内未提出抗诉的案件,如果没有发现新的事实或者证据的,一般也不得为加重被告人刑罚而依照再审程序提出抗诉。[①]这是因为:一是如果在人民法院判决、裁定发生法律效力后较长时间再提出审判监督程序的抗诉,因时间久远,有些案件重新审查需要花费大量的人力、物力和财力,不符合诉讼经济原则;有些案件则会因证据时过境迁而湮灭,根本无法查清。二是人民法院判决、裁定发生法律效力后,经过较长的时间,有些判决、裁定已经执行完毕,

---

① 2006年12月28日最高人民检察院颁布的《关于在检察工作中贯彻宽严相济刑事司法政策的若干意见》。

有些犯罪分子经过较长时间的服刑，已经得到了相当程度的劳动改造。这时再提出审判监督程序的抗诉，既不利于维持稳定的社会秩序，也有违改造罪犯为新人的刑罚目的。

当然，检察机关在把握上述再审程序的刑事抗诉时，要注意两种例外情况：第一，发现新的事实或者证据的除外。如果发现新的事实或者证据，这说明原审判决、裁定确有错误，如果仅仅因为时间较长就不予纠正，这不符合我国"实事求是，有错必纠"的刑事方针。第二，为减轻被告人刑罚的除外。许多国家的刑事法律规定，如果是为有利于被告人利益的抗诉，则不受一事不再理诉讼原则的限制。为减轻被告人刑罚而提起再审程序的抗诉，并不违背改造罪犯为新人的刑罚目的。综上，从严格把握审判监督程序抗诉案件的时效性出发，当发现发生法律效力的法院判决、裁定确有错误时，应当尽快提出刑事抗诉，而不能久拖不抗。

(二) 特殊生效刑事裁判的抗诉条件

1. 严格把握判处死刑缓期二年执行案件的抗诉条件

"保留死刑，严格控制死刑"是我国的基本刑事政策。[①]实践证明，这一政策是完全正确的，必须继续严格执行。我国现在还不能废除死刑，但应逐步减少适用，凡是可杀可不杀的，一律不杀。办理死刑案件，必须根据构建社会主义和谐社会和维护社会稳定的要求，严谨审慎，既要保证正确认定案件事实，杜绝冤错案件的发生，又要保证准确、量刑适当，做到少杀、慎杀。根据国家的死刑政策，对于人民法院判处被告人死刑缓期二年执行的案件，如有下列情形之一的，除原判认定事实、适用法律有严重错误或者罪行极其严重、必须判处死刑立即执行的以外，一般不宜按照再审程序提出抗诉：[②]

(1) 被告人有自首、立功等法定从轻、减轻情节的。目前大多数国家都废除了死刑，废除死刑的情况有：一是根本废除。即从刑事法律上根本废除了死刑。二是实际废除。即虽然刑事法律仍保留着死刑，但司法实践中已经实际上不判处死刑了。三是战时与平时相区别。即刑事法律规定在平时不适用死刑，在战时则可适用死刑。可见废除死刑是刑事司法发展的潮流和趋势。就我国现实情况和国情而言，在目前我国还没有也不能废除死刑，但是"少杀、慎杀"是我国对待死刑的一贯刑事政策和方针。对于那些可杀可不杀的，坚决不杀。本情形中，被告人有自首表现的，说明被告人主观恶性较小；被告人

---

① 2007年3月9日最高人民检察院、最高人民法院、公安部、司法部颁布的《关于进一步严格依法办案确保办理死刑案件质量的意见》。

② 2001年2月5日最高人民检察院颁布的《关于刑事抗诉工作的若干意见》。

有立功表现的,说明被告人有揭发他人犯罪的行为。为鼓励被告人积极自首或立功,严格贯彻国家死刑的刑事方针和政策,除非特殊情况,对判处被告人死刑缓期二年执行案件,一般不宜提出刑事抗诉。

(2) 因婚姻家庭、邻里纠纷等民间矛盾激化引发的故意杀人案件,被害人一方有明显过错或者对矛盾激化负有直接责任的。学界一般认为,死刑只能适用于故意杀人且被害人或者国家无任何过错的案件,对于被害人一方有明显过错或者对矛盾激化负有直接责任的,除非有特殊情况,一般不宜适用死刑。而对于因婚姻家庭、邻里纠纷等民间矛盾激化引发的故意杀人案件,从维护社会的稳定出发,在适用死刑上应更为慎重。因此,对于本情形,检察机关一般不宜提出刑事抗诉。

(3) 被判处死刑缓期二年执行的罪犯入监劳动改造后,考验期将满,认罪服法,狱中表现较好的。对于被判处死刑缓期二年执行的罪犯入监劳动改造后,尽管在刑罚执行期间发现其应当判处死刑立即执行的其他情形,但由于罪犯考验期将满,认罪服法,狱中表现较好,说明罪犯并非非杀不可,而是具有一定的可改造性。从改造犯罪,促使罪犯回归社会的刑罚最终目的出发,除非存在特殊情况,一般也不宜提出审判监督程序的抗诉。

2. 严格把握二审未抗诉而事后为加重被告人刑罚而提出的抗诉

对于人民法院第一审宣判后被告人提出上诉,而人民检察院在法定期限内未提出抗诉的案件,如果没有发现新的事实或者证据的,一般也不得为加重被告人刑罚而依照审判监督程序提出抗诉。①上诉不加刑是我国的一项刑事审判原则。《刑事诉讼法》第226条规定:"第二审人民法院审理被告人或者他的法定代理人、辩护人、近亲属上诉的案件,不得加重被告人的刑罚。第二审人民法院发回原审人民法院重新审判的案件,除有新的犯罪事实,人民检察院补充起诉的以外,原审人民法院也不得加重被告人的刑罚。"但在司法实践中,一些检察人员未能有客观公正的法律监督思想,而存在"抗轻"不"抗重"的错误观念。当一审法院判决被告人较重刑事处罚时,不予提出刑事抗诉。但当被告人上诉后,二审法院通过改判判决被告人较轻刑事处罚时,便在判决生效后,提出审判监督程序的抗诉,以求加重被告人的处罚。这实际上变相地加重了被告人的刑事处罚,剥夺了被告人的上诉权。

我们认为,以审判监督程序抗诉来纠正因被告人上诉而发现的处罚过轻案件的做法不宜提倡。理由如下:

---

① 2006年12月28日最高人民检察院颁布的《关于在检察工作中贯彻宽严相济刑事司法政策的若干意见》。

第一，法律规定上诉不加刑原则的本意，在于提供一种法律保障，不使被告人因提出上诉而处境恶化，处于更为不利的法律后果。这种法律后果不仅在短期内不应出现，而且在此后相当一段时期内也始终不应出现，否则就会给人一种"秋后算账"的味道，让人心有余悸。久而久之，势必影响被告人对上诉权利的行使。

第二，上诉不加刑是一种特定的原则，在具体执行过程中，可能会造成个案的不公正，但其根本目的在于追求整体的司法公正。我们不能为了纠正个案而破坏司法的整体公正形象。而且，从某种意义上而言，对于上诉不加刑原则而产生的对被告人处罚过轻的，是准确适用法律的结果，体现出一种程序上的公正，也不存在适用法律错误的问题。

第三，通过审判监督程序抗诉后法院再审改判，虽然与二审改判形式不同，但其造成的负面影响实际上是相同的，都会在被告人的心理上投下恐惧的阴影，成为其自主行使上诉权的障碍，而且由于二审检察机关一会儿建议"维持原判"，一会儿又通过抗诉要求再审改判，有损司法的稳定性以及法律的严肃性。

第四，对一些处罚过轻的案件，没按审判监督程序予以纠正，其副作用是相当微小的。我国刑事诉讼中公、检、法三机关分工负责、互相配合、互相制约。如果人民法院一审判决处罚太轻，人民检察院在审查判决时，一般也会提出抗诉，对于犯罪分子不会轻易放纵。因此，一审人民法院处罚畸轻，并且检察机关不提出抗诉，而只有被告方上诉的案件仅是极个别的现象。二审检察机关在审理二审案件时，发现这类错误，也可以用于今后指导下级检察机关从中吸取教训，提高办案水平。但如果经常采用"秋后算账"的做法，使被告人再也不敢上诉，那么即使一审经常错判，二审也无法及时发现。一审处罚过轻等问题由于得不到及时的发现并指出，就可能一错再错，使更多的案件反而得不到处理，这样就轻纵了更多的罪犯。但是遗憾的是，在实践中，以审判监督程序抗诉通过再审来纠正因被告人上诉而发现处罚过轻的一审判决的现象经常发生，有的调研文章还把这种方法作为抗诉工作经验加以介绍，这种"秋后算账"的做法有无存在的必要，值得引起进一步的探讨。因此，为有效地保障被告人的上诉权，对于人民法院一审宣判后人民检察院在法定期限内未提出抗诉的，一般不得为加重被告人刑罚而依照审判监督程序提出抗诉，除非发现新的事实或者证据。检察机关作为法定的法律监督机关，在履行刑事抗诉职能时，应当树立正确的刑事抗诉理念，只要人民法院的判决、裁定确有错误，有充分的理由支持抗诉主张，并有抗诉必要的，不管是为加重被告人的刑罚还是为减轻被告人的刑罚，都应提出刑事抗诉，既要"抗轻"，也要"抗重"，这样才符合检察机关法律监督机关的性质，有效地保障法律的正确统一实施。

第三章
二审程序刑事抗诉的审查重点与方法

第一节 二审程序刑事抗诉的有关工作制度

一、认真审查一审刑事裁判

(一) 对照检查裁判文书和起诉书的异同

刑事抗诉是人民检察院依法履行诉讼监督职能,纠正人民法院错误判决、裁定的重要手段,各级检察机关,在长期的审判监督实践中已形成一套较为成熟的提起抗诉的具体操作办法,而其中对于一审裁判法律文书的认真审查,对于发现错误,及时启动刑事抗诉程序,又起着至关重要的作用。人民检察院公诉部门的承办人在收到人民法院一审刑事判决、裁定书后,应立即对照起诉书、判决书或裁定书,按照案件事实、证据、情节、适用法律、诉讼程序以及定罪量刑等要素,逐项进行对照审查,从中找出差异部分,并一一列明,在刑事判决、裁定书审查表上认真填写。

(二) 深刻剖析产生分歧的原因

在对照检查出起诉书和裁判文书在认定事实、情节、采信证据、适用法律以及定罪量刑等方面的不同点后,就要进行深入全面的分析和研判,从中查找出产生分歧的原因。是事实方面的缺陷,还是证据方面的瑕疵;是由于看问题的角度不同,还是因为对法律的理解不一;是人为因素,还是其他方面的原因等,为下一步的准确决策做好准备。

(三) 客观地作出正确的评价

在认真查找原因的基础上,要根据案件事实与证据的具体情况,依照法律的规定,本着实事求是的原则,作出符合客观实际的正确判断。办案人员在分析案情时,不能掺杂个人感情因素,不能以法院判决是否采纳公诉意见作为衡量正确与否的标准。只有站在公正公道的立场上,才能不受各种案外因素的干扰,及时准确地发现法院的错误所在,从而有针对性地提出合法合理的抗诉主张。

(四) 提出明确的处理意见

办案人员经过对人民法院判决、裁定书的认真对照、深刻分析和客观评价后,就应当提出明确的处理意见,层报上级审核,作出检察决定。承办人的审查意见必须明确具体,不能模棱两可。如果认为判决、裁定确有错误,抗诉理由充分,有抗诉必要,就应该明确提出抗诉主张。如果认为判决、裁定正确,或者判决、裁定虽有不当,但抗诉理由并不充分,或者无抗诉必要的,则应当在指出判决、裁定存在问题的同时,提出不予抗诉的主张供领导决策参考。

二、受理被害人提出的抗诉请求

(一) 准确理解被害人的抗诉请求权

1996年刑事诉讼法修改之前,公诉案件的当事人仅仅限于自诉人、被告人、附带民事诉讼的原告人和被告人,而被害人不属于当事人,其既无上诉权,也没有关于被害人不服一审判决如何提出请求意见,或向哪一级机关提出请求意见的规定。公诉案件的被害人应不应该享有上诉权,在法学界一直存有争议。

1. 有关被害人抗诉请求权的法律规定

1996年刑事诉讼法修改后,虽然还没有赋予被害人上诉权,但将被害人列为当事人并在该法第182条明文规定:"被害人及其法定代理人不服地方各级人民法院第一审的判决的,在收到判决书后五日以内,有权请求人民检察院提出抗诉。人民检察院自收到被害人及其法定代理人的请求后五日以内,应当作出是否抗诉的决定并且答复请求人。"法律的这一变化,对于依法保护被害人的合法权利、维护司法公正具有重要的意义。但我们在理解这一规定时应注意防止出现偏差。法律授予被害人抗诉请求权是给被害人的一种诉讼救济手段。这种手段仅仅是一种诉讼请求和主张,被害人对这一诉讼权利的行使并不能阻断人民法院一审判决生效的自然进程。而刑事抗诉权是法律赋予人民检察院履行法律监督职责所专有的公权力,其他任何机关、团体和个人都无权提出。因此,具体的抗诉实践中要坚持严格法定抗诉条件,确保抗诉质量。

2. 高度重视被害人的抗诉请求权

人民检察院在审查被害人提出的抗诉请求时,既要保障被害人的合法权益,又要严格把握刑事抗诉的标准。在受理被害人的抗诉请求时要注意防止两种倾向:一种是过分强调保护被害人的抗诉请求权,忽视抗诉条件,有求必抗。被害人是受犯罪分子侵害的直接受害者,他们对犯罪分子的憎恨往往带有浓厚的感情色彩,一旦人民法院的判决对犯罪分子处罚的幅度没有达到其原先的期望值,就易提出抗诉请求。如果有求必抗,势必影响抗诉质量,同时也会影响检察机关公正执法的形象。另一种是忽视被害人的抗诉请求。通常情况下,被害人对犯罪事实的全过程最为清楚,判决结果与他们也有直接利害关系,一旦认定事实错误或罚不当罪,他们就会提出抗诉请求,而且很可能会提供新的有力证据。如果对他们的请求不予重视,就难以保障被害人的合法权益,丧失纠正错案的最佳时机。因此,对被害人及其法定代理人提出的抗诉请求应认真审查后依法处理。人民检察院如果采纳了被害人的请求意见,依法提出抗诉,其着重点也并不仅仅在于维护被害人的利益,而在于维护法律的尊严,履行法定的监督职责。

(二) 对被害人抗诉请求的审查和处理

被害人不服地方各级人民法院的第一审判决,既可以向作出第一审判决的人民法院的同级人民检察院提出抗诉请求,也可以向作出判决的人民法院的上一级人民检察院提出抗诉请求。对由被害人及其法定代理人提出抗诉请求的案件,受理的人民检察院应立即指派专人进行审查,并在收到抗诉请求后的五日内作出是否抗诉的决定,并书面答复被害人。人民检察院经审查决定不抗诉的,应向被害人讲明不抗诉的理由和法律依据,妥善做好息诉工作。上一级人民检察院在收到被害人提出的抗诉请求后,应当及时将有关材料移送与原审人民法院同级的人民检察院,由该级人民检察院具体答复被害人。至于被害人自行决定向哪一级人民检察院提出抗诉请求,检察机关应当尊重被害人的自主选择权,不应以任何理由推脱不予接受。人民检察院在收到被害人提出的抗诉请求后,应当注意审查下列内容:

1. 认真审查请求人的身份情况

按照刑事诉讼法的规定,有权提出抗诉请求的仅仅限于被害人及其法定代理人,其他诉讼参与人无权享受该项请求权利。如果有关人员认为人民法院判决、裁定确有错误,希望人民检察院提出抗诉,就只能按照一般信访接待处理，而不是以启动审查抗诉请求的法定方式办理。

2. 认真审查请求人提出抗诉请求的期限

根据法律规定，被害人及其法定代理人有权提出抗诉请求的期限是在收到一审判决后的5日以内。如果被害人及其法定代理人提出抗诉请求的时间超过了规定期限，人民检察院虽然仍然应该接受被害人的有关申诉和请求，但不再受法定的审查程序和审查期限的限制。

3. 认真审查请求人请求抗诉的对象

按照《刑事诉讼法》第218条的规定，被害人及其法定代理人有权请求检察机关抗诉的对象是尚未生效的"地方各级人民法院第一审的判决"。也就是说，人民法院未生效的裁定和其他生效的判决、裁定并不在被害人及其法定代理人的请求权利之内。如果被害人对人民法院的这些判决、裁定不服，只能以其他方法向检察机关反映，由检察机关依照职权来自行决定是否提出抗诉。此外，要注意防止因关注化解社会矛盾而忽视对"判决确有错误、有抗诉必要"这一抗诉原则的把握。

三、坚持抗诉办案制度

（一）及时作出决定

办理刑事抗诉案件应当坚持专人审查、公诉部门负责审核，检察长或检察委员会决定的制度。①承办人审查发现判决、裁定全部或者部分否定指控的事实，或者改变定性的，或者没有采纳公诉量刑建议的，应当提出审查意见和理由，将起诉书、判决书或裁定书和刑事判决、裁定书审查表以及有关材料一并交公诉部门负责人审核。公诉部门负责人应及时审核，对于需要提出抗诉的案件，应当报请检察长决定。案情重大、疑难、复杂的案件，由检察长提交检察委员会讨论决定。检察长在拟提出抗诉或提交检察委员会讨论前，可及时将案件基本情况、起诉指控与判决认定的分歧意见等向上一级人民检察院报告，征求上一级人民检察院的意见和建议。通过上下级之间事先的沟通与协调，有利于统一认识，形成检察机关的整体监督合力，提高抗诉工作的质量和效率。

（二）严格审核把关

上级人民检察院收到下级人民检察院刑事抗诉书副本后要坚持全案审查的原则，同时要突出重点。重点审查抗诉主张在事实上、法律上的依据以及支持抗诉主张的证据是否具有客观性、合法性和关联性。要坚持非法证据排除规

---

① 2005年8月24日最高人民检察院公诉厅《关于进一步加强刑事抗诉工作强化审判监督的若干意见》。

则，据以定案的证据必须形成完整链条，排除合理怀疑。对重要案件的抗诉，可以采取对抗式审查方法，一方从支持抗诉角度审查抗诉的事实、证据和法律依据，另一方则从辩护角度提出不利于抗诉的问题和理由。经过审查阅卷、提审被告人和必要的调查复核，认为抗诉正确的，应当支持抗诉并在做好出席二审抗诉法庭各项准备工作的同时，制作支持抗诉报告书（方法见高检办发〔1995〕40号文件），报送同级人民代表大会常务委员会备案。经审查，认为抗诉不当的，应当制作撤回抗诉通知书向同级人民法院撤回抗诉，并且通知提出抗诉的人民检察院。应当注意的是，上级人民检察院在拟决定撤回抗诉之前，应与下级人民检察院及时通气，充分听取下级人民检察院的意见。当下级人民检察院对拟撤回抗诉的决定持不同意见时，上级人民检察院应当召开检察委员会讨论决定。在讨论时可邀请提出抗诉的人民检察院派员列席检察委员会发表意见。

（三）抗诉复议

下级人民检察院认为上一级人民检察院撤回抗诉的决定不当的，可以提请复议。上一级人民检察院应当调换承办人进行复议，并在一个月内作出答复。下级人民检察院对复议结果仍不服的，可向再上一级人民检察院直至最高人民检察院提请抗诉。

（四）指令抗诉

上级人民检察院在抗诉期限内，发现下级人民检察院应当提出抗诉而没有提出抗诉的案件，可以指令下级人民检察院依法提出抗诉。下级人民检察院对上级人民检察院的指令应当执行。

四、对职务犯罪案件的同步审查

在2010年7月召开的全国检察机关第四次公诉工作会议上，朱孝清副检察长提出了将在全国范围内推行职务犯罪案件第一审判决同步审查制度。而后，最高人民检察院印发了《关于加强对职务犯罪案件第一审判决法律监督的若干规定（试行）》。这是一项对检察机关全面加强法律监督职能，更好地服务党和国家工作大局，具有重大意义的改革措施。通过同步审查机制，一方面，上级院可以同步全面"了解"案件本身和诉讼处理情况，从而更好地鼓励、支持和帮助下级院在我国刑事诉讼法规定的范围内严格、正确行使抗诉权；另一方面，也可以对下级院在职务犯罪案件一审判决的审查过程中形成正面压力，保证公正廉洁执法，打破下级院容易受到人情干扰的困境，从而保障诉讼法有效实施，更好地履行检察监督职能。

依照《关于加强对职务犯罪案件第一审判决法律监督的若干规定（试

行）》，下级人民检察院经审查认为应当抗诉的，提出抗诉后报告上一级人民检察院，在此情况下，上一级人民检察院的职责是审查抗诉是否正确，审查的主要内容包括：（1）主体是否存在降格（检察机关起诉指控的主体为国家工作人员，法院判决时认定为非国家工作人员）、定性是否准确。（2）认定事实是否客观、全面。主要是指法院判决是否对检察机关起诉指控的犯罪事实、犯罪数额予以认定。（3）量刑情节是否认定及量刑是否恰当。量刑情节主要是指自首、立功等法定情节的认定是否认定一致，是否存在诉判一致情况下大幅度减轻、从轻的问题。（4）审判程序是否合法。主要审查一审审判中是否存在限制、剥夺被告人及其辩护人的诉讼权利，可能导致影响公正审判的情形。根据刑事诉讼法和有关规定，上一级人民检察院认为下级人民检察院抗诉正确或者部分正确的，出庭支持抗诉或者部分支持抗诉；认为抗诉不正确的，依法撤回抗诉。上一级人民检察院公诉部门经审查认为应当抗诉的，要及时通知下级人民检察院，下级人民检察院认为上一级人民检察院公诉部门意见正确的，应当依法提出抗诉。实践证明，职务犯罪的同步审查机制对于发现抗源、找准抗点、提高抗诉质量和效率具有明显的作用。

[案例] 2007年至2010年间，黄××利用担任镇动迁第一办公室主任等职务便利，违反有关规定同意并授意下属被告人王某、施××违规操作，使非安置对象曹××等9人得以购买动迁安置房，并违规发放动迁补偿款和超期安置过渡费。县人民检察院以滥用职权罪分别对上述3人立案侦查并提起公诉。县人民法院一审认定黄××、王某的行为造成的公共财产损失为人民币104万余元，施××的行为造成的公共财产损失为人民币53万余元，以滥用职权罪分别判处被告人黄××、王某有期徒刑3年、缓刑3年和有期徒刑1年、缓刑1年；判处施××免予刑事处罚。上一级检察机关在对上述案件一审判决进行同步审查时发现，人民法院认定3名被告人滥用职权造成的公共财产直接经济损失数额不当，认为一审判决认定事实错误，导致量刑畸轻。经三级院联动协商，建议县人民检察院对上述案件提出抗诉。该案经抗诉，二审人民法院采纳抗诉意见，分别认定黄××、王某滥用职权造成公共财产损失人民币202万余元，施××滥用职权造成的公共财产损失人民币113万余元，改判被告人黄××有期徒刑3年，缓刑4年；王某有期徒刑1年6个月，缓刑1年6个月；施××拘役6个月，缓刑6个月。

第二节 二审程序刑事抗诉案件的特点和审查方法

一、二审程序刑事抗诉案件的特点

从总体上来说，人民检察院对刑事案件的审查无论是一审还是二审，在事实认定、证据判断以及采信原则上等基本是相同的，但是在具体操作程序及审查方法上，二审程序的抗诉案件毕竟不同于一审公诉案件，这主要是由二审案件的特点所决定的。根据法律规定及司法实践，对二审程序的抗诉案件审查具有如下特点：

（一）审查内容更多

人民检察院参与刑事二审程序，既是实体审查，又是程序审查。审查的内容既包括一审判决认定的事实、定案的证据，又包括对法律的适用；既包括单一的刑事诉讼案件，又包括附带民事诉讼的刑事案件；既包括一审庭审调查固定了的事实，又包括二审期间有关各方提供的新的事实与证据；既包括一审立案、侦查、起诉、审判的诉讼程序，又包括二审期间的全部诉讼程序。因此，二审抗诉案件的审查内容要比一审案件更多，范围更广。

（二）审理难度较大

人民检察院参与的二审抗诉案件已经过一审开庭，全部定案证据都已经当庭与被告人见面，被告人对定案证据已详细了解，因此一旦碰到检察机关抗诉，其已做好充分的思想准备。实践中，他们往往会利用原审中暴露出来的证据上的某些不足进行翻供或狡辩。有的被告人家属在旁听一审开庭得知证人作证情况后，也会想方设法对证人进行威逼利诱，促使其改变证词内容等。此外能够对原审判决引起争议的本身也往往反映了该案在事实认定、证据采信、法律适用等方面确实存在一定的分歧，案件审理难度较大。

（三）工作要求更高

由于二审抗诉案件情况比较复杂，出席二审抗诉法庭的检察人员也不同于一审公诉人有相对充裕的时间熟悉案卷材料和进行调查取证，必要时还可以退回补充侦查。二审办案人员办案期限很短，工作节奏很快，即使发现问题要想亲自调查核实也会感到"力不从心"，而有关侦查人员也往往因一审已宣告判决，不情愿予以配合、提供帮助。这种种因素凑在一起，对二审办案人员的各项素质要求也很高。因此，检察人员要想出色地完成二审抗诉办案任务，必须根据二审案件的特点花大力气，狠下功夫，扎扎实实，认真审查每一起案件。

二、二审程序刑事抗诉案件的审查方法

《人民检察院刑事诉讼规则（试行）》第 475 条规定，检察人员办理二审案件"应当客观全面地审查原审案卷材料，不受上诉或者抗诉范围的限制，审查原审判决认定案件事实、适用法律是否正确，证据是否确实、充分，量刑是否适当，审判活动是否合法，并应当审查下级人民检察院的抗诉书或者上诉人的上诉书，了解抗诉或者上诉的理由是否正确、充分"；第 476 条规定，"在审查第一审案卷材料时，应当复核主要证据，可以讯问原审被告人，必要时可以补充收集证据、重新鉴定或者补充鉴定"。依据上述规定，人民检察院审查二审程序的刑事抗诉案件主要有以下方法：

（一）全面查阅案卷材料

查阅案卷材料是办理抗诉案件的第一步，也是确保抗诉案件办案质量的重要方法。

1. 必须查阅的案卷材料

人民检察院二审检察部门受理刑事抗诉案件均来源于同级人民法院的移送。根据《刑事诉讼法》第 224 条的规定，人民检察院提出抗诉的案件，"第二审人民法院应当在决定开庭审理后及时通知人民检察院查阅案卷"，"人民检察院应当在一个月以内查阅完毕"。人民检察院在收到人民法院的阅卷通知书及有关材料后，即意味着正式受理该案。二审检察部门在受理案件后，可由内勤人员统一登记编号后交办案部门负责人根据人员分工状况分配给具体出庭的检察人员。出庭检察人员在收到阅卷通知后，应当到二审人民法院查阅一审人民法院案卷，必要时，也可向人民法院借阅案卷。无论去人民法院阅卷还是借阅案卷都应核对如下材料是否齐全：(1) 抗诉书（被告人上诉的还应包括上诉状）；(2) 侦查机关的侦查卷宗；(3) 一审人民法院的庭审材料；(4) 一审裁判文书；(5) 有关一审裁判文书的送达回证。如果上述材料齐全并且抗诉的期限、方式以及移送手续等要件均符合法律规定，可进入案件实质性审查。出庭检察人员在收到领导交给的办案任务后，还要及时调取下级检察机关的检察内卷，及时审查办理。

2. 查阅卷宗材料的目的

办案人员要通过审查上述案卷材料，熟悉和吃透案情，了解原审案件审理的全部过程。(1) 查阅侦查机关的侦查卷宗时应着重审查侦查人员对证据的收集、保管、移送情况及被告人口供的形成过程和稳定程度等。(2) 查阅下级检察机关的检察卷宗时应着重审查起诉认定的事实、证据、法律适用以及内部工作情况和有无分歧意见等。(3) 查阅审判机关的审判卷宗时，应着重审查原审法庭调查、举证、质证、认证情况和控辩双方意见以及原审裁判结论

等。(4)查阅抗诉书和上诉状时,应着重审查抗诉理由和根据是否充分、有无抗诉必要、上诉理由是否成立,等等。在审查卷宗材料时,办案人员可以有重点地作些笔录,便于对照分析。只有全面审查,认真归纳,才能做到心中有数,抓住案情的关键和重点,提出正确的处理结论。

3. 全面审查与重点审查相结合

全面审查是二审程序的指导原则,是对二审审理活动的普遍性要求;重点审查是二审检察机关对抗诉案件进行具体审理时所采用的审查方法。实践证明,重点审查是完成对二审程序抗诉案件审查的重要手段和有效途径。没有全面审查,就不会发现一审判决、裁定中存在的问题,但发现问题是为了解决问题,这就离不开在全面审查基础上所进行的重点审查。只有通过重点审查,才能抓住关键问题,建议人民法院作出准确的终审裁判。因此,全面审查和重点审查两者之间存在着辩证统一的关系,两者相辅相成。(1)从全面审查角度出发,要求我们在审查二审抗诉案件材料时,不论案件性质的差异、当事人的多寡、当事人有无提出上诉、抗诉范围的大小及一审裁判的轻重,一律应当进行全面细致的审查阅看。(2)从重点审查角度出发,由于各类犯罪的本质特征不同,同类犯罪的具体情节各异,每一个案件的事实情节不同,因此,其一审裁判中存在的问题也不尽相同,需要重点审查的内容也就不一样。案件中可能存在什么问题,这问题就是该案阅卷审查的重点。所以,重点审查的内容要因案而异,因人而异。只有准确把握好全面审查与重点审查的关系,才能花费最少的诉讼成本,完成有效的审判监督职能。

(二)认真提审原审被告人

原审被告人是原审刑事责任的承担者。一个案件从立案侦查、审查批捕、审查起诉到法庭审判的整个诉讼活动都是围绕着被告人的刑事责任问题展开的。一旦宣告判决,使原审诉讼程序告一段落后,被告人如确有冤情,此时往往会提供出新的证据来证明自己无罪或罪轻。即使原判正确,被告人为了减轻罪责,往往也会推翻原有供词,胡搅蛮缠。检察人员通过提审原审被告人,尤其是提出上诉的原审被告人,能当面了解其心理态度和上诉理由,有助于进一步查明案情事实,排除有关证据的互相矛盾之处和疑点,做到兼听则明,公正断案。

(三)仔细复核主要证据

原审判决是否正确,很大程度上取决于该案的证据情况如何。二审检察人员参与办案,视情况作出是否支持抗诉的决定,其中很重要的一项工作就是复核证据,只有做到证据确实、充分,才能针对一审判决、裁定提出准确的评判意见,纠正错误裁判或维护正确的裁判。由于二审办案人员时间紧迫,不可能对所有定案证据都进行复核,通常只要复核主要证据即可。所谓主要证据,是指证明案件基本事实、能够据此确定案件性质和适用法律的证据。通常指的是：（1）原审判决、裁定涉及的各种证据种类中的主要证据；（2）多个同种类证据中被确定为"主要证据"的；（3）作为法定量刑情节的自首、立功、累犯、中止、未遂、正当防卫的证据。检察人员对主要证据复核的重点是那些争议较大、认识不一的证据，有关诉讼主体提供的新的证据，与其他证据互相矛盾存有疑点的证据以及变化较大、不太稳定的证据。

三、提出审查结论

办案人员通过全面审阅案卷、提审被告人和复核主要证据后，要对原审判决、裁定加以认真、细致、全面的分析研究，从而确定原审认定的事实是否清楚，证据是否确实、充分，适用法律、定罪量刑是否适当，上诉或抗诉的理由是否正确，并在此基础上，根据案件不同情况提出如下处理意见：

1. 对原判决、裁定确有错误，符合抗诉条件，有抗诉必要的，应当提出支持抗诉的意见，层报检察长决定；认为抗诉不当或没有抗诉必要的，应当提出撤回抗诉的意见，层报检察长，或由检察长提请检察委员会讨论决定。

2. 对支持抗诉的案件，如果原判决、裁定认定事实错误，导致适用法律错误或者量刑不当的，应当建议二审人民法院依法改判。

3. 对原判决、裁定认定部分事实不清或者证据不足的，可以在查清事实后建议改判，也可以建议裁定撤销原判，发回重审。

4. 对原判决以证据不足，指控的犯罪事实不能成立为由作出的无罪宣判，经审查认为原判事实清楚，证据确实充分，依法应当追究刑事责任的，应当建议二审人民法院依法改判。

5. 对原审法院违反法律规定的诉讼程序，可能影响公正审判的，应当建议二审人民法院裁定撤销原判，发回重审。

需要注意的是，审查结论应当满足两个要件：形式要件上，所谓"结论"应当是具体明确的意见，审查意见中可以针对复杂的案件情况，全面分析"抗"与"不抗"的利弊，但是结论应当是明确的，也即应当明确表明支持抗诉或不予支抗，不能模棱两可、不置可否；实体要件上，审查结论的提出应当基于对全案证据的审查，理性分析原审判决是否正确及有无抗诉必要性，而不能意气用事、草率了事。

第三节 二审程序刑事抗诉的审查重点

人民检察院在办理二审程序的抗诉案件时，应当就一审判决、裁定认定的事实和适用法律进行全面审查，不受一审检察机关抗诉范围的限制。对共同犯罪的案件只有对部分被告人提出抗诉的，也应当对全案进行审查，一并处理。这是因为我国刑事诉讼法规定的第二审程序既没有采取简单重复第一审程序的复审制，也没有采取过分注重表面形式的法律审，而是根据"以事实为依据，以法律为准绳"的具有中国特色的对认定事实和法律进行全面审查的原则。审判实践中概括的"事实清楚，证据确实、充分，适用法律正确，定罪准确，量刑适当，诉讼程序合法"等具体内容，不仅成为衡量一审判决、裁定是否正确的标准，而且也说明了参与二审审理抗诉案件的人民检察院全面审查的基本范围。刑事案件是一种极其复杂的社会现象，无论是一审司法机关，还是二审司法机关，要想求得案件的客观真实，都必须研究、考察案件的全部情况、全部证据、所有与本案有联系的人以及本案与其他事物之间的全部联系。司法实践中常常有这样的情况，即如果仅从某个判决所认定的某些事实和引用的证据材料来看，这个判决似乎是正确的，而抗诉的理由似乎不足。但如果综合案件的全部情况和全部证据材料来看，这个判决却可能是站不住脚的，而抗诉的理由充分，应予采纳。司法实践中，一审裁判中出现的错误，往往就是对整个案件缺乏全面了解，未能整体评判、综合分析所造成的。因此，办理二审程序刑事抗诉案件的人民检察院正是要运用全面审查的方法来发现和纠正一审裁判中出现的各种错误，以维护法律的准确实施。全面审查是刑事第二审程序中重要的法定审理原则，也是实现二审诉讼职能的重要保证。但二审毕竟不同于一审，由于受诉讼期限等方面的限制，从诉讼经济角度出发，在具体审理二审案件时，还要注意突出重点，有的放矢地进行重点审查。全面审查原则和重点审查方法的确立，也为人民检察院的二审办案部门如何参与办理二审抗诉案件指明了方法和途径。

一、审查一审裁判在认定犯罪主体方面是否正确

犯罪主体，是指实施犯罪并且承担刑事责任的人，包括自然人和单位。犯罪主体是犯罪构成的一个重要的方面，也是诉讼证据理论中"七何"要素首先需要加以证明的内容。因此，弄清犯罪主体是追究刑事责任的前提。对犯罪主体主要审查下列内容：

（一）自然条件的审查

这是对一般自然人犯罪都需要审查的内容。审查犯罪主体的自然条件，是为了确定被告人是否达到刑事责任年龄，有无刑事责任能力等。

（二）身份条件的审查

这是对特殊犯罪主体必须要审查的内容。审查犯罪主体的身份条件是为了

确定被告人具备了何种身份,是国家机关工作人员还是国家工作人员;是一般国家机关工作人员,还是国家司法机关工作人员;是公司、企业人员,还是其他特定身份的人员,等等。这种身份与其实施的犯罪行为之间有何种联系,其在实施具体犯罪行为时,有无利用身份条件,等等。

(三) 单位性质的审查

这是对单位犯罪主体必须要审查的内容。审查单位的性质是为了确定被告单位是否符合单位犯罪的各种特殊要求以准确判明是否单位犯罪及应否追究单位的刑事责任,等等。

二、审查一审裁判在认定犯罪客体方面是否正确

犯罪客体,是指我国刑法所保护而为犯罪行为所侵犯的社会关系。犯罪客体也是犯罪构成的必要要件。犯罪之所以有社会危害性,首先是由所侵犯的犯罪客体决定的。对犯罪客体方面主要审查下列内容:

(一) 审查犯罪的直接客体

即审查判决认定的犯罪行为所直接侵犯的具体的社会关系是否正确。审查犯罪的直接客体是为了确定原判有无把同类客体当做直接客体或把彼直接客体当做此直接客体,从而影响到对犯罪性质的认定。

(二) 审查犯罪侵犯的对象

犯罪对象与犯罪客体既有联系又有区别。犯罪客体必然决定着犯罪性质,而犯罪对象则是指犯罪行为直接作用的具体物或人,不必然决定着犯罪性质。审查犯罪对象是为了确定原判有无混淆犯罪客体与犯罪对象的区别。

(三) 审查原判认定的罪名

罪名是犯罪的名称,是犯罪的本质特征的概括。罪名认定的正确与否往往直接涉及对被告人的法律适用及量刑是否准确。有的案件犯罪的直接客体、犯罪的对象可能有相近之处,但法律上根据其行为的具体实施情况分别确定了不同的罪名,审查原判认定的罪名是为了确定原判对被告人的定性量刑是否准确,是否罪罚相当。

三、审查一审裁判在认定犯罪主观方面是否正确

犯罪主观方面,是指犯罪主体对其所实施的犯罪行为及其危害后果的心理状态。犯罪主观方面是由罪过、犯罪的动机和目的等因素所组成的,其中罪过是任何犯罪构成的必备要件,而犯罪的目的则是某些犯罪构成的要件之一。对犯罪主观方面主要审查下列内容:

（一）审查犯罪的故意

这是主观罪过的表现形式之一。审查犯罪的故意在于确定被告人在实施犯罪时的主观心态是直接故意还是间接故意，是蓄意预谋还是临时起意，以判明被告人的主观恶性程度，从而分析原判决对被告人所处刑罚的当与不当。

（二）审查犯罪的过失

这也是主观罪过的表现形式之一。审查犯罪的过失在于确定被告人在实施犯罪时的主观心态是疏忽大意的过失，还是过于自信的过失，以帮助判明被告人是构成过失犯罪还是故意犯罪，如果是过失犯罪则是何种过失犯罪，以及是否意外事件、不构成犯罪等。

（三）审查犯罪的目的和动机

犯罪目的仅是某类犯罪构成的必要要件，犯罪动机一般并不影响定罪。但犯罪目的和动机却是对被告人裁量刑罚所要考虑的重要因素之一。审查犯罪目的和动机在于确定被告人实施犯罪行为的内心起因和目标指向，从而帮助我们判明原判认定被告人犯罪行为的性质、情节以及定罪量刑是否正确得当。

四、审查一审裁判在认定犯罪客观方面是否正确

犯罪客观方面，是指犯罪活动的客观外在表现。体现犯罪客观方面的事实特征有危害行为、危害结果以及犯罪的时间、地点、方法等。其中，危害行为是一切犯罪构成的必备要件，危害结果则是大多数犯罪构成的必要要件，犯罪的时间、地点、方法则仅仅是某些犯罪构成的必要要件。对犯罪客观方面主要审查下列内容：

（一）审查危害行为

危害行为在整个犯罪构成中占据核心的地位，其基本形式有两种，即作为与不作为，但不作为构成犯罪必须以行为主体负有某种特定义务为前提。审查危害行为的表现形式以及区分作为与不作为，目的在于既防止对不负有特定法律义务的人错误适用刑罚，又避免表现形式复杂的犯罪逃脱应得的惩处。

（二）审查危害结果

刑法意义上的危害结果，是指危害行为给刑法所保护的社会关系造成的损害后果。危害结果不仅直接反映了危害行为的社会危害程度，而且还具有一定的法律意义。有的犯罪以危害结果的发生作为犯罪既遂形态的标志，有的犯罪以危害结果的大小轻重作为划分罪与非罪的界限，有的犯罪以特定的危害结果作为划分此罪与彼罪的标准或提高法定刑幅度的条件，等等。因此，危害结果对于定罪量刑都具有重要的意义。审查危害结果在于确定有无发生危害结果、危害结果的大小以及危害行为与危害结果之间的因果关系，从而帮助准确把握

被告人是否构成犯罪、构成何罪和处于犯罪的何种阶段。

(三) 审查犯罪的时间、地点和方法

时间、地点、方法并不是一切犯罪的必备要件。但任何犯罪都是在一定的时空条件下，通过一定的方法实施的，有些犯罪更是把特定的时间、特定的地点、特定的方法作为构成犯罪的必要要件之一。审查犯罪的时间、地点和方法在于，一是确定某些行为的罪与非罪，二是确定某些犯罪的社会危害程度，以帮助判断原判适用刑罚的正确与否。

五、审查一审裁判在适用法律条款及刑罚裁量方面是否正确

适用法律条款，是指司法机关依法定职权和程序在审理具体案件时选择确定采用何种法律条款的职能活动。刑罚的具体裁量，则是指审判机关通过刑事案件的审理，依法对被告人确定刑罚的种类和处刑轻重或免予处罚的诉讼活动。任何刑事判决都离不开事实根据和法律根据，刑事判决的成立不仅在认定事实上必须真实、清楚，而且在适用法律条款及刑罚的具体裁量上也必须正确、无误。

(一) 对适用法律条款的审查

一审刑事判决是一审人民法院适用法律条款的结果，是对被告人实施行为作出的法律评价。对适用法律条款的审查涉及范围很广，具体可分为两类：

1. 对适用实体法条款的审查

主要审查一审判决、裁定引用的法律条款是否有效、齐全、准确，具体的判决内容是否都有相应的法律依据，对法规竞合、法律冲突的选择原则是否正确等。

2. 对适用程序法条款的审查

主要审查一审判决、裁定在确认人民法院在审判活动中作出的每一个有关程序性裁决时有无法律依据，这一法律依据是否有效等。对适用程序法条款的审查主要集中在对一审裁定的审查上。审查一审判决、裁定适用的法律条款在于准确判定原审判决、裁定的权威性、正义性和合法性。

(二) 对刑罚具体裁量的审查

对一个犯罪分子从立案侦查、审查起诉，到作出一审判决的整个刑事诉讼的最终结果实际上体现在对其刑罚的具体裁量上。因此，对刑罚具体裁量当与不当的审查，是确保刑事诉讼结果是否正确的重要监督手段。《刑法》第61条规定："对于犯罪分子决定刑罚的时候，应当根据犯罪的事实、犯罪的性质、情节和对于社会的危害程度，依照本法的有关规定判处。"一般而言，对刑罚具体裁量的审查应当结合上述方方面面的情况以及法律的有关规定一起进

行审查。但就具体操作来说,在审查刑罚具体裁量时,要重点审查以下三项内容:

1. 审查原判决、裁定确定的法定量刑情节是否正确

所谓法定量刑情节就是刑法明文规定的对犯罪分子裁量刑罚时所根据的各种情况。如有无体现法定从重情节、法定从轻情节、法定减轻情节、法定免除处罚的情节以及多种法定情节兼而有之、互相交错的情况。

2. 审查原判决、裁定确定的酌定量刑情节是否正确

所谓酌定量刑情节,是指刑法规定之外的,根据立法精神和司法实践经验,在对犯罪分子裁量时常见的各种情况。常见的有犯罪的动机、犯罪的手段、犯罪当时的环境和条件、危害结果、危害对象、犯罪分子的一贯表现及到案后的认罪态度等。

3. 审查原判决、裁定确定的酌情减轻处罚情节是否正确

《刑法》第63条规定:"犯罪分子虽然不具有本法规定的减轻处罚情节,但是根据案件的特殊情况,经最高人民法院核准,也可以在法定刑以下判处刑罚。"一般而言,司法机关对犯罪分子适用酌定量刑情节时,只能在法律规定的幅度内从轻或者从重,但如果要在法律规定的幅度以下减轻处罚,则必须有严格的报请核准程序。除了最高人民法院以外,地方各级人民法院都无权最终决定。鉴于一审案件进入二审程序以后,检察机关参与审查在前,而人民法院报请核准在后,因此,检察人员如果认为一审裁判对犯罪分子适用酌定减轻处罚的理由并不充分,就应及时建议二审人民法院予以纠正。

六、审查有无违反法律规定的诉讼程序的情形

诉讼程序合法是一审判决、裁定成立的必要条件。如果缺少这一条件,尽管一审判决、裁定在实体方面的决定可能是正确的,但也往往是不能成立的。因此,对诉讼程序的审查是二审检察人员对一审判决、裁定审查的重要内容。对诉讼程序的审查包括原案整个诉讼进行中的程序事实和原审适用程序法两个方面内容。对程序法的适用如何审查前面已经言及,不再详述。这里主要讲的是对程序事实的审查。所谓程序事实是指对于解决诉讼程序有法律意义的有关事实。对程序事实主要审查以下情形:

1. 原案是否具有《刑事诉讼法》第15条规定的不追究刑事责任的情形。

2. 参与办案的侦查人员、检察人员、审判人员以及书记员、翻译人员、鉴定人员是否存在着法定回避的情形。

3. 被告人的获取辩护权、申请取证权、最后陈述权是否得到充分行使。

4. 对被告人采取的各种强制措施是否得当,有无超越期限以及因生理因

素不宜被关押的情形。

5. 原审庭审程序及庭审原则有无违反法律规定等。

审查一审整个诉讼程序在于加强对司法程序的法律监督，切实纠正长期以来的"重实体、轻程序"的错误观念，以程序上的合法来保证实体上的合法，从而促进司法的公正。

七、审查上诉、抗诉是否提出了新的事实和证据

二审程序审理的对象是一审人民法院的判决、裁定，而该判决、裁定是在一审庭审查明的事实基础上作出的法律评判。因此，抗诉的事实和证据通常局限于一审查明的范围。但对既有抗诉，又有上诉的案件而言，上诉人为了推翻一审判决、裁定，从维护自己的切身利益出发，往往会提出一些新的事实和证据以期引起二审司法机关的重视。这些新的事实和证据，有些可能是为了减轻罪责的"胡编乱造"；有些可能是一审没有注意到的；还有一些则可能是一审确实没有发现没有查证的重要事实，而且这些重要事实能够导致原判的被撤销。因此，参与二审办案的检察人员在审查抗诉案件时，也要注重对上诉、抗诉所提出的新的事实和证据的审查，必要时还应逐一核实，通过调查，去伪存真，从而得出正确的结论。必须注意的是，人民法院作出判决、裁定正确认定案件事实，正确适用法律，归根结底要通过定罪量刑落实在对被告人作出准确的法律评价上。抗诉之所以提起，就是因为检察机关对一审判决、裁定的评价不服。虽然这种不服的内容可能仅针对判决、裁定认定的事实或适用法律的一部分，但由于案件事实间的内在联系，案件事实对定罪量刑的决定作用以及对被告人的法律评价是建立在对整个案件事实的认定和适用法律的基础上，因此，要认定一审判决、裁定是否正确，就不能仅局限于抗诉的范围。在办理二审刑事抗诉案件时，既要对抗诉部分进行审查，又要对未提出抗诉的部分进行审查。这种全面审查，有利于促使检察人员增强工作责任心，提高办案的质量和效率。

八、审查被告人的供述和辩解情况

被告人的供述和辩解，是法定的刑事证据之一，对其进行审查实际上也是对一审证据审查的内容之一，这里单独罗列，是为了强调对被告人供述辩解审查的重要性。所谓供述，是指被告人就犯罪事实等有关情况向司法机关所作的口头或书面的陈述。所谓辩解，是指被告人向司法机关所作的申辩或解释。被告人作为刑事责任的最终承担者，其供述和辩解最显著的一个特点是可变性强。从司法实践中来看，被告人以原判认定事实有误而提起上诉的理由绝大部分是提出了新的供述和辩解。在我国，被告人的供述和辩解虽然不是"证据

之王",但是由于犯罪分子的狡猾、犯罪手段的复杂以及一些侦查部门受侦查装备、侦查水平等条件的限制,造成不少案件的证据单薄,特别是某些贿赂、强奸等案件,其证据常常处于"一对一"状态,别无旁证。一旦经过一审公开庭审质证,被告人就会发现这一"薄弱环节"而推翻原先有罪的供述和提出新的辩解,而且其翻供和辩解的理由通常如出一辙,即受到诱供逼供、屈打成招等,给二审带来一定的难度。因此,对被告人供述和辩解的审查是二审检察人员对案件进行审查的重点。

对被告人供述和辩解的审查要客观公正,不能带着偏见和框框,先入为主。根据刑事诉讼法的有关规定,司法人员必须依照法定程序收集能够证实被告人有罪或者无罪及犯罪情节轻重的各种证据。严禁刑讯逼供和以威胁、引诱、欺骗以及其他非法方法收集证据。对一切案件的判处都要重证据,重调查研究,不轻信口供。只有被告人供述,没有其他证据的,不能认定被告人有罪和处以刑罚;没有被告人供述,证据确实、充分的,可以认定被告人有罪和处以刑罚。对被告人供述和辩解的审查重点包括:

1. 供述和辩解内容的形成和发展过程;
2. 供述和辩解的稳定程度,前后有无反复,在何阶段开始反复,是先供述后辩解,还是先辩解后供述;
3. 供述、辩解与证人证言的矛盾点和相同点,是先供后证,还是先证后供;
4. 供述、辩解与其他证据的矛盾点和相同点;
5. 供述、辩解本身的前后之间的矛盾和其证据相互之间的矛盾是基本事实的矛盾,还是非基本事实的矛盾;
6. 被告人在一审法庭上的供述、辩解的内容;
7. 对被告人新的供述和辩解有无其他证据加以否定,等等。

只有对被告人的供述和辩解进行全面细致的分析推敲,才能准确判定其真伪可信程度,从而得出一审判决、裁定正确与否的结论。

此外,在审查共同犯罪案件时,还要注意的是既要对被抗诉的被告人的供述进行审查,又要对未被抗诉的被告人的供述进行审查。由于共同犯罪人的行为互相联系、互相配合构成一个统一的行为整体,其中每个共同犯罪人的行为都是共同犯罪行为的有机组成部分,共同构成社会危害结果的原因,而且每一犯罪人的行为都与整个案件的危害结果有着必然的因果关系。在这类案件中,无论是对犯罪事实的认定,还是对共同犯罪被告人的定罪量刑,共同犯罪被告人之间都具有一种互有牵连、不可分割的利害关系,因此,二审办案部门必须就全案的事实认定以及法律适用情况进行全部审查,以确定一审裁判的正确与否。

九、审查辩护律师的辩护意见以及被采纳的情况

《刑事诉讼法》第35条规定:"辩护人的责任是根据事实和法律,提出证明犯罪嫌疑人、被告人无罪、罪轻或者减轻、免除其刑事责任的材料和意见,维护犯罪嫌疑人、被告人的诉讼权利和其他合法权益。"从辩护制度的本质而言,辩护人的职责与检察机关一样,在确保国家法律的准确实施方面是一致的。但由于诉讼地位不同,辩护人发表辩护意见的出发点在于依照事实和法律,维护被告人的合法权益。辩护人的作用绝非可有可无的。从司法实践来看,在二审程序发现纠正的一些冤假错案,其中绝大多数是辩护人仗义执言发表的辩护意见被司法机关所采纳的结果。特别是专职辩护律师的作用更是其他辩护人无法取代的。在刑事诉讼中,虽然被告人可以自行辩护,但由于他属于被追究刑事责任的对象,处于被审判的地位,往往担心对公诉机关指控罪行进行辩解会被认为是认罪态度不好而从重处罚,因此顾虑较多,不敢理直气壮地行使辩护权。而辩护律师是从事法律工作的专业人士,维护被告人的合法权益是他们担任辩护人的主要职责,他们从专业角度出发所提出的辩护意见往往能切中原审案件错误的要害所在,弥补被告人自行辩护能力不足的缺陷。审查辩护律师的辩护意见以及被一审采纳的情况,有助于全面了解一审诉讼双方的分歧焦点,做到兼听则明,准确判定。

十、审查是否存在非法证据的情况

《刑事诉讼法》第54条第1款规定:"采用刑讯逼供等非法方法收集的犯罪嫌疑人、被告人供述和采用暴力、威胁等非法方法收集的证人证言、被害人陈述,应当予以排除。收集物证、书证不符合法定程序,可能严重影响司法公正的,应当予以补正或者作出合理解释;不能补正或者作出合理解释的,对该证据应当予以排除。"刑事诉讼法吸收了"两个证据规定"的关键内容,用5条8款(第54条至58条)比较完整地确立了我国的非法证据排除规则。这既彰显了我国刑事诉讼法律的日益成熟进步,也为抗诉案件审查工作提出了新的要求。可以预见到,在今后的司法实践中,被告人或辩护人提出存在刑讯逼供、要求排除相关证据的抗辩可能会成为辩护的一个重点,逐渐从"实体性辩护"走向"实体+程序的全面辩护"。

由于言词证据的不确定性,一般而言,提出非法证据抗辩的多为被告人供述等言词类证据。为应对这一变化,一是要求我们侦查机关工作人员注意证据收集的规范性,从源头上确保不出现非法证据;二是加强对物证、视听资料等其他相对证明力较为稳定的证据的收集、固定;三是要求承办人员全面、仔细

地分析在案证据。在被告人、辩护人提出非法证据抗辩时，一般可从以下几个方面着手审查：（1）审查讯问笔录的形式要件是否完备、合法，是否每一页均有其签名捺印；对于笔录修改部分也逐一捺印的，其笔录的真实性较强。（2）审查供述的细节。若犯罪嫌疑人在供述中描述了非亲历犯罪现场不可知晓的犯罪细节，则供述的真实性较高。（3）审查供述是否具有稳定性。一贯、稳定的供述一般较为可信；供述多次反复、前后矛盾的，可采性低；对于翻供的，应着重分析其翻供的理由。（4）审查供述与其他证据的印证程度，其他证据是否确实、充分。（5）审查案件系"先供后证"还是"先证后供"，若系前者，有无得到具有隐蔽性特征的延伸证据的印证。（6）调取看守所健康检查记录，有无体表伤或自述其遭到刑讯逼供的反映。

十一、审查刑事附带民事诉讼的有关情况

刑事附带民事诉讼的案件由于涉及两个领域的法律关系，因此对这类案件的审查较之单一的刑事诉讼案件要来得复杂。办案人员在审查这类二审案件时，要根据不同情况，区别对待。

（一）对刑事部分上诉、抗诉案件的审查

如果仅对刑事部分提出上诉或抗诉的案件，二审刑事检察部门审查的重点放在刑事诉讼部分内容上，并就该部分内容提出处理意见，而没有必要去审查该案附带的民事部分内容，该部分的诉讼内容不是刑事二审检察审查的范围。但如果该附带民事诉讼部分是由检察机关自行提起的，则另当别论。

（二）对刑事、民事都提出上诉、抗诉案件的审查

如果对刑事诉讼部分与附带民事诉讼部分都提出上诉或抗诉的，二审检察机关在审查时，对刑事判决部分内容的审查不受上诉、抗诉范围的限制，并要对其作全面审查，提出处理意见。对检察机关自行提起附带民事诉讼的部分内容，同样也要作全面审查，不受上诉、抗诉范围的限制。但对当事人自行提起的附带民事诉讼部分内容，二审检察部门则没有必要进行实质性的审查。

（三）对民事部分上诉、抗诉案件的审查

如果仅对附带民事部分上诉或抗诉的，该案刑事部分经过法定期限已经发生法律效力。在这种情况下，如果附带民事部分是由检察机关提起的，则二审检察部门应当在对附带民事诉讼部分内容进行全面审查的同时，对已生效的刑事部分也要认真审查。如果发现一审判决中与确定民事责任有关的刑事部分确有错误，可在不影响上诉不加刑原则精神的前提下，提出纠正意见。如果该附带民事部分内容是由被害人提起的，则不受上诉不加刑原则精神的限制，对确有错误的刑事部分判决，应当依照审判监督程序予以纠正。

第四节 相关刑事抗诉法律文书的具体制作方法

办案人员一旦审查终结，作出处理决定后，就要根据案件不同情况，制作有关的刑事抗诉法律文书。刑事抗诉法律文书是一类重要的检察文书，是检察机关在依法处理刑事抗诉案件过程中制作的具有法律效力或法律意义的文书的总称。检察机关在刑事抗诉案件审查终结之后，需要制作一系列的法律文书作为反映诉讼活动情况的文字凭证。刑事抗诉案件的检察法律文书主要有刑事抗诉案件审查结案报告、刑事抗诉书、支持刑事抗诉报告书、支持刑事抗诉意见书、撤回抗诉决定书等。

一、二审抗诉案件审查结案报告的制作

二审抗诉案件审查结案报告是指人民检察院对同级人民法院通知阅卷出庭的二审程序抗诉案件，经审查后，提出处理意见报请领导审核时制作的法律文书。二审抗诉案件审查结案报告由首部、正文、尾部三部分组成。

（一）首部

首部内容通常包括：

1. 标题。标题部分一般应写明被告人的姓名、案由及案件的类别。如《关于××、×××等五名被告人盗窃抗诉案的审查结案报告》。

2. 被告人基本情况。被告人基本情况要写明被告人的姓名（包括与案件有关的化名、绰号等）、年龄（要注明出生年月日）、民族、籍贯、文化程度、工作单位与职务、住址（户籍所在地与常住地不一致的还要标明常住地或暂住地）、有无参加何种党派团体、主要简历、有无前科劣迹及家庭情况等。如果被告人身体上有重大疾病或缺陷也应予以注明。

3. 案件的直接来源和收案时间。

4. 案件从立案侦查、审查起诉到提起上诉、抗诉的全部诉讼过程。

5. 承办人受理案件后的工作情况。如审查了什么材料，复核了哪些证据，补充了哪些证据，走访了什么单位和人员等。

6. 案发经过。

（二）正文

正文内容通常包括：

1. 一审起诉指控的事实与证据。

2. 被告人在法庭上的辩解和辩护人的辩护观点和理由。

3. 一审判决、裁定认定的事实与证据。

4. 检察机关抗诉理由和被告人的上诉理由。

5. 经审查认定的主要事实与证据。这部分内容是整个报告最重要的部分，也是对办案人员办案水平和综合业务素质的最好检验。制作该部分内容的要求是叙述详略得当，层次清楚明了，论证严密有力，逻辑结构严谨，要全面准确地反映出原审案件的各种情况。如被告人作案的时间、地点、方法、动机、目的、手段、侵犯的具体对象、造成的危害后果以及有关从轻、减轻、从重或免除处罚的情节。具体结构、层次可根据不同案件采用不同的制作方法。在制作该部分内容时，还应注意以下几点：第一，凡写入的案情事实，必须是审查确认并有证据证明的事实，其他无法证明的事实可在需要说明的问题中论及。第二，在论及有关影响定罪的具体事实、情节时，均须摘录能互相印证的证据材料。摘录证据材料可在全部事实写好后逐一摘抄，也可在每段事实后摘抄一段。具体可视案情简繁程度决定，不必千篇一律。第三，摘录证据材料时，可概括其原意，但应写明证据的种类、作证的人员、作证的时间、证明的内容，并注明在案卷中的出处。如有制作单位的还要写明单位名称。第四，对全案证据作一综合分析、评价，如证据间是否有矛盾及一审庭审质证、认证情况等。

6. 需要说明的问题。此项内容主要写办案人员在审查中就案件的事实、证据、性质、情节、法律适用及社会治安综合治理等方面所作的说明。主要包括：上诉、抗诉理由中有无新的事实和证据出现；被告人目前的认罪态度；一审控辩双方意见及被采纳的情况；赃证物品处理情况；社会治安综合治理及其他需要说明的情况。

7. 处理意见。处理意见是办案人员经审查后，对一审判决、裁定是否正确所作的综合评价及个人对案件如何处理的具体意见。提出处理意见必须明确肯定，不能模棱两可，含混不清。在写此项内容时，首先，应对原案处理的整个诉讼程序是否合法作一准确评判。其次，要就原案实体处理上的定性是否正确，适用法律及处罚是否恰当加以全面评判，并根据事实和法律，提出处理意见。

（三）尾部

尾部内容通常包括主办人员和协办人员的签名、制作报告的年月日以及有关领导人的审核、审批意见等。

二审抗诉案件审查结案报告是检察机关办理二审抗诉案件的内部文书，也是最重要的二审抗诉法律文书之一。该文书制作的好坏往往决定着出席二审抗诉法庭质量的高低，因此，每一名出庭人员在办案过程中必须要认真精心地制作，以确保办案质量。

二、刑事抗诉书的制作及应用实例

（一）刑事抗诉书的基本格式要求

决定提出抗诉的案件，承办人要抓紧时间依照最高人民检察院下发的法律文书格式，及时制作刑事抗诉书。刑事抗诉书的签发应实行三级审批制度，由承办人拟稿、经公诉部门负责人审核、报检察长批准后，通过原审人民法院向上一级人民法院提出。同时将刑事抗诉书副本连同公诉部门在办案中形成的刑事检察内卷等全部材料报送上一级人民检察院的公诉部门，并加强与上一级人民检察院公诉部门的工作衔接与配合，为其支持抗诉提供必要的条件。

刑事抗诉书依照其适用的审理程序不同虽略有所差异，但基本格式大致相同。通常由首部、原审判决、裁定情况、检察院审查意见、抗诉理由、结论性意见和要求及尾部、附注组成。[1]

1. 首部

该部分包括制作刑事抗诉书的人民检察院名称、标题与文书编号，要注明制作文书的检察机关所在省（自治区、直辖市）的名称。如果是涉外案件，则还要冠以"中华人民共和国"字样。

2. 原审判决、裁定情况

该部分包括案由（如果检法两家认定罪名不一致时要分别表述）、原审人民法院名称、判决、裁定书文号、判决时间、判决结果等。不用写被告人的基本情况。如果侦查、起诉、审判阶段没有程序违法现象时，也不必写公安机关、检察机关与人民法院的办案经过。

3. 审查意见

这一部分的内容是检察机关对原审判决、裁定的审查意见，是刑事抗诉书最重要的内容。该部分要观点鲜明、简明扼要。应当包含两方面内容：一是归纳原判存在的错误；二是明确抗诉焦点，如"认定事实错误"、"适用法律错误"、"审判程序违法"等，也即告知人民法院，人民检察院的抗诉重点是什么。该部分要观点鲜明、简明扼要。

4. 抗诉理由

针对事实确有错误、适用法律不当或审判程序严重违法等不同情况，述写抗诉理由。在述写该部分内容时要注意：第一，如果人民法院认定的事实有误，则要针对原审裁判的错误之处，提出纠正意见，强调抗诉的针对性。一是对于有多起"犯罪事实"的抗诉案件，只叙述原裁判认定事实不当的部分，

---

[1] 参见2001年1月1日起施行的《人民检察院法律文书格式（样本）》。

认定没有错误的，可以只写一句"对××事实的认定无异议"即可。突出检、法两家的争议重点，体现抗诉的针对性。二是对于共同犯罪案件，也可以类似地处理，即只对原裁判漏定或错定的部分被告人犯罪事实作重点叙述，对其他被告人的犯罪事实可简写或者不写。三是关于"证据部分"，应该在论述事实时有针对性地列举证据，说明证据的内容要点及其与犯罪事实的联系。四是刑事抗诉书中不能追诉起诉书中没有指控的犯罪事实。五是如有自首、立功等情节，应当在刑事抗诉书中予以论述。第二，如果人民法院适用法律有误，主要针对犯罪行为的本质特征，论述应该如何认定行为性质，从而正确适用法律，要从引用罪状、量刑情节等方面分别论述。第三，如果人民法院审判程序严重违法，刑事抗诉书就应该主要根据刑事诉讼法及有关司法解释，逐个论述原审人民法院违反法定诉讼程序的事实表现，再写明影响公正判决的现实或可能性，最后阐述法律规定的正确诉讼程序。

5. 结论性意见、法律依据、决定和要求的事项

刑事抗诉书中的结论性意见应该简洁、明确，在要求事项部分，应写明"特提出抗诉，请依法判处"。

6. 尾部

写明送达的人民法院的名称，署提出抗诉的人民检察院的名称并盖院印以及发出文书的年月日。

7. 附注

被告人在押的，写明被告人现被羁押的场所；对于未被羁押的原审被告人，应将其住所或居所明确写明，证据目录和证人名单如果与起诉书相同可不另附。

(二) 刑事抗诉书的说理性要求

刑事抗诉书是人民检察院对人民法院确有错误的刑事判决或者裁定实行法律监督，要求纠正错误判决的法律文书。抗诉书一旦送达便发生阻止一审判决生效或启动抗诉程序的法律后果。抗诉书如果能够客观概括判决错误，找准抗诉理由，说理透彻，结构严密，用语精准，就不仅能得到上级院的认同支持，而且最终将赢得法院的改判。故抗诉书质量的高低对刑事审判监督起着至关重要的作用。抗诉书属于说理性的法律文书，为保证抗诉质量，通常在"审查意见"、"抗诉理由"和"结论性意见"三个部分充分阐明抗诉依据和理由：

1. "审查意见"部分的说理要求

这部分是检察机关对原裁判的审查意见，是抗诉书由前半部分的记叙性质转为后半部分议论性质的结构上的转折点，目的是明确指出原裁判错误之处，再简明扼要地表述检察机关的抗诉论点。

表述要求有三：一是对原裁判存在的错误加以归纳并简要概述；二是明确

指出错误性质，不仅要明确属于哪一种类型的错误，而且要指明该裁判的具体错误之处；三是用语应当简洁、明确。

2. "抗诉理由"部分的说理要求

"抗诉理由"的论述是刑事抗诉书的正文部分，也是抗诉书的核心和关键，目的是反驳原裁判的错误观点，集中剖析错误的成因，充分阐述和论证检察机关的正确观点和主张。从办案角度讲，它着重解决原裁判错在哪里、为什么说是错误的、什么是正确的、为什么说是正确的等问题；从论证方法讲，它是先驳论再立论，根据不同案情和不同抗点，运用反驳和立论相结合的方法，反驳原裁判的错误观点，提出符合事实、法律的正确意见，从而达到抗诉的目的。一般应包含两方面的内容：一是具体运用事实、法律及法理，分析原判决（裁定）错误之处；二是充分论证检察机关的正确意见。

（1）论述要求，具体如下：

第一，论点准确。这是刑事抗诉应有针对性这一特点对"抗诉理由"叙写提出的要求。一要选准驳论点。即在抗诉书"审查意见"部分中指出原审裁判错误的基础上，归纳并提炼出原审裁判之所以错误的关键论点，以便之后进行反驳。因此，应当强调一个"准"字，提炼出来的必须是反映原审裁判错误的核心问题，是直接关系到案件定罪量刑或正确处理的实质问题，而不是那些对案件定罪量刑没有直接影响或无关紧要的问题。在写作时应当抓住关键，切中要害，不可眉毛胡子一把抓。但强调针对性，也不是"针锋相对，寸土必争"，而要做到原则问题不放过，枝节问题不纠缠。二是立论要准确。即在反驳对方错误论点时，还必须从正面提出检察机关的正确论点，也就是"先破后立"。如果仅指出原审裁判的错误，而没有检察机关的正确主张，就无法达到抗诉的真正目的。强调立论准确，首先要求立论的论点必须与驳论的论点具有对立性；其次要求立论的论点必须符合事实和法律，而且应当是合理的。三是立论的论点必须与之后的论据材料之间有必然的、直接的因果关系。四是立论必须观点鲜明，不能似是而非、模棱两可。

第二，论据有理。这是检察机关提出的抗诉意见要有说服力的实质体现。论据是用来证明论点的，就抗诉书而言，就是要根据不同的案件情况和不同的抗诉事由，善于运用事实、法律和理论武器，全面、准确、充分地阐述检察机关的抗诉理由。一要体现个案差异性。由于每起抗诉案件的情况各不相同，个案差异性要求我们在论证时，应根据实际需要，因案而异，综合判断，灵活运用，不能只强调"格式化"或"规范化"，阐述理由千篇一律，更不能生搬硬套法律法规，机械教条。二要保证论据"质"与"量"的统一。在运用事实、法律、理论论证时，一方面要强调论据的"质"，即引用的论据必须要准确，否则就根本没有说服力,达不到证明论点的作用;另一方面要强调论据的"量",即论据应当丰富、充分,否则就会导致论证不透彻、说服力不强。三是引用论据时应当注意论据的证明力。首先,以事实作为论据运用,这在抗诉实践中被广泛采用,既客观又形象,说明力较强,体现了"以事实为根据"的基本原则,但作为论据的事实和证据,必须客观真实、来源合法,并经查证属实。其次是以法律作为论据运用,在抗诉实践中也被广泛采用,体现了"以法律为准绳"的原则。再次是运用法学理论作为论据时应注意:不能引用学理界有争议的学术观点,而应引用学理界普遍一致的理论作为论据;不能引用国外未被我国刑法学理论所吸收的法学理论和学术观点;在运用法学理论论证时,应注意结合案情运用法律规定,以体现理论的指导性和现实性,使之更有说服力。

第三,论证合理。论证过程要有科学性、条理性、逻辑性和严密性。一是论据与论点之间要有必然的因果关系,这就要求论证得出的结论必须是唯一的,而且必须与论点相一致,体现出两者之间内在的逻辑关系;二是论证要富有条理、层次分明,要循序渐进、环环紧扣,形成论证锁链;三是论证后得出的结论,既不能自相矛盾,也不能违背常理。

第四,用语规范。抗诉书的语体要求按照政论性的公文语体写作。一是要求遣词造句要精练、恰当,切忌滥用虚词、形容词,要实事求是,恰如其分;二是要求行文用语规范,既要法言法语,又要通俗易懂;三是既要掌握语言文字的基本规律,又要注意法律术语的运用,做到用语精确、语法正确,防止产生歧义。

(2)论述方法。对法院判决结果认定事实错误的阐述必须体现针对性和全面性,对适用法律错误的论证必须体现层次性与逻辑性,对违反法定程序的纠正必须要体现正确性与公正性。

第一,抗认定事实错误的说理方法。事实是适用法律、定性和量刑的基础。认定事实错误,将会导致定性和量刑的错误。因此,可先简要引述原裁判认定的哪些事实有错误,或者哪些事实没有认定,再论证检察机关认为应当认定的事实,然后得出检察机关的正确结论,最后指出原审裁判定性或量刑等错误,阐明应当如何正确适用法律。

制作时,要用查证属实的证据来证实检察机关认为正确的事实,可采取"夹叙夹议"等方法,在叙述事实时对证据进行有针对性的分析,以达到证实犯罪事实的目的。在对定性和量刑进行论证时,可采取"类比"的方法,将错误的与正确的以对照的方式进行论证。

抗诉书中,对不存争议的事实一般无须大段列明,只需根据论证的需要突出展示部分关键事实。尤其是二审程序的定性抗抗诉书中,由于诉判对事实、证据一般没有争议,仅对法律适用和定性存有分歧意见,因此无须在抗诉书中重复起诉书中的犯罪事实。

例如下文应用实例中的李××强奸案,抗诉书将抗诉理由首先指向判决认定事实和运用证据错误。原审判决对不构成强奸罪已作了说明,而这个说明全面反映了原审法院的判决认识依据,因此,抗诉书选择直接引用判决说明,然后一一批驳的方式。原审判决选择性地评价指控证据的证明力,没有对整体证据是否达到相互印证进行分析评价。抗诉书在阐述抗诉理由时,一是精练地回顾了案件证据情况,将作为直接证据的被害人陈述与其他间接证据进行综合比较、分析、判断和整体评价,确立被害人陈述的真实性,再将案件片段的证据进行有效衔接,将枝节的证据提炼出共通点,从而得出案件事实已经符合强奸罪的证明标准的结论。二是针对原审判决对被害人遭侵犯后的表现不是强奸的分析进行反驳。事物的本质只有一个,而表象可以有无数种。只有当我们判断的某种表象与事物的本质一致时,认识才符合客观实际,认定的事实也才成为法律事实。因此,该抗诉书对被害人遭侵害后的行为特征、意义、原因进行了丝丝入扣的分析,以衬托原审判决分析的不够严谨。三是针对一审判决认定强奸罪过于依赖物证的问题进行分析、反驳。重证据、强调物证的收集运用固然是司法机关应当遵循的办案理念,但如果不顾案件本身的实际,不正视案件中物证未能提取的非人为因素,过于强调物证具备的绝对性,则是片面理解"以事实为根据"原则的行为。该抗诉书就此进行了细致的论证。

第二,抗定性错误的说理方法。抗定性错误的,应先论述原裁判定性错误之所在,再着重围绕犯罪行为的本质特征,论述应当如何认定的行为性质,最后得出检察机关的正确结论;量刑错误的,也应先论证原裁判量刑的错误,再从引用罪状、量刑情节等方面予以论述,最后得出检察机关的正确结论。

写法一般有"对比法"、"夹叙夹议法"或"三段论"等,可以单独运用,也可综合运用。如涉及此罪与彼罪的抗诉,先用"对比法"区别两罪的本质特征;再用"夹叙夹议法"边叙述行为事实,边议论行为的本质特征;最后用"三段论"的方法,就是以刑法规定的罪状或罪名的概念为大前提,以被告人的行为特征为小前提,加以对照后,得出被告人行为应当构成何罪的结论,最后阐明应当如何正确适用法律、定罪量刑。这样才能使抗诉理由既有事实依据、法律依据,又有理论深度,扎实充分,令人信服。对于原裁判认定罪与非罪、量刑不当等方面的错误,抗诉理由也可参照这样的写法。

虽然原则上定性抗的抗诉理由的论证应当围绕犯罪的构成要件展开,但不必面面俱到,对没有争议的、不是案件焦点的构成要件问题应当避免赘述。

又如李××强奸案，原审判决一方面认为该案证据没有达到强奸罪的构罪标准，无法以强奸罪下判，另一方面又认为被害人确有被侵犯的可能，不处理被告人有损公平正义。在左右为难的情况下，便试图以选择刑罚较轻的罪名认定该案，即判决被告人构成强制猥亵妇女罪，以平衡诉辩的立场。如此，原审判决犯了以主观臆想代替客观实际的错误。我们知道，若不以案件事实、证据出发来认定犯罪，而是以事先拟定的罪名来套用证据，往往会在证据的认定、采信方面产生难以自圆其说的矛盾。抗诉书十分敏锐地抓住了原判所犯的这个错误，明确指出原审判决采信证人证言的随意性，采信被告人供述的孤证性等双重采信标准的认定方法错误，再进一步论证出原审判决认定被告人强制猥亵妇女罪的错误以及由此罪名引起的量刑畸轻问题。

第三，抗程序违法的说理方法。首先应根据刑事诉讼法及有关司法解释，阐述法律规定的正确诉讼程序，再论述原审法院违反法定诉讼程序的事实表现，并写明影响公正判决的现实或可能性，最后得出检察机关的正确结论。可采用"对比法"等方法进行论证。

（3）写作结构，可以参考以下方法：

第一，分段列举。适用于抗诉论点较多、抗诉理由较为复杂的案件。可将数个抗点按照错误性质的严重程度或按照认定事实、适用法律和审判程序等顺序进行分段表述，标明序号，并在段首以概括性语言指出原裁判的错误所在，表明抗点，然后再对理由和依据进行阐述。这种写法的特点是论点明确、论证清楚、条理性强。

裁判文书存在多处或多种性质的错误时，应在抗诉书中针对原审裁判错误的性质和类型进行一定的分类，保持审查意见、抗诉理由以及结论性意见等抗诉书不同部分表述顺序的统一性，以保持法律文书逻辑结构的完整和连贯。同一类型的错误可以集中阐述；有多处错误的，可以按一定顺序排列组合，如首先阐述认定事实错误，其次阐述适用法律错误，再次阐述量刑不当，最后阐述原审程序严重违法等。且抗诉理由应与审查意见在逻辑上保持一致性，这样抗诉书所要表达的内容更明确，层次更清晰，理由更有逻辑性，使人一目了然，也便于法院在再次审查案件时心中有数，有助于重新作出判决或裁定。

第二，综合分析。适用于抗点较为单一、抗诉理由集中的案件。可将抗诉理由分层次地在一个自然段内叙述。这种写法的特点是结构紧凑、观点概括集中。

第三，分节叙述。适用于多节事实或多个罪名的案件。针对每个罪名或每节事实不同的抗诉事由，分节叙述抗诉理由。这种写法的特点是抗诉事由清楚明了，针对性强。

第四，分人叙述。适用于抗诉理由各不相同的两名以上被告人的抗诉案件。针对每个被告人的具体情况，分别叙述对各个被告人判决的抗诉理由。这种写法的特点是各被告人情况与抗诉理由联系紧密、针对性强。

3. "结论性意见"部分的说理要求

这部分以"抗诉理由"为基础，根据所述的抗诉理由，针对原裁判错误，阐述检察机关对案件事实、适用法律及诉讼程序等方面的意见。

表述要求有三：一是应与"审查意见"相呼应；二是要对"抗诉理由"进行提炼；三是用语应当简洁、明确。

4. "审查意见"、"抗诉理由"和"结论性意见"的关系

在制作刑事抗诉书的过程中，"审查意见"和"结论性意见"的观点应当鲜明突出、内容应当概括简练、文字应当简明扼要，且两者的表述不能简单重复，"审查意见"应当强调法院判决的错误之处，突出抗点，而"结论性意见"既要对抗诉理由进行归纳总结，又要阐述检察机关对本案的正确意见。"抗诉理由"这一部分无疑是整个文书的核心与灵魂所在，应当就每个抗点展开论述。与抗诉书的其他部分相比，"抗诉理由"的表述内容与形式体现了每个抗诉案件的特性，具有较大的灵活性，直接影响到抗诉书的质量。三个部分既有详又有略，既有呼应又有区别，体现刑事抗诉书的层次感和节奏感。

（三）二审刑事抗诉书应用实例

××市××区人民检察院
刑 事 抗 诉 书

×检刑抗〔2009〕1号

××市××人民法院以（2009）×刑初字第552号刑事判决书对被告人李××抢劫一案判决：被告人李××犯抢劫罪，判处有期徒刑二年六个月，并处罚金人民币3000元。本院依法审查后认为，该判决量刑畸轻，理由如下：

起诉书指控及法院判决书均认定被告人李××的行为构成入户抢劫，根据《中华人民共和国刑法》第二百六十三条第　项的规定，入户抢劫，应判处十年以上有期徒刑，并处罚金；鉴于被告人属犯罪未遂并结合本案的犯罪性质、犯罪情节，公诉机关建议对被告人减轻处罚，在有期徒刑四至五年期间量刑，体现了罪责刑相适应原则。

本院认为：（1）本案是一起由入户盗窃抗拒抓捕转化为入户抢劫的犯罪，由于入户抢劫犯罪对人身、财产安全的严重危害，属于严重刑事犯罪，依法应当从严处理；（2）被告人李××于当日晚上9时30分许，采用攀爬底楼围

墙、落水管的方法潜入住宅实施盗窃,在被发现后为抗拒抓捕,在室内主动殴打被害人,并且在追捕到室外的过程中还继续使用随手拿到的拖把柄殴打被害人,被告人的犯罪方法和殴打被害人的过程充分表明其人身危险性;(3) 被告人在审查起诉阶段及法庭审理阶段均否认殴打过被害人,其对殴打被害人的情节予以翻供,说明其无悔罪表现。

鉴于上述理由,虽然被告人李××有法定减轻情节,但法院判处其有期徒刑二年六个月未能充分考虑到本案的犯罪性质、犯罪情节及被告人认罪、悔罪的态度,也未能体现当前宽严相济的刑事司法政策,对其减轻处罚两个量刑档次至三年以下量刑属减轻处罚适用不当导致量刑不当。故××市××区人民法院仅判处被告人李××有期徒刑二年六个月,并处罚金人民币3000元,属于量刑畸轻。

综上所述,(2009)×刑初字第552号刑事判决书量刑畸轻。为维护司法公正,准确惩治犯罪,依照《中华人民共和国刑事诉讼法》第一百八十一条之规定,特提出抗诉,请依法判处。

此致
××市中级人民法院

××市××区人民检察院(院印)
二○○九年六月二十九日

附:
1. 被告人李××现羁押于××看守所。
2. 相关法律条文(略)。

××市××区人民检察院
刑事抗诉书

×检刑抗〔2009〕2号

××市××区人民法院以(2008)×刑初字第758号刑事判决书对本院提起公诉的被告人李××强奸一案作出一审判决,以被告人李××犯强制猥亵妇女罪判处有期徒刑四年。被害人不服该判决,已委托其堂姐宋××于2009年4月13日向本院请求提出抗诉。本院依法审查后认为,一审判决对被告人李××的犯罪行为,在认定事实和适用法律上确有错误,导致量刑畸轻。理由如下:

一、一审判决认定事实和引用证据不当

一审判决认定:"公诉机关指控被告人李××于案发当日多次对被害人实施强奸,仅有被害人的陈述,虽该陈述细节描述较完整,但现场桌布及被害人体内、衣物中均未检出体液、精液等痕迹。此外,当被害人脱离被告人控制后,既未指责当日唯一在店内的李×成不施救或告知其被害真相,也未在第一时间向公安机关报案,而是在店内继续睡觉后再回住处洗澡,且在其发送的短信中,亦未明确事发内容。本院认为,指控被告人强奸的证据尚未达到确实、充分的证明程度,故本院对该罪名难以支持。"

一审判决的错误在于:

1. 未能全面把握本案事实、未能全面客观运用本案证据。被告人李××于案发当日多次对被害人宋某实施强奸,不仅有被害人细节描述较完整的陈述,而且现场证人李×成证实了被告人作案前告知其犯罪的目的、作案中被害人呼救及遭受暴力的事实;证人吴××证实了被告人作案后意欲通过其与被害人私了的事实;证人宋××证实了被害人于案发当日上午向其哭诉被强奸的经过及因惧怕被告人的威胁未能及时报案的事实;验伤通知书证实了被害人身体软组织挫伤的事实。上述证据与案件中的其他证据形成了证据锁链。尽管被告人拒不认罪,且因被害人缺乏证据保全意识未能提取到被告人的体液、精液等痕迹,但本案证据已经达到确实、充分的程度,足以认定被告人实施了强奸犯罪。

2. 对被害人遭侵犯后的行为分析判断错误。首先,"被害人脱离被告人控制后,未指责当日唯一在店内的李×成不施救或告知其被害真相",并不能否定强奸事实的发生,被害人本身已蒙受屈辱,在事发后选择什么人作为倾诉、心理救助的对象,有其特定的人文、性别背景,不应简单判断。同时被害人未指责李×成不施救,是因为被害结果已经发生,李×成系不满16岁的未成年人,埋怨指责已无济于事,且被害人当时不指责,不等于今后不指责。其次,被害人未在第一时间向公安机关报案囿于以下原因,一是被害人遭强暴时,被告人曾威胁不怕其报警,大不了坐几年牢;二是被害人系未成年少女,对应否报案、报案的后果及法律意义并不明确;三是被害人来自于农村,不愿意自己受侵害的事被张扬。故被害人在征询了自己的堂姐的意见后,才于当日下午报案。对此,不能评定为报案不及时。再之,被害人案发后"在店内继续睡觉后再回住处洗澡",是因为被被告人摧残近5个小时,极度疲惫、恍惚,暂时在店内休息并通过手机向亲戚求助。至于被害人回住处洗澡,是因为想尽快洗去被告人的暴力行为给自己带来的羞辱和龌龊,其并不明白这一行为的证据后果。最后,被害人在其事发后发送给亲属的短信中,只是未出现"强奸"这两个字,并不代表没有明确的事发内容。不同的群体对事物有不同的表达方式和语言风格,特别是对一个豆蔻少女,遭遇到人生最不幸的事情时,在向其堂姐发出短信说"我出事了",已明确地表达了事情的性质。

3. 不顾案件的客观事实,过于追求物证证明力。在现场桌布及被害人体内、衣物中均未检出体液、精液等痕迹,有多种原因,并不能以此否定被害人宋某被强奸。被告人李××在实施强奸时,在长达数小时内不让被害人宋某穿上内裤,后宋某又洗过澡,才在亲属帮助下报警,并做身体检验。公安人员赶到现场时,包房内桌布已更换清洗。本案的有关物证未能及时提取到,有着诸多复杂的原因,不能一味苛求,机械地要求一定要具备否则不能定罪,因为如此定案有悖于"重事实、重调查研究"的原则。在桌布、衣物不具备检验条件时,应当结合被害人陈述和证人证言等其他证据认定案件事实。

因此,本案指控被告人李××犯强奸罪的证据确实、充分,应予认定。

二、一审判决认定被告人李××犯强制猥亵妇女罪,适用法律错误,量刑畸轻

一审判决认定:"现有证据虽然不足以证明被告人对被害人实施了强奸,但可以证明被告人趁被害人醉酒后,将其扶进了包房并反锁房门达数小时,期间,还对被害人实施殴打,并在其离开案发现场时,承认其摸过被害人。同时,结合被告人于案发当日即离开本市并委托他人私了此事的反常表现,应认定被告人对被害人实施了强制猥亵行为。"

一审判决的定性错误在于:

1. 定性及适用法律错误。被告人李××到案后,不仅始终否认对被害人宋某实施过强奸或者猥亵行为,也从未承认摸过被害人,其辩称事发时在包房内仅待了十多分钟。而被害人陈述和证人证言及其他证据印证了被告人李××采用暴力和威胁手段实施强奸的事实。一审判决认定被告人李××强制猥亵妇女,与案件证据证明的基本事实不符,适用法律错误。

2. 定性采用的证据标准具有随意性。一审判决认定被告人对被害人实施了猥亵行为,主要采信了证人李×成的证言,即被告人作案后曾对证人说摸过被害人,证人曾在被告人作案时,听见包房内巴掌扇耳光的声音。但证人李×成同时还明确指证:被告人作案前要其到一号包房铺桌布,被告人要与被害人搞一下(发生性关系);被害人在包房内呼救,证人觉得被害人受到了侵犯,但害怕被告人打击报复,因为被告人江湖气很浓,就没想到报警。这些证言证明了被告人实施的是强奸行为,但这些证据被一审判决排斥在外。

3. 量刑畸轻。被告人李××采用暴力和威胁手段对被害人实施强奸,持续时间达5个小时,作案时威胁被害人不得报警,情节恶劣;被害人系未成年人,身心受到严重创伤;被告人作案后潜逃在外,到案后没有丝毫的认罪悔罪表现,依法应予严惩。一审判决对被告人李××的犯罪行为定性错误,导致量刑畸轻。

综上所述,××市××区人民法院(2008)×刑初字第758号刑事判决书，认定犯罪事实和适用法律确有错误，量刑畸轻。为维护司法公正，准确惩治犯罪，依照《中华人民共和国刑事诉讼法》第一百八十一条（现为二百一十七条——编者注）的规定，特提出抗诉，请依法判处。

此致

××市中级人民法院

××市××区人民检察院（院印）
二〇〇九年四月十七日

附：被告人李××现被羁押于××看守所。

（四）审判监督程序刑事抗诉书应用实例

实例一：

上海市人民检察院
刑事抗诉书

沪检刑审监抗字〔2008〕2号

原审被告人朱××，男，1980年8月1日出生，汉族，初中文化，农民，住江苏省泗阳县××镇××村六组。现在上海市××监狱服刑。

2006年9月28日，宝山区人民法院以（2006）宝刑初字第404号刑事判决书，对宝山区人民检察院提起公诉的朱××等人抢劫、盗窃一案作出一审判决，认定朱××犯抢劫罪判处有期徒刑11年，并处罚金人民币1万元；犯盗窃罪判处有期徒刑10年，并处罚金人民币1万元；决定执行有期徒刑20年，并处罚金人民币2万元。2007年3月2日，上海市第二中级人民法院以（2006）沪二中刑终字第499号刑事判决书作出二审判决，认为原判认定朱××犯抢劫罪的事实不清，证据不足，应予纠正，改判朱××犯盗窃罪，判处有期徒刑10年，并处罚金人民币1万元。判决生效后，宝山区人民检察院发现二审法院的改判确有错误，通过上海市人民检察院第二分院提请本院按审判监督程序向上海市高级人民法院提出抗诉。经本院依法审查查明：

2005年12月28日凌晨，原审被告人朱××伙同王甲、郝××、陈××、王乙、陈×兴及邵某、王丙8人，经预谋后携带刀具、绳子、胶布等作案工具，乘车至宝山区杨东15队一废品收购站欲实施抢劫，因未能骗得该站经营者开门而未果,朱××遂提议至宝山区南汀路180号东海废品收购站抢劫。到达现场后,以卖废品为由骗得被害人陈××开门,由王甲、郝××、陈××、王乙、陈×兴及邵某、王丙7人进入屋内,持刀胁迫被害人徐××、陈××,并用绳子将两名被害人的手脚捆住,用胶布封住被害人陈××的嘴,劫得被害人徐××、陈××现金人民币12万余元。得款后,朱××等8人逃离案发地,至宝山区宝杨路码头附近将劫得的赃款予以瓜分。

上述犯罪事实清楚,证据确实充分,足以认定。

本院认为,上海市第二中级人民法院撤销一审法院关于朱××抢劫犯罪事实的认定确有错误,理由如下:

1. 二审辩护人提供的证据不足以推翻一审关于朱××构成抢劫罪的事实认定。

一是辩护人提供的车票是非实名制,没有乘坐人姓名,仅用手写的方式注明了车次时间。该车票的乘坐人和车次时间存在不确定性,二审法院采信朱××和辩护人的意见,认定该张车票是由朱××于2005年12月27日乘坐的依据不充分。

二是证人吴××、徐×贵的证言,仅能证明2005年12月28日上午10时后,朱××在江苏泗阳。但据此并不能说明朱××不具有作案时间。

2. 二审判决后新出现的证据,进一步证实了朱××参与共同抢劫的事实。

二审判决后,同案犯陈×兴、陈××、王乙陆续归案并被判刑,三人均供认朱××参与抢劫,与先期归案的同案犯王甲、郝××所作的朱××参与抢劫的供述相互印证,进一步补强了原有证据。

综上所述,根据目前新发现的证据并结合原有证据,上海市第二中级人民法院二审判决撤销一审法院关于朱××抢劫犯罪事实的认定确有错误,应予以纠正。为严肃执法,准确惩治犯罪,依照《中华人民共和国刑事诉讼法》第二百零五条第三款的规定,特提出抗诉,请依法判处。

此致
上海市高级人民法院

上海市人民检察院(院印)
二○○八年十二月十日

附:
1. 被告人朱××现服刑于上海市周浦监狱;
2. 新的证据目录及主要证据复印件一册。

实例二：

河南省人民检察院
刑事抗诉书

豫检诉刑抗〔2003〕第2号

原审被告人胥敬祥，乳名祥太，男，41岁，河南省鹿邑县人，汉族，小学文化，农民，住鹿邑县杨湖口乡水牛张行政村闫胥庄。因涉嫌抢劫、强奸于1992年4月1日被鹿邑县公安局刑事拘留，同年4月13日被逮捕。1997年3月7日，鹿邑县人民法院〔1997〕鹿刑初字第16号判决书以抢劫罪判处其有期徒刑15年、剥夺政治权利5年，以盗窃罪判处其有期徒刑1年，合并执行16年，现在河南省第一监狱服刑。

判决生效后，本院在审查其他案件中发现并经审查认为该判决确有错误，于2001年3月28日指令河南省人民检察院周口分院（现周口市人民检察院）向周口地区中级人民法院抗诉。周口市人民检察院于2001年5月27日以周检刑抗〔2001〕03号刑事抗诉书向周口市中级人民法院提出抗诉。周口市中级人民法院〔2001〕周刑监字第03号再审决定书以"原判认定事实不清，证据不足"，指令鹿邑县人民法院再审。鹿邑县人民法院进行了再审，〔2002〕鹿刑再初字第6号刑事裁定书以原判"定性准确，量刑适当，适用法律正确"，维持原判。原审被告人胥敬祥上诉。周口市中级人民法院书面审理后，以〔2002〕周刑终字第62号刑事裁定书裁定：原审被告人胥敬祥伙同他人持械蒙面入室，拦路抢劫他人财物，情节严重，伙同他人盗窃他人财物，数额较大，其行为分别构成抢劫罪、盗窃罪。原判认定事实清楚，证据确实充分，定性准确，量刑适当。原审被告人的上诉理由缺乏事实证据，驳回上诉，维持原判。

经依法审查本案事实和证据，本院认为：本案认定胥敬祥构成抢劫罪、盗窃罪事实不清，证据不足，二审裁定维持原判确有错误，理由如下：

（一）认定胥敬祥8起入室抢劫的事实不能证实

1. 入室抢劫张守廷家

周口市中级人民法院认定："1991年7月8日凌晨，被告人胥敬祥伙同他人持械窜到本乡河西张村张守廷家，抢走现金1200元，国库券500元，及戒指、耳环、银元等物，胥分得部分赃物。认定证据有：被告人胥敬祥供述，其内容与被害人张守廷陈述相吻合,证人张超亦证明当时看到一作案人像胥敬祥,胥敬祥供述其分得1对手镯、1个金耳环的内容,与其妻张玉平证言相吻合。"

经审查,认定该起犯罪存在的问题:

(1) 胥敬祥的供述与张守廷的陈述互相矛盾。张守廷证4人蒙面入室抢劫,胥敬祥供是5人;张守廷证手拿剪刀,胥敬祥供手持匕首、枪;张守廷证钱物在木箱里被翻出,胥敬祥供在席子下面找到钱,在东间屋柜上找到国库券、金银首饰,拿钱的地点、数额互相矛盾。现场,张证把他捆起来,头包住打;胥供说黑龙按住张守廷,而后抢劫。供证互相矛盾,不相吻合。

(2) 张超从案发到现在都未证明有一人像胥敬祥。张超在案发当天证有两人有点像其姥姥庄的人,未说像其姥姥庄的谁。张守廷在1991年7月20日(p.2.139)证:我和我爱人听口音,看发型,其中一人像本乡屠户赵景福,因以前收税问题,怀疑其报复。事过两年,所谓"案破"后,张守廷又证:其子张超说有一个人像胥敬祥。胥敬祥此时被捕已近两年。案发当天,12岁的张超在接受公安人员调查时,未能辨出这两个蒙面入室的人是谁。事过两年其父张守廷又说张超认出了胥敬祥,但并未讲出客观依据,其说法违反常理,不客观也不真实,不能作为定案的依据。

(3) 办案人员对张玉平的询问,(张玉平1992年4月7日证言p.2.27—33)要证人张玉平"交代"以减轻其丈夫罪行——"把你丈夫胥敬祥一次夜里拿回家的衣物、钱等全部交代清楚",违背了《刑事诉讼法》第四十三条关于"严禁刑讯逼供和以威胁、引诱、欺骗以及其他非法的方法收集证据"的规定。最高人民法院《关于执行〈中华人民共和国刑事诉讼法〉若干问题的解释》第六十一条规定:凡经查证确实属于采用刑讯逼供或者威胁、引诱、欺骗等非法的方法收集的证人证言、被害人陈述、被告人供述,不能作为定案的根据。对张玉平的询问,存在威胁、引诱、欺骗违法取证的情况,不能作为定案的根据。张的证言证明所谓"赃物"的来源,无时间、无地点、无对象,是胥从哪儿弄来、怎么弄来的都不清楚,不能证明物品来源不合法,不能证实犯罪(在以下几起入室抢劫中,均存在此情况)。而且张玉平所证的物品也与胥供述所说的种类、数额互相矛盾,胥敬祥供分到一只镯子、一个耳环,还有烟酒。张玉平证拿回一对手镯子、一个耳环。

(4) 共同犯罪无共犯。胥敬祥在1992年4月10日供述:每次入室抢劫都是与梁小龙及梁带来的黑龙、青龙、红龙等5人共同实施的,都听梁小龙指挥(P2.13)。而梁小龙在1992年12月24日(检察卷2.61)、1993年5月7日(检察卷1.42)、1993年11月8日(检察卷2.1)三次证明他1992年在山东济宁，不在鹿邑，未同胥敬祥一起作过案，也不知谁家被抢。二审裁定认定胥敬祥"伙同他人"，"他人"是谁，不能确定（以下7次入室抢劫均如此）。

（5）侦查机关在胥敬祥案扣押物品清单中，也没有提取到作案凶器、赃款赃物。

认定该起犯罪事实不清，现有证据只有被告人供述，而无其他证据印证，不能证实胥敬祥伙同他人入室抢劫了张守廷家。

2. 入室抢劫田桂兰家

周口市中级人民法院认定："1991年3月26日凌晨，被告人胥敬祥伙同他人持械窜到本乡周庄田桂兰家，抢走现金560元、自行车一辆、绿毛背心1件、红手套1双等。胥分得绿毛背心、红手套等。认定证据有：被告人胥敬祥供述与被害人田桂兰陈述相互印证，案发后从胥敬祥家搜查扣押绿毛背心、红手套的扣押清单，及证人梁秀荣辨认笔录、证人张玉平证明胥带回该绿毛背心的证言。"

经审查，认定该起犯罪存在以下问题：

（1）胥敬祥的供述与田桂兰的陈述互相矛盾。胥敬祥供：抢周景富家，我在门口看人，4人进屋，两人拿枪一人拿刀；田桂兰证：抢我家，进屋五六人，都用黑布蒙面，都拿手灯，未见拿刀拿枪。胥敬祥供：晚上9点多去，进屋有两三个小时；田桂兰证：约凌晨两点来，走时三点。胥敬祥供：一人扛自行车，一人掂枪出来；田桂兰证：临走时要钥匙，反锁上门，未见人拿枪。胥敬祥供：我分得一条黑卷裤、一条白裤子、一双袜子、两盒烟不是喜梅就是彩蝶；田桂兰证：未被抢上述物品，被抢的两条烟，一条是玉兰花，一条是公主烟。

（2）对张玉平的询问，存在违法取证的问题（同前）。张证记不清哪一夜胥敬祥拿回绿毛背心、手套等物品，不能证明物品来源不合法，不能证明犯罪。张玉平证胥敬祥拿回黑布、白褂，与胥敬祥供述矛盾，张证拿回一双袜子与胥敬祥供述一致，但田桂兰家并未被抢袜子。

（3）公安人员组织梁秀荣对一双红手套的辨认违反了公安部《关于办理刑事案件程序规定》第247条"辨认前，应当向辨认人详细询问辨认对象的具体特征"的规定，同时也违背了《人民检察院刑事诉讼规则》第213条"辨认物品时，同类物品不得少于五件"的规定。属于违反法定程序直面辨认，不具有排他性，没有法律效力（以下辨认同此）。

（4）关于绿毛背心的来源，胥敬祥1996年8月4日供述（检察卷1.27）：是我在集市上买的，当时给同村的胥祖国说过。以前问我时，就是这样说的，他们不给我写。2001年1月11日供述（省检卷1.27）：衣服是在邱集地摊上买的，买后见胥祖国，告诉他了。证人胥祖国证胥敬祥从街上买过这一件绿毛背心（省检察卷1.27）。

认定该起犯罪：时间错误、对象错误、事实错误，供证互相矛盾，无作案凶器、无犯罪同伙。所谓的一件绿毛背心，没有证据证实是胥敬祥抢劫的。现有证据不能证实胥敬祥伙同他人入室抢劫了田桂兰家。

3. 入室抢劫田有更家

周口市中级人民法院认定："1991年3月20日凌晨，被告人胥敬祥伙同他人持械蒙面，窜到本乡小田庄田有更家，抢走现金1300元及其他物品。胥分得现金110元。认定证据有：被告人胥敬祥供述，被害人田有更、焦氏陈述，内容相互印证。"

经审查，认定该起犯罪存在以下问题：

胥敬祥的供述与田有更、焦氏陈述内容互相矛盾，不能印证。胥敬祥供与梁小龙等5人入室抢劫，4人黑布蒙面，1人白毛巾蒙面，手拿双管火药枪、匕首、电棒；田有更、焦氏证3人入室抢劫，都是黑布蒙面，有拿刀的，有拿手电筒的，未见拿枪；胥敬祥供拿田家压水井杆撬门，田有更未证；胥敬祥供用手电筒将田有更的头打流血，打后用绳子捆住田有更和焦氏；田有更证一人捆我爱人，二人打我，后来捆我；胥敬祥供老头从东屋砖头底下扒出500元，在西屋柜找到40元；田有更证：我掏口袋钱400多元给他们，他们从东间小木柜拿出500元，从书中翻出100元。焦氏证从田有更身上搜出300多元。被告人的供述与被害人的陈述从作案人数、所持凶器、作案方式、拿钱地点及数额均互相矛盾。

认定该起犯罪：无作案凶器、无赃物、无犯罪同伙，供证互相矛盾，不能印证，现有证据不能证实胥敬祥伙同他人入室抢劫了田有更家。

4. 入室抢劫李子云家

周口市中级人民法院认定："1991年3月19日凌晨，被告人胥敬祥伙同他人窜到本乡孙庄李金兰家，将李家房屋玻璃砸烂，又将院内压水井杆拿走，后又窜到田庄村李玉英家砸了房屋玻璃。约三时许，又窜到界牌李村李子云家，抢走现金130元、女式红上衣1件、防滑鞋1双等。后将从李金兰家拿的压水井杆丢弃在李子云家。被告人胥敬祥供述，与被害人李金兰、李玉英、李子云陈述相吻合，证人李金兰证言证明在李子云家找到压水井杆。李子云及其女李秀香辨认笔录，证明从胥敬祥家搜出的女式红上衣即是李子云家被抢物品。"

经审查，三被害人陈述的犯罪嫌疑人作案过程、人数、抢劫方式、抢劫物品种类及数额，与胥敬祥的供述互相矛盾：

(1) 胥敬祥供述与李金兰陈述不相吻合。胥敬祥供：在孙庄南地出差（廊檐）房子，还是以上俺5个人，进屋后人家醒了叫人家窗户玻璃砸烂了，（为什么？）后来跑了。（干什么去了？）李证：两个人，头用布蒙着，未进屋，一个人拿手电筒。跳进院里，用俺家压水井杆撬门，俺家玻璃被砸碎，又砸西边窗户玻璃，我们连喊带骂，那两个人就跑了。

(2) 胥敬祥供述与李玉英陈述不相吻合。胥敬祥供："又跑到田庄西头第一家，别门也未别开，也没偷啥。"只此一句话的供述。而李玉英证：凌晨两点钟，我听见鸭子叫，看见有人用铁叉砸窗户，我喊，他跑了。东边窗户被砸烂8块玻璃，西边被砸烂3块。事后，见挂绿篷布的机动三轮车向西开。

(3) 胥敬祥供述与李子云陈述不相吻合，胥敬祥供：去界牌李北地一教师家，别门进屋抢5元钱、罐头、衣、裤、玉兰花烟；李证：进屋三人黑布蒙面，一个人看着我两口子，两人抢东西，有一人像梁楼寨卖箆子的（未查）。李和他爱人均证，他们之间有喊"民"、"国民"的。被抢的有被面、床单、30个鸡蛋、130元现金、国库券、电子表、钢笔和手机。走后，听见机动三轮车声，扔下垛墙叉一个，压水井杆两个。孙庄李金兰拿走一个压水井杆。

李金兰从李子云家拿走的压水井杆，未经辨认，物品并不能确认为李金兰的。同时，谁将压水井杆丢在李子云家？证据也不能证实是胥敬祥所为。李子云对一件女式上衣的辨认程序违法，辨认未讲出物品特征，不客观，不具有排他性。

认定该起犯罪，无犯罪同伙。一件女上衣的辨认违反法定程序，供证互相矛盾，不能印证，现有证据不能证实胥敬祥伙同他人入室抢劫了李子云家。

5. 入室抢劫田秀英家

周口市中级人民法院认定："1991年3月17日凌晨，被告人胥敬祥伙同他人持刀蒙面窜到本乡簸箕扬村田秀英家，抢走现金500元、国库券36元、果子、红糖等物。胥敬祥分得现金500元及红糖、果子等。认定证据有：被告人胥敬祥的供述，与被害人田秀英陈述相印证，证人张玉平证言证实胥曾于某夜带回家果子、红糖。"

经审查，认定该起犯罪存在以下问题：

(1) 胥敬祥的供述与田秀英陈述互相矛盾。胥供5人蒙面入室，4人黑布蒙面、1人白毛巾蒙面；田证3人入室，2人戴花脸面具，1人未戴，有一人听腔像俺庄杨作明孩子（未查）。胥供黑龙、红龙拿着匕首，田证来人拿着手电筒。胥供抢有现金、红糖、果子，田证还有国库券、收音机。

(2) 对张玉平的询问存在违法取证的情况，证据不合法。张玉平证记不清哪一夜胥敬祥拿回家里2斤红糖、一封果子，不能证明犯罪。

认定该起犯罪,没有犯罪同伙,没有作案凶器,没有赃物,被告人的供述与被害人的陈述互相矛盾,不能印证。现有证据不能证实胥敬祥伙同他人入室抢劫田秀英家。

6. 入室抢劫胥敬良家

周口市中级人民法院认定:"1991年3月9日凌晨,被告人胥敬祥伙同他人持械窜到本村胥敬良家,抢走大毛毯3个、小毛毯14个、鸡蛋等。认定证据有:被告人胥敬祥的供述,与被害人王秀芝陈述、证人王玉勤证言相互印证,证人张玉平证明胥敬祥曾于某夜带回小毛毯等。"

经审查,认定该起犯罪存在以下问题:

(1) 胥敬祥与王玉勤证言互相矛盾。胥供4人黑布蒙面,1人白毛巾蒙面,4人进屋抢劫;王证3人进屋抢劫,都戴面罩。胥供带刀、带枪;王证带刀,未见枪。胥供用夯把门夯开;王证踩门,后把门撬开。胥供抢毛毯五六个小的,一个大的,还有鸡蛋、大衣;王证被抢毛毯3个大的,14个小的,还有裤子、被子、小麦、烟、布。胥供那家给了20元,王证被抢40元。

(2) 王秀芝的陈述系一人取证,违背了《刑事诉讼法》第100条、第91条"侦查人员不得少于二人"的规定,证据形式不合法,无法律效力。王在案发三年后陈述,说四五个人进屋抢劫,与王玉勤证三人进屋抢劫,人数矛盾。

(3) 对张玉平的询问,存在违法取证的情况,证据不合法。张玉平证言不能证实毛毯是胥敬祥违法所得,同时,毛毯数额与胥敬祥供述矛盾。张证胥敬祥拿回一条黄纱巾,被害人未被抢此物,胥敬祥也未说拿回家。

认定该起犯罪,无犯罪同伙、无作案凶器、无赃物。胥敬祥供述不能印证。现有证据不能认定胥敬祥伙同他人入室抢劫了胥敬良家。

7. 入室抢劫陈金品的代销店

周口市中级人民法院认定:"1991年2月10日凌晨,被告人胥敬祥伙同他人蒙面窜到本乡陈庄村陈金品的代销店,抢走玉兰花烟、团结烟等共46条及洗衣粉等物品。认定证据有:被告人胥敬祥供述,与被害人陈金品陈述相印证,及证人张玉平证言和陈金品辨认笔录。"

经审查,认定该起犯罪存在以下问题:

(1) 胥敬祥的供述与陈金品的陈述相互矛盾。胥敬祥供:4人进屋,1人在外边(胥自己),分给我的有烟、牙膏、腰带、洗头膏、锁等(未供进屋后的抢劫情况);陈金品陈述被抢物品没有锁,是5人蒙面持匕首进屋抢劫。二人供证相互矛盾,不能印证。

(2) 对张玉平询问系违法取证,证据不合法。张证记不清哪一夜,胥敬祥拿回家四五瓶酒、洋糖、五香粉、锁等物。张玉平证言与胥敬祥供述无法印证。

（3）公安人员组织陈金品的辨认违反了公安部、最高人民检察院的规定（同前），程序违法，无效力。同时，陈金品的辨认自相矛盾，不客观、不真实。陈金品未陈述自己的手帕被抢，而1年后，1992年4月8日却辨认出自己被抢的3条手帕。鹿邑县公安局并未在胥敬祥家扣押圆珠笔（P2.147），而陈金品却辨认出2支圆珠笔，显无依据。

认定该起犯罪，无犯罪同伙，无作案凶器，被告人的供述和被害人的陈述不能互相印证，现有证据不能认定胥敬祥伙同他人抢劫了陈金品的代销店。

8. 入室抢劫栾子信家

周口市中级人民法院认定："1991年3月13日凌晨，被告人胥敬祥伙同他人蒙面窜到本乡栾子信家，进屋后殴打并捆绑栾子信，抢走现金900元。认定证据有：被告人胥敬祥供述，与被害人栾子信陈述相印证。"

经审查，认定该起犯罪存在的问题有：

胥敬祥陈述与栾子信的陈述互相矛盾，无法印证。对这起抢劫，胥敬祥的全部供述为："在1991年春天一夜里，还是俺几个人到栾庄当中一个医生家，在盖房子，刚盖好，在他家抢370元，10元的300元，70元的是零票，这一回没给我钱。"栾子信与其妻顾玉英均证实是3人蒙面入室，持刀抢劫，详细陈述了蒙面歹徒持刀作案过程，所抢钱数栾证900元，顾证1000元。栾、顾二人陈述与胥敬祥的供述不能印证。

认定这起犯罪无其他证据。现有证据不能证实胥敬祥伙同他人入室抢劫了栾子信家。

（二）认定胥敬祥拦路抢劫的事实不能证实

周口市中级人民法院认定："1992年2月28日下午，被告人胥敬祥伙同胥敬增（批捕在逃）在本乡大张村西拦住中年妇女李素贞，冒充派出所的民警，以查案件及李素贞没有身份证为由，将其挟持到该乡梁口村西路上后，抢走现金300元，二人挥霍。认定证据有：被告人胥敬祥供述挟持李素贞，李交给其现金300元，被害人李素贞陈述其被搜走现金300元，证人田丙仁、黄东风证明胥敬祥拦着挟持李素贞的情况。"

经审查，认定该起犯罪存在的问题有：

（1）胥敬祥未供述挟持李素贞，黄东风的证言、田丙仁的证言没有证明胥敬祥挟持李素贞。黄东风、田丙仁未证明胥敬祥对李素贞使用暴力和以暴力相威胁，与胥的供述相一致。

（2）张修建1993年4月17日证（检察卷2.76）：我告诉胥敬祥有人在张

庄西卖大烟一事，是王庄"老响"说的（未查）。1992年3月29日公安机关询问了李素贞，同年3月28日询问了田丙仁，4月3日询问了黄东风。之后，公安机关于同年4月7日搜查了胥敬增家，扣押了物品，胥敬增在扣押物品清单上签名，但公安机关并未对胥敬增调查取证，也未抓捕胥敬增。本案是因倒卖大烟引起的趁机敲诈，还是拦路抢劫，事实不清。

（3）李素贞的陈述自相矛盾，与胥敬祥供述互相矛盾。李一次证（P1.41）胥从我身上搜走300元，一次证（检察卷2.72）胥掏出300元给我，说不要钱，查身份证，没身份证到派出所。胥敬祥供述：她掏出300元塞我兜里，我和胥敬增都不同意要300块，要给把1000元都拿出来。女的不同意，说着骑车跑了。认定胥敬祥伙同胥敬增，冒充公安干警采取搜身等暴力威胁方法劫取李素贞300元，只有李素贞自相矛盾的陈述，无其他证据印证。

周口市中级人民法院认定胥敬祥伙同胥敬增，冒充公安干警采取搜身等暴力威胁方法劫取他人财物的事实不清，证据不足。

（三）认定胥敬祥盗窃黑猪一头的事实不能证实

周口市中级人民法院认定："1992年3月20日夜，被告人胥敬祥伙同胥敬增、张修见（批捕在逃）窜到本乡界牌李村李庆召家，盗走黑猪一头，价值450元，又盗走裤子一条、压水井杆一根，胥分得赃款280元。认定证据有：被告人胥敬祥供述，与失主李庆召辨认笔录确认从胥家中搜出的压水井杆系其家被盗物品。"

关于胥敬祥盗窃黑猪一头的问题，经审查，事实如下：

1992年4月1日，李庆召听说闫胥庄抓了个人，想找找自己在农历正月丢的一头猪，到派出所报案。胥敬祥4月10日供认与张修建、胥敬增一同偷了三次猪。第一次是1992年农历二月的一个晚上，去偷的水牛张行政村解居王村王付运家，偷的猪卖了260多元钱。过了三天，又在本乡大张行政村偷猪一头。又过了两天，去界牌李偷了一头黑猪。经公安机关查证，胥敬荣（王付运妻子，王已死）1993年8月28日证：我家11年前丢过一头母猪，丢猪时，最小的孩子还未出生，现小孩已十一岁了，只丢这一次（检察卷2.56）。本乡大张行政村被偷猪一事，"无有此事"（检察卷2.83）。

周口市中级人民法院认定胥敬祥伙同胥敬增、张修建偷李庆召一头猪，经审查，认定该起盗窃存在下列问题：

1. 胥敬祥供述与李庆召陈述相互矛盾。胥供，偷一黑猪、一条裤子、一根压水井杆。李证自己丢一头猪和压水井杆，并未丢裤子。同时也未证明是胥敬祥偷的猪。

2. 胥供：三人去偷，还有张修建、胥敬增。张修建否认（公安机关也未按同案犯处理），对胥敬增未调查，无其他证据印证。

3. 认定猪的价值450元，无依据。

4. 李庆召对压水井杆的辨认过程，违反程序，不客观，不具有排他性。

胥敬祥供认偷了三头猪，经公安查证两次丢猪的事实并不存在，不能排除胥的供述有被逼供的可能性，不能以此唯一的证据作为定案依据。

认定胥敬祥偷猪，只有胥的口供，无其他证据印证。认定胥偷猪的理由缺乏事实证据，认定的理由不能成立。

（四）认定胥敬祥盗窃田振德家物品证据不足

周口市中级人民法院认定：1992年2月20日夜，被告人胥敬祥伙同张修建窜到本乡田洼村田根德（振德）家，盗走茶瓶、瓷盆、铝壶各1个，食用油十余斤，塑料壶、洗衣粉等物，共计价值100余元。胥分得食用油和铝壶自用。认定证据有：被告人胥敬祥供述，与失主田根德（振德）陈述相互印证。

经审查，胥敬祥供认伙同张修建盗窃田振德家厨房物品，与田陈述的被盗物品能够部分印证，但张修建否认参与盗窃。张修建是否参与共同盗窃，事实不清。同时，被盗物品属残旧物品，没有原价，没有作价证明，二审裁定认定被盗物品价值100余元无依据。

对以上8起入室抢劫、1起拦路抢劫、2起盗窃的事实和证据，周口市中级人民法院认定："本案证据在原审审理过程中亦经当庭质证，本案事实清楚，证据确实、充分，足以认定。"经审查，本院认为，二审法院认定事实错误，本案的主要证据未经当庭质证，本案事实不清，证据不足，无法认定。二审裁定违背刑事诉讼法的规定，适用法律错误。

1. 认定事实错误，本案主要证据未经法庭质证

（1）一、二审法院均认定1991年7月8日抢劫张守廷家，"证人张超亦证明当时看到一作案人像胥敬祥"。经审查，案发至今，张超从未证明有一作案人像胥敬祥。

（2）二审法院认定胥敬祥供述挟持李素贞，田丙仁和黄东风证明了胥敬祥挟持李素贞。经审查，胥敬祥未供述挟持李素贞，田丙仁、黄东风也未证明胥敬祥挟持李素贞。

（3）二审法院认定本案证据在原审审理过程中亦经当庭质证。经审查，本案主要证据在原审法庭开庭审理过程中并未经法庭质证。庭审笔录显示，对检察机关指控的犯罪事实，胥敬祥除对参与了第二起盗窃未提出质疑外，对其他指控均提出质疑，法庭并未予以质证。

2. 本案事实不清、证据不足

（1）8起入室抢劫

周口市中级人民法院认定的8起入室抢劫没有一起事实清楚、证据确实充分。案发至今，凶器没有一件，犯罪同伙没有一人，被抢物品一件也不能确认，被害人证实的入室抢劫人数没有一次与被告人供述的相吻合。认定胥敬祥入室抢劫，只有胥敬祥的口供，而无其他证据印证。

（2）拦路抢劫李素贞

周口市中级人民法院认定胥敬祥抢劫李素贞300元钱事实不清，证据不足。认定胥敬祥伙同他人采取了搜身等暴力威胁方法劫取他人财物，只有李素贞自相矛盾的陈述，而无其他证据印证。

（3）盗窃一头猪

周口市中级人民法院认定胥敬祥偷猪，只有胥敬祥的口供，无其他证据印证。

3. 二审裁定违背刑事诉讼法的规定，适用法律错误

二审法院在本案事实不清，认定胥敬祥作案，只有被告人的口供，而无其他相关联的直接证据和间接证据印证的情况下，却以抢劫罪、盗窃罪判处胥敬祥有期徒刑16年，违背了《刑事诉讼法》第46条："对一切案件的判处都要重证据，重调查研究，不轻信口供。只有被告人供述，没有其他证据的，不能认定被告人有罪和处以刑罚；没有被告人供述，证据充分确实的，可以认定被告人有罪和处以刑罚。"综上所述，鹿邑县人民法院、周口市中级人民法院认定原审被告人胥敬祥构成抢劫罪、盗窃罪的事实与认定的证据相矛盾，证据之间不能相互印证，得出的结论不具备排他性。证据不能证实胥敬祥构成抢劫罪、盗窃罪。周口市中级人民法院维持原一审法院有罪判决，认定事实错误，适用法律不当。为了正确地实施法律，维护司法公正，保护公民的合法权益，依照《刑事诉讼法》第205条第3款的规定，对周口市中级人民法院〔2002〕周刑终字62号刑事裁定书，提出抗诉，请依法改判。

此致

河南省高级人民法院

河南省人民检察院

二〇〇三年五月十二日

附：被告人胥敬祥现服刑于河南省第一监狱

三、支持抗诉报告书的制作及应用实例

（一）支持抗诉报告书的制作要点

二审检察部门决定支持抗诉的，应当制作支持抗诉报告书向同级人民代表大会常务委员会报告并通知提出抗诉的下级人民检察院所在地区的人民代表大会常务委员会。支持抗诉报告书是上级人民检察院对下一级人民检察院提出抗诉的刑事案件进行审查后，认为原审判决、裁定确有错误，抗诉理由充分，有抗诉必要，决定支持抗诉后向同级人民代表大会常务委员会的报告文书。根据最高人民检察院"高检发〔1995〕15号、40号"文件规定，地方各级人民检察院按照上诉程序提出的抗诉，上一级人民检察院经审查决定支持抗诉后，应向同级人大常委会报告。支持抗诉报告书的内容也由首部、正文和尾部组成。

1. 首部

首部内容包括制作单位的名称、文书标题和文书编号。

2. 正文

正文内容包括：（1）提出抗诉的下级人民检察院名称；（2）抗诉案件的被告人姓名和案由；（3）一审人民法院的名称及一审裁判文书的名称与编号；（4）经审查支持抗诉的主要理由；（5）向人大常委会报告的依据。

3. 尾部

尾部内容包括：（1）主送的人大常委会名称；（2）制作文书的年月日及制作单位的公章。

人民检察院决定支持抗诉以后向同级人大常委会报告的做法是最高人民检察院根据检察实践的发展所总结出来的一条宝贵经验。这一做法对于争取国家立法机关对刑事抗诉工作的支持，提高抗诉质量，强化审判监督力度，具有十分重要的意义。

（二）支持抗诉报告书应用实例

××市人民检察院第×分院
支持抗诉报告书

〔2012〕×检第×分抗字第×号

××区人民检察院因不服同级法院对被告人林××抢劫一案的判决，提出

抗诉。经我院审查认为，该判决确有错误，抗诉理由充分，决定予以支持。根据最高人民检察院〔1995〕第15号、第40号《关于抗诉案件向同级人大常委会报告的通知》的规定，特此报告。

此致
××市人民代表大会常务委员会

××市人民检察院第×分院
二〇一二年二月二十三日

四、支持抗诉意见书的制作及应用实例

二审检察机关决定支持抗诉的，还应当制作支持抗诉意见书送达二审人民法院，具体说明是全部支持抗诉，还是部分支持抗诉，重点阐明支持的理由和依据，便于二审人民法院及时了解二审检察机关的支持抗诉意见和下级检察机关抗诉意见的异同。

(一) 支持抗诉意见书的意义

支持抗诉意见书是上一级人民检察院派员出席二审抗诉法庭，在法庭调查开始时发表的支持抗诉意见的法律文书。根据有关规定，以往二审人民法院在审理二审抗诉案件时，先由出席二审法庭的检察人员宣读下一级人民检察院制作的刑事抗诉书，然后由合议庭围绕着抗诉内容进行法庭调查。在法庭调查结束后、法庭辩论开始之前，出庭检察人员才能发表二审检察部门支持抗诉的意见。依照这种审理顺序，司法实践中确实存在一些弊病。

第一，根据全面审查原则，上一级人民检察院在审查二审抗诉案件时并不受抗诉范围的限制。其对下级检察机关的抗诉意见可能全部支持，也可能是部分支持，还可能是全部不支持，但又从另一个角度提出新的抗诉意见。但是在法庭调查开始之时，法官只知道下级人民检察院的抗诉意见，而不知道上级人民检察院支持抗诉的意见，因此庭审的重点始终围绕着刑事抗诉书的内容展开，一旦二审检察人员出庭支持抗诉的意见与抗诉内容不一致就会使法庭调查缺乏针对性，致使该查明的没有查明，没有必要调查的却又详加调查。

第二，当上一级人民检察院支持抗诉意见与下级人民检察院抗诉意见不一致时，二审出庭的检察人员在法庭调查时，必然要围绕着支持抗诉的意见进行讯问、发问、举证和质证，而法官在主持法庭调查时却又紧紧围绕着刑事抗诉书的内容展开。当法官发觉出庭的二审检察人员的庭审提纲是另起炉灶与原先刑事抗诉书内容并不相同时，就会不明其真实意图，无法进行有效的配合，甚至会使庭审无法正常进行下去。

第三，被告人和辩护人出席二审抗诉法庭，他们的辩护意见都是针对刑事抗诉书的内容而准备的。在法庭调查时，他们的举证、质证活动也都是围绕着抗诉意见而展开的。但法庭调查结束，当他们得知上一级人民检察院支持抗诉的意见与下级人民检察院的抗诉意见并不一致，想要针对支持抗诉的意见进行举证、质证时，则为时已晚，无法及时有效地行使各种辩护权利，这对于保障被告人的合法权益来说，也是有失公平与公正的。

第四，旁听的群众在听了二审出庭检察人员宣读的刑事抗诉书后，对案件的分歧焦点已有所知晓，但当检察人员撇开抗诉意见而围绕自己支持抗诉的意见进行举证活动时，旁听群众对检察官的举动同样会感到茫然不解、不知所云，有损于出庭检察人员的良好形象。

为了解决上述存在的弊病，1998年，上海市检察机关经与法院协调，尝试在法庭调查时，出庭检察人员在宣读刑事抗诉书后，马上发表二审检察机关的支持抗诉意见书。表明对刑事抗诉书的哪些观点予以支持，哪些观点不予支持以及有无新的抗诉观点，以便于法官有的放矢地围绕着支持抗诉的内容开展法庭调查。上海市检察机关的这一创新做法，得到了最高人民检察院的充分肯定，并在2001年3月下发的《刑事抗诉案件出庭规则（试行）》中首次作了明确规定。

（二）支持抗诉意见书的制作要点

支持抗诉意见书通常包括下列内容：

1. 首部

首部内容包括制作单位名称、文书标题、文书编号及二审人民法院的名称。

2. 正文

正文内容主要阐明：（1）二审检察机关支持刑事抗诉书的哪些部分，不支持哪些部分以及简要的理由；（2）原判存在的其他错误应予纠正的简要理由；（3）要求二审人民法院采纳支持抗诉意见的有关法律依据。

3. 尾部

尾部内容包括文书制作单位的落款、文书制作的年月日及有关附属事项。

支持抗诉意见书制作完成以后，可在开庭之前即送达二审人民法院以便于其事先了解二审检察机关支持抗诉的意见并围绕着该支持抗诉的意见准备庭审提纲。支持抗诉意见书的创立，对于确保刑事抗诉案件法庭审理的正常进行，完善抗诉工作制度，提高抗诉案件出庭水平和审判监督质量具有重要的作用。

（三）支持抗诉意见书应用实例

上海市人民检察院第×分院
支持抗诉意见书

检第×分支刑抗〔1999〕号

上海市第×中级人民法院：

被告人徐×盗窃一案由××区人民法院于1999年2月27日作出一审判决，判决宣告后，××区人民检察院认为：该判决将被告人盗窃犯罪后，为抗拒抓捕，而当场实施暴力的抢劫犯罪行为认定为构成盗窃罪，属于认定犯罪性质错误并导致适用法律不当、量刑畸轻。据此，于同年3月5日依法提出抗诉。本院受理后，经审查一审全部案卷材料、提审了被告人，并进一步复核了有关证据，认为该案一审判决定性确有错误并导致适用法律不当，量刑畸轻。××区人民检察院抗诉书的第一条理由充分，应予支持。抗诉书还认为，一审判决既然认定被告人徐×为犯罪未遂，可以比照既遂从轻处罚，但在判决文书中却未引用《刑法》第23条的规定，也系适用法律不当。鉴于一审法院已于1999年3月5日以〔1999〕×刑初字第54号刑事裁定书自行纠正了这一错误，因此，本院对该条理由不再支持。

综上所述，为维护司法公正，准确惩治犯罪，依照《中华人民共和国刑事诉讼法》第189条之规定，请你院依法纠正。

上海市人民检察院第×分院
一九九九年四月九日

五、撤回抗诉决定书的制作

二审检察机关如果决定撤回抗诉，则应制作撤回抗诉决定书送达二审人民法院并抄送提出抗诉的下级人民检察院。撤回抗诉决定书是人民检察院认为本下级人民检察院对人民法院判决、裁定提出的抗诉不当，决定撤回抗诉时制作的法律文书。撤回抗诉决定书为一式四联格式法律文书，第一联统一保存备查，第二联附卷，第三联送达同级人民法院，第四联（通知书）送达提出抗诉的下级人民检察院。撤回抗诉决定书由首部、正文、尾部三个部分组成。

（一）首部

首部内容应写明制作文书的人民检察院名称、文书名称及文书编号。

（二）正文

正文内容根据文书所在一联的用途不同而稍有差别，但基本内容主要有：（1）提出抗诉的人民检察院名称和抗诉书的文书编号；（2）作出原审判决、裁定的人民法院名称和文书编号；（3）原审案由和被告人姓名；（4）决定撤回抗诉的主要理由和法律依据。

（三）尾部

尾部内容应写明主送的人民法院名称、抄送的人民检察院名称以及制作文书的年月日。

第四章
审判监督程序刑事抗诉的审查重点与方法

第一节 审判监督程序刑事抗诉的有关工作制度

一、审判监督程序抗诉工作的总体要求

(一) 慎重

刑事审判监督程序抗诉是人民检察院进行审判监督的一项严肃的职能活动,具有必然引起刑事案件重新审理的法律效力。因此,必须本着负责的态度审查和作出决定,既要敢于抗诉、善于抗诉,又不能草率抗诉、盲目抗诉。刑事抗诉说到底是为了纠正判决、裁定的错误,因此只要人民法院准备自行纠正错误的,就没有抗诉的必要。维护人民法院判决、裁定的既判力和权威性也是检察机关的职责之一,如果抗诉稍有不当,就容易影响法律秩序和社会秩序的稳定。

(二) 准确

办理审判监督程序抗诉案件更要强调准确性,不仅是抗诉意见要准确,抗诉理由也要准确,只有这样才能促使错误的判决或裁定得到纠正。如果案件本身事实不清、证据不足,或者缺乏充分法律依据,就不应提出抗诉。抗诉不准确,不仅会损害人民法院的司法权威,也会损害检察机关自

身的司法权威。

(三) 及时

依照审判监督程序提出抗诉要注意把握抗诉的时效性,时效性强调的是抗诉的社会效果。刑事抗诉的功能之一就是通过抗诉维护公平正义,促进社会的和谐稳定。因此,抗诉越及时越能体现法律的严肃性,体现检察机关诉讼监督在促进社会和谐稳定中的作用。实践中,有些地方办理抗诉案件不注意时效性,有的甚至一拖数年,结果从法律效果和社会效果的综合评价上,降低了抗诉的必要性。更有甚者,对原认为无抗诉必要的案件,时隔数年因外界因素或因涉及赔偿问题而提出抗诉,其本身就缺乏抗诉的严肃性。这些现象虽不普遍,但应引起足够的重视。

二、审判监督程序抗诉案件的来源

检察机关在刑事审判监督程序中的抗诉权是宪法和法律赋予的,也是我国检察机关法律监督职能的重要体现。尽管理论界曾有人对检察机关在审判监督程序中的刑事抗诉职能提出了种种质疑,但是,在现行法律没有作出修改之前,检察机关的法律监督地位、审判监督程序的抗诉职能只能加强,不能削弱。在司法实践中,检察机关公诉部门发现确有错误的生效裁判的渠道比较多,抗诉案件的来源也比较广泛,通常可以从以下途径获取抗诉案源:

(一) 刑事申诉检察部门接受被害人及其他人员的申诉

刑事申诉检察部门对已经发生法律效力的刑事判决、裁定的申诉经复查后,认为需要提出抗诉的,报请检察长或检察委员会讨论决定。人民法院开庭审理时,由同级人民检察院刑事申诉检察部门派员出席法庭。刑事申诉检察部门接受申诉是发现错误生效裁判的重要途径之一。

(二) 下级人民检察院的提请

下级人民检察院在工作中发现人民法院已经发生法律效力的判决、裁定确有错误,需要提请抗诉的,应当经立案复查,认为需要提出抗诉的,报请检察长或者提请检察委员会讨论决定后,制作提请抗诉报告书,连同调齐的案卷材料一并报送上一级人民检察院审查。上一级人民检察院在收到提请抗诉报告书及案卷材料后,交由刑事申诉检察部门进行审查。经审查后认为,原审裁判确有错误需要提出抗诉的,应当报请检察长或者提请检察委员会讨论决定。对检察委员会决定不抗诉的,则由刑事申诉检察部门将不抗诉的决定批复下一级人民检察院。

(三) 上级人民检察院的指令

上级人民检察院在工作中发现下级人民法院的生效判决或裁定确有错误,

需要提出抗诉的，可以指令作出该生效裁判的人民法院的上一级人民检察院，依照职权提出抗诉。下级人民检察院对上级人民检察院的抗诉指令应当执行，并将抗诉案件的审查情况以及再审结果报告上级人民检察院。

（四）工作中的自行发现

各级人民检察院在履行各项检察职能时，发现人民法院已经发生法律效力的判决、裁定确有错误需要提出抗诉的，应当根据管辖分工，按照审判监督程序提出抗诉，纠正错误的判决和裁定，维护法律的准确实施。人民检察院通常可从以下具体工作中发现人民法院错误的判决和裁定：（1）对生效刑事判决、裁定文书的审查时发现；（2）出席法庭支持公诉或者履行职务时发现；（3）旁听简易程序案件庭审或者查阅庭审记录时发现；（4）听取诉讼参与人意见和受理被害人及其法定代理人的抗诉请求时发现；（5）受理有关单位、部门和个人提供的线索时发现，等等。

三、审判监督程序抗诉的提起

审判监督程序的抗诉是人民检察院进行审判监督的一项严肃的职能活动，具有必然引起已经生效的刑事案件重新审理的法律效力，因此，必须本着极端负责的态度审查和作出是否抗诉的决定。既要敢于抗诉，又不能草率抗诉。实践中要注意：一是要严把刑事抗诉案件的事实关、证据关和适用法律关。一切抗诉的提出必须有确实充分的证据和充足的法律根据。二是既要注意维护刑事法律的统一正确实施，又要注意维护刑事判决、裁定的稳定性，提高司法公信度，树立司法权威。三是要规范审判监督抗诉案件的办理程序，提出审判监督程序抗诉，必须一律经检察委员会讨论决定。①提起审判监督程序刑事抗诉的内部工作流程大致与二审程序刑事抗诉的提起相似，但依照我国刑事诉讼法的有关规定，提起审判监督程序刑事抗诉的主体不同于二审程序的抗诉。为了维护人民法院生效判决、裁定的严肃性和稳定性，法律对提起审判监督程序刑事抗诉的主体作了明确的规定，对各级人民检察院提起审判监督程序刑事抗诉的权限也作了十分严格的限制，即审判监督程序的抗诉必须由法定有权提出抗诉的检察机关才能提起。非经法定的检察机关依法提起，则不能对判决、裁定发生法律效力的刑事案件进行重新审判。

（一）最高人民检察院提出抗诉

最高人民检察院是国家最高法律监督机关，对各级人民法院的刑事审判活动有权进行审判监督。因此，法律规定，最高人民检察院如果发现各级人民法

---

① 彭东：《论刑事抗诉工作的基本原则》，载《中国刑事法杂志》2001年第3期。

院已经发生法律效力的刑事判决和裁定确有错误，有权按照审判监督程序直接向最高人民法院提出抗诉或者指令作出生效刑事判决、裁定的人民法院的上一级人民检察院向同级人民法院提出抗诉。最高人民检察院提出抗诉的案件，一般都是社会影响比较大的重大案件，或者检法两家对案件争议分歧严重，有必要通过抗诉来解决对一类案件的法律适用和其他有关问题的案件。

（二）上级人民检察院提出抗诉

上级人民检察院对下级人民检察院的审判监督工作负有领导、监督和指导职能。上级人民检察院如果发现下级人民法院发生法律效力的刑事判决和裁定确有错误，有权指令作出生效刑事判决、裁定的人民法院的上一级人民检察院按照审判监督程序向同级人民法院提出抗诉，或者自己按照审判监督程序直接向同级人民法院提出抗诉。上级人民检察院在履行抗诉职能的过程中，往往还能够从案件审查过程中及时发现人民法院生效裁判中的带有倾向性的共性问题，以及刑事案件立案、侦查、起诉、审判活动中存在的其他可能影响执法公正，侵犯当事人合法权益的违法问题，通过抗诉一案，取得纠正一类问题的良好效果，从而确保法律的统一和正确实施。

（三）本级人民检察院提请抗诉

本级人民检察院对同级人民法院的审判活动负有法律监督职责，检察机关对同级审判机关的审判活动进行监督，是发现人民法院生效裁判确有错误的最重要渠道，但发现同级人民法院的刑事判决、裁定确有错误，抗诉理由充分，有抗诉必要，该检察院本身还没有权力直接提出抗诉。依照法律规定，本级人民检察院应当制作提起抗诉报告书，提请上一级人民检察院依法提出抗诉，并由上一级人民检察院审查决定是否有必要提出抗诉。如果认为上级人民检察院所作出的决定存有错误，可以按照有关规定提请复议，但对上级人民检察院作出的检察决定应当严格执行。

（四）下级人民检察院建议提请抗诉

在审判监督程序中，下级人民检察院不仅仅是没有提出抗诉的权力，而且不具有提请抗诉的权限。但检察机关作为上命下从一体化的司法机关，依法纠正错误的判决、裁定，履行法律监督职能是其法定职责。无论哪一级检察机关，在具体工作中如果发现确有错误的判决、裁定，且抗诉理由充分，有抗诉必要，都应当通过适当方式，提起抗诉程序，维护法律的统一与正确实施。下级人民检察院如果发现上级人民法院判决、裁定确有错误应予纠正，就应当制作建议提请抗诉报告书向上一级人民检察院提出请求抗诉的建议，由上一级人民检察院决定是否提请具有抗诉权的再上一级人民检察院审查决定是否提出抗诉。下级人民检察院对于上级检察机关作出的各项检察决定，应该不折不扣地严格执行。

第二节 审判监督程序抗诉案件的特点和审查方法

一、审判监督程序抗诉案件的特点

依照审判监督程序审理的刑事抗诉案件，检察人员在审查时除了具有审查二审程序刑事抗诉案件时间紧、内容多、难度大、要求高的特点之外，还具有自身的特点。

（一）复核取证难

审判监督程序刑事抗诉案件是已经发生法律效力的案件，大都已交付执行，有的甚至已经执行完毕。由于法律对提起再审的时间并未限制，因此，许多审判监督程序抗诉案件的提起离原审作出裁判的时间相隔很长，检察人员在审查中，要复核调取有关证据，因年代久远、时过境迁往往十分困难，这为全面客观地审查案件带来更大难度。

（二）各方争议大

审判监督程序的刑事抗诉案件经过侦查、起诉、一审甚至二审以及申诉阶段，参与审理的司法机关不仅涉及人民法院原来的一审、二审部门及人民检察院的一审、二审部门，而且还涉及现在决定提审、再审的人民法院和人民检察院的控告申诉部门等。由于原审刑事判决、裁定已经生效，再要提起重新审理，必然要牵涉到方方面面的关系。因此，要纠正原审已经造成的裁判结果，有关各方的争议必然较大，对"确有错误"的认识标准也会有所不同。

（三）审查环节多

审查一审、二审刑事案件时，因案件尚未开庭审理，同级人民法院还没有形成自己的审判意见，人民检察院的处理意见也要在办案人员全面审查以后才能作出。但是检察人员尤其是准备出庭支持抗诉的出庭人员，在审查审判监督程序的刑事抗诉案件时，有关方面对原审的审判结果往往已有倾向性意见。重新审查的有时既有控申部门，又有其他业务部门；既有下级检察机关的办案人员，又有上级检察机关的办案人员，有时甚至牵涉到上下几级检察机关和众多办案人员，审查环节较多。

（四）社会影响大

审判监督程序的抗诉案件都是已经发生法律效力的判决和裁定，这些案件一旦出现差错，对司法机关的执法形象和公信力破坏很大，对整个法治社会的影响也很坏。尤其是一些冤假错案，其对整个社会所造成的负面影响往往需要很长一段时间才能慢慢消除。有时候，检察机关在纠错的过程中，本身也需要有极大的勇气和毅力，也要承受来自各方面的很大压力，甚至会引起社会的震动和关注。河南省人民检察院以审判监督程序抗诉纠正的胥敬祥抢劫、盗窃一案，从省人民检察院发现该案判决确有错误，到案件的最后得以纠正，历时3年多，一审、二审人民法院以及有关基层人民检察院等仍有不同认识，经过省人民检察院有关办案人员的艰巨努力，最终该案件才得到了纠正。

二、审判监督程序抗诉案件的审查方法

根据2012年刑事诉讼法及《人民检察院刑事诉讼规则（试行）》的规定，当事人及其法定代理人、近亲属认为人民法院已生效的判决、裁定确有错误，向检察机关申诉的，由刑事申诉检察部门依法办理，其他的审判监督程序抗诉案件由公诉部门办理。公诉部门和刑事申诉检察部门办理审判监督程序抗诉案件，在办理流程和审查方法上均相类似。公诉部门和刑事申诉检察部门收到有关审判监督程序抗诉案件材料，即意味着正式受理该案。在受理案件后，可由内勤人员统一登记编号后交办案部门负责人根据人员分工状况分配给具体出庭的检察人员进行审查。公诉部门和刑事申诉检察部门的办案人员办理审判监督程序的刑事抗诉案件，应当全面客观地审查所有卷宗材料，不受下级人民检察院提请抗诉意见和其他部门意见的限制。但对经本院检察长或检察委员会决定抗诉的案件，出庭的人员在审查时，重点则不是放在应否提出抗诉的问题上，而是应该放在出庭执行职务的基本材料是否齐全的问题上。因为对这类案件，本院检察长或检察委员会已经讨论并作出了提出抗诉的决定，承办人员仅仅是如何贯彻执行的问题。这种"先定后审"的办案方法与其他程序有较大的区别。由于审判监督程序的抗诉案件时间跨度比较大，涉及部门比较多，案情也比较复杂，办案人员在审查该类案件时，除了参照办理二审程序抗诉案件的审查方法以外，还应当根据此类案件的特殊性，综合采用多种审查方法，以更好地把握好审判监督程序抗诉案件的质量。

（一）前后梳理法

在审查审判监督程序抗诉案件时，需要审查的案卷材料很多，通常有：（1）侦查机关的侦查卷宗；（2）下级检察机关的一审、二审刑事检察内卷；（3）原审人民法院的审判卷宗；（4）原审裁判法律文书；（5）下一级人民检察院的提请抗诉报告书及再下一级人民检察院建议提请抗诉报告书；（6）检察委员会讨论记录；（7）有关当事人的申诉材料等。由于人民检察院参与办理依照审判监督程序提出抗诉的案件，需要查阅的案卷材料远比办理其他刑事

刑事抗诉重点与方法（修订版）

案件要多，因此，办案人员要注意把众多的各种材料进行前后梳理。所谓前后梳理的方法就是指办案人员在审查案件过程中，把提起审判监督程序前已经走过的各个诉讼阶段所认定的案件事实、形成的各种证据材料以及审查结论进行前后比对，从中找出差异，并分析原因、寻找对策的一种审查方法。前后梳理的重点应放在原审诉讼各方有无分歧意见、分歧的焦点在哪里以及有无新的事实和证据等方面。

[案例] 甘肃省临泽县人民检察院提起公诉的被告人贺××故意伤害案，由临泽县人民法院于2000年3月9日以故意伤害罪判处被告人贺××有期徒刑5年，并由被告人贺××及其家人共同承担被害人张××的经济损失17732.74元，其中贺××承担8866.37元。被告人贺××不服一审判决提出上诉，张掖地区中级人民法院于2000年6月7日依法裁定驳回上诉，维持原判。

判决生效后，贺××之姐贺甲×多次申诉，并提供了该案的受害人张××串通他人作伪证，陷害贺××的重要线索。甘肃省人民检察院受理其申诉后，指令甘肃省人民检察院张掖分院全面复查此案。张掖分院、临泽县人民检察院对该案进行了深入细致的调查，经对县公安机关的起诉意见书、县检察院的起诉书、县人民法院的一审判决书和张掖地区中级人民法院的二审裁定书所认定的事实，以及采信的证据材料进行认真梳理后发现：（1）原审被告人贺××一直供述是贺乙×用木榔头打伤了张××，而贺乙×也始终承认是自己用榔头砸了张××。（2）证人贺丙×、刘××的证词稳定，且与贺××、贺乙×的供述相吻合。（3）张掖分院重新补证的材料证明：李某、谢××、李××、易××、杨××等证人在公安机关侦查以及法院一、二审时作了虚假证词，原因是李某、谢××、易××因与别人打架一事求助过张××，特别是李某，考虑到张××是在自己的家里被打的，故与其他证人依张××的意见作了假证。据重新查证证实，被害人张××要求李某等人把打他的贺乙×说成是贺××，是因为张××认为贺××以前打过架，属于有"前科"，处理时会更重些。（4）证人易甲×证实，是屁股上有血的一个人用榔头砸了张××，而案发时，在互相斗殴过程中，正是贺乙×被张××用匕首在臀部刺了一刀。综上所述，尽管张××拒不承认串通证人作了假证，但重新查证的大量证据证实，该案一、二审认定的基本事实作案对象确有错误，原审被告人贺××的行为不构成犯罪。遂提请甘肃省人民检察院依照审判监督程序提出抗诉。甘肃省人民检察院审查认为，致被害人张××重伤的并不是原审法院认定的被告人贺××，而是贺乙×。一、二审判决对案件事实的认定出现了根本性的错误，造成对原审被告人贺××的错判，应予以纠正。甘肃省高级人民法院经审理认为，甘肃省人民检察院抗诉的事实清楚、抗诉理由成立,应予支持,于2001年10月31日判决,撤销原一、二审判决,宣告贺××无罪。贺乙×故意伤害案另行处理。

前后梳理的审查方法在查找生效判决、裁定的错误时,脉络清晰,层次分明,易于发现问题,查找原因。

(二)证据对照法

所谓证据对照法就是检察人员在审查人民法院的生效判决和裁定时,将裁判文书和公诉机关指控被告人的犯罪事实以及法律适用和定罪量刑的各个方面的证据一一进行对照,从中找出证据的差异点,并根据案件事实与法律规定对这些差异点进行认真分析,排除合理怀疑,从中发现判决、裁定确有错误,并进而提出应否提出抗诉的审查意见。胥敬祥抢劫、盗窃抗诉一案的承办人、河南省人民检察院检察员蒋汉生在办理该案时,就比较成功地采用了这一方法,把一起多年前判决生效的错案,通过证据对照的方法,逐一指出了原审裁判的错误之处。该案原审裁判认定胥敬祥伙同他人先后8次入户抢劫、1次拦路抢劫、2次盗窃作案。蒋汉生通过仔细对照,把原裁判采纳认定的胥敬祥8起入户抢劫的事实、1次拦路抢劫的事实、2次盗窃作案事实的所有证据和被告人的前后口供、有关证人的前后证言等按照每一次作案过程,一一比对,条分缕析,从中找出了大量的疑点:所有被原裁判认定为伙同他人犯罪的,却没有找到一名同案犯;所有被原判认定为抢劫、盗窃的财产犯罪,却没有找到一件赃证物品等,最终得出了法院原审裁判认定被告人胥敬祥构成抢劫罪、盗窃罪的事实与认定的证据相互矛盾,证据与证据之间相互矛盾,认定被告人作案只有被告人供述,而无其他证据印证,得出的裁判结论不具有排他性,本案认定事实错误,适用法律不当,依法应当予以纠正的正确结论。

证据对照的审查方法,能够较好地凸显生效判决、裁定的错误所在,一目了然,对比强烈,具有很强的说服力。

(三)全面分析法

所谓全面分析法就是根据法律规定对案件的犯罪构成要件以及有关影响定罪量刑的各种情节依次进行全面分析,从中审查生效判决、裁定正确与否的一种审查方法。夏某、高某绑架抗诉一案就是比较经典的抗诉案例。①

[案例] 2008年6月19日20时许,原审被告人夏某、高某等人以诈赌为由,向某游艺城内"百家乐"游戏机店主勒索钱款。夏某等人先是强行将该店工作人员郭某带离游艺城要挟店方付款,在遭到拒绝后,又指使高某等人将郭

---

① 上海市人民检察院研究室编纂:《上海检察机关案例汇集》(第一卷),第199页。

某非法拘禁于宾馆等处，并向郭某的朋友张某、杨××等人勒赎人民币3万元；次日8时许，在取得约定的赎金后，夏某、高某等人将被害人郭某释放。

2009年2月17日，区人民法院以绑架罪分别判处主犯夏某有期徒刑11年，剥夺政治权利1年，并处罚金人民币1.5万元；判处从犯高某有期徒刑8年，并处罚金人民币1万元。夏、高不服，提出上诉。同年7月23日，中级人民法院以被绑架人所受拘禁时间不长、所遭受暴力程度较轻，夏某等人在取得赎金3万元后即将被绑架人释放，人身现实危害性不大，可以认为"情节较轻"为由，改判夏某有期徒刑7年，剥夺政治权利1年，并处罚金人民币1.5万元；改判高某有期徒刑4年，并处罚金人民币1万元。

二审宣判后，检察机关经全面分析审查后认为：（1）原审被告人作案动机恶劣，社会危害性极大。原审被告人是在获悉游艺城因发生机器故障并和顾客发生索赔纠纷后才赶到现场的，其与游艺城和在场顾客之间的索赔纠纷并无关系，但夏某等人为达到勒索财物的目的，在现场勒索未成以及公安机关已赴现场处警的情况下，仍无视法律，实施绑架人质和勒索钱财的犯罪行为，且提出了高达10万元人民币的巨额赎金要求，充分反映出原审被告人极大的主观恶性程度和对社会的严重危害性。（2）原审被告人采取绑架手段索得赎金数额巨大，应认定为情节严重。根据最高人民法院《关于审理抢劫案件具体应用法律若干问题的解释》规定，抢劫数额超过2万元的属于"数额巨大"，应以情节严重判处10年以上有期徒刑的刑罚。而绑架罪对社会的危害性更为严重，本案勒赎金额已超过2万元，亦应认定为情节严重。（3）原审被告人拘押被害人并实施暴力的行为十分恶劣。夏某等人自凌晨起挟持被害人郭某直至当日8时30分许将其释放，扣押人质并拘禁时间长达8小时，且在绑架过程中对人质实施暴力致脸部受伤。其长时间持续的精神强制与暴力威胁行为，已足以对被害人的心理和人身安全造成严重伤害。故二审法院认为"被害人郭某所受拘禁时间不长、所遭受的暴力程度较轻，本案人身现实危害性不大"，与事实不符。（4）原审被告人"收到赎金后立即释放被绑架人"并不属于绑架犯罪的从轻情节。《刑法修正案（七）》虽然并未规定绑架犯罪中"情节较轻"的具体情形，但一般认为它主要包括行为人绑架人质后，主动恢复被绑架人人身自由，未造成被绑架人人身伤害、财产损害后果，或者索得财物未达到数额巨大标准等情形。而本案原审被告人在已索得巨额财物后才释放被绑架人，应当属于绑架犯罪的一般情节而并非从轻情节，不应适用《刑法修正案（七）》绑架犯罪"情节较轻"的规定；如果其收到赎金后继续对被绑架人实施不法侵害的，则应依法从重处罚。因此二审判决将"收到赎金后立即释放被绑架人"作为本案原审被告人犯罪"情节较轻"的理由于法无据。同年9

月 15 日，市人民检察院按审判监督程序向市高级法院提出抗诉，市高级人民法院采纳抗诉意见，改判夏某有期徒刑 11 年。

该起案件的焦点在于对原审被告人能否适用《刑法修正案（七）》绑架犯罪"情节较轻"的规定，刑法本身未对绑架犯罪"情节较轻"作出具体规定，需要具体案件具体分析。检察机关在审查时，从原审被告人的作案动机、勒赎金额、拘禁时间和采用暴力行为等方面作了十分详尽全面的审查分析，最后得出被告人不应适用"情节较轻"条款的结论，是一起很成功的审判监督程序的抗诉案件。

全面分析审查方法的优点是高屋建瓴，视野开阔，循序稳步推进，不容易遗漏审查内容，得出的结论也无懈可击。

（四）逻辑推理法

逻辑推理是人类思维活动的基本形式之一，从广义上来说，办案人员在对所有案件进行审查的过程中都会自觉或者不自觉地运用逻辑推理方法去发现、查找案件事实，从而得出自己的正确判断。这里把逻辑推理作为一个案件审查的重要方法提出来，目的是强调检察人员在审查审判监督程序抗诉案件时，能够自觉地熟练运用逻辑推理方法去及时发现、查找生效裁判的错误所在，提高案件审查的质量和效率。逻辑推理分为演绎推理和归纳推理。演绎推理通常是从一般到个别的推理，即根据某种一般性原理和个别性例证，得出关于该个别性例证的新结论。归纳推理通常是从个别到一般的推理，即从一定数量的个别事实，抽象、概括出某种一般性原理。演绎推理是必然性推理，即前提真能够确保结论也为真。归纳推理是或然性推理，前提只对结论提供一定的支持关系，前提真但结论不一定也为真。但无论是哪一种推理方法，都要求推理的前提是没有争议的，如果推理的前提本身并不一定完全正确，那么最后推出来结论的准确性就很难保证了。

[案例] 1996 年 12 月，中国人民保险公司某市分公司计划财务部经理查某根据领导要求，对分公司金卡内的账外资金进行清理。12 月 3 日，查某将卡内余额 202454.64 元分为 139375.31 元、63079.33 元，分别转账至本单位开设在中国工商银行某市支行的两个不同账户上，然后开出现金支票提现。随后，查某将其中 63079.33 元以本人名义存入农行郊区支行，定期 1 年。12 月 17 日，又将余额中余下的 40936.05 元中的 40000 元，以本人名义存入中国工商银行某市支行，定期 1 年。上述存单到期后，查某将存单以本人名义连本带息转存，定期 3 年，金额分别为 42991.80 元和 67809.31 元，总金额 110801.11 元，伺机侵吞。1998 年 2 月，公司新任总经理到任，公司领导专门听取查某对公司财务状况（包括账内和账外资金）的汇报，汇报时查某隐瞒

了上述存款。1999年11月26日上午，查某根据新任总经理要求，制作了一份"账外资金情况"表，表内未列入上述存款。当晚，查某在接受区人民检察院对"小金库"中的其他问题调查时，主动供认了上述两份存单的情况。某区人民检察院指控被告人查某犯贪污罪提起公诉，区人民法院经开庭审理于2000年5月23日作出一审刑事判决。认为被告人查某身为国有公司中从事公务的人员，利用独自管理"小金库"账款的职务之便，公款私存，隐瞒不报，伺机侵吞公款110801.11元，其行为已构成贪污罪，并属贪污犯罪未遂。判处查某有期徒刑4年；赃款110801.11元予以没收，上缴国库。被告人查某不服，提出上诉。市中级人民法院于同年10月28日作出终审刑事判决予以驳回。

判决生效后，该省人民检察院认为原判确有错误，向省高级人民法院提出抗诉。省检察院抗诉认为，原判认定原审被告人查某贪污犯罪未遂错误，并导致量刑畸轻。理由是：（1）根据查在侦查阶段所作的十余次供述，查某从1996年12月私存两笔公款产生贪污故意起，到1998年2月向新任总经理及其他领导汇报财务状况时刻意隐瞒，在这一年多的时间里查某非法占有公款的心理逐渐发展为确定状态。（2）中保某市分公司失去了对两笔公款的控制而原审被告人查某可自由支配。中保某市分公司的"小金库"非常隐秘，"小金库"只对总经理负责，而查某私存的两笔公款从未向两任总经理汇报过，分公司对63079.33元公款实际上已处于失控状态。（3）63079.33元在出纳报告单和记账凭证上均无反映，40000元虽然还挂在账上，但"小金库"的账具有特殊性，不能以此作为贪污未遂的根据。原审被告人查某主观上具有直接确定的占有故意，客观上款项脱离了单位的控制而为查某所自由处分，客观行为实现了预期目的，主客观达到了一致，已构成了既遂，请求依法改判。省高级人民法院审理认为：虽然查某公款私存，隐瞒不报，但该公款系单位账外资金，由于账外资金的隐秘性，且该笔资金仅由查某一人管理的特殊性，不能仅凭隐秘性而不为公司领导掌握作为该款款项公司已失去控制的证据，也不能仅凭查某可以自由处分款项而推断出被告人查某实际占有了此公款。本案中，该笔公款的存单及转账单等有关凭证均存放于单位保险箱中，被告人查某也没有实施伪造销毁账证的积极行为，因此，公司并未对该笔公款失去完全的控制。被告人查某虽伺机侵吞公款，但由于"小金库"受到调查，有关账及凭证被扣押这一被告人意志以外的原因，犯罪未得逞，仍属犯罪未遂。原判定性正确，量刑适当，审判程序合法，省人民检察院的抗诉理由不足，不予采纳。并裁定驳回抗诉，维持原审刑事判决。

该起案件检法两家的争议涉及贪污既遂还是未遂，我们认为，省高级人民法院认为查某贪污未遂的再审结论还是比较符合该案实际情况的。从该省人民检察院作出的抗诉决定来看，实际上是在审查该起抗诉案件时作出了如下推理：（1）凡是公款私存、隐瞒不报的一般都认定为单位已经失控、个人贪污既遂；（2）本案查某就是公款私存、隐瞒不报；（3）所以查某的行为也应该认定为贪污既遂。这一推理过程本身似乎也没有什么错误，从一般原理推导出个别性的结论，演绎过程符合规则，但关键是推理的前提出了问题。"公款私存、隐瞒不报"并不一定都是贪污既遂，从这一前提可以推论出多种可能性，尤其是单位"小金库"本身就违反财经制度，具有一定的隐秘性这一特殊性质，我们在审查处理涉及有关单位"小金库"的职务犯罪时要注意根据案件具体情况全面分析，仔细甄别，准确把握。

三、提出审查结论

审查审判监督程序抗诉案件的主要注意力一般应放在原审全部案卷材料上，但在审查时如发现原审案件中尚有部分事实没有查明、部分证据的真伪难以判明以及出现了新的事实与证据时，就有必要作些必要的补充调查，以进一步查明案情，提出准确的处理意见。检察人员通过认真查阅案卷材料、讯问被告人、复核主要证据、进行必要的补充调查后，要根据案件不同情况提出如下处理意见：

1. 原审刑事判决、裁定认定事实没有错误，但适用法律有错误，或者量刑不当的，应当建议人民法院改变原审裁判的错误结论。

2. 应当对被告人实行数罪并罚的案件，原审刑事判决、裁定没有分别定罪量刑的，应当建议人民法院重新定罪量刑并决定执行的刑罚。

3. 按照第二审程序审理的审判监督程序刑事抗诉案件，原审判决、裁定认定事实不清或者证据不足的，可以建议人民法院在查清事实后改判，也可以建议撤销原判，发回原审人民法院重新审判。

4. 原审判决、裁定认定事实不清、证据不足，经再审仍无法查清，证据不足，不能认定原审被告人有罪的，应当建议人民法院判决宣告被告人无罪。

需要指出的是，如果审查本院已作出抗诉决定的案件，一般而言，出庭人员可不再提出新的处理意见，而应重点梳理原审裁判结论、有关部门的移送抗诉意见及具体理由。但是，在审查过程中，如果发现事实及证据与有关部门移送抗诉意见有重大出入，不宜提出抗诉，则应及时提出自己的审查意见报检察长提请检察委员会进行复议，以纠正原先作出的错误的抗诉决定。出席审判监督抗诉法庭的检察人员，只有认真、全面地审查梳理案卷材料，才能抓住案件分歧的焦点，得出较为正确的结论，为出席法庭、执行职务打下扎实的基础。

第三节　审判监督程序抗诉的审查重点

对审判监督程序抗诉案件的一般审查方法可以参照二审程序抗诉案件的审查方法，但由于审判监督程序抗诉案件审理的对象是已经发生法律效力的判决和裁定，从维护国家法律和司法活动的权威性和生效判决、裁定的严肃性、稳定性出发，法律对提起审判监督程序的抗诉理由作了比较明确的规定，而这些抗诉理由也正是办理该类案件的审查重点。

一、审查是否有新的证据证明原审裁判认定的事实确有错误并可能影响定罪量刑的

事实是案件成立的客观依据，是适用法律的客观基础。对审判监督程序抗诉案件进行审查，首要的是对案件事实进行全面的审查，这种审查事实的范围十分广泛。既包括案件事实，也包括程序事实。

（一）对原审裁判案件事实的审查

在对原审裁判的案件事实进行审查时，既包括有罪事实，也包括无罪事实；既包括犯罪的一般事实，也包括犯罪的特殊事实；既包括基本事实，也包括情节事实等。

（二）对原审裁判程序事实的审查

在对原审裁判的程序事实进行审查时，既包括原来一审、二审审判阶段中的程序事实，也包括立案侦查、审查起诉阶段中的程序事实，还包括强制措施、期间、送达等有关诉讼程序事实，等等。

（三）对"有新的证据"的准确把握

确定生效刑事判决、裁定在认定事实上确有错误的前提是"有新的证据"，即新发现的证据事实，包括申诉人提供的新的证据材料经查证属实的，以及检察机关在工作中发现的新的证据事实。在具体把握时要注意：(1)"新的证据"本身必须符合法定证据的形式，必须符合证据的客观性、关联性和合法性，包括证据的来源也合乎法律规定，并已将非法证据予以排除。(2)"新的证据"必须是能够证明原审判决、裁定认定的事实确有错误并可能影响定罪量刑的证据，才能被作为提起审判监督程序抗诉的依据，如果这一"新的证据"无法证明原审认定事实的错误，或虽可证明相关事项错误但不致影响定罪量刑的，则不能提起抗诉。(3)如果原审作出的是"事实不清、指控的犯罪不能成立"的无罪判决，经审查，依据当时的材料确属事实不清、证据不足，而判决生效

后发现了新的证据证明事实清楚、证据确实充分的,则应当依照新获取的证据重新起诉,而不应该依据该"新的证据"提起抗诉。

二、审查证据是否确实、充分以及证据之间是否存在矛盾

(一) 审查证据的基本特征

事实是由证据加以证明的,对事实审查实质上就是对证明该事实的证据进行审查。对证据的审查要求很高,既包括对证据一般特征的审查,也包括对某一证据具体特征的审查。(1) 对证据一般特征的审查。证据的一般特征是指证据的客观性、关联性和合法性。在审查生效刑事裁判时,对证据基本特征的审查重点往往集中在其客观真实性上,证据的客观真实是案件事实正确认定的最重要的前提和基础。(2) 对某种证据的具体特征的审查。证据的具体特征就是指某一单个证据所具备的该类证据或该一证据所独有的特殊性。正是有了每个具体证据的个性特征互相印证,才能使全案证据达到确实、充分的证明标准。总之,无论是有罪证据,还是无罪证据;无论是直接证据,还是间接证据;无论是原始证据,还是传来证据;凡是能够证明案件基本事实的一切证据,都应当成为审判监督程序抗诉案件证据审查的对象。

(二) 审查据以定罪量刑的证据是否确实、充分

案件证据仅仅符合证据的"三性"标准还不行,要想判明生效裁判的正确与否,还必须审查案件证据是否达到"确实、充分"的标准。证据是否"确实、充分"通常需要审查下列情况:(1) 据以定案的每个证据是否为客观存在的事实;(2) 据以定案的每个证据是否与案件事实存在客观联系;(3) 据以定案的证据是否符合法律规定的要求、程序和表现形式;(4) 证据与证据之间是否存有疑点,能不能互相印证,等等。

(三) 审查证据之间是否形成锁链

对证据的审查除了要审查其是否符合证据的基本属性,是否确实和充分,还必须审查全案证据是否形成了证明案件事实的锁链。这就要求办案人员注意审查证明案件事实的主要证据之间是否存在矛盾,包括同一主要证据中是否存在矛盾和不同种类的主要证据之间是否存在矛盾。只有排除了证据之间的各种矛盾,排除了一切合理怀疑,才能将各个证据连接起来,形成一个完整证据锁链,只有如此,才能证明案件事实的证据确实、充分。否则,所作出的生效裁判很难保证其正确性和公正性。

三、审查原审裁判适用法律是否确有错误

在全面审查事实和证据的基础上,还应当全面审查原审裁判所适用的法

律。对适用法律的审查范围同样十分广泛,既包括对实体法的适用,也包括对程序法的适用。在法律适用审查中,重点审查以下两方面:(1)对适用刑事法律规范的审查。在审查实体法的适用方面,既包括对刑法典适用的审查,也包括对有关刑法修正案、其他刑事法律规范以及刑事司法解释适用的审查;既包括对刑法总则中一般法律规定适用的审查,也包括对刑法分则中具体法律规定适用的审查等。(2)对适用附带民事诉讼中民事法律规范的审查。在刑事抗诉案件中绝大多数是对刑事法律适用的审查,但在刑事附带民事诉讼案件中,检察人员还要注意对涉案的民事法律规范适用的审查,因为有时候民事法律规范适用的正确与否,往往会影响到当事人刑事诉讼权益的有效行使和刑事裁判的准确性。在对民事法律规范的适用进行审查时,同样应当包括对适用民法典、单项民事法律规范、民事司法解释等法律的审查。

在适用法律方面发现错误比较多的通常包括下列情形:一是法律条文引用错误;二是适用了失效的法律规定;三是违反了法律关于溯及力的规定;四是应该适用特别法却适用了普通法等。

四、审查是否存在违反法律规定的诉讼程序并可能影响公正审判的情况

随着社会主义法制的进一步完善和发展,人们对司法程序重要性的认识越来越清晰。应该说程序公正与实体公正是同一层次的不同价值要求,程序公正除了能够保障实体公正,还有自身独立存在的价值。诉讼程序的正确与否,可以在更深的层面上体现一个国家的法律价值观和社会文明程度,对刑事诉讼程序的审查,同样是检察人员对生效判决、裁定审查的重点内容。《刑事诉讼法》第242条专门增加一项,将程序违法作为法院应当重新审判的条件,与第227条共同构成了我国刑事诉讼中的程序性制裁机制,凸显了刑事程序的自身价值。①

在刑事诉讼程序审查中,涉及的审查内容包括以下几个方面:(1)对适用刑事诉讼法的审查;(2)对适用其他单项刑事诉讼法律规范及司法解释的审查;(3)对原审证据收集、固定、保管、移送等程序适用法律的审查;(4)对法庭举证、质证、认证等程序适用法律的审查;(5)对附带民事诉讼、期间、送达等一般性程序规定适用法律的审查等。在上述审查中,尤其要注意的是,审查原诉讼活动中是否存在违反公开审判、回避、审判组织不合法和剥夺限制

---

① 樊崇义、兰跃军:《新刑诉法从五个方面完善审判监督程序》,载《检察日报》2012年4月18日。

当事人诉讼权利的情况发生。

同时值得注意的是,在程序性审查过程中,应当注意对"度"的把握。有的程序设置是公正审判的基础,违反了这些程序,将无法保证后续程序的公正,例如,审判人员应当回避而未回避的、应当公开审判而未公开的。若发现上述重大程序违法,一般应以审判监督的方式纠正违法。而对于其他一般程序违法,则应审慎衡量该程序性违法是否"可能影响公正审判",以此判断是否予以抗诉救济。

五、审查审判人员在审理该案件时有无贪污受贿、徇私舞弊、枉法裁判等行为

人民法院是社会矛盾和纠纷的终局裁判者,社会公众是按照人民法院是否遵从法律以及遵从法律的程度来评判司法是否公正的,人民法院以其对法律的虔诚守护着法律的尊严和权威,树立起社会公众对法律的敬畏和信仰,以及对法院裁判的服从和履行。在社会公众心目中,人民法院是法律的代表,是社会正义的化身。在人民法院的审判活动中,审判人员是审判活动的主体,所有刑事案件都是在审判人员的主持下进行审理并作出最终裁决的。从这一意义上说,人民法院的审判公正实际上也是一种法官公正,实现审判公正,首先得有公正的法官。如果由于极个别法官徇私枉法,造成人民法院的裁判不公,就会使人民群众对国家法律失去信任感,就会严重影响到司法机关的公信度和司法权威。因此,检察机关通过对生效裁判的审查,从中发现审判人员徇私舞弊等违法犯罪行为,并进而通过审判监督程序抗诉,纠正错误的生效裁判,既清除了司法队伍内部的腐败分子,又维护了法律的正确统一实施,意义十分重大。

检察人员在审查这方面内容时要注意三个方面:(1)有违法犯罪行为的必须是审判人员。(2)有贪污受贿、徇私舞弊、枉法裁判的违法犯罪行为之一,且经查证属实影响公正裁判的。(3)在审理该案期间违法犯罪的。在审判实践中,有的法官因为自身能力不足、业务不熟,可能也会出现一些错判、漏判现象。检察人员在审查案件时,要把一般的审判错误和故意徇私舞弊区分开来,注意挖掘隐藏在错误裁判背后的徇私舞弊现象,依法纠正那些滥用司法裁量权违法办理的"人情案"、"关系案"。对这类错误裁判的具体审查方法,在前面有关章节中已有论及,此处不再赘述。

第五章
刑事抗诉的出庭准备

第一节 刑事抗诉出庭概述

根据刑事诉讼法的有关规定，人民法院审理一审公诉案件的主要任务是，通过开庭审理，围绕公诉指控的内容，查清案件事实，依照刑法对被告人是否有罪、应否受到刑罚处罚以及如何处罚作出裁决。而审理刑事抗诉案件的主要任务则是，通过开庭，针对原审人民法院作出的判决或裁定所认定的事实是否清楚，证据是否确实、充分，适用法律是否正确，诉讼程序是否合法，以及抗诉意见是否有理等进行全面审查和审理，并依法作出判决或裁定，以维持正确的判决和裁定，纠正错误的判决和裁定。由于所承担的任务不同，抗诉法庭审理与公诉一审以及其他法庭审理相比，具有一定的特殊性。

一、二审抗诉法庭的审理特点

由于二审刑事抗诉程序并非是法律规定的必经诉讼程序，它是检察机关根据人民法院的一审裁判情况，认为确有错误而依职权启动的，因此，了解二审刑事抗诉法庭的审理特点，有利于检察人员做好出席二审刑事抗诉法庭的相关工作，正确履行法律赋予的法律监督职能。二审程序刑事抗诉法庭根据其审理的对象、参与抗诉法庭的人员及审理的目的等呈现下列特点：

1. 审判组织的专业性

人民法院审理刑事案件的审判组织可以由审判员独任审判，也可以由审判人员和人民陪审员组成合议庭审判，但根据《刑事诉讼法》第178条的规定，审理二审刑事抗诉案件必须由3—5名专职审判人员组成，其他形式的审判组织一概不能审理检察机关的抗诉案件，这与法庭审理其他案件有所不同。

2. 审理对象的特定性

二审刑事抗诉法庭审理的对象是尚未发生法律效力的判决、裁定。这有别于在作出判决、裁定之前的一审公诉案件和已经作出生效判决、裁定的审判监督案件的审理对象。对象的特定性体现了出庭检察人员在法庭上工作重点的不同，检察机关提出二审抗诉的目的是通过二审法庭的审理，及时撤销尚未生效的一审错误判决、裁定，并阻断该一审判决、裁定发生法律效力的进程。

3. 检察人员身份的中立性

出庭检察人员在二审刑事抗诉法庭中履行法律监督的职能而不同于公诉职能，相对处于一种比较客观中立的地位。在我国，提出二审刑事抗诉的是一审法院相对应的检察机关，但出席二审抗诉法庭的则是其上一级检察机关。这样，出席二审抗诉法庭的检察机关，在决定是否支持抗诉时，既要审查一审判决、裁定是否存在错误，也要对一审检察机关提出的抗诉包括抗诉的理由、依据和抗诉的必要性等进行审查，上级人民检察院如果认为抗诉不当，可以向人民法院撤回抗诉。如果被告人上诉，还要对上诉人的上诉理由进行客观的评判，这样，出席二审抗诉法庭的检察人员就应当处于客观公正、中立的地位，而不是如一审那样，主要扮演着指控犯罪的公诉角色。

4. 审理程序的灵活性

二审刑事抗诉法庭审理案件是全面与重点相结合，法庭虽然也要对案件进行全面审理，但其更注重的是审理案件的重点。二审抗诉法庭审理的重点是一审法院判决、裁定是否确有错误，包括是否存在认定事实、采信证据方面的错误、适用法律方面的错误和严重违反法定诉讼程序的错误等，但如果检察机关和有关诉讼参与人对有的事实与证据没有争议，那么，这部分内容法庭就不再调查核实，法庭审理程序该简则简，该繁则繁，不是一概而论，而是因案而异，灵活掌握。

5. 审理方式的唯一性

二审案件的法庭审理程序既有开庭审理，又有不开庭而仅仅通过审查阅卷、讯问被告人等进行的讯问审理，但根据《刑事诉讼法》第223条规定，对于人民检察院抗诉的案件，第二审人民法院应当开庭审理。也就是说，二审抗诉程序一经启动，人民法院必须开庭审理，而不能采用讯问审理等其他方式进行审理，这是与刑事二审上诉法庭的不同之处。

6. 审理结果的多样性

根据《刑事诉讼法》第226条规定，第二审人民法院审理被告人或者他的法定代理人、辩护人、近亲属上诉的案件，不得加重被告人的刑罚。上诉不加刑是人民法院审理二审案件必须遵循的一般原则，但是人民检察院提出抗诉的，则不受上诉不加刑规定的限制。检察机关提出抗诉的目的是通过重新审理案件来纠正确有错误的判决、裁定，维护法律的正确实施，而不论该案审理结果是否对当事人有利。二审抗诉案件的法庭审理结果，既可能是有利于被告人，使被告人得到从轻甚至减轻、免除处罚的结果；也可能是不利于被告人，使被告人得到从重甚至是加重处罚的结果。

二、审判监督程序抗诉法庭的审理特点

与二审刑事抗诉案件的法庭审理比较，审判监督程序刑事抗诉法庭的审理除部分与二审刑事抗诉法庭审理的特点相同外，还有如下两个特点：

（一）审理的对象是已经发生法律效力的判决、裁定

所谓"已经发生法律效力的判决、裁定"，是指已过法定期限没有上诉、抗诉的判决和裁定，终审的判决和裁定，最高人民法院核准的死刑判决和高级人民法院核准的死刑缓期二年执行的判决。我国实行的是两审终审制的审级制度，审判监督程序刑事抗诉针对的是已经发生法律效力的判决、裁定，这与二审刑事抗诉法庭审理的对象不同。所以审判监督程序刑事抗诉法庭审理的目的是纠正生效判决、裁定中的错误而不是阻断确有错误的一审判决、裁定发生法律效力的进程。

（二）抗诉主体和接受抗诉的审判机关有所不同

根据刑事诉讼法的有关规定，有权对法院尚未生效的一审判决、裁定提出抗诉的，只能是同级人民检察院；而接受二审抗诉的是上一级人民法院。审判监督程序抗诉中，抗诉主体除了最高人民检察院有权对各级人民法院的生效裁判提出抗诉外，还包括上级人民检察院对下级人民法院的生效裁判提出抗诉；接受抗诉的人民法院是提出抗诉的同级人民法院。

（三）提起程序无时间限制

二审程序抗诉依托二审诉讼程序，故抗诉必须在法定期限内提出，对判决的抗诉时限为10日，对裁定的抗诉时限为5日，两者皆从接到判决、裁定书的第二日起算；而对审判监督程序的抗诉，除对于高级人民法院判处死缓的案件，一般应当在收到生效裁决、裁定后3个月以内提出，至迟不得超过6个月

以外，对于其他抗诉案件，法律没有规定期限，只要发现已生效判决、裁定确有错误，无论何时都可以提出抗诉，包括被告人已在服刑期间甚或原判决已被执行完毕。

（四）审理的程序比较特殊

审判监督程序刑事抗诉法庭的审理必须参照生效判决、裁定的原审程序进行，即如果原审是依照一审审判程序进行的，那么，再审就依照一审审判程序审理，判决、裁定作出后，当事人如果不服，可以再次提出上诉或者请求抗诉；如果原审是依照二审审判程序进行的，那么，再审也得依照二审审判程序进行，所作出的判决、裁定当即生效，除了检察机关能够依照审判监督程序再次提出抗诉以外，当事人不得提出上诉或者提出法定的抗诉请求。

三、出席刑事抗诉法庭的诉讼价值

检察人员通过出席刑事抗诉法庭，履行法定职责，发表支持抗诉的意见，对于维护司法公正，保障国家法律得以准确和全面实施具有特殊重要的作用。但是由于各种各样的原因，长期以来"重公诉，轻抗诉"的错误观念在司法实践中一直存在，一些检察机关对出庭抗诉的重要性认识不够，对如何有效地履行职务，提高出庭支持抗诉的水平和诉讼技巧更是缺乏研究，对抗诉出庭部门的人员配置也较为薄弱。这些因素已严重制约了检察机关对刑事抗诉案件法庭审理程序的法律监督职能。1996年修改后的《刑事诉讼法》第187条规定："对人民检察院抗诉的案件，第二审人民法院应当开庭审理。"出庭抗诉，实际上就是人民法院在开庭审理刑事抗诉案件时，人民检察院派员出庭，依法履行法律监督职务的一系列活动，这对于保证人民法院的判决和裁定不错不漏、不枉不纵，维护司法公正，提高检察人员的法律监督能力，具有十分重要的诉讼价值。

（一）有利于法律的统一和正确实施

检察机关通过派员出席刑事抗诉法庭，当场听取被告人及有关当事人、诉讼参与人的陈述，对案件事实与证据及原审人民法院作出的裁判进行全面审查，以法律监督机关代表的身份，实事求是地发表出庭评判意见，有助于法庭全面了解情况，纠正错误的判决和裁定，防止冤假错案的发生，维护法律的统一正确实施。

（二）有利于对审判活动的法律监督

检察机关作为法律监督机关，有权对刑事诉讼的全过程包括立案、侦查、审判、执行等实行法律监督。对刑事审判活动的法律监督是检察机关法律监督的重要职能之一。而检察人员出席刑事抗诉法庭是对刑事审判活动实行法律监督的有效形式。检察人员通过亲力亲为出席刑事抗诉法庭,参与法庭审理的全过程,能够及时发现人民法院在审判过程中有无发生各种违法行为,能够当场监督法庭组成人员是否合法、法庭审理程序是否正当、是否存在侵犯当事人和其他诉讼参与人的诉讼权利和其他合法权利等情况。检察人员通过自己在法庭上的诉讼活动,有利于全面阐明自己的抗诉主张和理由,有利于人民法院纠正错误的判决和裁定。

(三)有利于加强检察业务指导

出庭抗诉的,通常是上级检察机关工作人员。上级机关检察人员出庭,实际上是对下级检察机关办案质量的一个检验。上级检察机关通过派员审查案件,出席刑事抗诉法庭,可以深入细致地了解下级检察机关审查批捕、审查起诉和一审公诉出庭工作的具体情况,对一些好的经验和成功做法,可以及时总结推广。对办案中存在的问题,可以通过召开工作例会、研讨会、现场会等形式,举一反三,及时反馈,督促克服和解决,以起到办理一案指导一片的事半功倍的业务指导效果。

(四)有利于提高抗诉出庭检察人员的业务素质

开庭审理的刑事抗诉案件中,有许多是疑难复杂案件,方方面面的分歧争论也大,对检察机关出庭人员的要求很高。这种业务上的特殊要求,必然会促使从事抗诉出庭的检察人员平时加强学习,刻苦钻研业务,庭前精心准备。通过不断地出庭实践,逐步积累办案经验,增长才干,从而提高抗诉出庭检察人员的业务素质。

第二节 抗诉法庭调查提纲的制作方法与技巧

人民检察院派员出席刑事抗诉法庭的主要任务是支持抗诉,对原审人民法院作出的错误判决或者裁定提出纠正意见,维护诉讼参与人的合法权利以及对法庭的审判活动依法履行监督职责。如同出席一审公诉法庭一样,检察人员在出席抗诉法庭之前,也要认真细致地完成各项准备工作。由于抗诉案件又具有一定特殊性,因此,出席抗诉法庭前的准备工作与出席公诉法庭又有许多不同之处。如果说出席一审公诉法庭前的准备工作,是偏重于以我为主,围绕起诉指控内容,强化、补充公诉意见,带有较多控方的感情色彩,那么出席抗诉法庭前的准备工作则要更加注重于公正客观,针对原审裁判执行法律监督职能,具有更多居中评判的理性因素。从这个角度出发,要求检察人员出席抗诉法庭前的各项准备工作要更为细致、更为缜密、更为扎实,以充分体现法律监督机关公正执法的形象。"要以制定出庭预案为基础,紧紧抓住争议焦点和案件重点,充分做好庭审的各项准备工作。必要时要对出庭预案组织集体讨论,或者进行模拟演练。提倡在庭审中运用多媒体示证系统,增强出庭效果。"①

1996年刑事诉讼法修改以后,对庭审方式作了重大改革,"控辩式"的庭审方式取代了"纠问式"的庭审方式。这一重大改革对树立检察人员在法庭上的良好形象,既是一个机遇,又是一个挑战。庭审方式改革,庭审中心由审判人员更多地向出庭检察人员转移,这为检察人员在法庭上充分运用证据、展示证据,查明案件事实,准确适用法律,提供了一个极好的舞台。但随着举证责任的承担,工作要求的提高,对出庭检察人员的工作压力也随之增大。无论是出席一审公诉法庭还是抗诉法庭,检察人员都应事先精心拟订法庭调查提纲,以保证庭审质量。法庭调查提纲通常包括讯问被告人提纲,询问被害人、证人、鉴定人提纲和出示、宣读、播放证据计划。由于出席刑事法庭的任务与出席一审公诉法庭的任务有所不同,因此,出庭检察人员要根据抗诉案件的特点制订法庭调查提纲。

一、讯问被告人提纲的制作

讯问被告人提纲是法庭调查提纲的重要组成部分,必须在全面阅卷、提审被告人、复核主要证据的基础上精心制作。抗诉案件制作讯问被告人提纲与一审公诉案件有所不同。在一审公诉法庭上,出庭的检察人员一般都要就起诉指控的内容,全面详细地讯问被告人,而抗诉案件是针对原审判决、裁定认定的内容进行审理。因此,凡是原审已被质证认定的事实,在抗诉法庭上,检察人员可不必再予讯问,抗诉法庭讯问被告人的重点,应是针对抗诉理由而进行的。

(一)准确预测被告人的临庭表现,制订相应的讯问提纲

准确预测被告人在抗诉法庭上的可能表现是确保出庭执行职务效果的重要保障。预测的信息来源主要来自于案件的种类与特点,一审庭审举证质证情况,被告人原先供述和辩解,辩护人的辩护意见,上诉、抗诉的具体理由以及证据有无发生变化等各种情况。被告人的临庭表现千变万化,但大致可分为三类:一是全部翻供,拒不认罪;二是部分认罪,部分翻供;三是全部认罪,态度较好。

出庭检察人员可根据预测的被告人的不同情况,制订相应的讯问提纲。

① 最高人民检察院公诉厅2005年8月24日《关于进一步加强刑事抗诉工作强化审判监督的若干意见》。

1. 对于全部翻供，拒不认罪的被告人，制订讯问提纲要详细具体，设计的问题要问出案件的细节特征，问出被告人供述的前后不一致，问出被告人供述与证人证言的不一致，问出被告人供述与其他证据的不一致，从中找出其供述的不合理性、反科学性及各种矛盾和差异，为法庭辩论打下扎实基础。

2. 对于部分认罪，部分翻供的被告人，制订的讯问提纲则要注意内容的逻辑排列顺序，设计的问题要由浅入深，层层递进，使问句在气势上形成一种步步紧逼的压迫感，以此对被告人的心理造成一种震撼作用，以促使其幡然悔悟，如实供述。

3. 对于那些供认不讳，态度较好的被告人，制作讯问提纲可简要些，一般只要对重要的、关键的事实与情节作些讯问即可。

（二）准确预测辩护意见，制订相应的讯问提纲

辩护人的职责是依照事实与法律，提出证明被告人无罪、罪轻或者减轻、免除其刑事责任的材料和意见，维护被告人的合法利益。从宏观上来说，辩护人出庭履行职责的目的和抗诉出庭检察人员的目的是一致的，都是保障国家法律的统一和正确实施。但由于各自的出发点不同，双方看问题的角度不同，实践中对同一案件、同一事实往往会产生不同的看法。有些辩护意见虽然带有一定的感情色彩，并且与案件基本事实也不尽相符，但是当这些意见出自专门从事法律工作的辩护律师之口时，往往会模糊人们的视线。因此准确预测辩护意见，制订针对性强的讯问提纲，对于澄清事实、准确适用法律具有重要的意义。从出庭实践中来看，不同的辩护人因其学识、修养、气质及法理功底、办案能力的差异，其辩护的风格、辩论的技巧与常用方法也可以说是千姿百态、各不相同。有的擅长于滔滔不绝、以情感人；有的擅长于娓娓道来、以理服人；有的擅长逻辑思维、推理严密；有的擅长形象描述、渲染气氛。但是无论辩护人采用何种辩护方法和辩论技巧，总的来说，可分作三类：一是事实辩；二是性质辩；三是法律辩。出庭检察人员要从分析原审法庭上辩护人提出的辩护意见入手，根据案情特点及抗诉理由，预测抗诉法庭上辩护人可能会提出的辩护意见，制订相应的讯问提纲。

1. 针对辩护重点放在事实辩的情况，讯问提纲要把重点放在查明事实、核实证据方面。要围绕着犯罪构成的要件，通过讯问逐一查明"七何要素"，对于被告人认罪态度较好的，可让被告人自己围绕着一审判决认定的事实进行复述。

2. 针对辩护重点放在性质辩的情况，讯问提纲要把重点放在查明罪与非罪、此罪与彼罪、一罪与数罪、轻罪与重罪方面。讯问内容不求全面，但求重点突出，涉及上述四方面的关键问题要问透、问实。

3. 针对辩护重点放在法律辩的情况，讯问提纲要把重点放在适用法律、具体量刑方面。要问清有关法定从重、从轻、减轻、免除处罚的事实和情节以及有无酌定从轻、减轻处罚的情节。

（三）根据案件的特点，制订相应的讯问提纲

不同案件有各自不同的定罪要求与特点，仔细分析所办案件的特点，对于有的放矢地制订讯问被告人提纲，同样具有十分重要的意义。在实践中，常有这种情况，有的出庭检察人员面对一个十分复杂的案件，但其讯问目的清楚、针对性强，在较短的时间内即能通过讯问把案情问得一清二楚。但也有的检察人员面对一个比较简单的案件，花费了很长时间，却仍然没有问清基本案情。甚至于还有的越问越糊涂，问到最后，连自己也不知所云，旁听人员更是如坠云里雾里。出现这种状况，除极少数是由于出庭人员自身素质较差、思路混乱、不能适应艰巨的出庭工作以外，绝大多数则是出庭人员对不同案件的基本特点缺乏研究，办案经验不足所造成的。可针对不同的案件采取不同的方法：

1. 对于侵犯财产类案件，要着重讯问获取财物时的具体方法及赃款赃物的去路。

2. 对于侵犯公民人身权利类案件，要着重讯问作案手段及造成的危害后果。

3. 对于职务类犯罪，要着重讯问其职责范围、职务与实施犯罪行为之间的对应关系。

4. 对于玩忽职守类犯罪，要着重讯问其违规性，及其违规行为与造成的结果之间的因果关系等。

必须指出的是，预先制订的讯问被告人提纲，仅仅是"提纲"而已，法庭上的情况是千变万化的，即使事先预测得再充分，准备得再仔细，也难免有疏漏之处。出庭抗诉的检察人员在这方面不能"以不变应万变"，而是应该根据法庭上的各种变化及被告人回答的内容随时调整讯问内容与讯问方法，以保障庭审的针对性和出庭效果。

二、询问被害人、证人、鉴定人提纲的制作

绝大多数的抗诉案件，在原审开庭时需要被害人、证人、鉴定人证明的内容都已宣读过或当庭作证过了。因此，抗诉案件开庭时，被害人、证人、鉴定人出庭作证的相对较少。但是当某些案件被告人全部翻供，证据相对单薄时，或被害人陈述、证人证言与鉴定人的鉴定意见相互之间有矛盾、有疑点难以排除时，或案情发生了特殊变化时，就需要有关被害人、证人、鉴定人出庭作证。检察人员如果碰到案情需要上述三种人出庭作证的情况时，就要事先精心

制作询问提纲,以便掌握庭审的主动权。

(一) 询问被害人提纲的制作方法

长期以来,在刑事诉讼中,被害人不是当事人,而 1996 年刑事诉讼法修改将被害人列为当事人,享有当事人的各项诉讼权利。被害人是受犯罪行为直接侵害的对象,其作为当事人在法庭上的陈述,一般比较直接具体,特别是某些关键性的细节能印证被告人供述,证明力较强。但与此同时,由于其身份的特殊性,要求对被告人处以重刑的愿望比较强烈。当其认为原审判决对被告人处罚过轻,或者在法庭上见被告人提出种种无理狡辩时,往往会比较激愤,易夸大事实,使其陈述带有一定的虚假性。因此,出庭检察人员在制订询问提纲时要充分注意这一特殊性。一般可采用长问短答、详问简答的问法,使被害人能紧紧围绕设定的关键问题作简要回答,以避免其因受情感因素的影响而偏题跑题。要针对不同案件、不同被害人的各种心理状态,缜密设定询问提纲,以保证法庭调查的顺利进行。

(二) 询问证人提纲的制作方法

随着新刑事诉讼法的施行,对证人出庭的要求进一步明确和细化。由于证人证言容易受各种因素干扰,可变性较强,给出庭的检察人员带来很大的困难。尤其是案件进入抗诉程序以后,被告人往往会利用原审庭审时证人证言中的某些不足与薄弱环节进行翻供和狡辩,有些被告人的亲戚朋友甚至会千方百计对证人施加种种压力。因此,事先制订周密详细的询问提纲,对于巩固证人证言内容具有重要意义。各种各样的证人,其文化背景、职业特点、生活经历以及与案件的利害关系不同,这就要求我们在制作询问证人提纲时要针对不同身份的人采用不同的提问语言。如对党政机关干部询问时,使用严谨精练的法言法语,证人也能听明白并能清楚地回答问题。但对一般工人、农民或文化程度较低的证人,由于他们与司法机关接触较少,容易在法庭上怯场,如对他们也使用精练的法言法语询问,其往往会难以理解,影响庭审效果。但如果注意用通俗易懂的语言予以提问,效果就会比较好了。此外,对那些容易变证的证人,设计的问句可直截了当、一针见血,以避免给其较大的回答空间,得以模棱两可、进退自如地回答提问。

(三) 询问鉴定人提纲的制作方法

鉴定人是具有某种特长、某种知识的专门人员。鉴定人到庭作证,主要是接受有关单位的聘请到法庭上就某一专业性的问题作权威性的解释和说明。因此,鉴定人到庭作证的主要内容是由他自己讲出来,而不是通过询问"问"出来的。这与其他人员在法庭上作证有所不同。制订询问鉴定人提纲的重点主要放在询问鉴定人的专业资格和技术水平,询问鉴定方式和鉴定取材是否科学，询问鉴定意见是否具有排他性、唯一性等情况。询问的目的在于查明鉴定人所作出的鉴定意见是否科学，以帮助科学地查明案情，尤其是审理一些专业性极强的案件，鉴定人的鉴定意见往往会对定案起到举足轻重的作用。

三、出示、宣读、播放、展示证据计划的制作

所谓出示、宣读、播放证据计划，也就是法庭举证的计划。根据"谁主张，谁举证"的原则，法庭审理刑事抗诉案件，举证责任理所当然由出庭检察人员承担。因此，在出庭之前制订周密的出示、宣读、播放证据计划是很有必要的。

（一）出示证据计划

在法庭上展示证据的方法多种多样，但能够用作"出示"的证据，实际上就是一种，即物证。物证的最大优点在于客观性强，且相对于言词证据而言基本稳定，但其缺点是容易被相似物、近似物、种类物替代。因此，在制订出示物证计划时要注意：

1. 凡是需出示的物证，必须要有同一认定，而非同类认定。

2. 出示物证时，可配合进行必要的讯问和询问以及对物证的来源，包括收集人、收集时间、收集地点甚至收集方法作详细的说明。

3. 要预先设定出示物证的先后顺序以及阐明该物证与案件事实的关联性，说明要证明的内容。

4. 要拟订物证出示的时间、出示的方法甚至于物证的包装材料，以使当庭出示时方便实用，有条不紊。

（二）宣读证据计划

宣读证据计划，包括宣读书证计划及宣读未到庭的证人证言、被害人陈述、鉴定人鉴定意见计划。这些需要宣读的证据都是通过其记载的内容来发挥证明作用的。因此，法庭上对这类证据的举证，重在把握好其内容的真实、客观。在制订宣读这些证据的计划时要注意：

1. 宣读证据时，可扼要地宣读其主要内容，未必都宣读全文，但要注意对宣读部分内容的选择和连接，防止随意跳跃，使宣读内容缺乏连贯性，从而影响证明力。

2. 宣读时应说明这些证据的来源或收集方法及制作人员，尤其是宣读书证时更应重视这一环节。以往有的侦查部门在收集书证时往往容易忽视这一点，以致移送起诉后，造成出庭检察人员对书证来源不清楚，往往根据书证的内容来猜测该书证的出处。但随着庭审要求的提高，将来如果对此仍不引起足够的重视，很可能会导致法庭举证的失败。

(三）播放、展示证据计划

播放、展示证据计划，实际上就是播放视听资料、展示电子数据的计划。随着科技的进步，视听资料和电子数据作为诉讼证据的一种重要内容，目前已被世界各国广泛采用。各地检察机关在出庭实践中也已较多地开始使用视听资料这种证据形式，收到了较好的庭审效果。视听资料的证明力是靠声音和影像与案件事实发生重合而发挥证明作用的，具有很强的证明力，有条件的应尽量多地发挥该类证据的证明作用。值得注意的是，以前人们常常把电子数据作为视听资料的一种，2012年刑事诉讼法修改中，立法者注意到了电子数据与视听资料的不同特点，也看到了二者在表现形式上的趋同性，因此新刑事诉讼法将电子数据与视听资料并列归入证据一类。在制订播放、展示该类证据计划时要注意：

1. 视听资料、电子数据的证明力虽然客观性较强，但是容易被人剪辑、篡改，选用时，要十分慎重，如出纰漏会影响其他证据的可靠性。对于那些吃不大准的，难以判明真伪的视听资料更不能轻易播放。

2. 对准备在法庭上播放的视听资料、电子数据，应事先检查其图像、声音质量，并了解法庭上视听设备状况，如质量不好，庭审举证效果会适得其反。

3. 运用视听资料、电子数据的目的性要十分明确，要避免为了贪图证据种类齐全、追求庭上举证有声有色，而没有证明目的地轻率选用。

4. 对运用秘密侦查手段获取的视听资料、电子数据，一般禁止在法庭上播放，如果案情确实需要，也应设法使其转化为公开证据后，才能使用。但应履行一定的审批手续并征求侦查部门的意见。

庭审方式改革后，出庭检察人员在法庭上活动的重点实际上已从注重法庭辩论转移到法庭举证上来了，一个抗诉案件出庭效果如何很大程度上取决于举证质证的效果怎样。制订法庭举证计划是出庭前最重要的准备工作，也是一项高强度、高智商的脑力劳动。法庭举证计划没有一个统一的模式，而是必须根据不同的案件、不同的被告人，甚至不同的合议庭组成人员，制订比较切合实际的举证计划。如有的可根据犯罪行为的实施过程逐一举证，有的可根据证据的证明力大小来安排证据，有的可采用一事一证，有的可采用阶段组合举证，有的可根据作案次序顺序举证，有的可根据罪重罪轻分别举证等。总而言之，只要出庭检察人员虚心好学，刻苦钻研，在出庭实践中不断积累和总结经验，其出庭举证能力、举证水平一定会不断得到提高。

第三节　抗诉法庭答辩提纲的制作方法与技巧

一、抗诉法庭答辩与一审公诉法庭答辩的区别

法庭答辩提纲，是检察人员在法庭辩论阶段，针对被告人的辩解和辩护人的辩护意见进行回答和辩驳活动的提纲。检察人员法庭答辩的水平如何不仅取决于其掌握的法学理论基础、办案经验和口头表达能力，而且还是出庭人员的哲学思想基础、文学美学修养、逻辑思辨能力及社会生活经验等各项素质的综合反映。一篇优秀的法庭答辩提纲实际上也是一篇出色的议论文章。出庭检察人员在制作法庭答辩提纲时，应当如同艺术家创作文学精品那样，要反复推敲，字斟句酌，精心制作，以充分展示出庭检察人员的风采与形象。由于抗诉法庭不同于一审公诉法庭，因此，出席抗诉法庭的检察人员的答辩内容与一审支持公诉也有所不同，具有自己的特点。

（一）答辩主体"当事人"身份弱化

一审公诉法庭审理的对象是起诉书，出庭公诉人的答辩质量高低会影响到对公诉意见的采纳，法庭审理的结果与公诉人的活动有直接利害关系。因此，公诉人在答辩时，其"当事人"身份的色彩更浓一些。而抗诉法庭审理的对象是原审法院的裁判文书。出庭检察人员不单纯是公诉人，其主要是发表对原审判决、裁定的评判意见，在法庭答辩时，其"旁观者"身份的色彩更浓一些，相对处于比较"超脱"的地位。

（二）答辩内容更趋理性

一审公诉人法庭答辩内容是紧紧围绕着支持公诉意见而展开的，即使个人认为被告人、辩护人针对公诉指控的某些反对意见是正确的，也不得擅自调整原先指控的意见，只能坚持下去或建议法庭延期审理，因此，其答辩内容的感情因素较多。而出席抗诉法庭的检察人员的答辩内容是紧紧围绕着抗诉意见而展开的，特别是在听取了诉讼参与人的陈述理由以后，如果认为原审裁判部分内容是正确的，就应该适时适当地调整原先准备的意见，或经报告领导后，实事求是地建议抗诉法庭采纳有关正确意见，因此，其答辩内容的理性因素较多。

（三）答辩重点聚焦法律适用

一审法庭答辩的重点大多数为案情事实之争，即起诉认定事实的"准"与"不准"，对如何适用法律及具体量刑的争议较少；案件进入抗诉程序以后，人民法院对被告人适用法律，已作出具体如何处罚的裁决。抗诉的提起，

也是因为有关方对这一裁决不服,因此,抗诉法庭争议的焦点大多数集中在对被告人适用法律和具体量刑上,即适用法律的"当"与"不当"。

由于抗诉法庭答辩的主体角色、法庭答辩的内容和重点都与一审公诉法庭答辩有所不同,因此,出席抗诉法庭的检察人员在作准备时,要注意根据抗诉案件出庭的特点,制订法庭答辩提纲。

二、抗诉法庭答辩的总体策略

刑事抗诉案件的法庭答辩毕竟不同于一审公诉案件的法庭答辩,而且在刑事抗诉案件中既有按照一审程序审理的案件(部分审判监督程序抗诉案件),又有按照二审程序审理的案件,出庭检察人员的角色变化比较大。因此,检察人员在准备庭审答辩提纲时,就应根据程序的不同,或者抗诉理由的不同而作相应的准备。鉴于刑事抗诉案件本身的复杂性以及审理程序的特殊性,出庭检察人员在制作庭审答辩提纲时,除了参照一审公诉案件答辩提纲外,还应注意以下几点:

(一)证据编排的合理性

凡是出席刑事抗诉法庭,检察人员都负有全面举证的责任。因此,其所举证据的数量较多,涉及的面较广,但由于与一审公诉相比时隔较长,许多证据质量和证明力已今不如昔,出庭人员事先要逐一复核,排除疑点。在准备举证、示证、质证提纲时,可根据案件的难易程度及证据种类,精心选择编排,组合展示,以达到最佳举证效果。只有这样,才能为法庭辩论打下比较扎实的基础。

(二)出庭角色的差异性

出席刑事抗诉法庭检察人员在法庭上扮演何种角色,学界争议很大。我们认为,一般而言,在抗诉案件审理过程中,出庭检察人员应该处于"两种地位,两种任务",即具有公诉人和法律监督机关的双重身份,兼具支持公诉和法律监督双重任务。因此,在把握抗诉法庭答辩总体策略时,要注意与一审公诉案件出庭检察人员单纯以国家公诉人的身份与被告人及其辩护人展开辩论的不同点,根据不同案件的具体情况,准确把握好不同的出庭角色,履行好各项检察职责。

(三)支抗意见的公正性

由于出席刑事抗诉法庭与出席其他刑事法庭不同,法律对提起抗诉的理由限制较严,因此,出庭检察人员在制作刑事抗诉法庭答辩提纲时,更应该注重实事求是,并应当在开庭过程中根据法庭查明的事实,随时调整出庭支持抗诉的理由,以确保执法的客观公正,不能固执己见,强词夺理。

(四) 支抗理由的针对性

制作刑事抗诉法庭答辩提纲时，要紧紧围绕有关当事人的申诉、上诉和辩解理由、检察机关的抗诉理由作有针对性的精心准备，要注意分析研究该案原审有关司法机关和有关诉讼参与人的分歧意见，在"兼听则明"的情况下，制订出庭支持抗诉的总基调和预案，不打无准备之仗。

三、抗诉法庭答辩的常用方法

检察人员在法庭上针对被告人及辩护人提出的辩护意见，如何运用辩论技巧及常见案件的具体答辩方法，在一些论述公诉业务的专著中，多有论及，本书不再一一展开论述。这里主要就抗诉案件法庭答辩的总体方法作些补充。法庭答辩说到底是一种以理服人的证明活动，而这种证明活动的方法主要有两大类，即通常说的立论和驳论。

(一) 立论方法

检察人员在抗诉法庭上立论，实际上就是"以事实为根据，以法律为准绳"，通过对案情事实的分析，对证据的论证来正面阐明原审判决、裁定确有错误。由于抗诉案件情况的千差万别及被告人和辩护人所提出辩护意见的各不相同，出席抗庭的检察人员要善于运用不同的逻辑推理方法来为立论服务。

1. 归纳立论法

这种方法是通过对某类事物的某种属性的论证，从而得出该类所有事物都具有某种属性的推理结论，即由特殊推向一般的方法。鉴于归纳推理是由特殊到一般，因此，在立论时，其前提要尽可能对特殊事物、现象的各个要件予以穷尽。如不穷尽仅考察了某一特殊事物、现象的部分特点，则得出的结论或然性太大，难以令人信服。因此，检察人员制作答辩提纲，如使用这一方法立论时，要尽可能使前提充分，论证严密。

2. 演绎立论法

这种方法是用一般性原理证明个别判断的一种方法。在法庭答辩活动中，检察人员进行演绎立论时所采用的论据主要有两个，即事实论据和法律论据。前者就是对庭审调查证明了的具体个别情况的判断，后者就是有关的刑事法律规定，其论证的方法为三段论。这种立论方法由于前提是一般确认的事实和法律，得出的结论没有超出前提断定的范围，所得结论为必然性结论，不易发生错误。因此，也是实践中在法庭答辩时较多采用的一种逻辑证明方法。

3. 类比立论法

这种方法是对两件事物的某些相同特征进行比较从而得出两件事物的性质也相同的结论。类比方法是对事物特征进行比较而推理得出来的结论，这种推理是由特殊推向特殊的过程。由于用作比较的对象不可能穷尽,因此,比较出来的结果也带有一定程度的或然性。检察人员虽然不能直接将类比出来的结论作为定案的依据,但这种方法比较形象,易于听懂,能够启发和帮助人们理解较为抽象、难懂的道理,使一些复杂疑难的案件事实成为看得见、摸得着的事实呈现在法庭上。特别是在证明活动中,用人所共知的道理来进行类比论证,可以使法庭答辩更具有说服力和感染力。司法实践中,辩护人大都喜欢采用这种方法来立论,恐怕也是被其有效的渲染力所吸引,出庭检察人员也要善于熟练运用这种证明方法。

(二) 反驳方法

检察人员在抗诉法庭上的反驳,实际上就是用已知为真实的证据材料及有关法律规定为根据,通过对案情事实的分析来批驳原审被告人及其辩护人所提论点不成立并进而证明原审判决、裁定确有错误的论证方法。在法庭辩论中,检察人员只有把对方的错误论点驳倒了,自己的正确意见才能站得住脚,并易被法庭采纳。反驳的具体方法多种多样,但从总体上而言,可分为直接反驳和间接反驳。

1. 直接反驳法

直接反驳的答辩方法,就是检察人员在法庭辩论中用已知为真实的事实论据和法律论据从正面直接证明所要反驳的论题为虚假的,要求法庭不予采纳的方法。这种反驳方法观点明确,一针见血,切中要害,实践中主要针对被告人及其辩护人提出十分明显的错误观点时采用。这种方法对于澄清事实,以正视听,往往可以收到立竿见影的效果。

2. 间接反驳法

间接反驳的答辩方法,就是检察人员在法庭辩论中先用事实论据和法律论据来证明对方观点的相反论题为真实的,然后根据矛盾律原理来证明其原论题为虚假,要求法庭不予采纳的方法。这种反驳方法难度稍高,但悬念较多,论辩色彩浓厚,论证过程精彩,效果较好。尤其是以归谬方式进行间接反驳的推理过程,更具有感染力、震撼力和说服力。在庭审实践中,一些思维敏捷、水平较高的检察人员通常比较喜欢选择这种逻辑论证方法。

需要注意的是,在司法实践中,有时候上述两种方法还会同时运用,以更好地论证自己的抗诉主张。

[案例] 被告人陈某,男,27岁,原系某日用化工厂供销员。1993年12月至1995年7月间,陈某利用担任该厂供销员的职务便利,在为本厂销售鞋油产品后收取货款过程中,隐瞒已收取货款的事实,采用收款不入账的作案方法,先后4次将从江西、浙江等地业务单位收取的货款人民币共计240000余

元归个人使用及借给他人进行营利活动。1995年12月21日案发，陈某被检察机关取保候审，单位明确宣布陈停止一切经营活动，并移交有关工作等候处理。期间，陈因急需归还个人债务又起意作案，先后于1995年12月30日、1996年七八月间，潜逃至与日化厂有业务联系的个体户朱某等处，隐瞒其已遭停职、无权收取本单位货款的事实真相，骗取对方货款人民币11500元。检察机关认为，被告人在被取保候审后，骗取他人货款一节行为应认定为诈骗罪。一审法院则认为该节应定职务侵占罪，理由是：（1）被告人在被取保候审期间仍然是日化厂的职工，其仅仅是停职而没有被开除，即陈某仍是公司企业人员，符合职务侵占罪的主体身份；（2）客观方面陈某是利用职务便利实施的骗取方法，符合职务侵占罪的犯罪方法；（3）陈某侵犯的财产是本单位应得的财产，符合职务侵占罪的侵犯对象。

检察机关对此提出抗诉。在二审法庭上，出庭的检察员先是采用了直接反驳的方法来充分论证抗诉理由的正确性："一审判决认定被告人构成职务侵占罪在认定事实和适用法律上确有错误，理由如下：一是被告人陈某原虽系日化厂供销员，但当他因挪用资金被取保候审后，单位已作出对其停职的决定，并明确告知其原先经手的所有业务由他人接管，不得再以原身份外出到业务单位从事销售和收款工作，陈的供销员职务和从事的应收款催收工作因而被停止。此时，陈已失去了作为供销员从事业务活动的特殊身份，不符合职务犯罪的主体身份。二是陈某骗取货款是在被取保候审后又负债潜逃期间的个人行为，并非是受日化厂的委派在从事催收货款工作中的职务行为，不符合职务侵占罪的客观方面要件……"

在直接反驳了原审错误判决意见后，检察员又进一步采用了间接反驳的方法来强化自己的抗诉主张："如果按照一审判决的认定，则本案必须同时符合以下条件：一是被告人的身份必须符合职务侵占罪的主体身份，而且这种主体还不仅仅是一般的公司企业人员，还应该是具有主管、管理、经手本单位财物等职务便利的公司企业人员，如果已经丧失了这些职务便利，即使是公司企业人员也不能构成职务侵占罪的主体，而本案被告人显然属于后者。二是被告人实施的骗取行为必须是利用了其职务上主管、管理、经手本单位财物的便利，而本案被告人仅仅是采用了一般的诈骗手段骗取了财物，在财物骗取过程中其已无有效职务可言。……综上，被告人陈某的此节行为难以构成职务侵占罪，应当以诈骗罪认定。"

（三）逻辑证明规则

逻辑证明规则，就是在一切证明活动中均必须遵守的准则。逻辑证明可以采用的方法多种多样，有的方法还可以交叉结合使用。如前所述的归纳、演绎、类比三种方法实际上既可用于立论，也可用于反驳，并非固定不变。但是无论是立论，还是驳论，在具体论证时要注意遵守以下规则：

1. 论题要明确清楚

论题是证明的对象，也就是出庭检察人员发表支持抗诉意见的主要内容，如果支持抗诉意见本身表述不清、模棱两可，也就无从着手证明。因此，制定法庭答辩提纲时，要紧紧围绕着支持抗诉意见，对抗诉理由进行评判，对原审裁判正确与否进行评判。要求法院采纳的意见和建议要明确具体，并保持前后的统一性，不自相矛盾。

2. 论据要真实可信

论据是用作证明的材料，也就是出庭检察人员发表支持抗诉意见的依据。论题的正确、真实要靠论据来证明，如果论据本身的真实性尚成问题，当然它就无法证明论题的正确与真实。论据真实要求案件事实已经查清，证据确实、充分，引用法律条文准确。论据真实可信是检察人员得以顺利完成出庭任务的前提和基础。

3. 论证方法要正确恰当

论证方法是出庭检察人员在法庭答辩时，证明自己主张时所采用的具体说理方法。在法庭答辩时，如果仅仅论题明确清楚、论据真实可信，但论证方法失当，出庭任务同样难以完成。

制作法庭答辩提纲时，无论是采用何种论证方法，其关键在于摆事实、讲道理，而要把事实讲清，把道理说透，就需要从事出席抗诉法庭的检察人员在实践中不断培养锻炼自己的逻辑分析能力，以适应新的庭审方式对检察人员提出的更高要求，出色完成抗诉案件的出庭任务。

总而言之，人民检察院的刑事抗诉案件出庭工作，是一项专业性很强的法律监督工作，检察人员的出庭水平集中反映了整个检察机关的执法水平和队伍素质，关系到检察机关的声誉。出庭失败，受损害的不只是出庭的检察人员，也不只是派员出庭的检察院，而是整个检察机关。因此，刑事抗诉出庭工作又是一项需要倾注大量心血，需要上上下下、方方面面共同努力的工作。只要从事抗诉出庭的检察人员能认真学习检察理论，刻苦钻研检察业务，不断积累出庭经验；只要各级检察机关能真正地把出庭工作当做"重点工程"来抓，调动政工、教育、后勤、技术等综合部门，从机构设置、人员配备、装备设施、政治和生活待遇等各方面给予出庭检察人员以足够的支持和政策倾斜，检察机关的抗诉出庭人才必将不断涌现，刑事抗诉出庭工作必将搞得更加有声有色，从而进一步推动整个检察事业蓬勃发展。

第四节 精心制作抗诉案件出庭检察员意见书

一、抗诉案件出庭检察员意见书的制作要点

出席刑事抗诉法庭的检察人员的主要任务是要求人民法院纠正原审作出的错误判决、裁定,维护法律的正确实施,而发表出庭意见书是检察机关履行法律监督职责的重要形式。抗诉案件出庭检察员意见书,过去习惯被称为抗诉词。抗诉案件出庭检察员意见书根据抗诉程序的不同可以分为二审程序的抗诉案件出庭检察员意见书和再审程序的抗诉案件出庭检察员意见书。必须指出的是,人民法院依照二审程序审理的抗诉案件,如果该案又有上诉人上诉时,出庭的检察人员可将出庭意见合二为一,制作抗诉、上诉案件出庭检察员意见书,以支持抗诉意见为主,同时又对上诉人的上诉理由作出公正评判。抗诉案件出庭检察员意见书以刑事抗诉书或支持抗诉意见书为基础并根据庭审具体情况作必要的补充,其内容一般由首部、正文、尾部三个部分组成。

(一)首部

首部内容通常包括:(1)派员出席法庭的人民检察院名称和文书标题;(2)提起公诉的检察机关名称和起诉书编号;(3)原审人民法院名称和判决、裁定书编号(包括一审、二审人民法院);(4)被告人(上诉人)姓名和案由;(5)审判人员称谓。

(二)正文

正文内容包括:(1)检察人员出席法庭支持抗诉的法律依据;(2)在法庭上的身份和职责;(3)阐述出庭前审查原审判决、裁定及抗诉书以及提审被告人、复核主要证据等工作情况;(4)对原审立案侦查、审查起诉、法庭审判程序是否合法表明态度;(5)简要评述法庭调查结果;(6)评析原审案件的事实、证据和法律适用是否正确;(7)阐述支持抗诉的意见,论证抗诉意见的正确性;(8)结论性意见,即向法庭表明抗诉要求,明确提出纠正原判决、裁定的具体意见和法律依据。

(三)尾部

尾部内容包括出庭检察人员的姓名、法律职务及发表出庭意见的年月日。

二、抗诉案件出庭检察员意见书制作的常见误区

(一)未做到观点鲜明、简明扼要

抗诉案件出庭检察员意见书是人民检察院向人民法院提出抗诉后,出席抗

诉法庭的检察人员在法庭上针对原审判决、裁定是否正确、抗诉理由是否充分、诉讼程序是否合法进行综合评判的总结性发言。宣读抗诉案件出庭检察员意见书时，法庭已经进入到辩论阶段，而此前抗诉书对于案件的基本事实已作出了一个较为全面的认定。

（二）未能针对性地运用事实和证据具体指出原判错误

出庭意见书从文体上可归于议论文，它的一个特点是用论据支持论点从而完成论证，以表明自己的观点、看法和态度。具体到出庭意见书，事实、证据即是我们最重要的论据，我们必须依托案件的事实和证据、运用逻辑理性抽丝剥茧地加以分析，完成我们对"原判确有错误、应当予以纠正"的论证。抗诉案件的成功，除需要在检察机关内部充分论证外，尤为关键的是要把我们的意见有效传递至法院。这就需要我们充分重视出庭检察员意见书的制作，形成一篇有观点，更有事实和证据支撑的出庭意见书。

司法实践中，造成这一误区的原因主要有两个：一是前期的基础分析没有做到位，出庭检察员对于案件的认识比较模糊，自身的逻辑还未理顺；二是由于制作出庭意见书的经验不足，逻辑混乱，无法有效表达观点。

（三）未对原审庭审程序是否合法表明态度

司法实践中，由于"重实体、轻程序"的观点仍然在一定范围内存在，有的同志在制作抗诉案件出庭意见书时忽视了对程序审查的描述，这是不符合制作规范的。还有的同志虽然在出庭意见书中作了表述，但实际上未进行仔细审查，以致在辩论阶段被告人或辩护人提出程序抗辩时局面非常被动。

（四）用语不规范、引述法律有误

用语不规范、引述法律有误往往是由于制作人的疏忽所致，虽然属于低级错误，但在实践中屡见不鲜。

三、抗诉案件出庭检察员意见书应用实例

（一）二审程序抗诉案件出庭检察员意见书实例

**××市人民检察院
抗诉案件出庭检察员意见书**

提起公诉机关：××区人民检察院　　起诉书号：×××
一　审　法　院：××区人民法院　　判决书号：×××
被　　告　　人：赵×芳、赵×峰　　案　　　由：职务侵占

审判长、审判员：

根据《中华人民共和国刑事诉讼法》第188条的规定，我受市人民检察

院指派，出席今天××市中级人民法院公开审理的××区人民检察院提出抗诉的被告人赵×芳、赵×峰职务侵占一案法庭，依法执行职务。

开庭前，我查阅了本案全部卷宗材料，审查了刑事抗诉书，审阅了××区人民法院的刑事判决书，并听取了被告人的供述和辩解，刚才又参加了法庭调查。现根据该案的事实、证据、法律适用和一审审判情况，发表如下意见，供合议庭参考。

一、关于本案的审理程序

本案由××区人民检察院依法立案侦查并提起公诉，××区人民法院经公开开庭审理作出判决，判决后区检察院认为一审判决定性及量刑均有不当，在法定期限内提出抗诉，××市中级人民法院依法进行二审审理活动。经审查，上述诉讼活动严格遵循我国刑事诉讼法的有关规定，本案诉讼程序合法。

二、关于本案的基本事实

今天法庭对本案原判的事实进行了法庭调查，法庭调查的结果表明：第一，原审判决认定被告人赵×芳单独侵吞本单位财产2万元人民币，及伙同被告人赵×峰共同侵吞本单位财产2万美元的事实清楚，证据确凿；第二，原审判决认定赵×峰在共同犯罪中起辅助作用，是本案从犯，与事实不符；第三，原审判决没有确认两名被告人的国家工作人员身份，而仅以职务侵占罪定性，并适用《关于惩治违反公司法的犯罪的决定》对赵×芳以职务侵占罪判处有期徒刑5年，对赵×峰以职务侵占罪判处免予刑事处分，不仅认定事实有误，而且适用法律不当，导致量刑畸轻。下面，我就本案两名被告人的主体身份、适用法律及被告人赵×峰在共同犯罪中的作用和应负的法律责任等问题阐明如下意见：

第一，法庭调查表明：两名被告人所在单位××实业公司隶属中国××服务总公司××分公司（以下简称××分公司），系自主经营，自负盈亏，具有独立法人地位的国有企业，其内部实行总经理负责制。被告人赵×峰早在1993年1月就由××分公司聘任为下属××公司经理，全面负责公司行政管理和业务活动。而被告人赵×芳原就是××分公司经管财务的会计，1993年5月由赵×峰提名，经××分公司批准被聘任为××公司经理助理，协助赵×峰共同管理××公司。必须指出的是，两名被告人形式上虽是被聘任担任××公司经理及经理助理，但聘任仅是中国××服务总公司对内部干部人事制度管理的一种形式，并未改变被告人作为国家工作人员的实质。事实上，赵×峰于1996年5月又被调任××分公司人事部经理。由此可见，两名被告人长期在国有企业中从事管理工作，其国家工作人员的身份始终没有改变。因此，不论根据全国人大常委会《关于严惩严重破坏经济的罪犯的决定》，还是根据修订刑法的有关规定，被告人赵×芳、赵×峰均符合国家工作人员的主体身份。原判对他们适用《关于惩治违反公司法的犯罪的决定》，作为职务侵占罪中公司、企业人员主体的认定是错误的，应当予以纠正。

第二，法庭调查还证实：1993年5月至1996年6月间，被告人赵×芳、赵×峰在经手××公司出借资金350万元人民币给镇×公司的业务过程中，当得知镇×公司归还借款2万美元而未要收据时，两名被告人即欲占为己有。首先，由赵×芳利用职务便利将镇×公司归还的欠款2万美元，采用收款不入账的手法予以侵吞；随后又欺上瞒下，在与镇×公司结算时由赵×峰事先起草已剔除2万美元收款事实的虚假还款凭证，要镇×公司法人代表景××签字盖章表示认可，以欺骗××公司财会人员，隐瞒实际收回投资款总额，掩盖两人侵吞公款的犯罪事实。随后，他们将赃款藏匿于中国银行某信托咨询公司保管箱中心以两被告人的名义私下租赁的保管箱内占为己有。对这一事实，不仅有已查获在案的投资协议，以及镇×公司负责人、会计等证人证言的证实，就连赵×峰本人也曾清楚而明白地供述道，他不仅知道从镇×公司拿回2万美元情况，知道赵×芳收取美元时没有签字，而且同意赵×芳收下这笔钱。正像他自己所供述的"我没有坚持，思想上也想拿钞票，如要冲账也很简单，只要向领导汇报，赵×芳不拿出来不行的"。被告人赵×峰的供述真实而又客观地道出了他当时的思想动机和在本节侵吞事实之中他作为公司经理的举足轻重的作用。一句话，没有他同意，赵×芳想侵吞也侵吞不了。更何况，被告人赵×峰在去镇×公司清理债务前，已清楚2万美元已被存入银行，存单也已放入租赁箱内，但其仍然起草还款协议，并要求对方签字盖章，从而使两人侵吞2万美元的目的最后得逞。因此，这已不仅仅是一般的辅助和帮助的作用。两人在此节事实上一搭一档，配合默契，所起作用相当。一审判决将赵×峰作为从犯，既与事实相悖，也与法律不符。

综上，原判在对被告人的主体身份和赵×峰所起作用的确认上，都存在错误，提请二审法庭予以纠正。

三、关于本案的法律适用

××区人民法院一审判决对本案事实认定有误，由此造成适用法律不当及对赵×芳量刑畸轻，对赵×峰错误免刑的后果。本案被告人赵×峰与赵×芳系国家工作人员，其相互配合，利用各自的职务便利，共同贪污公共财物，数额巨大，均应按照《刑法》第383条的规定追究刑事责任，而不能适用《关于惩治违反公司法的犯罪的决定》。对赵×芳应在10年以上有期徒刑的幅度内量刑。赵×峰虽尚未分得赃款，但其与赵×芳对赃款的处理已有默契，即赃款归两人共同所有。对这种共同贪污犯罪以后，尚未分赃的行为如何处理，"两高"早有明确的司法解释，即应根据赵×峰在共同贪污中的地位、作用，并参照贪污总数和共犯成员间的平均数额确定其应承担的刑事责任。按照这一规定，对赵×峰应在5年以上、10年以下有期徒刑幅度内量刑，结合被告人到案后在审判阶段翻供，拒不认罪的情节，原判对其免予刑事处分显然是错误的。

审判长、审判员，综上所述，我院认为，一审人民法院在认定事实上确有错误，适用法律不当，导致量刑畸轻，区人民检察院抗诉有理，请二审人民法院依法予以纠正。

代理检察员：李××
一九九七年十二月九日

（二）审判监督程序抗诉案件出庭检察员意见书实例

河南省人民检察院
抗诉案件出庭检察员意见书

审判长、审判员：

根据《中华人民共和国刑事诉讼法》第188条的规定，我们受河南省人民检察院指派，代表本院，出席本法庭，依法履行职责。现对本案证据、案件情况和原审人民法院裁定发表如下意见，请法庭注意：

一、本案事实不清、证据不足，不能认定被告人胥敬祥有罪

二审裁定认为："原审被告人胥敬祥伙同他人持械蒙面入室，拦路抢劫他人财物，情节严重，伙同他人盗窃他人财物，数额较大，其行为分别构成抢劫罪、盗窃罪。原审判认定事实清楚，证据确实充分。"刚才的法庭调查证实：本案没有一起犯罪事实清楚、证据确实充分，而是事实不清、证据不足，不能认定胥敬祥构成犯罪。

1. 认定胥敬祥伙同他人持械蒙面入室抢劫八次。案发至今，"伙同他人"共同犯罪的"他人"是谁，姓啥名谁，一个也未查清；认定的"持械"凶器——铁棍、电击枪、双管火药枪、匕首、电警棍，一件也未收缴；认定抢劫价值万余元的上百种物品，而从胥敬祥家搜查到的35件物品，没有一件能确认为赃物；认定的一件绿毛背心，没有任何证据证明是胥敬祥犯罪所得。全案只有被告人口供，而被告人口供与被害人陈述的被抢事实经过，没有一起相互吻合印证。

2. 认定胥敬祥伙同胥敬增拦路抢劫李素贞。经审查，在胥敬祥主动交代了这起违法行为后，公安机关搜查了胥敬增家，在胥敬增在场的情况下，未调查取证，也未抓捕胥敬增。而李素贞和胥敬祥二人供证不一，李素贞先证胥从自己身上搜走了300元钱，后证胥不要钱，要她去派出所。胥否认从李身上搜身掏300元钱的行为。认定胥敬祥采取搜身等暴力威胁方法劫取李素贞财物，只有李素贞前后自相矛盾的孤证，并且在一审法庭上未经质证。

3. 认定胥敬祥伙同胥敬增、张修建盗窃黑猪一头。对胥敬增未调查，张修建否认，胥敬祥口供与被害人陈述的事实相互矛盾。胥敬祥供认偷了三头猪，但经公安机关查证，其中两头猪被偷的事实不存在。猪没有丢，胥敬祥却供认自己偷了，不能排除胥的偷猪口供是被逼供的结果，更不能以此唯一的口供作为定案的依据。

综观全案，没有一起犯罪事实清楚、证据确实充分，而是事实不清，无据可证犯罪。

二、对胥敬祥的定罪量刑严重侵犯了公民的基本权利

我国刑事诉讼法的任务是为了保证刑法的正确实施。惩治犯罪分子，保障无罪的人不受刑事追究是刑事诉讼法的基本原则和任务。两大项任务，同等位置，同等重要，任何背离和偏离一项的结果都会破坏法律的公平公正，破坏社会主义法制建设，结果使公民的人身权利、财产权利、民主权利和其他权利受到损害。为了充分保障公民的宪法权利不受侵犯，刑事诉讼法对逮捕、起诉、审判犯罪公民有严格的法律规定的条件和程序。1979年刑事诉讼法规定：逮捕犯罪嫌疑人必须主要犯罪事实已经查清，有可能判处徒刑以上刑罚。在本案中，1992年4月13日批捕胥敬祥时，一件犯罪事实也未查清。由于错误的批捕，导致本案5年诉不出去。

刑事诉讼法规定：起诉案件必须是犯罪事实、情节清楚，证据确实充分，犯罪性质和罪名认定正确，并且不属于不应追究刑事责任的。在本案中，鹿邑县公安局于1992年8月16日将本案移送鹿邑县人民检察院审查起诉，鹿邑县人民检察院认为事实不清、证据不足，于1992年8月22日、1993年6月28日、1993年8月10日、1993年9月1日、1993年10月4日，五次退回公安机关补充侦查。鹿邑县公安局于1993年6月22日、8月26日、12月2日重报鹿邑县人民检察院。鹿邑县人民检察院在未查清本案犯罪事实、证据不足、不能认定胥敬祥构成犯罪的情况下，于1993年12月30日将案件报送周口分院（后更名为周口市人民检察院）审查起诉，周口分院1994年1月26日退回鹿邑县公安局补充侦查。鹿邑县公安局于1996年8月15日重新移送起诉，周口分院于1996年12月6日将本案又退交鹿邑县人民检察院审查起诉。在未查清犯罪事实、没有证据证实犯罪、不符合起诉条件的情况下，鹿邑县人民检察院经有关部门的"协调"，于1996年12月13日将本案提起公诉，指控不构罪的胥敬祥犯有抢劫罪、盗窃罪，交鹿邑县人民法院审判。

刑事诉讼法规定一审判决的案件必须事实清楚、证据确实充分，依法作出有罪判决，对证据不足，不能认定被告人有罪的，应当作出证据不足、指控犯罪不能成立的无罪判决。在本案中，并不具备法律规定的定罪量刑条件：共同犯罪没有同伙，没有凶器，没有赃物，无据可证犯罪。鹿邑县法院却以"本案事实清楚，证据确实充分，被告人胥敬祥在共同犯罪中系主犯"，于1997年3月7日以抢劫罪判处胥敬祥有期徒刑15年，盗窃罪判处有期徒刑1年，合并执行有期徒刑16年。鹿邑县人民检察院、鹿邑县人民法院在没有证据印证犯罪、没有犯罪证据的情况下，对胥敬祥的逮捕、起诉、审判，交付监狱服刑，严重侵犯了胥敬祥的基本人权，同时也违背了"以事实为依据，以法律为准绳"的适用法律的基本原则。

1997年11月10日，周口分院以鹿邑县公安局预审员李传贵在办理胥敬祥案件时徇私舞弊，一、二审法院错判李传贵无罪为由，提请本院抗诉。本院在审查李传贵案件时，将原案胥敬祥案件调卷审查。经审查发现，认定胥敬祥抢劫、盗窃案件事实不清、证据不足，存在以口供定案的问题。本院在复查本案的事实证据，重新调查有关问题，反复做工作后，于2001年3月1日决定指令周口市人民检察院抗诉。3月28日下文："认定胥敬祥构成抢劫罪、盗窃罪的事实不清，证据不足。决定由周口市人民检察院向周口市中级人民法院抗诉。"

周口市人民检察院于2001年5月27日向周口市中级人民法院抗诉，周口市中级人民法院于2001年11月7日以"原判决认定事实不清，证据不足"为由决定由鹿邑县人民法院再审。再审开庭时，鹿邑县人民检察院却以胥敬祥构成抢劫罪、盗窃罪出庭支持公诉，直接违背人民检察院组织法上下级领导关系的组织原则。鹿邑县人民法院无视客观情况的变化，放弃纠正错误的机会，再次违背"以事实为依据，以法律为准绳"的基本原则，违背刑事诉讼法关于一审判决的原则规定，对显而易见的无罪案件再次作出有罪判决，于2002年4月18日裁定维持原判。被告人胥敬祥上诉，周口市中级人民法院又审理了10个月，于2003年3月25日将二审裁定交人民检察院。二审裁定，驳回胥敬祥上诉，维持原判。周口市中级人民法院在16个月内，针对同一事实和证据，先后作出两个截然对立的裁定。第一个裁定是："本案事实不清，证据不足。"在既没有事实被进一步查清，又没有新的证据的情况下，又在第二个裁定中认定："本案事实清楚，证据确实充分。"两个裁定自相矛盾，无视法律的严肃性,目的就是坚持错误判决,客观上造成了对胥敬祥的公民权利的继续侵害。

错误的逮捕、起诉和审判,造成胥敬祥被错误关押13年。13年光阴,4700多个日日夜夜,胥敬祥承受了无尽的苦难。在关押期间,胥敬祥父母先后去世,长期的关押使他甚至叫不出自己孩子的名字,天天以泪洗面。在监狱,胥敬祥患上慢性肾炎、心肌炎,有多种疾病,带病煎熬着16年刑期。为了早日结束牢狱生活,明知是被冤屈的却不敢申诉,因为申诉属于不认罪,不认罪就不能减刑,就不能早日与家人团聚。被冤屈了却不能申诉,残酷的现实扭曲了胥敬祥的人格。

由于我们公检法机关不能依法办案,受损害的不只是胥敬祥一人,其家庭也受尽苦难。胥敬祥被捕时,三个幼儿分别是4岁、2岁、4个月,在没有父亲的日子里,其母亲张玉平一人带着他们艰难生活,孩子们从小受到各种歧视和非同龄人的苦难。为了生活,大姑娘刚满15岁就辍学打工。其妻子张玉平在自己患病,最小的孩子发高烧,无钱看病,感到生活无望时,喝农药自杀(后被抢救过来)。家庭的不幸又影响到社会,社会的不良影响又损害着家庭。

对胥敬祥的错误逮捕、起诉和审判,特别是当本案按审判监督程序重新审理时,县人民检察院及一、二审人民法院无视本案事实,违背"以事实为依据,以法律为准绳"的适用法律的原则,在有了纠错机会时不纠错,继续维持错诉、错判,上述做法不仅伤害了胥敬祥个人及其家庭,而且严重损坏了公、检、法机关在人民群众中的形象和声誉。

三、胥敬祥案件给我们的启示

一审人民法院认定:抢劫田有更家,"胥敬祥供述'先在堂屋后墙挖洞',被害人报案时无此内容,胥供述后才予以核实,据此,不能认定公安机关有刑讯逼供行为"。事实是被害人于1991年3月29日,在案发第7天即陈述这一事实,胥的供述是1年以后,1992年4月11日。胥敬祥供述在先在后与公安机关是否刑讯逼供是两个不同的问题,一个是被告人是否如实交代问题,一个是侦查机关是否依法办案。被告人的供述在先或在后,与公安机关是否有刑讯逼供行为无必然因果联系。"供述在先"怎么就能得出不能认定公安机关有刑讯逼供行为呢?

一审人民法院认为:胥敬祥供述他1991年在山东长岛打工,没有作案时间。再审查明:胥1991年在长岛打工证据不足。这也成为河南省鹿邑县发生蒙面入室抢劫,胥敬祥是抢劫犯罪分子的理由。河南省十年前发生抢劫案件,你不能证实你十年前不在河南,因此,你就是河南十年前发生抢劫案件的犯罪分子。可见一审裁定荒谬到什么地步,法律成了儿戏。

由于没有事实根据地认定胥敬祥伙同他人蒙面入室抢劫,使侦查机关没有去排查其他犯罪线索,在客观上掩盖了真正的抢劫犯罪分子。1991年鹿邑县杨湖口乡发生的十几起蒙面入室抢劫案件至今没有侦破,真正的抢劫犯罪分子对社会潜在的危害依然存在。

胥敬祥案件给了我们深刻的启示:为了充分有效地保护宪法赋予我国公民的人身权利、财产权利、民主权利和其他权利,公、检、法机关进行刑事诉讼,必须严格遵循"以事实为依据,以法律为准绳"的基本原则。背离这一原则,必然会破坏社会主义法制建设,破坏法律的公平、正义。保护人权,必须提高到宪法保护的高度去认识。

为了从制度上真正做到不冤枉、不错捕、不错诉、不错判一个公民,公、检、法机关进行刑事诉讼必须从证据出发,依靠证据来指控犯罪证实犯罪,保护无辜。当证据疑点无法排除时,就要疑罪从无,而不是疑罪从轻从"挂"(将案件挂起来);当无据可证犯罪时,就不能屈从任何压力,给无辜者定罪量刑。司法机关必须顶住各种压力,不讲"面子",有错必纠,严格依法办案。本案从1992年4月将胥敬祥逮捕,到1997年3月一审判决,历时5年不能起诉、审判,严重违法超时是什么原因?其间,县人民检察院曾五次退补,地区分院两次退补,但最后在有关部门的协调下,同意本案"降格"处理:由县人民检察院起诉,县人民法院顶格判刑。面对有关部门的"协调",如果检察机关能够独立行使检察权,人民法院能够独立行使审判权,都能严格依法办案,就不会出现这起错案。当案件按审判监督程序重审时,县人民检察院及一、二审人民法院对显而易见的错误不纠正,无事实根据地再次认定胥敬祥有罪。不愿意纠错,无非是"面子"。在有了纠错机会时,如果县人民检察院及一、二审人民法院不顾及"面子",能够"以事实为依据,以法律为准绳",纠正错误,就不会有今天的再审开庭,也不会有胥敬祥及其家属历时13年的苦难。我们认为,侵犯人权,就是违宪,保护人权,必须提到宪法的高度去认识。而我们执法工作服从的对象只有一个,那就是法律。再大的"压力"、再大的"面子",都永远不能成为发生冤假错案的借口。

四、胥敬祥构不成抢劫罪、盗窃罪,应依法改判胥敬祥无罪

审判长,从刚才庭审调查出示的证据和一审法庭出示的证据证实,本案没有证据能够证明犯罪事实是清楚的,没有证据证实胥敬祥构成抢劫罪、盗窃罪。

认定胥敬祥蒙面入室抢劫,只有胥敬祥的口供,无其他证据印证;认定胥敬祥实施搜身暴力威胁方法劫取李素贞财物,只有李素贞前后自相矛盾的孤证;认定胥敬祥盗黑猪一头,只有胥敬祥的口供,无其他证据印证。在本案无证据证实胥敬祥构成犯罪,应作无罪判决时,一、二审人民法院却无根据地认

定胥敬祥构成犯罪。一、二审人民法院的裁定违背刑事诉讼法关于"只有被告人供述,没有其他证据的,不能认定被告人有罪和处以刑罚"的规定。二审人民法院裁定维持原一审人民法院的有罪判决,混淆了罪与非罪的界限,把无罪判为有罪,严重侵害了胥敬祥的公民权利。为了保障无罪的人不受到刑事追究,维护法律的公平正义,请再审人民法院根据本案的事实和证据,依照法律规定纠正一、二审人民法院的错误裁定,改判胥敬祥无罪。

检察员:蒋汉生
二〇〇四年六月十六日当庭发表

(三)二审程序抗诉、上诉案件出庭检察员意见书实例

××市人民检察院
抗诉、上诉案件出庭检察员意见书

提起公诉机关:××区人民检察院　　起诉书号:×××
一　审　法　院:××区人民法院　　　判决书号:×××
提起抗诉机关:××区人民检察院　　抗诉书号:×××
上　诉　人:张××　　　　　　　　案　　由:抢劫

审判长、审判员:

××市中级人民法院在此公开开庭审理被告人张××抢劫抗诉、上诉一案,根据《中华人民共和国刑事诉讼法》第188条之规定,我受本院检察长指派出席法庭,执行职务。开庭前,我仔细审查了××区人民检察院的抗诉书,审查了一审判决书及全部案卷材料。在刚才的庭审质证过程中,我们又充分听取了上诉人张××的上诉理由,现在我发表如下意见,供合议庭评议时参考:

一、经审查,本案从立案侦查,审查起诉到一审开庭审判的整个诉讼活动程序合法,没有发现有刑讯逼供等违法现象,因此,可以确认本案一审判决程序的合法性。

二、经审查,一审认定的基本事实清楚,基本证据确凿,定性正确,上诉人张××的无罪辩解不能成立。

首先,今天的法庭调查再次查明了被告人张××于1998年3月5日晚8时许,携带仿真手枪、打火机等作案工具窜至本市大顺通讯有限公司商店内,

持"枪"威胁营业员,因营业员呼救而劫财未果,在逃跑途中拔刀对追捕其的一名群众行凶,当场被其他群众扭获的基本事实。该事实得到了当庭质证的原审证据及我院补充调查的有关证据的印证,应予确认。

其次,上诉人张××的两点上诉理由均不能采信:(1)其否认抢劫犯罪主观故意的辩解不能成立。张××到案后曾有两种不同供述。第一种是有罪供述,述及其出于劫财的目的,进入商店实施抢劫的事实;第二种是无罪辩解,辩称其携带凶器是为了防身,进商店是为了修BB机,手持仿真手枪、打火机是因为与营业员发生争吵而吓唬他们,出商店是为了劝阻呼叫的营业员不是逃离等。经审查,一审庭审质证中直接指控被告人实施抢劫犯罪的两名营业员的证词得到了现场照片及目击证人陆×、金××证言的印证,这与被告人第一种有罪供述基本吻合。这些证据均证明被告人进店后并没有说过要修BB机之类的话,也没有与营业员发生过争吵,该店也从不修理BB机,并且被告人是在听到被害人大声呼救后逃离现场的。从其进店的时间、行为,结合其逃离现场、途中行凶拒捕的客观表现可以看出,被告人的第一种交代是客观真实的,应予认定,而其第二种无罪辩解不符合事实、不符合逻辑,不能采信。(2)其否认故意刺伤证人金××的辩解不能成立。在案的证人证言及验伤通知书中医生的检验结论都已相互印证证明被告人当场为了拒捕而故意刺伤金××的事实,可谓铁证如山。

再次,原审判决定性正确。被告人张××窜入营业场所实施抢劫,而后在逃跑途中行凶伤人的行为符合《刑法》第263条之规定,构成抢劫罪。

三、经我院审查,原审判决适用法律不当,导致量刑畸重;区检察院抗诉有理,应当予以支持。

××区人民法院认定被告人张××采用入户抢劫方法实施抢劫行为,依照我国《刑法》第263条之规定判处其有期徒刑14年,剥夺政治权利4年,罚金人民币15000元。××区人民检察院抗诉认为,该判决系适用法律不当,提请依法纠正。经审查,原判决确有错误。已经当庭质证查证属实的现有证据充分证实被告人张××是进入一家正在营业的商店实施抢劫,该商店无人居住,仅是营业场所。这节事实,区人民法院在一审判决书上已予以确认。但是,营业场所不等同于公民住宅,其不属刑法意义上的"户"。我们认为,《刑法》第263条第1项规定的"入户抢劫"是指行为人采用各种非法手段进入公民家中实施抢劫的行为,其中的"户"应为公民住宅,通常是指相对独立与外界隔离的生活场所,而不应包括其他场所。否则,就会造成罪刑不相适应。一审法院在认定被告人张××系进入营业场所实施抢劫的基本事实时,误把营业场所理解为《刑法》第263条第1项中的"户",从而适用法律错误,导致量刑过重。这显然是在司法过程中对具体法条的理解错误，违背了立法精神。建议合议庭对一审判决依法纠正，予以改判，同时驳回被告人上诉。

　　我的意见发表完毕，谢谢！

代理检察员：徐某
一九九八年九月十四日

第六章
出席刑事抗诉法庭的方法与技巧

出席刑事抗诉法庭是指人民检察院指派检察人员依法出席人民法院二审刑事抗诉程序和审判监督程序抗诉程序的法庭审理，履行支持抗诉或审判监督等检察职能的诉讼活动。检察人员出席刑事抗诉法庭的方法是否得当，技巧是否娴熟，直接影响着出庭的效果，甚至影响着二审的审判结果。因此，我们必须高度重视，要在办案实践中不断总结经验，提高自己的出庭水平。

第一节 出席刑事抗诉法庭的总体要求

出席刑事抗诉法庭的总体要求是指出席刑事抗诉法庭包括出席二审刑事抗诉法庭和出席审判监督程序抗诉法庭都要掌握的一般性基本要求。总结司法实践经验，出席刑事抗诉法庭的总体要求包括这几个方面：一是要掌握抗诉法庭审理流程，包括二审刑事抗诉法庭审理的流程和审判监督程序抗诉法庭审理的流程；二是要吃透抗诉相关法律，包括相关的程序法和实体法规定；三是要找准刑事抗点，包括认定案件事实方面的抗点、适用法律方面的抗点和程序违法方面的抗点等，做到有的放矢；四是要讲究抗诉策略，正确处理好各方面的关系；五是要克服人性弱点，依法、合理地提出刑事抗诉，完成好出席刑事抗诉法庭的任务。

一、熟悉抗诉法庭审理流程

熟悉刑事抗诉法庭审理流程是出席刑事抗诉法庭的最基本要求。如果对刑事抗诉法庭审理的流程都不是很熟悉,何谈提高刑事抗诉的水平和技巧呢?熟悉刑事抗诉法庭审理的流程是指对刑事抗诉法庭审理的流程要烂熟于心,运用自如。刑事抗诉包括二审程序刑事抗诉和审判监督程序的抗诉,因此,刑事抗诉法庭审理流程也包括二审程序刑事抗诉法庭审理的流程和审判监督程序抗诉法庭审理的流程,这两种流程都要熟练掌握。

(一)二审刑事抗诉法庭审理的流程

我国刑事诉讼法对二审刑事抗诉法庭审理的流程并未作专门的规定,只是在第三编第三章规定了"第二审程序"。上诉和抗诉是引起第二审程序的两种方法,由抗诉引起的二审程序和由上诉引起的二审程序基本上大同小异,但由于抗诉与上诉的不同,二审刑事抗诉法庭审理的流程也存在自身的特点。

1. 宣读刑事抗诉书

二审检察机关改变抗诉内容或部分支持抗诉的案件,检察人员在宣读刑事抗诉书后还应立即宣读支持刑事抗诉意见书,引导法庭调查围绕抗诉的事实进行。

2. 进行法庭调查

抗诉案件的法庭调查在审判长的主持下,重点围绕抗诉理由,围绕争议焦点,查明案件事实。包括:

(1)先由检察员讯问原审被告人。

(2)检察员讯问后,应认真听取辩护人向原审被告人的发问,听取被害人和法定代理人向原审被告人的发问,认为其中发问可能影响定罪量刑的,可经审判长允许后,作进一步的补充讯问。

(3)对由检察机关向法庭提出申请证人出庭作证的,或鉴定人出庭说明情况的,由检察员先向证人、鉴定人发问。

(4)对由辩护人提出申请证人出庭作证,或鉴定人出庭说明情况的,检察员经审判长许可,可以向证人、鉴定人发问。

(5)检察员对证人、鉴定人发问后,应就通过发问需要说明的事实证据等方面发表归纳性意见。

(6)检察员认为应向法庭出示证据的,一般应当就每起犯罪事实分别进行示证、质证和发表意见。对新获取的证人证言或其他证据,在出示证据前,应向法庭概括说明证据的来源、特征和证明对象以及证人的有关情况,然后出示并进行法庭质证。

（7）对辩护人、当事人、原审被告人出示的证据，检察员认为需要应进行发问、进行质证，并就该出示的证据的合法性、证明力提出明确的意见。

（8）对原审没有争议的事实和一审法庭已经出示且没有争议的证据，审判长对此总结并询问控、辩双方意见时，检察员可当庭明确予以认可。但检察员认为需要出示、宣读、播放一审已移送二审法院证据的，可以向法庭申请。

（9）法庭审理过程中，合议庭对证据有疑问的或者需要补充新的证据、申请重新鉴定或勘验的等，审判长认为应休庭或延期审理，必要时检察员可以向审判长提出自己对上述问题的意见。

（10）在法庭调查结束前，审判长询问检察员，对案件的事实部分还有什么需要向上诉人、原审被告人讯问时，二审检察员可视二审法庭对案件事实调查的具体情况决定是否再次讯问。

3. 进行法庭辩论

审判长宣布法庭调查结束，开始进行法庭辩论时，先由检察员发表抗诉案件出庭检察员意见书，再由被告人、辩护人发表意见。检察员对原审被告人、辩护人提出的观点，认为需要予以答辩的，应在法庭上予以答辩。在以后几轮的法庭辩论中，检察员是否予以答辩，应视情况而定，对对方提出的新的观点和新的内容应予以答辩，对已辩论过的观点和内容，一般可不必再作答辩。

4. 被告人最后陈述

法庭辩论结束后，检察员应认真听取原审被告人的最后陈述。

（二）审判监督程序抗诉法庭审理的流程

根据《刑事诉讼法》第245条规定："人民法院按照审判监督程序重新审判的案件，由原审人民法院审理的，应当另行组成合议庭进行。如果原来是第一审案件，应当依照第一审程序进行审判，所作的判决、裁定，可以上诉、抗诉；如果原来是第二审案件，或者是上级人民法院提审的案件，应当依照第二审程序进行审判，所作的判决、裁定，是终审的判决、裁定。"司法实践中，审判监督程序抗诉法庭审理的流程一般为：

1. 审判长宣布开庭，传原审被告人到庭后，查明被告人基本情况；宣布合议庭组成人员、书记员、检察员、辩护人、鉴定人、翻译人等到庭人员名单，告知有辩护权、调取新的物证、申请重新鉴定或者勘验的权利及最后陈述权等。

2. 审判长宣布法庭调查开始，由审判人员宣读一审裁判文书；如果按第二审程序出庭的，审判人员则宣读第二审裁判文书，之后由检察员宣读刑事抗诉书。

3. 法庭逐一听取原审被告人对生效判决、裁定和检察机关抗诉意见。

4. 检察员先讯问原审被告人,然后辩护人进行发问。

5. 按照一审程序审理的,由检察员先行举证、示证并进行相应质证。举证阶段具体方法、内容参照出席一审法庭的具体规定;按照第二审程序审理的,检察员如需举证的,具体方法、内容参照出席第二审抗诉案件法庭的具体规定。

6. 审判长宣布法庭调查结束,进行法庭辩论,检察员宣读审判监督程序抗诉法庭出庭检察员意见书。

7. 原审被告人及辩护人提出辩护意见。

8. 双方依次序进行法庭辩论。

9. 法庭辩论结束,被告人作最后陈述,审判长宣布休庭。

二、吃透抗诉相关法律规定

人民法院的判决、裁定确有错误是刑事抗诉的前提条件,检察人员出席刑事抗诉法庭,不管是二审刑事抗诉法庭还是审判监督程序刑事抗诉法庭,其任务之一就是要论证原审判决、裁定存在错误,且有纠正的必要。判断原审判决、裁定是否存在错误,一个重要的依据就是相关法律规定。为此,要吃透抗诉的相关法律规定,包括程序法和实体法。

(一)吃透程序法规定

程序法是刑事案件实体审理公正进行的重要法律保障。吃透程序法,一方面为使检察人员熟练掌握刑事抗诉的流程,另一方面也有利于发现人民法院的判决、裁定中可能存在的程序违法的情况。目前与刑事抗诉有关的程序法主要包括刑事诉讼法,最高人民法院、最高人民检察院、公安部、国家安全部、司法部、全国人大常委会法制工作委员会《关于刑事诉讼法实施中若干问题的规定》(以下简称为"六部委规定"),《人民检察院刑事诉讼规则(试行)》,最高人民法院《关于适用〈中华人民共和国刑事诉讼法〉的解释》以及最高人民检察院关于抗诉工作的有关指导性文件和规定等,如最高人民检察院《关于刑事抗诉的若干意见》和《关于进一步加强刑事抗诉工作强化审判监督的若干意见》等。

检察人员要吃透与抗诉有关的程序法规范,不仅要掌握这些法律,还要深刻理解法律规定的内在含义,甚至要把握好法律的精神。如《刑事诉讼法》第217条规定,地方各级人民检察院认为本级人民法院第一审判决、裁定确有错误的时候,应当向上一级人民法院提出抗诉。《人民检察院刑事诉讼规则(试行)》第584条明确提出抗诉的六种情形,其中第六种情形规定"人民法院在审理过程中严重违反法律规定的诉讼程序的","严重违反诉讼程序"应该如何理解,"在审理过程中"应该如何把握等,认识并不一致,需要我们在实践中不断去探索。

[案例] 王××骑自行车路经机械分厂加工车间时，趁四周无人，盗窃黄铜衬套铸件3件，价值人民币1万余元，逃离途中被抓获。该案提起公诉后，人民法院依法按普通程序开庭审理此案。但在法庭审理过程中，被告人最后陈述后，审判长未宣布休庭合议，就直接进行了宣判。人民检察院发现了这一问题，提出抗诉，人民法院审理后，采纳了人民检察院的抗诉意见，依法裁定撤销原判，发回重审。

（二）吃透实体法规定

实体法是衡量人民法院的判决、裁定是否存在错误的重要依据之一。目前与抗诉有关的实体法主要是刑法、刑法修正案、全国人民代表大会常务委员会所作的立法解释及最高人民法院、最高人民检察院就刑法适用所作的司法解释等。这些法律都要全面掌握，深刻理解，并熟练地运用。

如对刑法规定"犯罪较轻"的理解。

[案例] 原审被告人姚某（犯罪时未成年）伙同他人佯招出租车乘至偏僻处时，在同案犯向驾驶员索要钱款未果的情况下，姚某用刀敲碎车门玻璃并向驾驶员砍击，劫取移动电话一部。一审人民法院认为姚某的行为属"犯罪较轻"，且又有自首、立功表现，故对其免予刑事处罚。人民检察院抗诉认为，姚某伙同他人持刀实施抢劫的行为不属于《刑法》第67条第1款所规定的"犯罪较轻"；虽然姚某犯罪时未满18周岁，且又有自首、立功表现，但应依法对其作出从轻或减轻处罚；原审判决对姚某免予刑事处罚，属适用法律不当。该案二审人民法院采纳抗诉意见并予以改判。

对于"犯罪较轻"的认定，应当根据行为人犯罪的事实、性质、情节和危害后果等加以综合考察判断。通常认为，最低法定刑为3年以下有期徒刑的犯罪属于较轻之罪。抢劫犯罪应处3年以上10年以下有期徒刑，且本案被告人又系持刀抢劫，因此不属犯罪较轻，姚某虽有法定从轻、减轻处罚情节，但不能免除处罚。

再如对于"犯罪中止"的理解。

[案例] 施××等人在奸淫妇女的共同故意支配下，分别实施了行为，其中被告人施××实施了暴力、威胁等帮助行为，由同伙对被害人实施了强奸（既遂），原判认定施××属犯罪中止，这明显违背了刑法总则中有关犯罪中止的规定，导致适用法律及量刑的错误。因为，本案系共同犯罪案件，在实施行为前，各被告人均有强奸的犯罪故意，并分别实施了暴力、威胁行为，施××的行为客观上为他人强奸得逞起到了帮助作用，虽然施××本人因故未奸淫被害人，却也未能及时有效地防止他人强奸犯罪结果的发生，故施××的行为

不能以犯罪中止认定。二审人民法院采纳了检察机关的抗诉意见，认为原判认定被告人施××犯罪中止确属错误，予以改判。

这两个例子都涉及对实体法的理解，这种理解并不是对相关法律的一种粗浅的了解，蜻蜓点水，一知半解，而是要深刻地掌握，做到烂熟于心，并能熟练地运用到刑事抗诉工作中去。

三、全面准确找出刑事抗点

要完成好刑事抗诉的任务，检察人员必须要正确找准和把握住抗点。"抗点"并不是一个规范的法律用语，而是检察实践的产物。实际上"抗点"就是抗诉书提出抗诉的主要理由，也是法院判决、裁定的"确有错误"之处。"抗点"通常包括：（1）人民法院的刑事判决、裁定在认定事实方面确有错误之处；（2）人民法院的刑事判决、裁定在采信证据方面确有错误之处；（3）人民法院的刑事判决、裁定在适用法律方面确有错误之处；（4）人民法院的刑事判决、裁定在量刑方面确有错误之处；（5）人民法院在审判活动中有严重违反法定诉讼程序的情形，并据此作出刑事判决、裁定的；（6）人民法院的刑事判决、裁定或者审判活动具有其他情形，导致判决不当的，等等。

值得注意的是：一是抗点是针对个案而言，我们所称的"抗点"是指某一具体案件的抗点或抗诉的理由。二是一个案件既可能只有一个抗点，也可能有多个抗点。三是抗点具有层次性。从大的方面分，有认定事实方面的抗点、采信证据方面的抗点、适用法律方面的抗点和程序违法方面的抗点等。从小的方面，这些抗点还可作进一步的细分，如认定事实方面的抗点可分为认定事实不清的抗点、遗漏犯罪事实的抗点、遗漏被告人的抗点等；采信证据方面的抗点又可分为证据不合法的抗点、证据不确实的抗点、证据不充分的抗点等；适用法律方面的抗点也可分为定性不当的抗点、量刑不当的抗点等；程序违法方面的抗点包括公开审判方面的抗点、回避制度方面的抗点、剥夺或限制诉讼权利方面的抗点、审判组织的组成方面的抗点等。四是抗点具有多角度性。抗点除了前述划分外，还可从其他角度如犯罪构成来划分，譬如犯罪主体方面的抗点、犯罪客体方面的抗点、犯罪主观方面的抗点、犯罪客观方面的抗点等。

在检察实践中，常见的刑事抗点主要有：认定事实方面的抗点、采信证据方面的抗点、定性不当的抗点、认定量刑情节的抗点、量刑不当的抗点和程序违法方面的抗点。

（一）认定事实方面的抗点

认定事实方面的抗点包括应予认定的事实不予认定即判决遗漏犯罪事实的，不该认定的事实却予以认定即认定事实的证据不足的等。

[案例] 汪××等3人至外高桥某公司，窃得人民币4.7万余元、公共交通卡和价值人民币5万余元的便利通卡等物，合计价值人民币10万余元。一审人民法院以盗窃罪分别判处汪××3人有期徒刑4年、3年、3年。区人民检察院以一审判决未将便利通卡的金额计入盗窃数额，导致量刑不当为由提出抗诉。二审人民法院采纳抗诉意见，依法撤销原判，将该案发回重审。区人民法院经重审后，依法予以改判。

（二）采信证据方面的抗点

采信证据方面的抗点是指该采信的证据不采信，如指控的犯罪证据确实、充分而未被采纳，或不该采信的证据而被采信了。不该采信的证据而被采信了，包括采信了不具备合法性的证据、不具备客观性的证据、不具备关联性的证据等。

[案例] 杜××合同诈骗案中，一审人民法院认为杜××具有实际履行合同的能力，具备开信用证的能力，在收到合同对方给付的定金后并未逃匿，其行为不构成合同诈骗罪，对检察机关指控被告人杜××犯合同诈骗罪的罪名不予确认，判决其无罪。该案一审判决在采信证据时对于检察机关公诉人出示的许多证据材料无故不予确认，而对于一些不具有证明力的材料，如由区公证处出具的证明其具备代开信用证业务能力的公证书，则用作定案依据。根据《中华人民共和国公证暂行条例》之规定，公证处没有办理此类业务的规定，因而该公证书的证明效力不应予以确认。但一审判决对此类证据却予以确认。由于片面采纳证据，由此认定的事实出现偏差，直至作出错误的无罪判决。该案经区人民检察院提出抗诉后，市中级人民法院裁定发回重审，区人民法院重新组成合议庭后认定被告人杜××构成合同诈骗罪，判处其10年有期徒刑。①

[案例] 王××等5人抢劫案。该案系审判监督程序抗诉案件，再审的焦点是王××犯罪时是否已满18周岁。再审审查期间，检察人员赴王××出生地调查取证，走访当地派出所、学校、村民，同时委托有关部门对王××进行骨龄测试，证实王××犯罪时确实未满18周岁，从而使人民法院再审作出改判。

上述两个案例都是采信证据方面的抗点，第一个牵涉到证据合法性问题，第二个案件补充了证据，使案件事实得以查清。

（三）定性不当方面的抗点

定性不当的抗点主要是指对案件的定性包括此罪与彼罪、轻罪与重罪、一罪与数罪等方面认定不当的抗点。如有罪判无罪，或者无罪判有罪的；此罪判

---

① 刘建柱、郑利辉：《刑事抗诉的实践与制度完善——关于对深圳市检察机关刑事抗诉情况的调查》，载《国家检察官学院学报》2002年第6期。

彼罪、一罪判数罪或者数罪判一罪的；适用法律违反溯及力规定的；适用法律违反追诉时效规定的，等等。

1. 此罪与彼罪认定不当的抗点。

[案例] 被告人黄××为达到勒索钱财的目的，事先设定圈套将被害人的儿子藏起来，然后借口自己能为被害人找回儿子，从中勒索钱财。一审判决认为被告人在此过程中未以杀、伤等向被害人家属要挟，其行为不构成绑架罪，而构成敲诈勒索罪，判处其有期徒刑3年。人民检察院认为被告人的行为是将财产所有人的年仅3岁的儿子带走并加以控制，以人质作为勒索的条件，该案被绑架的是3岁的幼童，被告人不需要使用强制手段就能轻而易举地控制其人身自由，被告人的行为符合绑架罪的犯罪构成要件。一审判决其敲诈勒索罪实属定性错误、量刑畸轻。经二审开庭审理，市中级人民法院撤销一审判决，认定被告人犯绑架罪，判处其有期徒刑10年、剥夺政治权利3年，并处罚金1万元人民币。①

[案例] 王××作为村党支部书记，在协助人民政府对土地征用补偿费用的管理过程中，与原审被告人黄××共谋，擅自将土地征用补偿款60万元给黄××个人经营的公司进行营利活动。对该笔资金的属性，一审人民法院认为属于集体所有，遂以挪用资金罪定罪量刑。检察院抗诉认为，原审被告人王××身为村委会工作人员，协助政府对土地征用补偿费用进行管理，处于流转阶段的该笔资金仍属国有资产，应以挪用公款罪定性。二审人民法院采纳抗诉意见并予以改判。

2. 轻罪与重罪认定不当的抗点。

[案例] 薛××持刀将邵某砍伤，经鉴定构成轻伤。一审人民法院以故意伤害罪判处其有期徒刑2年。经对邵某的伤势进行补充鉴定，结论为重伤，后邵某向人民检察院申诉，区人民检察院遂提请抗诉。上一级人民检察院审查认为，原判在被害人伤害后果尚未最终确定的前提下，追究薛××故意伤害致人轻伤的刑事责任，认定事实有误而致适用法律不当、量刑畸轻，遂按审判监督程序提出抗诉。中级人民法院受理后，将该案指令再审。

（四）认定量刑情节方面的抗点

认定量刑情节方面的抗点是指对该认定的法定量刑情节如累犯等不予认定，对不该认定的法定量刑情节如自首、立功等却予以认定。

1. 错误认定立功情节的。

[案例] 被告人王某等4人结伙多次使用暴力抢劫他人财物，并致1人死

---

① 刘建柱、郑利辉：《刑事抗诉的实践与制度完善——关于对深圳市检察机关刑事抗诉情况的调查》，载《国家检察官学院学报》2002年第6期。

亡。一审法院认定该4名被告人犯抢劫、盗窃罪，认定主犯王某有立功表现，判处其死缓。该案原审被告人王某在被抓获后曾供述伙同原审被告人李某在市体育馆附近路段抢劫的事实以及李某化名为杨某、关押在区看守所等情况，公安分局据此到区看守所带回原审被告人李某。一审判决就此认定王某有协助抓获同案犯的立功表现，从而从轻处罚。市人民检察院认为：协助司法机关抓捕其他犯罪嫌疑人包括同案犯，首先必须要有协助行为，其次是抓捕，包括向司法机关提供其他犯罪人的活动规律、行动路线、藏匿地点，使司法机关得以抓捕其他犯罪嫌疑人。但原审被告人李某已经被司法机关依法羁押，不属于藏匿在逃。原审被告人王某既无协助行为，也无参与抓捕，其所供述的情况是交代出同案犯，属于坦白交代，不属于法律规定的有立功表现。因此，一审人民法院认定其有立功表现，对其作出从轻处罚，属适用法律错误。①

2. 未予认定累犯的。

[案例] 一审人民法院于2001年12月以故意伤害罪判处廖××有期徒刑2年。后发现，廖××曾因盗窃罪被法院判处有期徒刑6年，剥夺政治权利1年，于1999年3月刑满释放。未满5年又犯新罪，系累犯，应当从重处罚。但廖××故意隐瞒前科事实，致原审判决未适用有关累犯的规定而量刑不当。人民检察院审查认为，原审判决未认定廖××的累犯情节，确有错误，并鉴于该判决已生效，遂决定按审判监督程序向法院提出抗诉。二审人民法院据此改判廖××有期徒刑3年。

（五）量刑不当方面的抗点

量刑不当方面的抗点是指重罪轻判或者轻罪重判，适用刑罚明显不当的；或者免除刑事处罚、适用缓刑错误的等。

1. 适用主刑刑种错误的抗点。

[案例] 董××奸淫幼女案，一审人民法院以强奸罪判处董拘役6个月。区人民检察院审查后认为，一审认定事实准确，定性正确，但量刑不当。根据刑法规定，强奸罪的刑罚种类只有有期徒刑、无期徒刑和死刑3种。一审人民法院对董××判处拘役，显属适用主刑刑种错误。

2. 附加刑适用方面的抗点。审判实践中，检察人员通常比较注重对判决主刑的审查，而往往容易忽视对附加刑的审查。

[案例] 赵××贩卖毒品案，一审人民法院以贩卖毒品罪判处赵拘役3个月，并处罚金人民币500元。检察机关审查后认为，根据最高人民法院《关于

---

① 刘建柱、郑利辉：《刑事抗诉的实践与制度完善——关于对深圳市检察机关刑事抗诉情况的调查》，载《国家检察官学院学报》2002年第6期。

适用财产刑若干问题的规定》，罚金最低数额不能少于1000元。因此，一审判决的罚金刑显然错误。二审人民法院采纳了抗诉意见并作出相应改判。

3. 减轻处罚的幅度方面的抗点。在对被告人减轻处罚案件中，有时会出现在法定刑两档以下作出处罚，有的甚至从可以判处无期徒刑减至有期徒刑2年。

[案例] 被告人刘某等3人虚开增值税专用发票案，一审判决认定：周××、林××协助刘某骗取税款1400余万元，数额巨大，但系从犯，决定对二人减轻判处有期徒刑2年。《刑法》第205条第1款规定了三个法定量刑档次：3年以下有期徒刑、3年以上至10年有期徒刑和10年以上或无期徒刑。认定"数额巨大"，对应于此的法定刑为该条款中的最高档，即10年以上有期徒刑或无期徒刑，如减轻处罚应适用3年以上至10年有期徒刑一档，而法院判2年，实际上就是在法定刑以下减了两个量刑档次。

2011年2月25日通过的《刑法修正案（八）》对此作出了明文规定，将《刑法》第63条第1款修改为："犯罪分子具有本法规定的减轻处罚情节的，应当在法定刑以下判处刑罚；本法规定有数个量刑幅度的，应当在法定量刑幅度的下一个量刑幅度内判处刑罚。"这就是说，减轻处罚，只能减一档而不能减两档以上。

4. 适用缓刑条件错误的抗点。

[案例] 杨××敲诈勒索案，一审人民法院未注意其系累犯，仅考虑其是残疾人，生活不能自理，不适宜羁押，遂以敲诈勒索罪判处其有期徒刑2年，缓刑2年。检察机关审查后认为，法律明确规定累犯不能适用缓刑，一审判决错误明显。二审人民法院开庭审理后予以改判。

（六）程序违法方面的抗点

程序违法方面的抗点是指人民法院在审理过程中严重违反法律规定的诉讼程序的。如审判人员应当回避而不回避的；审判组织的组成不符合法律规定的；违反公开审理或者不公开审理的法律规定的；非法剥夺当事人法定诉讼权利的；合议庭未经评议直接宣判的；错误决定适用简易程序审理案件的；具有法定中止审理的情形而未中止审理的；裁定终止审理不符合法律规定的；直接以裁定形式补正原刑事判决书中认定的事实或适用法律的；据以定案的证据没有经过庭审质证就直接作为认定事实的依据的，等等。

[案例] 张××等3人组织卖淫、协助组织卖淫案中，被告人张××等人组织他人卖淫长达一年之久，仅案发当日查获的卖淫嫖娼人员就达10余对。根据被告人张××在共同犯罪中所起的作用，一审人民法院判决张××犯协助组织卖淫罪，但未认定其"情节严重"，并以张××有立功表现为由，对其从

轻判处有期徒刑3年，缓刑3年。而根据有关司法解释，协助组织卖淫3人次以上，即为"情节严重"。一审人民法院判决后发现错误，即以裁定形式补充了张××的"情节严重"，将对其"从轻处罚"更正为"减轻处罚"。区人民检察院认为，用于补正裁判文书失误的刑事裁定书只能更正裁判文书中文字技术上的失误，不能涉及对实体和程序问题的处理，因而以一审人民法院以裁定书形式更正原判实体性内容不当等为由提出抗诉。二审人民法院采纳抗诉意见并作出改判。

上述探讨的是司法实践中的一些常见的刑事抗点。那么如何才能找准刑事抗点呢？我们认为，除了前面的吃透法律包括刑事实体法和程序法，练好基本功外，一个重要的方法就是详核案卷证据事实在庭审中有何变化，找出法院判决与公诉意见分歧的焦点。这是抗诉能否成功的前提。无论什么案件，只要判决认定的事实与结果和起诉书认定的事实与结果不同，我们都要认真审查判决书和起诉书，找出双方认定的差异，然后对照原卷宗收集的证据以及庭审中对证据的质证和事实的采信情况，分析比较双方各自认定的事实所依据的证据谁更确凿充分，引用法律法规谁更恰当，最后明确双方分歧的原因。人民检察院提起抗诉是因为法院的判决或裁定"确有错误"，那么抗诉书就应当针对错误判决书或裁定书的确有错误之处，不但明确指出法院判决或裁定的错误性质是认定事实错误、适用法律错误、严重违反诉讼程序还是量刑畸轻畸重等，还要列举出判决或裁定的具体错误之处，并将该错误对应到《人民检察院刑事诉讼规则（试行）》有关规定的具体项中。

在找准抗点时，要注意以下两点：一是抗点应符合法律。原审判决或裁定也许存在很多错误，但并不是每一个错误都可以作为抗诉理由而成为抗点。抗诉书只提出符合抗诉条件的错误，对不符合抗诉条件的错误，可以通过其他途径解决。如洪×钢惯窃再审抗诉案。该案主要涉及原审判决对被告人姓名的书写错误以及公安机关在处理赃款赃物时没有登记而直接发还被害人，申诉人据此认为该判决所认定的盗窃事实并非是其所为。经审查，原判确将被告人的姓名洪×钢的"钢"错写成"刚"，公安机关在处理赃款赃物时亦有不妥之处。但判决书上的笔误以及公安机关程序上的违法之处尚未达到影响公正裁判的程度，故不符合再审抗诉的条件，不能作为抗点。二是抗点应全面。凡是符合抗诉条件的理由和抗点都应一一列举出来，不能只对一些错误提出抗诉，而对另一些错误视而不见。

四、精心研究抗诉出庭策略

要保障刑事抗诉的成功，除了要找准抗点外，还要注意讲究刑事抗诉的出

庭策略。总结司法实践,我们认为刑事抗诉的出庭策略可以从下列几个方面加以考虑:

(一)要充分阐述判决、裁定"确有错误"的理由和依据

提出人民法院判决、裁定"确有错误"是检察人员出席刑事抗诉法庭应当抓住的问题。但是,在开庭过程中仅仅提出判决、裁定"确有错误"是不够的,为了使法院能够采纳检察机关的支持抗诉意见,出席二审或再审刑事抗诉法庭的检察人员,一定要抓住争议的焦点不放,充分阐述原审法院的判决、裁定确实存在的错误和检察机关抗诉的理由。这就是我们在出席刑事抗诉法庭时必须要牢牢把握的重点。无论是在认定事实、采信证据方面,还是在适用法律、具体量刑方面;无论是在严重违反法定诉讼程序方面,还是在其他导致判决不当的方面,出席刑事抗诉法庭的检察人员都必须提供依据,必须说明理由。这里的"依据"和"理由"是针对法院判决、裁定的,解决的是"如何错"、"为什么错"的问题。应当充分地运用实体法、程序法以及相关的司法解释,充分地运用事实和证据,对抗点予以客观、科学的阐述,力求以理服人。要善于运用证据、法律和理论对判决或裁定的错误逐一驳斥,各个击破,达到驳倒原审判决或裁定错误的目的,从而推翻原审判决或裁定的结论。

具体的驳斥方法包括:其一,针对提出的错误,指出其错误的性质是什么,如是"认定事实错误"或是"适用法律错误"等;其二,指出错误的原因是什么,如是"对自首构成条件的认定错误"等;其三,综合运用法律、司法解释、法学理论并结合控诉证据进行论证,得出原审判决或裁定错误、抗诉理由正确的结论。

(二)讲究监督方法,加强诉审协调

抗诉案件本身就是检、法两家有分歧的案件,诉讼的阶段性和法院裁决的终局性决定了诉审协调、横向协作的重要性。履行监督职责时,既要敢于监督,又要善于监督,不要盛气凌人,意气用事,该文来文往的则文来文往,该人来人往的则人来人往,目的是达到监督效果。这就要求检察人员做到:第一,对合议庭认定事实或者适用法律不当的要据理力争;第二,对一审检察机关明显存在的问题不回避,主动承认,并客观指出原判决中的合理成分,然后再全面阐明抗诉理由,争取抗诉法庭的理解;第三,有理有据有节地阐述应改判的理由,促使法庭采纳检察机关的意见;第四,讲究发言技巧,既要积极发言,履行职责,又要掌握分寸,注意方式。

(三)积极争取多方支持

充分阐明抗诉观点,取得共振效应是取得抗诉成功的保证:一是争取检察委员会支持,对需抗诉案件及时向检察委员会报告案情,阐明观点,以求领导

重视和支持，力求排除一切困难和阻力；二是争取地方党委、人大、政协及社会各界对抗诉工作的支持。其中，依法取得人大支持，发挥人大监督的效用，是现行刑事司法体制下对重大而有争议的抗诉案件强化监督的有效形式。要严格按照最高人民检察院《关于抗诉案件向同级人大常委会报告的通知》要求，主动及时地向同级人大常委会报告。同时，对抗诉工作的开展情况及存在的问题，要定期或不定期地向同级人大、政法委报告，广泛听取各方面意见，以便取得人大、政法委等有关部门的支持；对社会影响较大，社会广泛关注的案件，在开庭时，应邀请人大代表、政协委员及社会各界人士旁听庭审。

五、坚决克服各种人性弱点

人无完人，金无足赤。人的弱点在刑事抗诉工作中也会表现出来。在刑事抗诉工作中要克服的人性弱点主要有下列方面：

（一）在诉讼价值取向上，要克服"重打击、轻保护，重实体、轻程序"的机械心理

如重视惩罚犯罪，轻视保障人权；重视案件的实体结果，忽视案件的程序问题。这种在审查起诉、出庭支持公诉工作中存在的错误观念也体现在刑事抗诉上，如认为即使违反程序，但只要未导致实体判决错误，也不必抗诉。抗轻不抗重，即只抗量刑畸轻或明显偏轻的，不抗量刑畸重或明显偏重的。

（二）在与人民法院的关系上，要克服"重配合、轻制约"的心理

对加强与二审人民法院的协调配合、保持与人民法院的良好关系存在片面认识。一些检察人员担心刑事抗诉会引起检法冲突，影响关系，于是碍于情面，一味追求和睦相处，甚至抱着"与人方便，自己方便"的心态，放弃职责，该抗不抗，致使抗诉功能萎缩。

（三）在判断案件是非方面，要克服"以法院为准绳"的消极心理

有的检察人员认为法院具有最终审判权，很难改变原审判决结果，对刑事抗诉工作容易产生消极态度，得过且过。在对案件决定是否抗诉时，首先考虑的是能不能抗赢，估计能改判的则抗诉，反之，则不抗诉。

（四）在办案考核上，要克服"以改判为标准"的求全心理

有的检察人员过分强调抗准，错误地把法院是否改判作为衡量抗诉质量的唯一标准，实际上束缚了自己的手脚。①一些检察人员存在"抗得对与错，还是法官说了算"、"抗了也不改，还不丢了脸"等陈腐观念，导致对法院一些

---

① 吴筱萍、庞良程：《"四大障碍"影响刑事抗诉》，载《人民检察》2005年第12期（下）。

刑事抗诉重点与方法（修订版）

明显错误的判决、裁定本应提起抗诉的懒抗、怕抗，甚至不敢抗，使一些错误判决或裁定得不到纠正。有的公诉部门领导还担心抗诉被驳回影响工作绩效，因此常常把审查起诉当做硬任务，把审判监督当做软任务，监督意识不强，抗诉力度不大，直接导致抗诉案件数量减少。

我们认为，检察人员应认真分析研究过去刑事审判监督工作的经验教训，克服那种畏难、怕丢人、怕得罪人的思想，明确区分公、检、法互相配合、互相制约的工作关系与检察机关依法履行法律监督职能，树立敢挑毛病、敢找差错、不怕得罪人的思想，强化对"加强监督"重要性与必要性的认识，促使广大干警坚持"以事实为准，坚定信心，以法律为准绳"的基本原则，对法院的判决和裁定，只要认为有错，并有纠错必要，就敢于提起抗诉。①

第二节 出席二审刑事抗诉法庭的方法和技巧

前面从五个方面探讨了出席刑事抗诉法庭的总体要求，这些要求不仅适用于二审刑事抗诉，也适用于审判监督程序抗诉。本节论述的有关出席二审刑事抗诉法庭的方法和技巧，大部分也适用于出席审判监督程序抗诉法庭。出席二审刑事抗诉法庭有哪些方法和技巧，可谓是仁者见仁、智者见智的问题。

目前关于出席二审刑事抗诉法庭方法和技巧的文章和书籍鲜有所见，我们认为：第一，出席二审刑事抗诉法庭的方法和技巧，可参照公诉的方法和技巧。相对于二审审判程序，一审审判程序是最全面、最完整的程序，一审公诉的方法和技巧应可为出席二审刑事抗诉法庭所借鉴。第二，出席二审刑事抗诉法庭的方法和技巧应围绕着出席二审刑事抗诉法庭的流程来总结。第三，出席二审刑事抗诉法庭的目的是纠正法院判决、裁定中的错误，出席二审刑事抗诉法庭的方法和技巧的总结也应以该目的为中心。基于此，我们从以下四个方面来阐述出席二审刑事抗诉法庭的方法和技巧。

一、掌握讯（询）问的方法和技巧

出席二审刑事抗诉法庭的检察人员一定要清楚自己的出庭目的。为了达到支持抗诉的目的，检察人员在预先准备的庭审预案基础上，还要根据庭审情况的变化，对庭审中发问内容的顺序、讯问证人的顺序以及必要时展示证据的顺

---

① 罗元意、肖李芬：《提高抗诉案件改判率思考》，载《江西社会科学》1998年第9期。

序进行合理的安排和布局，以提高出庭的效率和效果。

出席二审刑事抗诉法庭与出席公诉法庭的最大不同表现在：无论是在法庭调查阶段还是在法庭辩论阶段，支持二审刑事抗诉案件的检察人员在法庭上主要是针对原审案件中一个部分或一个方面的问题进行部分的举证、质证和论证，对相关的法律适用问题进行专门的阐述。这与公诉案件的公诉人在法庭上应当围绕起诉书指控的事实进行全面的举证、质证和论证，并对适用法律问题进行全面的阐述有所不同。因此，出席二审刑事抗诉法庭应当注意分清主次，只有牢牢抓住主要的问题，才能掌握庭审的主动权。在二审刑事抗诉法庭中，讯问被告人是必不可少的程序，有时还会专门讯问证人、鉴定人或被害人。出庭的检察人员应当抓住讯问被告人、证人、鉴定人或被害人的时机，紧紧围绕抗诉的内容，有针对性地进行发问。尤其是要分析和研究被告人的矛盾供述，进行巧妙的讯问，并结合证据进行综合分析，以达到事半功倍的效果。

（一）讯问被告人

1. 法庭讯问时，主要应针对抗诉内容抓住重点、关键问题

检察人员在讯问被告人过程中，要捕捉牵一发而动全身的犯罪情节，有目的地进行重点讯问。如故意杀人罪与故意伤害罪在某些情况下是不容易区分的，因而一些故意杀人案件中的被告人辩称自己只有伤害的故意并无杀人的故意，被告人的主观故意就成了讯问的重点。要根据被告人的心理特点和思想动态，采取不同的讯问方法。要简明准确地讯问，不模棱两可或含混不清，每个问题都有明确的针对性和目的性；根据不同目的、不同的讯问方式、不同案件的特点和不同被告人的心理状态，注意问话的语气、语速和语调等灵活运用，以达到最佳效果。

2. 具体的讯问方法

检察人员在审判长的主持下讯问被告人，讯问应当围绕抗诉理由以及对原审判决、裁定认定事实有争议的部分进行，对没有异议的事实不再全面讯问。讯问前应当先就原审被告人过去所作的供述是否属实进行讯问。如果被告人回答不属实，应当讯问哪些不属实。针对翻供，可以进行政策攻心和法制教育，或者利用被告人供述的前后矛盾进行讯问，或者适时举出相关证据予以反驳。

3. 讯问被告人应当有针对性，语言准确、简练、严密

对辩护人已经提问而被告人作出客观回答的问题，一般不进行重复讯问。辩护人提问后，被告人翻供或者回答含糊不清的，如果涉及案件事实、性质的认定或者影响量刑的，检察人员必须有针对性重复讯问。辩护人提问的内容与案件无关，或者采取不适当的发问语言和态度的，检察人员应当及时请求合议庭予以制止。对被告人供述不清、不全、前后矛盾，或者供述明显不合情理，

或者供述与已查证属实的证据相矛盾的问题，应当讯问。与案件无关、被告人已经供述清楚或者无争议的问题，不应当讯问。对于被告人在主要犯罪事实上的"遗漏"、模糊性用词及矛盾点和有意回避、无理、无证狡辩的言行，应运用针对性较强的证据进行突发性讯问，打乱被告人反驳的正常思路，让其流露出诸多矛盾点，在庭审中不能自圆其说，以提示法庭审判人员充分了解被告人虚假陈述的真实目的和动机。在法庭调查结束前，检察人员可以根据辩护人、诉讼代理人、审判长（审判员）发问的情况，再进行补充讯问。

（二）询问证人、被害人和鉴定人

1. 询问证人

二审刑事抗诉案件，出现新的证人，并影响案件事实或定性的，可传证人到庭作证。证人出庭，应让其作连贯陈述，然后对证人发问，发问应当针对证言中有遗漏、矛盾、模糊不清和争议的内容，并着重围绕与定罪量刑紧密相关的事实进行。证人作虚假陈述的，应通过发问澄清事实，必要时还应当宣读证人在侦查、起诉阶段提供的证言笔录。

2. 询问被害人

对于询问被害人，检察人员一般应当听取被害人或其委托人的意见。对于案件事实清楚且检、辩或被告人均不表示异议的，可不再听取被害人意见。询问被害人的方法可参照询问证人的方法。

3. 询问鉴定人

对鉴定人发问，要注意：一是鉴定人所作的分析意见和鉴定意见具有无可争议的权威性才能说服人，故鉴定人的资格尤为重要。应通过发问，展示鉴定人的职业、单位、工作内容、从事专职的时间，是否受过专门的训练，有无专业证书，以前是否曾经作过类似的鉴定等，然后让鉴定人宣读鉴定意见与说明，以加强其可靠性。二是根据我国当前刑事科学技术的发展，有些方面鉴定的技术还不高，再加上受各种非科学因素的干扰，对鉴定意见的正确性要慎重对待，既不能无端怀疑，又不能过于迷信，要注意对鉴定意见与其他证据的综合判断，如果与其他证据有矛盾，就不要轻易在法庭上使用，要提请复核。对鉴定意见的审查，要注意分析鉴定人的专业资格和技术水平，鉴定设备的技术性能与鉴定过程的科学合理，鉴定材料是否充足、全面、可靠等各种因素。

二、掌握举证的方法和技巧

所谓举证，是指控辩双方将己方收集的证据在法庭上予以公开出示，以支持自己的诉讼主张的过程。抗诉法庭举证是指检察人员对抗诉案件，在开庭审理时，针对抗诉书认定的犯罪事实以及有关法定的情节向法庭出示的相关证据，用以证明一审法院判决、裁定是否确有错误的诉讼活动。

（一）举证方式

1. 简要举证

对于事实清楚，证据确实、充分，只是由于原审判决、裁定定性不准、适用法律错误导致量刑明显不当，或者因人民法院审判活动违反法定诉讼程序而提起抗诉的案件，如果原审事实、证据没有变化，在宣读支持抗诉意见书后由检察人员提请，并经审判长许可和辩护方同意，除了对新的辩论观点所依据的证据进行举证、质证以外，可以直接进入法庭辩论。

2. 部分举证

对于因原审判决、裁定认定部分事实不清、运用部分证据错误，导致定性不准，量刑明显不当而抗诉的案件，出庭的检察人员对经过原审举证、质证并成为判决、裁定依据，且诉讼双方没有异议的证据，不必逐一举证、质证，应当将法庭调查、辩论的焦点放在检察机关认为原审判决、裁定认定错误的事实和运用错误的证据上，并就有关事实和证据进行详细调查、举证和论证。对原审未质证清楚，二审、再审对犯罪事实又有争议的证据，或者在二审、再审期间收集的新的证据，应当进行举证、质证。

3. 全面举证

对于因原审判决、裁定认定事实不清、证据不足，导致定性不准、量刑明显不当而抗诉的案件，出庭的检察人员应当对案件的事实、证据、定罪、量刑等方面的问题进行全面举证。庭审中应当注意围绕抗诉重点举证、质证、答辩，充分阐明抗诉观点，翔实、透彻地论证抗诉理由及其法律依据。

（二）举证技巧

1. 突出举证重点

应选择证明法院判决、裁定确有错误的重点问题作为举证的重点，放慢出示证据的节奏，加大示证的力度。此外，还应选择易成为辩论的焦点作为示证的重点。

2. 注重举证说明

检察人员应当在提请合议庭同意宣读有关证言、书证或者出示物证时，说明该证据的证明对象。合议庭同意后，在举证前，检察人员应当说明取证主体、取证对象以及取证时间和地点，说明取证程序合法。对检察人员收集的新证据，向法庭出示时也应当说明证据的来源和证明作用以及证人的有关情况，提请法庭质证。

3. 强化举证完毕后的总结性发言

如公诉举证一样，在出示每组证据后，要注意进行简短的归纳论证，着重强调此组证据的作用及组内证据之间的关系。注意论述一定要言简意赅，不可冗长拖沓。总结证据就是通过对证据的归纳和分析，从而说明证据的来源是否合法，证据是否确实充分，证据是否与案件事实有关，各所举证的证据证明了案件事实的哪些内容，证据间的内在联系如何，证据与犯罪构成的四要件之间关系如何，全案证据综合起来是否达到了确实充分的证明标准等。总结性发言非常重要，特别是对于直接证据较少而依据间接证据定案的案件，要特别重视这一环节。如果说单一举证和分组举证是用来证明某单一的犯罪构成要件的话，那么，总结性发言就像一根细绳，将零碎分散的"珍珠"——单一的犯罪构成要件恰当地串起来，得出唯一的结论。

4. 把握举证程度

法庭举证时，应针对抗诉程序的特点，认真而又充分地把握住所要出示的各个证据在内容、证明力上的相互关系，根据与案件定罪量刑事实相对应的逻辑关系，按照一定的顺序，形成前后相互一致、相互印证的证据体系，特别是应善于运用间接证据，并使之形成锁链以达到举证的目的。

5. 规范物证、书证的举证

对物证、书证等实物证据，应以最能反映证据客观性、真实性、直观性的原始证据为最佳。因为原始证据的客观性和证明力较强，可以揭穿某些言词证据中虚假的内容。事先应对所有要出示的物证编号，以方便法庭组织辨认；出示完毕应先交给法庭书记员登记记录，不宜径向审判长提交。出示物证的同时可配套宣读这类科学结论，形成一种极有说服力的证据组合，以强化物证的证明力。出示书证未必要宣读全文，可扼要宣读其主要内容，但要防止随意跳跃式宣读或者因选择不当导致宣读的内容与全文内容的结论不符。宣读时，要明确讲清书证的制作人，并阐明书证证明了案件事实的哪一部分、书证的获取情况等。对一些内容复杂、疑难或者难以辨别的书证，要配套宣读对书证的科学鉴定意见。要向当事人、证人阐明书证的主要特点，并让其辨认。

6. 重视视听资料的出示

法庭上出示视听资料时必须要有制作视听资料的环境说明，并有必备的证据的证明，是谁制作的，在什么环境下制作的，以证实其客观性、真实性。

7. 出示书面的证人证言、被害人陈述、鉴定意见

对于被害人供述、证人证言及鉴定意见等言词证据，应以被害人、证人、鉴定人当庭作证陈述为最佳，以出示书面的证人证言、被害人陈述、鉴定意见为例外。这样能够生动、形象地揭示案件的起因、过程和具体情节，有助于法庭从总体上、动态上了解案情事实全貌和案件发展的全过程。

三、掌握质证的方法和技巧

刑事质证是指在刑事审判过程中,在法庭审判长的主持下,控诉方和辩护方对对方所举证据的真实性、关联性、合法性进行质询和答疑,以确定该证据的证明作用和决定该证据是否被法庭采信的一种诉讼活动。抗诉法庭的质证主要有对被告人供述的质证和对证人证言的质证等。

(一)对被告人供述的质证

要根据被告人不同的认罪情况采取不同的质证方法。

1. 对被告人认罪并如实供述所犯罪行的,应在其供述的基础上侧重问其供述不够全面的,如犯罪目的、犯罪动机等问题。对于被告人的庭审供述与原指控犯罪事实相互一致时,或者大体没有原则性出入时,检察人员应提请法庭引起注意,及时予以确认和认同。

2. 被告人全部否认起诉书指控事实的,检察人员为争取庭审主动,应先仔细听取其辩解的根据和理由,抓住被告人当庭辩解与证据间的矛盾,通过层层设问,出其不意,揭露被告人辩解与行为的自相矛盾。讯问时,检察人员对这类被告人的讯问,主要针对其当庭的表现和态度,首先明确告知其根据法律规定,没有被告人供述,证据确实充分的,可以认定被告人有罪和处以刑罚。然后检察人员按照原起诉书指控的事实,采取边讯问边出示证据的方式来揭露被告人的犯罪,或根据被告人否认自己犯罪的辩解,出示相关证据予以驳斥,以达到核实犯罪事实和验证证据的目的。

3. 被告人部分否认指控事实的,检察人员可对其否认部分提问,并可适时宣读其以往供述和出示相关的证据,避免和被告人纠缠。

4. 被告人在供述中翻供、狡辩时,应首先提请法庭注意,并声明供述的虚假性,然后将宣读被告人原述或亲笔交代一一列举,出示不具争议的证明力极强的有关证明材料,待被告人恢复到真实供述程度后,应继续追问被告人翻供的理由和狡辩的动机,并提请法庭记录在案。供述反复无常、变化不定的被告人,由于他们出于畏罪心理,总想找点理由为自己开脱或减轻罪责,其供述情况往往与实际情况有出入。在庭审讯问中,要注意在被告人作全案供述后,采取迂回方式,针对供述中的主要矛盾点,由表及里,去伪存真,一步步地去揭穿其供述的虚伪性,促使其认罪悔罪。并注意采用详细讯问法,让其详细地虚假陈述,矛盾点暴露得越多,与举证证据的反差就越大,这样达到使其不攻自破的目的。

在质证被告人时要注意:第一,检察人员对辩护人在法庭上出示的证据材料,无论是新的证据材料还是原审庭审时已经举证、质证的证据材料,均应积极参与质证。既要对辩护人所出示证据材料的真实性发表意见,也要注意辩护人的举证意图。如果辩护人运用该证据材料所说明观点不能成立,应当及时予以反驳。对辩护人、当事人、原审被告人出示的新的证据材料,检察人员认为必要时,可以进行讯问、质证,并就该证据材料的合法性证明力提出意见。第二,二审期间审判人员通过调查核实取得的新证据,应当由审判人员在法庭上出示,检察人员应当进行质证。第三,法庭审理过程中,如对证据有疑问或者需要补充新的证据、重新鉴定或勘验现场等,检察人员可以向审判长提出休庭或延期审理的建议。

(二) 对证人证言的质证

质证证言包括质证口头的证言和质询书面的证言。

1. 对口头证言的质证

(1) 质证的内容。众所周知,真实可靠的证言对查清案情起着重要的作用,但是出于诸多原因,证人提供的口头证言有时也会发生失真的现象。为了保证口头证言的客观真实,在法庭当中有必要对证人进行质疑。检察人员可从以下几个方面对辩方出庭证人证言进行质证:

一是看证人的偏见和动机。证人若与案件中的人、事或审判结果有着直接或间接利害关系,或者对诉讼一方持有偏见,证言就往往难以保持公允。偏见包括诸如认为"穷人多窃贼",被告人"一次做贼,永远是贼",性犯罪的受害人"一次同意,永远同意",对一方当事人无比憎恨、怜悯等。如果证人是被告人的亲友或与被告人关系密切的人,他就有可能出于亲情、感情、友谊等动机,为使被告人逃避刑事制裁,提供虚假的证言。具有上述情形的证人证言真实性较弱。

二是看证人出庭作证是否受到过被告人及其亲属或辩护人意志的影响,主要是有没有受到贿买、胁迫、教唆、暗示等非法手段的影响。如果有以上情况,证人就不是自愿作证,其庭上作证就不能作为合法证据使用。检察人员就应当请求法庭不予采信。

三是了解证人感知案件事实时的环境条件。距离的远近、光线的好坏等环境条件,往往与证人感知案件事实的程度有非常重要的关系。检察人员应运用与案件情况和现场环境条件有关条件,发现证人证言的弱点,揭露其虚假性。

[案例] 证人王某陈述某天傍晚,在二楼听到楼下一声尖叫声,急忙跑到二楼阳台上,发现一名男青年从女厕所里走出来,此人身高1.5米,身穿棕黑色衣服,而且头发很长。破案后,被抓获的犯罪嫌疑人却身高1.8米,当天穿着浅色衣服,而且头发不是很长,容易辨认。为了核对证人陈述的真实性,审查人员到现场进行了调查,试验结果发现,当天下午6时光线很差,浅色衣服

变成了棕色衣服,由于从二楼往下看,视觉角度不同,证人对其身高和头发陈述产生了偏差,此案告诉我们,证据核实离不开对证据形成时间、地点、条件等因素的审查。

四是分析证人当时的精神状况。证人的精神状况直接影响到对外界的感觉。一般来说,在紧张恐惧的情况下,感觉往往容易发生偏差。精神状况正常、注意力集中时,感觉较为清晰且不易忘记。相反,证人虽于案发时在场,但对案件事实漠不关心或心中另有所思时,感知则模糊甚至没有感觉。

五是看知识经验。相关的知识经验影响到对事物的观察能力。具有某一方面知识的证人,观察通常较为仔细。如司机对车速的判断一般较常人更为准确。此外,证人的观察力与其对作证事实了解与否及观察者对观察对象是否熟悉也有关系,如中国人更易记住黄种人的脸形,欧洲人更易记住白种人的脸形。

六是注意证人的感知力、记忆力和表达能力。证言是证人就感知到的有关事实所作的陈述,作为证人,一个首要条件是必须具备感知能力。感知能力的强弱直接影响着证言的可靠程度。如果证人没有感知能力如盲人(对于光线)、聋子(对于声音),或者感知能力较弱如近视眼,或感知时感官临时发生病变如感知气味时患鼻炎、伤风感冒,那么证人就实际无法感知或感知不准确,其证言的真实性就大打折扣。当然证人某一方面感知能力较弱并不影响他的其他感知能力,而且正由于代替补偿作用,他甚至在某些方面的感知能力比正常人要强。如盲人的触觉、听觉特别敏感。

七是看证人证言前后是否矛盾,与法庭已经认证的证据是否存在矛盾,与一般常识是否存在矛盾。① 真实的证言其内容一般相对稳定,证言前后自相矛盾,就违反了矛盾律,其中必有一假。

[案例] 在吴某等人轮奸一案中,证人余某出庭作证说看见被告人送被害人出来从自己身边走过,被害人说"谢谢了",被告人说"慢慢走",两人非常亲热,据此说明不是强奸。当检察人员询问余某关于被害人的衣着面貌及特征时,余某吞吞吐吐,答非所问,暴露出证言的虚假性。

八是证词与经验事实是否相符。所谓经验事实是指人们在长期的生活实践中归纳出来的作为判断事物的一般经验知识。如干柴易燃、吸煤气会中毒等,证人证言必须符合这些经验事实,否则难以被采信。如一般情况下,任何人不会轻易地将巨额资金借给一个根本不了解的人。如果证人的证词与事实不符,质询的一方可以以此对证人提出质疑。

---

① 廖新兰:《也谈对辩方证人证言的质证》,载《中国检察论坛》总第12期。

(2) 质证的方法。对辩方证人质证主要运用两种询问方法：一种是追问式，针对重点问题、关键细节，着重询问，一问到底，让证人作出明确的回答与合理的解释，直至排除其他不合理的可能性，确认证人证言的真实性。另一种是归谬式，针对证人的说法，假定其说法正确，以此进行推演，直至得出一个荒谬或不可能出现的结果，从而证明其所作陈述的虚假性。

(3) 质证的技巧，主要有三点：

一是对不同的证人应采取不同的质证方法。对思想有顾虑的证人，须先对症下药地做工作，使其解除思想负担，再进行发问。对某些可能十分固执，不愿说真话的证人，应先把证人的注意力引到其他方面，然后出其不意地发问，让证人在不注意中道出真相。

二是询问某一证人要与询问其他证人、被害人或询问被告人相结合。以突出证明对象，或排除某一证人证言的有效性。询问证人还要与出示物证、宣读鉴定意见等方式相结合。要与宣读原证词相结合，给变证的证人心理上以压力，有利于检察人员掌握指控犯罪的主动权。

三是询问证人要与归纳小结相结合。有的案件案情比较复杂，某一证人的陈述内容法庭或旁听人一时未必即时领悟，检察人员在询问后根据案情作一些归纳点拨，往往能起到画龙点睛的作用。①

[案例] 徐××、张××故意伤害一案。徐××纠集张××冲进被害人家中，将被害人打成轻伤。在庭审中，徐的辩护人向法庭要求传6名证人到庭以证明徐××未动手。检察人员并未措手不及而是在辩护人进行发问时进行分析，这些证人要证明被告人徐××未动手，必须要做到与徐、张两人同时到达被害人家，且视线一直未离开现场。轮到检察人员发问了，检察人员就抓住上述问题对证人进行强有力的发问，终于一些证人称，他们是听到吵闹后才赶到现场，并非一开始就到现场；另一些证人称不能保证视线一直看着现场，也曾向别处观望，通过检察人员的发问，使上述证人的证词失去了辩护人所想达到的效力。

(4) 质证的注意事项。质证时应注意以下几点：

一是要预测辩方证人证言。检察人员应当从案件的证据情况分析预测辩方可能申请出庭作证的证人情况，事先就已确切掌握了辩方证人名单的，应当调查了解该证人的基本情况，如证人的年龄、职业、文化程度、兴趣爱好、心理、性格、品质以及与当事人的关系、与案件是否有利害关系等，并对其可能作证的内容进行分析和预测，从而采取相应的措施。

---

① 余啸波：《浅说庭上询问证人》，载《上海检察调研》1996年第7期。

二是要认真区分两种情况。辩方证人有两种情况：第一是该证人在庭上作证的内容与其在侦查机关、检察机关作证的内容相互矛盾甚至是完全对立的。第二是侦查机关、检察机关在一审中没有向这些证人取证或者无法找到这些证人取证。检察人员必须认真注意区分这两种情况，采取不同的质证对策。

2. 对书面证言的质证

尽管我国主张实行严格的直接言词规则，但司法实践中一直难以得到严格贯彻。① 证人在许多情况下是不出庭的，实践中书面证言的使用甚为普遍，因此对证人证言的质询包括对书面证言的质证和对口头证言的质疑。但是二者的侧重点有所不同，前者主要侧重于证据能力，因为书面证言在调查取证过程中，主体、程序、形式等都有可能发生不合法的情形。后者由于证人出庭，证言在法庭上通过直接询问取得，不存在证言非法问题，因此质疑证人侧重于证人证言的可靠性。书面证言是指以书面形式将证人证言予以固定的证据材料。书面证言必须具有法定的证据能力，才具有可采性。实践中，"质证时常会遇到辩护人以证据来源的合法性为切入点，以求找到否定该证据作用的突破口，被告人翻供或证人变证最普通的理由就是原证据是非法证据"。② 因此对书面证言证据能力的质证甚为重要。质证书面证言可从以下几个方面着手：

（1）调查取证的主体是否合法。根据法律规定，书面证言的调查主体仅限于公安司法人员和律师，其他任何单位和个人都无权调查法律意义上的证人证言。因此，凡不是法定主体调查取得的书面证言不具有证据能力，如有些单位纪检监察部门对本单位的贪污受贿案在交检察机关受理前已经调查的证据材料。另外，公安司法人员在调查取证过程中，还必须遵守法律的回避规定，遇有法定回避情形时应当自行回避，当事人及其法定代理人也有权要求他们回避，否则应当回避而未回避的侦查人员收集的书面证言不可采。

（2）提供证言的主体是否合法。作为刑事证人必须具备三个条件：首先，证人必须是知道案件情况，能够辨别是非，能够正确表达的人。不了解情况，或是在诉讼过程中通过诉讼活动才了解案件情况的，都不能作证人，年幼或患有精神病、不能辨别是非、不能正确表达的人也不能作证。其次，证人必须是自然人，单位不能成为作证的主体。最后，证人必须是第三人，是司法机关、当事人、辩护人、代理人之外的第三人，上述人等不能一身而二任。

---

① 2012年修改后的刑事诉讼法对此有所强化，增加了相关规定，如证人的强制出庭作证、作证保护、作证补偿，鉴定人拒不出庭作证的，鉴定意见不得作为定案根据等。

② 余啸波：《收集、审查、使用刑事证据应注意的问题》，载《上海检察调研》1998年第1期。

(3) 调查取证的方式是否合法。合法的取证方式是一个国家司法文明、民主、进步的标志。刑事诉讼法规定，严禁刑讯逼供和以威胁、引诱、欺骗及其他非法的方法收集证据。以上述非法方法收集的证据不具有可采性。最高人民检察院《人民检察院刑事诉讼规则（试行）》第379条规定："人民检察院公诉部门在审查中发现侦查人员以非法方法收集犯罪嫌疑人供述、被害人陈述、证人证言等证据材料的，应当依法排除非法证据并提出纠正意见。"最高人民法院、最高人民检察院、公安部、国家安全部和司法部2010年制定的《关于办理刑事案件排除非法证据若干问题的规定》第1条规定，采用刑讯逼供等非法手段取得的犯罪嫌疑人、被告人供述和采用暴力、威胁等非法手段取得的证人证言、被害人陈述，属于非法言词证据。第2条同时规定，经依法确认的非法言词证据，应当予以排除，不能作为定案的根据。

(4) 调查取证的程序是否合法。收集证据必须依法进行，根据我国现行刑事诉讼法，收集书面证言必须做到：一是收集证据必须侦查人员二人以上参加，不能一人自问自记。二是询问证人应当首先告知他如实提供证言和有意作伪证要负的法律责任。三是辩护律师向证人收集与本案有关的材料时，须经他们同意，向被害人提供的证人收集证据材料时，除经他们同意外还应经人民检察院或者人民法院许可。不符合上述要求的书面证言无法律效力。

(5) 证言形式是否合法。书面证言制作完毕必须交证人阅读或向他宣读，之后由询问人和证人签名或盖章。形式不合法的书面证言，能予以补救的，可转为合法证据；反之，不可采。

(6) 证言内容是否合法。可采的书面证言，其内容必须符合两大规则。一是意见规则，证人在向司法机关作证时只能陈述其所知道的案件本身，而不能对案件进行评价，发表意见。如"在我看来，他纯粹是故意杀人的"、"我认为他就是杀人犯"这样的证言是意见证据，不可采。意见证据之所以不可采，是因为对案件事实的判断和适用法律是司法人员的工作，证言中如果含有主观意见，就容易引发偏见，妨碍公正地认定事实。二是反对传闻规则，证人只能就其对案件事实的所见所闻据实陈述，道听途说、几经转述的证言不可采。

四、掌握答辩的方法和技巧

目前，我国在朝着高度的社会主义民主与法制的方向前进，法律遍及一切生活领域。法庭辩论既是民主的"窗口"与标志，又是捍卫法律尊严、维护人们自身合法权益的重要手段。因此作为检察人员，要充分掌握抗诉法庭辩论中的各种技巧和方法，掌握法庭辩论这个武器，充分履行法律赋予的职责。

在抗诉法庭答辩时,要注意:

(一) 保持平和心态

在抗诉法庭辩论中,检察人员要抢占先势,把握住法庭辩论的主动权,保持自己在论辩心理、论辩行为和论辩客体上的和谐与平衡,并控制住法庭辩论的发展局势。由于出庭角色的差异性,在抗诉法庭答辩时,检察人员更要保持平和的心态,不能被辩护人不当甚至错误的观点激怒,应冷静、沉着,以便作出恰当而迅速的反应,也有利于形成富于理性和符合逻辑的答辩思路。

(二) 具备良好应变能力

法庭辩论往往具有超出检察人员预见的随机性、不意性,在意想不到之处节外生枝。因此,应变能力是检察人员不可缺少的一项基本素质,面对这种情况,明智之举就是考虑应变之策。应变能力不是天生的,不是毫无根据的灵感显现,而是论辩者整个心智能力的综合喷发。它凝聚着论辩者全部的心理与思维、知识与阅历。当辩护人提出的问题或新证据超出了检察人员预测的范围,又需要检察人员马上作出解释或辩论时,检察人员对辩方提出的问题处置要果断,如果辩方提出的观点、证据具有合理性,与控方的证据形成矛盾或出现检察人员不掌握的事实,足以影响案件事实、性质的认定,检察人员又不能当庭解决,就应当果断地使用延期审理的程序,根据刑事诉讼法相关规定建议休庭,进一步补充侦查。

(三) 把握群体心理

在辩论环境上,检察人员应时时留意审判人员和听众的反应,把握他们对诉讼的态度。有时法庭内外也可能被偏见、蛊惑所左右,出现意外的不利局面。面对种种错误的同情、偏执的愤怒、迷蒙的怨恨、狂躁的哄闹,应正气浩然,以诚感人,以理服人。尤其应准确把握群体心理,有的放矢地澄清视听。

(四) 注意言谈举止

作为检察人员,在法庭辩论中要注意辩论的语言与仪态。检察人员在法庭上的仪表及其适用的态势语言构成其总体视觉形象。这种形象是检察人员与听众的无声交流,对辩论效果具有不可轻视的影响。检察人员在抗诉法庭辩论时应认识自己,把握自己拥有法律监督的职责,同样不可以势压人,即使被告人触犯法律,也不应因其据理维护自身合法权益而视为"态度不好"。

(五) 使用恰当语言

严谨而充满活力,庄重而充满感情,铿锵有力而又充满韵律,雄辩滔滔、潇洒大方,这是对现代检察人员的客观要求。要做到这一点,在语言中表述不但要做到合乎逻辑、合乎语法、讲究修辞,而且还要做到语言生动敏捷。检察人员出庭支持抗诉是用语言表达真实意思,因而语言要力争简练、实用,富有说服力和震撼力。忌用过多的华丽词句和过长的语句，以免辩护人提出有感情因素或在长句中发生歧义，给辩护人反驳创造机会。要口齿清晰、洪亮圆润、富于变化。

（六）抓住辩论重点

检察人员对原审被告人、辩护人提出的观点，认为需要答辩的，应当在法庭上进行答辩。答辩应当抓住重点，主次分明。对与案件无关或者已经辩论过的观点和内容，不再答辩。

（七）正确发表抗诉意见

检察人员在发表抗诉意见时，应针对一审判决所认定的犯罪事实、适用法律以及抗诉庭中律师已暴露出的辩护意图，首先发表出庭意见，准确阐明本院对该案应如何定罪量刑的理由，预先驳斥辩护方可能提出的辩护理由。要通过发表抗诉意见，达到先发制人的目的。答辩对方时，应当据理力争，依法驳斥，要抓住可能影响对案件正确处理的重点问题和错误观点，依据法庭认证的事实和证据进行反驳，依照法律规定进行答辩，坚持枝节问题不纠缠，原则问题不放过，保证法庭采纳正确意见。①

（八）掌握正确的答辩方法

出席刑事抗诉法庭，不同的检察人员可能都有自己的答辩方法和风格。有学者归纳司法实践中常见的答辩方法主要有以下几种值得参考：

1. 预先答辩

在辩护人未发表意见之前，根据预测，认为辩护人可能提出某个关键性意见，在发表抗诉意见时就阐明己方的观点，进行专门的详细分析论证。这种答辩具有先发制人、先声夺人的效果，如果论理透彻，逻辑严密，无懈可击，辩方就会认为再提出这方面的辩护意见已毫无意义，从而免去一场舌战。

2. 借言答辩

借言答辩即借用对方原话或对方承认的证人证言来进行反驳论证的一种方法。具体的做法，如各被告人出于不同的目的，互相推卸责任时，利用一被告人对抗诉意见有利的辩解，答辩另一被告人；利用被告人原合理的供述，反驳现在无理的狡辩；当被告人的辩解与辩护人的辩护观点出现矛盾时，利用被告人之言揭示辩护人之谬论；当辩护人的此辩护观点与彼辩护观点产生矛盾时，或推理、判断出现失误时，可以子之矛攻子之盾，等等。

［案例］在一起强奸未遂案中，检察人员讯问被告人时，被告人自己承认撞车后，"发现对方是女的，想强奸她，然后往路边拉她、打她"。检察人员

───────────────

① 陈晓东、杨细顺：《强化刑事抗诉刍议》，载《中国检察官》2007 年第 4 期。

宣读的被告人认罪的供述也经过法庭确认有效，予以采纳。但辩护人作辩护发言时却提出被告人主观上没有想强奸对方的意图，对被害人实施暴力是因为被害人骂被告人惹恼了被告人，等等。在答辩中检察人员义正词严地指出，辩护人的发言扭曲了庭审调查中被告人的法庭供述。在已经排除了刑讯逼供的情况下，被告人自己都承认的事实、自己都承认的想法，辩护人没有任何理由否定。

3. 综合答辩

综合答辩即对于罪与非罪、此罪与彼罪、犯罪事实、犯罪主客观方面、从重从轻情节等直接关系到定罪量刑的方面，予以重视，综合答辩。

[案例] 如在一起出纳员监守自盗、携款出走的贪污案中，辩护人提出，虽然被告人拿走了钱，但没有在账目上做手脚，没有伪造单据的行为，所以被告人的行为构成挪用公款罪，而不是贪污罪。检察人员答辩时指出，根据我国刑法规定，贪污罪客观上表现为侵吞、窃取、骗取或者以其他手段非法占有公共财物。可见，采取涂改账目、伪造单据占有公共财物只是贪污手段的一种，并不是贪污构成要件要求的唯一手段和必要手段。是否伪造单据、涂改账目只是贪污罪在客观方面是否成立的充分条件而不是充分必要条件。因而把这前提运用到充分必要条件的假言推理中，否定前者，就否定后者，是根本错误的。

4. 解脱答辩

检察人员在辩护人纠缠不休或自己处于被动时要尽力解脱答辩。如辩护意见符合事实和法律规定，应表明同意辩护意见，建议法庭予以认定。对于某个有欠缺的证据，辩护人抓住不放时，要敢于承认欠缺的存在，并说明欠缺存在的客观原因，然后阐明此证据虽有欠缺，但全案证据相互印证，足以证实犯罪的理由。[①]

5. 归谬答辩

归谬答辩即假定辩护人意见是正确的，然后通过逻辑论证，归纳出这种意见的谬误所在，起到否定辩护意见的效果。

[案例] 在一起盗窃案中，检察人员出示了失主证言，证实失主晚上11点多下楼后，发现楼下摩托车丢失了。质证时，辩护人对此证言提出异议。理由是"失主只证实车丢了，并没有证实是被告人偷的"。这句话本身没错。但辩护人基于此判断所进行的辩论却隐含着这样一个错误，即把盗窃罪与抢劫罪、强奸罪等与被害人面对面实施的犯罪的构成要件与证明要求等同起来。对此，检察人员在答辩中指出：失主确实证实不了车是被告人偷的，但我们之所

---

① 陈国凤：《法庭答辩的五种方法》，载《人民检察》1998年第4期。

以指控他犯有盗窃罪，就因为他实施了秘密窃取公私财物的行为。就本案而言，他是在失主不在场的情况下实施犯罪的，失主虽证实不了车是被告人偷的，但失主证实了丢车的时间、地点及车的特征、型号，与被告人供述及提取的赃物相吻合，已经达到了盗窃罪的证明要求。辩护人要求失主证明车是被告人偷走的，这种观点本身是荒谬的。①

第三节　出席审判监督程序抗诉法庭的方法和技巧

审判监督程序抗诉是最高人民检察院或上级人民检察院对已经发生法律效力的判决和裁定，认为确有错误而向同级人民法院提出的抗诉。其后果必然导致法院对已经发生法律效力的案件的重新审判。重新审判有按照一审程序审理的和按照二审程序审理的两种情况。作为办理原案的上级人民检察院的检察人员办理审判监督程序刑事抗诉案件，面临着取证难度大、案件争议大等困难，出庭的要求就更高。出席审判监督程序抗诉法庭的方法和技巧，既可参照公诉的方法和技巧，也可参考上节所谈的出席二审刑事抗诉法庭的方法和技巧。下面从不同的角度谈一下出席审判监督程序抗诉法庭的方法和技巧。

一、围绕案件事实

我们常常说，刑事办案要"以事实为根据，以法律为准绳"，刑事抗诉也要以事实为根据。这个事实就是案件事实。案件事实实际上是犯罪嫌疑人、被告人实施的，依照刑法规定应当追究其刑事责任的行为及其相关的各种客观情况。刑事抗诉必须围绕案件事实，包括构成案件事实的时间、地点、人物、行为（手段和方法）、结果、动机（目的）以及因果联系等基本要素。作为出席审判监督程序抗诉法庭的检察人员，一定要注意分析时间的先后、地点的不同、人的体貌特征、行为的有无、地位及作用、危害行为与危害结果的因果关系、主观方面与危害行为之间的因果联系等，正确阐述审判监督程序的抗诉观点。

［案例］被告人高某强奸案，人民法院审理后认定，被告人高某违背妇女意志，先后采取暴力、胁迫等手段，强奸文某等5名女青年，构成强奸罪。审判监督程序启动后，人民检察院全面审查了案卷材料，并补充了被告人高某在狱中的表现等证据，出庭的检察人员在庭审中重点阐述了被告人高某以暴力、

---

① 张宏：《公诉人的答辩技巧》，载《人民检察》2000年第9期。

胁迫手段多次对多名女青年实施强奸，其行为已构成强奸罪，且情节特别严重，社会危害极大。终审判决对高某强奸谭××、陈××的事实未予认定属认定事实不准。人民法院经审理认为，人民检察院关于指控高某犯强奸多名女青年的犯罪事实以及二审改判被告人高某死缓属于量刑不当的抗诉理由成立，予以采纳。

二、围绕犯罪构成

上级人民检察院对下级人民法院已经发生效力的判决和裁定，如果发现确有错误有权按照审判监督程序向同级人民法院提出抗诉。抗诉的内容往往会涉及罪与非罪、此罪彼罪和罪重罪轻等问题，犯罪构成是我们不可回避的主要内容。作为出席审判监督程序抗诉法庭的检察人员，一定要抓住犯罪构成不放，通过犯罪构成来阐述检察机关抗诉的观点。按照刑法学通说，犯罪构成包括四个方面的构成要件即犯罪主体、犯罪客体、犯罪主观方面和犯罪客观方面。

（一）围绕犯罪主体

犯罪主体是必须达到刑事责任年龄和具备刑事责任能力的自然人和法人，犯罪主体的内容包括刑事责任年龄和具备刑事责任能力、特殊主体的事实。犯罪主体除了自然人外，还包括法人主体。法人主体是单位犯罪如单位行贿罪的证明对象。

[**案例**] 罗某聚众斗殴案，人民法院以被告人罗某作案时患精神病为由判决其无罪，人民检察院以鉴定程序违法、鉴定依据不实、鉴定不真实客观等向人民法院提出抗诉，人民法院经重新鉴定，结论是：罗某作案时意识清楚，有完全责任能力。据此认为人民检察院的抗诉理由成立，予以改判。

被告人的刑事责任能力是犯罪主体的构成内容，本案抗诉的焦点在于被告人作案时是否患精神病，经重新鉴定，否认了罗某作案时患精神病的一审结论，采纳了检察院的抗诉意见。

（二）围绕犯罪客体

目前学术界对于犯罪客体是否应为犯罪构成的要件存在争议，有"三要件说"和"四要件说"之争。不过普遍被接受的是"四要件说"，认为犯罪客体是犯罪构成的必要要件。我们赞同这一观点，但认为犯罪客体一般不需要运用证据予以证明。犯罪客体中与证明对象直接相关的是犯罪对象。如果人民法院的生效判决、裁定中认定的犯罪对象错误，检察机关应依法提出审判监督程序的抗诉。

（三）围绕犯罪主观方面

犯罪主观方面包括犯罪的故意和过失。故意又分两种即直接故意和间接故意。过失包括过于自信的过失和疏忽大意的过失。刑法规定的犯罪多为故意犯罪，对于过失犯罪，法律有规定的才负刑事责任。

[案例] 被告人熊××故意伤害（致死）案，人民法院判决被告人熊××犯过失致人死亡罪，判处有期徒刑4年。人民检察院认为，人民法院认定事实有误，适用法律不当，遂提出抗诉。人民法院重新审理采纳了人民检察院的抗诉理由，改判熊××故意伤害（致死）罪，判处有期徒刑10年。

本案抗诉的理由在于法院的判决中对被告人实施犯罪的主观罪过认定错误，因而提出了抗诉。法院经再审后纠正了原审判决。

（四）围绕犯罪客观方面

犯罪客观方面包括危害行为、危害结果、因果关系等。危害行为包括作为和不作为。不作为以行为人负有特定的任务为前提，这种义务来源包括法律明文规定的义务、职务或业务上要求的义务、法律行为引起的义务和先前行为引起的义务。

[案例] 被告人蔡××抢劫案，人民法院经审理认为，被告人蔡××以非法占有为目的，用砖头砸碎玻璃窗户，趁人不备，公开夺取数额较大的公共财物，构成抢夺罪。检察机关提出抗诉，认为人民法院的判决认定事实错误，适用法律不当。理由是：原判决认定被告人蔡××没有实施暴力相胁迫与客观事实不符。被告人使用的是暴力相胁迫的手段抢劫他人财物，并非"趁人不备"，抢劫罪中的威胁并不要求"发出威胁的声音和语言"为条件。人民法院经重新审理，采纳了抗诉意见，改判被告人蔡××抢劫罪。

三、围绕案件证据

证据是证明案件事实的手段和方法。法律规定，认定案件事实的证据必须达到确实、充分的程度。同时刑事诉讼法规定，证据确实、充分，应当符合以下条件：（1）定罪量刑的事实都有证据证明；（2）据以定案的证据均经法定程序查证属实；（3）综合全案证据，对所认定事实已排除合理怀疑。

案件证据不充分的，在审查起诉中，人民检察院可以退回补充侦查。对于经二次补充侦查的案件，人民检察院仍然认为证据不足的，不符合起诉条件的可以作出不起诉的决定。在审判阶段，证据不足，不能认定被告人有罪的，人民法院作出证据不足，指控犯罪不能成立的无罪判决。同样，刑事抗诉也必须围绕案件的证据。

[案例] 王××徇私枉法案，人民法院一审判决认为，被告人是在罗××的请求下，向公安分局出具了隐匿彭某拐卖人口罪的证明，致使其未受到法律追究，尚没有确凿、充分的证据，故不能认定其犯有徇私舞弊罪。据此，判决

宣告被告人王××无罪。检察机关提出抗诉：原审判决对证人彭××、罗××、徐××的证言，以有的无直接证明作用、有的存在矛盾、有的不足采信为由，作了王××犯徇私舞弊罪证据既不充分、又不确凿的错误认定。王××犯徇私舞弊罪的事实清楚，证据确实充分，足以认定，应依法改判。市中级人民法院依法以被告人王××犯徇私枉法罪，判处有期徒刑2年。

该案中，由于人民法院对应当认定的证据以有的无直接证明作用、有的存在矛盾、有的不足采信为由，不予认定，最后作出了错误的无罪判决。实际上，该案事实清楚，证据确实充分，应当认定被告人有罪。经人民检察院抗诉后作了改判。本案说明了，审判监督程序刑事抗诉要围绕案件的证据，要审查案件的证据是否确实、充分，法院对证据的认定是否正确。

检察机关通过审判监督程序对刑事案件向同级人民法院提出抗诉，在许多情况下是由于定案的证据发生重大变化，或者原案定罪量刑的证据变得不确实、不充分，或者证明案件事实的主要证据之间存在矛盾。作为出席审判监督程序抗诉法庭的检察人员，一定要抓住这些新的证据不放，通过新的证据阐述新的事实，或者证明原案事实存在的问题，达到审判监督程序抗诉的目的。

（一）补充新证据

抗诉期间获得的新证据，笔者认为应当包括以下几类：（1）在原审侦查卷宗材料中已有，但原审庭审中没有出示和质证，原审法院也没有使用作为定案依据的证据材料；（2）提起公诉的检察院在审查批捕、审查起诉期间所形成的和案件有关，但在审判环节未提供和使用的材料；（3）在提出抗诉后，在审判监督期间新取得的证据材料。这三类证据材料在法庭上作为支持抗诉意见的证据使用时都属于抗诉期间获得的新证据。

（二）补充证据的方法

在提出抗诉前，对证据上存有疑问或有缺陷的案件，要重新组织人员核实或补充新的证据。特别对庭审中或开庭后被告人、辩护人提供新的证据被法庭采纳而改变公诉意见的案件，更应认真、仔细地核实其证据的真伪和取证的合法性，以便在抗诉时知己知彼，采纳其合理性，驳斥其虚假或非法性。

对于刑事抗诉案件，原审检察人员没有举证的已有证据，检察人员可以补充举证；原审出庭时没有获取的证据，检察人员也可以收集后在庭审中补充举证。特别是那些检、法两家对于事实是否清楚和证据是否充分有分歧的案件，充分补证是不可缺少的。检察人员通过补证和对证据进行合理的分析，会有意想不到的出庭效果。

检察机关认为必要时，可自行补充侦查、调取、收集有关犯罪情节的证据，也可要求下级检察机关或侦查机关配合收集证据；主要证人证词发生变化或检方对证人证言、鉴定意见的合理性、真实性持有异议，可通知法庭传证人到庭作证；审判监督庭审期间法院所调查核实的有关证据材料，庭审时应提交给控、辩双方，按照控、辩双方要求予以质证。

四、围绕证据联结点

传统的刑事证据或证明理论中，没有"联结点"这一名词，更没有关于"联结点"的理论或学说。"联结点"是我们在办案实践中运用证据证明案件事实的判断方式及证明问题的思维模式。

（一）证据联结点的含义和特点

所谓联结点，是指司法人员在收集、运用证据材料用以证明案件事实过程中发现、分析和运用的证据与证据之间联系、印证和结合的纽带。它是作为认识主体的司法人员在收集、运用证据材料认识及证明案件事实的过程中寻找和分析的，具有工具性效能并体现证据证明价值的，既反映与案件事实存在紧密联系的属性，又足以驱使司法认识主体充分认识案件事实的客观存在。联结点是刑事证据与刑事证据之间联系、结合的地方，是刑事证据形成体系的纽带，是刑事证据之间相互印证的标志和集中反映，也可以说，联结点是证据之间的印证之处。有犯罪事实的发生，必然有证据事实的产生；有证据事实的产生就必然有联结点的存在。证据之间的相互印证是靠联结点来实现的。作为出席审判监督程序抗诉法庭的检察人员，通过分析刑事证据的联结点，阐述案件事实的唯一性和排他性。

证据联结点具有下列特点：（1）客观性。联结点是一种客观存在，它不以人的意志为转移，存在于客观事实与案件事实的反映性联系之中。（2）关联性。联结点与案件事实具有密切联系，或者是能直接地、较全面地反映在案件事实的主要直接证据之中，或者是能将各间接证据有机联系在一起，成为充分反映案件事实的证据链，进而表现在证据体系中证据之间的相互印证。（3）工具性。联结点具有司法认识主体认识案件事实的有效的工具性效能。司法认识主体发现、掌握和运用它，对案件事实能有明晰的认识。（4）价值性。联结点通过证据的相互联系，激发证据的证明作用，体现证据的内在证明价值。

（二）证据联结点在认定案件事实中的作用

证据之间的相互印证是靠联结点来实现的，联结点是证据之间的印证之处。我们在办案中常说："你没有参与，怎么能说得出此内容"；"你没有做过，就不可能留下此证据"。说出的内容与其他收集的证据之间有联结点，就反映了这一事实存在过。现场留下的证据内容与犯罪嫌疑人身上的痕迹有联结点，就表明犯罪嫌疑人到过现场，或作过案。

[案例] 2003年10月6日，居住于某弄某号201室、102室的被害人魏某和江某向公安机关报案称，当日各自家中遭窃。公安机关接报后即派员赶至作案现场，对现场进行勘查，并在魏某家南窗前的桌子玻璃台面上，提取鞋印两块；在江某家东卧室南窗墙地面上，提取鞋印一块，分别拍照固定。2003年10月10日上午，公安刑侦支队接群众举报，反映有一批专门采用爬围墙入户实施盗窃的某县籍人准备在当天下午乘长途汽车逃回原籍。于是，公安机关组织警力将杜某等人抓获。杜某等三个人到案后，逐步交代了盗窃的犯罪事实，但均未交代有上述两案。案发后，公安人员从杜某住处扣押其黄棕色皮鞋一双，并进行了足迹鉴定，经比对，认定从上述两处作案现场提取并固定的鞋印系被告人杜某左脚皮鞋所留。据杜某交代，公安机关从其住处扣押的黄棕色皮鞋，他没有借给他人，都是其自己穿的。杜某的同乡均证实其在案发这段时间内一直穿这双黄棕色皮鞋。

尽管杜某对上述两起作案事实均予以否认，但根据已收集证据中的联结点，可以认定两点：(1) 扣押物品清单表明黄棕色皮鞋系杜某所有，杜某供述和他的同乡的证言均证实杜在案发这段时间内一直穿这双黄棕色皮鞋。(2) 鞋印鉴定书证实两个作案现场发现的鞋印系该黄棕色皮鞋所留。黄棕色皮鞋这一联结点把杜某与鞋印联系起来，鞋印这一联结点又把杜某与作案现场联系起来。进而，可以认定这样一个事实：杜某到过作案现场。由于两名被害人与杜某不相识，又家中遭窃，故可以确定杜某就是作案人。尽管杜某始终没有供述，但法院作出终审裁判认定：杜某应当对上述两起盗窃案件负刑事责任。

（三）善于发现案件证据中的证据联结点

下面是一个在被告人供述中寻找到联结点来定案的案例。

[案例] 1997年11月22日晚，某公安分局接到报案：某医院刚抢救的一名外地女青年柳某死因可疑。据负责抢救的陶医生介绍，在抢救过程中，他发现柳某右耳根之下有一片点状的新鲜小伤痕，在她的胸部、腹部也发现类似的伤痕。接报后的公安人员迅速赶赴现场展开侦查，经法医鉴定，证实柳某系被他人电击后死亡。鉴于死者丈夫刘某的说法与柳某的死因有明显矛盾，公安人员对刘某进行传唤；次日刘某供述了他采用电击的手法杀害其妻的犯罪事实。据《现场勘查笔录》记载分析，电冰箱内物品的冰冻状况可以证明，电冰箱的电源插头被拉开不久。经进一步尸体检验比对，粘附在现场电线末端的0.06米长的毛发正是柳某的。鉴于刘某的供述与《现场勘查笔录》、《尸体检验报告》和有关的证人证言基本一致，于是公安机关将刘某故意杀人案移送检察机关审查起诉。

收案后，检察人员发现刘某在公安机关对其采取强制措施之后全面翻供。

从本案的其他证据来看，刘某的女友王××证明刘某有作案的动机："刘某与我确实有不正当关系，为与我结婚刘某曾经与妻子离婚未成，刘某说过要杀死妻子。"证人马××证实刘某有作案的时间。在审查起诉中，检察人员仔细地审查了刘某的有罪供述，发现刘某有这么一段供述："（接线板）在三天前固定时，我本来没有固定牢，准备电击柳某时用的，所以只要轻轻一拉就掉下来了。"遂要求公安机关对现场所提取的电源拖线板及两根电线进行检验，并向他们提出了检验的具体要求。《物证检验报告》检验结果如下：（1）该电源拖线板外观形状为：11cm×4.4cm×2cm，第二相三组插座，其侧面周边有黑胶布的粘迹；（2）打开电源拖线板后，内部没有断头紫铜丝；（3）固定电线的两只螺丝，一只松开（距底板有0.1厘米的间隙），另一只较松。

这份《物证检验报告》足以证实刘某于1997年11月24日的有罪供述是真实的。当时，公安人员完全不知道拖线板内的情况，因为从扣押之日起，直到检察人员提出检验之前，没有任何人想到过要打开这个拖线板。如果刘某不如此供述，即使是公安人员当时想要弄虚作假，也根本无法记下这段笔录。况且，在连接拖线板和线接头时，人们一般都会把螺丝拧紧，以防脱落。如果拉出，就会在拖线板内留有被拉断的残余细铜丝。根据《物证检验报告》，检察人员又作出了这样的分析：如果是外来人员作案，那么该人不可能也没有必要事先把接线板内的螺丝拧松。最后，检察机关认为，虽然本案犯罪嫌疑人刘某否认自己的杀人事实，但结合其过去的有罪供述及本案形成的先供后证的证据等，完全可以认定其故意杀人的犯罪事实。

该案尽管刘某在法庭上全面否认自己杀害柳某的事实，但最终被判处死刑，剥夺政治权利终身。"将接线板内的螺丝拧松"这一联结点是检察人员在犯罪嫌疑人刘某的供述中找到的，它是刘某的供述内容与现场扣押的接线板内表现情况的结合，通过《物证检验报告》予以证实，并起到了定案的关键作用。

（四）科学分析案件证据中的联结点

确定刑事证据联结点的证明力大小是我们需要认真研究的重要问题之一。不同情况下的联结点，其证明力的大小是不一样的。办案实践证明，具有"新、特、奇、异"情况的联结点比具有时间、地点、人物（或对象）、手段、方法、动机和目的等要素的联结点的证明力还大。

[案例] 有一起故意杀人案的犯罪嫌疑人曾经供述，他想强奸被害人，因被害人反抗而未得逞，怕罪行败落，将被害人杀害。他为了伪造现场把被害人家五斗橱的橱门打开，并把挂着的衣裤全部拉出来，但在拉的过程中，把木档拉断了。对"把木档拉断"这一情况谁也未予以注意。后来，该犯罪嫌疑人翻供了，还反咬一口说公安人员诱供逼供。检察人员要求重新勘查现场，结果

发现，被害人家五斗橱内的木档确实被拉断了。

"把木档拉断"这一个联结点把犯罪嫌疑人与现场联系了起来。检察人员问犯罪嫌疑人："你没有作案怎么知道'把木档拉断'？""公安人员都不知道'把木档拉断'这一情况，怎么能诱供得出这个内容？"该犯罪嫌疑人哑口无言。"把木档拉断"是作案过程要素的一个联结点，它比犯罪构成要件的联结点证明力大。

［案例］一嫌疑对象在被带至警局后，即交代说他前几天曾经盗窃过一户居民家的财物，并说他近来肚子不好，一直拉稀，盗窃作案时还在这户居民家的水斗内拉过屎。公安人员没有放过"拉屎"这一联结点，不仅将其记录在笔录中，而且还在众多未侦破案件材料中找到了这户居民的被盗资料，现场勘查笔录证明该户被盗居民家的水斗内确有比较稀的屎。不久，这名嫌疑对象便推翻以前的交代。公安人员立即带他作了医学鉴定，鉴定结果证实这名嫌疑对象确实患有慢性结肠炎。

"拉屎"这一联结点，把嫌疑对象的供述、医学鉴定、现场勘查笔录、被害人关于现场情况的陈述这些证据紧密地结合在一起，进而证明该嫌疑对象就是对这户居民家实施盗窃的作案人。

我们认为，刑事证据的证明力的大小（或强弱），取决于联结点的多少或强弱等情况。联结点越多，刑事证据的证明力就越大。证据联结点的联结越强，证据的证明力就越大。此外，刑事证据联结点的证明力大小还取决于联结点的特征反映、表现形式、出现概率、情节表述、事物性质等情况。在一般条件下，事物特征反映明显的联结点，证明力大；事物特征反映不明显的联结点，证明力小。出现概率小的联结点，证明力大；出现概率大的联结点，证明力小。情节表述细的联结点，证明力大；情节表述粗的联结点，证明力小。联结点以面的形式出现的，证明力大；联结点以线的形式出现的，证明力次之；联结点以点的形式出现的，证明力小。从事物的性质来看，反映犯罪构成事实的联结点证明力较小；反映犯罪过程要素的联结点，证明力次之；反映新颖、特别、奇怪、异常情况的联结点，证明力较大。

五、运用矛盾法则

（一）矛盾法则的含义

矛盾法则是刑事印证的一个重要内容。证据与证据之间能够相互印证，那么就排除了证据间的矛盾。相反，如果证据与证据之间存在矛盾，那么证据就没有得到很好的印证。当然，矛盾法则并不意味着，不能相互印证的证据之间就一定存在矛盾。证据间遗漏了一些中间环节即证据联结点，证据也不能得到相互印证。

法学上的矛盾法则与逻辑学上的矛盾有所不同。在逻辑学上，与矛盾法则相对应的还有一个"对立法则"。两者的区别在于是否存在中间环节。矛盾的两个事物不存在中间环节，非此即彼，非彼即此。如生与死，要么是死亡，要么是还活着，不存在半死半活、不死不活的中间环节。而对立的两个事物则不同，存在一个中间环节，如好与坏之间，还存在一个"称不上好也说不上坏"的中间状态。证据法学上的矛盾法则是一个广义的概念，包括哲学上的"对立法则"。证据学上的矛盾法则是指在刑事诉讼中，联系证据内容的各部分，或一证据结合其他证据，利用事物之间的矛盾排除伪证的法则。它是建立在证据内容自身统一、证据之间统一、证据与案件事实统一的"三统一"原则基础上的。一般来说，达到了"三统一"的证据是真实的。

矛盾法则的内容是，单一证据材料内容自相矛盾，必有问题；两个证据材料相矛盾，必有一假或者两个证据材料都有虚假成分；一证据材料与众证据矛盾的，多属假证；一证据材料与案件事实相矛盾的定是假证。一般来说真实的证据，证据之间、证据本身各部分内容之间，能够相互印证不存在任何矛盾，在外观上表现为同向性即其证据的证明力所指为同一方向，要么都肯定，要么都否定。相反，如果证据之间、证据各部分内容之间不表现为同向，如多次口供的内容互相矛盾，那么就可以肯定其中有一部分是虚假的。何者为假，需要进一步判断。

《关于办理死刑案件审查判断证据若干问题的规定》（以下简称《死刑案件证据规定》）有许多关于矛盾法则的规定。第5条规定："办理死刑案件，对被告人犯罪事实的认定，必须达到证据确实、充分。证据确实、充分是指：……（三）证据与证据之间、证据与案件事实之间不存在矛盾或者矛盾得以合理排除……（五）根据证据认定案件事实的过程符合逻辑和经验规则，由证据得出的结论为唯一结论。"第15条规定："证人在法庭上的证言与其庭前证言相互矛盾，如果证人当庭能够对其翻证作出合理解释，并有相关证据印证的，应当采信庭审证言。对未出庭作证证人的书面证言，应当听取出庭检察人员、被告人及其辩护人的意见，并结合其他证据综合判断。未出庭作证证人的书面证言出现矛盾，不能排除矛盾且无证据印证的，不能作为定案的根据。"第22条规定："对被告人供述和辩解的审查，应当结合控辩双方提供的所有证据以及被告人本人的全部供述和辩解进行。被告人庭前供述一致，庭审中翻供，但被告人不能合理说明翻供理由或者其辩解与全案证据相矛盾，而庭前供述与其他证据能够相互印证的，可以采信被告人庭前供述。"第32条规定："对证据的证明力，应当结合案件的具体情况，从各证据与待证事实的关联程度、各证据之间的联系等方面进行审查判断。证据之间具有内在的联系，共同指向同一待证事实，且能合理排除矛盾的，才能作为定案的根据。"这些都是关于运用矛盾法则来审查判断证据的规定，包括判断证据是否确实、充分；审查证人证言、被告人供述和辩解、庭前供述的真实性；审查判断证据的证明力，等等。

（二）矛盾法则的运用

[案例] 王××故意伤害案中，被害人李某（系村干部）因收公粮与王××发生口角，后二人互相扭打在一起。其间，王××用砖块砸在李某的头部，致其重伤。本案被害人在陈述中说自己是因公履行职责而受害。然而，检察人员在提讯犯罪嫌疑人时，王××所言则完全是另一回事，称自己交了公粮，李某无事生非，并加以辱骂、殴打，后来才致二人打在一起，致李某受伤的后果也是在其追打自己时，迫于无奈，进行自卫才造成的。

本案中王××的供述与李某的陈述发生矛盾，根据矛盾法则，两个证据材料相矛盾，必有一假或者两个证据材料都有虚假成分。经过细致的核实和排查，根据其他证人的证言，结合二人所述情况的特点，分析各自的合理性，最终查明，被告人王××所述起因属实，然而致李某重伤则非其自称的防卫性质，而是在自己受伤跑开以后，认为李某一定会追打，才用砖向后砸去造成的，属于假想防卫。因此本案中王××的供述与李某的陈述都有虚假成分，通过调查排除了矛盾，查明了案件事实。

[案例] 一起强奸案件中的证人方××两次作证截然相反。一次证明，在强奸案件发生的时间里，他与被告人在一起下棋，证明了被告人根本没有作案时间；另一次又证明他与被告人在下棋过程中回了家一趟又回来继续下棋，不能排除被告人无作案时间。

本案中，证人方××就同一案件事实的前后两次证言自相矛盾，根据矛盾法则，其中必有一假。最后检察人员查明方××的后一次证言是真实的。

矛盾法则要求我们善于发现证据中的矛盾，排除虚假的证据材料。要注意证据的矛盾既可能产生于同一证据之中，也可能产生于此证据与彼证据之间，还可能产生于证据与案件事实之间。矛盾的出现，说明有虚假证据存在。因此，要进一步调查取证，分析研究，排除虚假证据，使矛盾得以解决。这一发现矛盾、分析矛盾、解决矛盾的过程，就是办案人员加深认识、鉴别证据真伪和揭示案件真实的过程。

六、运用经验法则

运用、审查判断证据时，如果证据本身内容不一致甚至相矛盾或一证据与他证据相矛盾，就要判断证据的哪一方面或哪个证据更为真实可靠，是否足以否认另一方面内容或另一证据，这时候应当运用经验法则。

（一）经验法则的含义

经验法则是指从生活经验中归纳出来的被广泛认知，并可被运用来查明案件事实的具有高度盖然性的作为判断事物的一般知识、经验、法则和规律。《死刑案件证据规定》第5条第5项是关于逻辑法则和经验法则的规定。其第33条规定："没有直接证据证明犯罪行为系被告人实施，但同时符合下列条件的可以认定被告人有罪：（一）据以定案的间接证据已经查证属实；（二）据以定案的间接证据之间相互印证，不存在无法排除的矛盾和无法解释的疑问；（三）据以定案的间接证据已经形成完整的证明体系；（四）依据间接证据认定的案件事实，结论是唯一的，足以排除一切合理怀疑；（五）运用间接证据进行的推理符合逻辑和经验判断。"这些规定其中都牵涉到运用经验法则来判断全案证据是否确实、充分，判断据现有证据能否认定被告人有罪等。

刑事证明的每一个阶段和环节都贯穿着经验法则的运用。大到对一个案件事实的认定，小到对一个证据的判断、认定和运用，都离不开经验法则的指导。

某地发生一起室内死亡案件，公安人员赶到现场，看到死者背后插了一把刀，立即就判断出死者乃他杀。这是一般情况下任何人凭经验都可得出的结论。

在另一起案件中，妻子在丈夫殴打时情急之下用一把剪刀向丈夫刺去，导致丈夫死亡，妻子构成故意杀人罪还是故意伤害罪？法官根据经验作出了故意伤害罪的判决。法官为什么不作出故意杀人罪的判决，也是其办案经验使然。

（二）绝对经验法则的运用

根据经验法则证明力的大小，我们可将经验法则分为绝对经验法则和相对经验法则。[①] 绝对经验法则是指具有绝对的效力的经验法则，违背该法则的证据材料不可采。为有效地运用绝对经验法则，要注意：

1. 要具有丰富的社会自然知识和生活经验

要"上知天文，下晓地理"，掌握各种绝对经验法则。关于天时方面的经验法则有：在温带地区，一年必有四季，循环往复，其气候春温、夏热、秋爽、冬寒；关于天文方面的经验法则有：日出于东而落于西，地球围绕太阳转；关于地理方面的经验法则有：土地肥沃则草木茂盛，土地贫瘠则草木稀疏；关于日常生活方面的经验法则有：干柴易燃，吸煤气会中毒，触电可致身亡，等等。

2. 要善于发现和运用案件证据中存在绝对经验法则的情况

这包括两种情况：一是发现对方所提供的证据中存在违反绝对经验法则的

---

① 张少林：《刑事证据的运用》，中国方正出版社2003年版，第134页。

情况，以提出质疑或加以反驳。绝对经验法则如一般情况下，任何人不会轻易地将巨额资金借给一个根本不了解的人。再如在一个黑夜里，没有照明的情况下，只看到模糊的影像，这是正常的。若某证人称在此种情况下他看清了人的面貌、长相和服装样式、颜色，那就违反了绝对经验法则，不真实了。二是发现本方证据中存在合乎绝对经验法则的情况，以支持自己提出的主张。绝对经验法则具有绝对的效力，违背该法则的证据材料不可采，但是相反合乎该法则的证据则具较强的证明力，因而具有较强的说服力。

[案例] 一次，林肯担任其友小阿姆斯特朗的辩护律师。小阿姆斯特朗被控谋财害命，已被初步判定为有罪。林肯经过仔细查阅案卷，并对现场作了实地考察，然后要求复审。全案的关键在于原告证人福尔逊的证言，因为他发誓说他在10月18日晚11点15分，在距离小阿姆斯特朗二三十米的月光下清楚地目击了小阿姆斯特朗用枪击毙了死者。在固定了证人的证言后，林肯开始了他的辩护演说：我不能不告诉大家，这个证人是个彻头彻尾的骗子，他一口咬定10月18日晚上11点在月光下认清了被告人的脸。请大家想一想，10月18日晚11点月亮早已下山了，哪里来的月光？退一步说，就算证人记不清时间了，假定稍有提前，月亮还在西天，月光从西边照过来，由于证人的位置在树的东南的草堆后面，他根本看不到被告人的脸……林肯的推断和分析，充分证明了证人证言是假的，最后小阿姆斯特朗被判无罪释放。

该案中，林肯利用了经验法则取胜。其绝对经验法则是：10月18日晚11点月亮早已下山了，在没有月光的情况下，在二三十米开外是看不清被告人的脸的；证人的位置在树的东南的草堆后面，根本看不到被告人的脸，也就谈不上清楚地目击了是被告人用枪击毙了死者。

(三) 相对经验法则的运用

实践中，绝对经验法则毕竟是少数，大多数为相对经验法则。

[案例] 一名男子某晚窜到自己所认识的一名妇女家中，趁该妇女丈夫不在家之际将其奸淫，因该妇女控告而案发。①

在被告人不承认是强奸的情况下，认定违背妇女的主要证据包括：

(1) 事后当即向本单位的保卫部门作了告发，前后证词稳定，无明显不合理之处；

(2) 该女出示了当时被撕掉扣子的衣服，作为反抗的证据，而被告人承认脱衣服时用力较猛；

(3) 该女独居，房间较偏僻，身材较矮小，而被告人身材较高大，以威

---

① 转引自龙宗智：《我国刑事诉讼的证明标准》，载《法学研究》总第107期。

胁和暴力足以制服对方，该女称由于被告人以死相威胁，不敢拼命反抗；

（4）被害人已怀孕三个月；

（5）女方过去没有生活作风问题，与丈夫关系好，与被告人关系一般，没有爱情基础；

（6）被告人虽称女方开始有所推辞，后来仍表示同意，但其供词不稳定，自相矛盾，缺乏说服力。

此案后以强奸定罪处罚。

此案中运用了一系列相对经验法则：女方在没有其他客观因素影响的情况下于事后告发，一般是因被告人的行为违背其意志；稳定的供证一般比较真实可靠，不稳定的供证则因其违反矛盾律而不可靠；衣服撕坏是被害人反抗的证据；女方怀孕数月通常性要求不足；女方过去无作风问题，当时家庭关系好，而与对方无感情和性爱基础，发生性关系应当是违背女方意愿等。

[案例] 某男青年以交女朋友为名将一个女中学生（已满14周岁）骗到一出租屋内，在一张双层床的下铺采用胁迫的方法将其奸淫，被害人当时没有剧烈反抗和大声叫喊。案发现场的双层床的上铺还睡着一个男青年，案发后称自己在睡觉不知道发生什么事。虽然被告人从不供认自己罪行，但司法机关认定被告人违反妇女意志的"确信盖然"在于：

（1）被害人在案发后立即乘出租车到派出所报案；

（2）被害人案发前并不认识被告人；

（3）被害人之所以被奸污时没有明显反抗，是因为被告人威胁被害人，如果吵醒上铺那个人，他也会对被害人施暴；

（4）被害人在校成绩良好，品行端正，无不良生活劣行。

此案中也运用了一系列相对经验法则：案发后立即报案的，发生的性关系多数违背妇女意志；双方事前并不认识的，自愿发生性关系的可能性极小；被害人之所以被奸污时没有明显反抗，是因为不敢反抗而不是不愿反抗；被害人在校成绩良好，品行端正，无不良生活劣行，轻易与他人发生性关系的可能性不大。

每一相对经验法则而言都不具有绝对性，因为常理并不排除例外。但案件中一系列相对经验法则综合起来，则可合乎常理地得出结论。

[案例] 被告人朱某受贿一案中，行贿人王某在法庭上突然推翻原来的证言，将自己贿赂给朱某的人民币30万元说成借贷关系。经过对全案情节再行深入审查和分析后认为，凭朱某的经济条件，在没有任何背景的前提下，没必要无端借此巨款；朱某与王某并无特殊关系，"借"款已属反常，而久借不归更加有悖常理；朱某身为本单位领导，基建工程发包的大权在握，王某作为承

包人，"借"款又恰恰发生在这期间，将之仅仅解释为简单的借贷关系显然难以令人信服。

上述案件运用了一系列的经验法则：借款特别是借巨款总是出于一定的借款需要；借款往往是发生在有一定关系的人之间；向关系不熟的人借款久借不还有悖常理等。

运用相对经验法则要注意：

其一，与绝对经验法则不同，相对经验法则无绝对效力，这一点是我们运用相对经验法则要特别注意的。由于相对经验法则是具有较大的可能性而不是绝对的可能性，可能性并不排除例外。因此我们在运用相对经验法则时切忌得出绝对性的结论，否则相对经验法则不仅无助于增强我们论证的说服力，甚至还容易导致错误的结论。

其二，尽管相对经验法则无绝对效力，但它为我们判断证据的真实性提供了一定的思路和方法，如对违背相对经验法则的证据材料应提出较多的质疑。所以既要善于，也要敢于运用相对经验法则。

其三，与绝对经验法则相比，尽管相对经验法则效力不高，但它点多面广，只要我们多加留心，就会发现许多案件中都存在一定的相对经验法则。

其四，运用相对经验法则要全盘考虑，综合运用。要采用"综合一系列相对经验法则，合乎常理地得出结论"的方法，而不能单个地运用一两个相对经验法则，这样得出的结论无多大的说服力。

其五，运用相对经验法则比运用绝对经验法则，对运用者提出了更高的要求，它不仅要求运用者具有广博的自然、社会科学知识，而且要求运用者具有较强的推理论证能力。

第七章
刑事审判活动监督的重点与方法

2012年刑事诉讼法对庭审程序和庭审活动作了较大幅度的修改,并且赋予检察机关更多的监督权力和监督手段。我们在前六章集中探讨了刑事抗诉工作的重点与技巧,本章将围绕人民检察院在刑事审判活动中的监督职能展开讨论。

第一节 深刻认识刑事审判活动监督的诉讼价值

一、刑事审判活动监督的价值和法律依据

价值,就是所谓的"善",是人们追求和向往的"善"。刑事诉讼的程序价值,是外在价值(工具价值)和内在价值(固有价值)的统一,必须将两者视为一个完整的生命有机体,不能抛开公正的程序去追求所谓绝对的实体真实,不能通过不公正的手段换取实体法的"正确实施"。无论是追求事实真相,还是惩治犯罪,都必须在遵守法律程序的前提下进行。离开公正的法律程序,诉讼结果即使具有较高的质量,这种诉讼活动也不具有完整的伦理正当性。①

---

① 陈瑞华:《刑事诉讼的前沿问题》,中国人民大学出版社2000年版,第87、97页。

人民检察院刑事审判监督的对象，包括对人民法院刑事审判程序的监督和刑事审判结果的监督。对刑事审判结果的监督，实际上就是对人民法院刑事判决、裁定的监督；而对人民法院刑事审判程序的监督，实际上就是对人民法院刑事审判活动的监督。刑事审判活动监督是指人民检察院依法对人民法院的刑事审判活动是否违反法律规定的诉讼程序所进行的专门法律监督。[①] 我国刑事诉讼法不仅在总则中确立了检察机关对刑事诉讼活动实行法律监督的原则，而且在各项具体的刑事审判制度中对刑事审判活动监督作出了更为详细的规定。但长期以来，由于受重实体、轻程序，重结果、轻过程观点的影响，主要包括司法人员，认为只要实体正确、结果正确，程序违法、过程违法不算什么。实践中，对严重违反诉讼程序能否成为抗诉的理由、审判活动监督的方法等也存在争议。我们认为，程序具有独立的诉讼价值，而程序正是通过一系列的审判活动展现出来的，是实体公正的保证。根据法律规定，刑事审判活动监督是检察机关审判监督的重要组成部分。

《刑事诉讼法》第8条规定："人民检察院依法对刑事诉讼实行法律监督。"第203条规定："人民检察院发现人民法院审理案件违反法律规定的诉讼程序，有权向人民法院提出纠正意见。"第240条规定："在复核死刑案件过程中，最高人民检察院可以向最高人民法院提出意见。最高人民法院应当将死刑复核结果通报最高人民检察院。"第242条规定，"违反法律规定的程序，可能影响公正审判的"，人民法院应当启动审判监督程序重新审判。人民检察院组织法和最高人民检察院《人民检察院刑事诉讼规则（试行）》同样规定了人民检察院依法对人民法院的审判活动是否合法实行监督。这些规定，是人民检察院履行刑事审判程序监督的主要依据。

二、刑事审判活动监督的性质

检察机关是国家的法律监督机关，刑事审判活动监督体现了人民检察院依法履行法律监督职责的性质，是检察机关法律监督职能的重要组成部分。在刑事审判过程中，人民检察院既要追诉犯罪，依法行使公诉权，又要对人民法院的审判活动进行监督，以保障实体公正和程序公正。根据法律规定，检察机关法律监督的内容十分广泛，其中刑事法律监督职能包括职务犯罪侦查、批准逮捕、公诉、刑事诉讼监督等。这些法律监督职能可以归纳为两大部分：一是刑事立案监督、侦查监督、审判监督、裁判监督、执行监督等"刑事诉讼监

[①] 梁国庆主编：《中国检察业务教程》（修订版），中国检察出版社2002年版，第236页。

督";二是"职务犯罪监督"。① 刑事审判活动监督是检察机关法律监督体系的重要组成部分,是社会主义法治的重要内容,是人民检察院依法对人民法院审理刑事案件活动的合法性所进行的监察、督促和制约。

三、刑事审判活动监督的任务

刑事审判活动监督的任务主要包括:

(一)保障程序公正,维护刑法实施

程序公正和实体公正,两者是形式与内容的辩证统一关系,其终极目标都是惩罚犯罪,保护人民。"如果将法律理解为社会生活的形式,那么作为'形式的法律'的程序法,则是这种形式的形式,它如同桅杆顶尖,对船身最轻微的运动也会做出强烈的摆动。在程序法的发展过程中,以极其清晰的对比反衬出社会生活的逐渐变化。"② 在西方发达国家,程序违法是再审的理由之一。如英、美等国,如果程序违法,即使实体是正确的,也毫无例外地予以纠正。最典型的就是美国"辛普森案"。程序违法虽然并不必然导致实体错误,但程序违法往往造成实体不公,其所带来的危害也是不容忽视的。诉讼程序是保证实体法正确实施的必要条件,人民检察院通过对人民法院是否严格依照法定程序办理刑事案件的监督,保障准确、客观地查明案件事实,维护刑法的统一、正确适用。

(二)监督法院审判,维护司法权威

在刑事诉讼的五个阶段中,审判阶段是诉讼程序的核心和关键。立案、侦查、起诉的大量工作,都是围绕庭审而开展的。在审判活动中,人民法院在控辩双方及其他诉讼参与人的参加下,通过庭前预备程序,就回避、出庭证人名单、非法证据等问题听取双方意见;通过庭审活动,通过定罪、量刑事实的法庭调查、法庭辩论等手段,全面审核证据,查明案件事实,依法作出裁判。我国刑事诉讼法中关于第一审、第二审、死刑复核、审判监督以及特别程序,共91个条文,再加上证据部分中关于庭审中非法证据排除的程序规定,其篇幅占刑事诉讼法的1/3。刑事诉讼法规定的各项基本原则、审判制度和审理程序,都集中反映在审判程序中。"以往,我们将法官是否切实遵守实体法作为判断法官行为正当与否的绝对标准。实际上,法官更重要的是遵守程序法。法

---

① 叶青:《职务犯罪侦查与法律监督的关系》,载《政治与法律》2007年第3期。
② [德]拉德布鲁赫:《法学导论》,米健、朱林译,中国大百科全书出版社1997年版,第120页。

官必须依据法律规则审理案件，遵循法律规定的各种程序对法官的制约。"①人民检察院通过加强对人民法院审判活动的监督，保证人民法院的审判活动严格执法，公正高效，及时完成刑事诉讼法规定的任务，通过一个个铁案，证明、传递和强化司法公正与司法权威。

（三）惩罚犯罪分子，防止冤枉无辜

刑事诉讼的任务，是保证准确、及时地查明犯罪事实，正确应用法律，惩罚犯罪分子，保障无罪的人不受刑事追究，教育公民自觉遵守法律，积极同犯罪行为作斗争，以维护社会主义法制。刑事诉讼既要打击犯罪，也要保障人权。为此，刑事诉讼法将"尊重和保障人权"规定为刑事诉讼的任务之一。"惩罚犯罪是对犯罪这种'恶'的制止与惩戒，若是因此而侵犯人权，其自身亦成了一种应受惩处的'恶'，其存在的价值便被破坏。"② 人民法院的审判活动直接关系到国家刑罚权的实现，人民检察院通过对人民法院审判活动实行监督，要求审判程序严格依法进行，做到罚当其罪，不枉不纵，保证人民法院查明事实真相，追究和惩罚犯罪，防止放纵罪犯和冤及无辜。

（四）维护合法权益，保障诉讼权利

《刑事诉讼法》第14条规定："人民法院、人民检察院和公安机关应当保障犯罪嫌疑人、被告人和其他诉讼参与人依法享有的辩护权和其他诉讼权利。"在刑事审判过程中，被告人享有广泛的权利，如申请回避权、辩护权、最后陈述权等。刑事诉讼法同时也规定了其他诉讼参与人在审判中的各项诉讼权利。对这些不同主体的权利，应根据各自的特点进行相应的保护。人民检察院在对刑事审判活动进行监督过程中，其任务之一就是要监督人民法院尊重和保护被告人和其他诉讼参与人的诉讼权利，对于人民法院非法限制和剥夺诉讼参与人诉讼权利和其他合法权益的行为，人民检察院要及时提出纠正意见，保障其依法享有的各项权利，维护其合法权益。

（五）促进依法审判，维护法治尊严

在刑事审判活动中，一些审判人员出于各种原因，出现了违法办案的现象，造成了不良的社会影响。少数审判人员贪赃枉法、徇私舞弊、枉法裁判，严重妨碍了法律的公正实施，削弱了民众对司法的信任。如深圳市中级人民法院多名法官受贿案、乌鲁木齐铁路运输中级法院单位受贿案等。最高人民检察院在赵作海、佘祥林、滕兴善、杜培武等典型案例剖析材料中指出：必须正确

---

① 葛洪义：《法官的权力》，载《中国法学》2003年第4期。
② 邓楚开：《论检察机关对刑事审判的监督》，载《国家检察官学院学报》2001年第2期。

刑事抗诉重点与方法(修订版)

贯彻分工负责、互相配合、互相制约的原则,不能只讲配合和支持,不讲监督与制约,真正做到各司其职,各尽其责。"仅仅单纯的实体性法律规定并不足以保证法官就必然按照法律处理案件。因此,程序性的规定是约束法官权力的一个重要法律条件。"① 人民检察院对人民法院刑事审判活动是否严格依法进行履行监督职能,并通过对审判人员职务犯罪的查处,可以防止和纠正审判活动中的违法行为,促进审判人员严格依法审判,减少和杜绝审判中的违法行为,不断提高审判质量和水平,维护国家法制的统一和尊严。

四、刑事审判活动监督的对象

刑事审判活动监督的主体是人民检察院。刑事审判活动监督的对象是人民法院的审理案件活动,以发现和纠正人民法院在案件审理中违反法律规定的诉讼程序的行为。刑事审判活动监督的重点主要是诉讼过程监督,刑事审判活动监督的目的是保障人民法院依法正确行使刑事审判权,维护刑事司法的公正、效率和效果。

因为刑事审判活动监督以人民法院的审判活动是否遵守法定的诉讼程序为监督对象,及时发现和纠正人民法院违反法定诉讼程序规定的行为。因此,按照不同的分类方法,可以将刑事审判活动监督的对象划分为以下五个方面:

(一)按审判程序,监督对象包括刑事一审、二审、审判监督、死刑复核以及特别程序

第一审程序是人民法院审理案件的基础程序,对第一审程序的监督是刑事审判活动监督的首要环节,包括对法院立案审查、庭前工作、法庭审理的监督。(1)在立案阶段,根据最高人民法院关于案件审理期限的有关规定,一审法院收到起诉书后,经审查符合受理条件的;收到自诉人自诉状或口头告诉的,经审查认为符合自诉案件受理条件的,均应当在规定的期限内立案。立案庭应当在决定立案的期限内,将案卷移送审判庭。案件的审理期限从立案次日起计算。因此,应当对立案审查的时间、立案庭的程序性工作进行监督。(2)在庭前活动阶段,要按照《刑事诉讼法》第182条和最高人民法院关于刑事诉讼法解释的规定,对文书送达时间、是否通知辩护方于开庭前提供拟当庭出示证据等情况实施监督。(3)法庭审理是第一审程序监督的重点,应按照刑事诉讼法、最高人民法院关于刑事诉讼法的司法解释、最高人民检察院《人民检察院刑事诉讼规则(试行)》的规定,切实履行审判活动监督职能。

在第二审程序监督中,要对二审立案、庭前工作、法庭审判等进行监督。

---

① 葛洪义:《法官的权力》,载《中国法学》2003年第4期。

根据我国《刑事诉讼法》第223条和第224条的规定，抗诉案件一律组成合议庭开庭审理，上诉案件以组成合议庭开庭审理为原则、讯问和听取意见审理为例外。对于抗诉案件和二审法院开庭审理的公诉案件，同级检察院都应当派员出庭。二审检察员出庭的任务除了支持抗诉和参加上诉案件外，其主要任务就是承担法律监督职能。人民检察院除了应当对人民法院全面审查原则、上诉不加刑原则、裁定准予撤诉和不准予撤诉等进行监督外，还应当根据《刑事诉讼法》第223条至225条的规定，对应当开庭审理的案件是否开庭审理，不开庭审理是否讯问和听取当事人、辩护人、诉讼代理人的意见，开庭地点的选择，限制发回重审等情况进行监督。对于死刑第二审案件，根据《刑事诉讼法》第223条的规定，被告人被判处死刑的上诉案件应当开庭审理。同时，最高人民法院、最高人民检察院还制定了《关于死刑第二审案件开庭审理程序若干问题的规定（试行）》，对死刑案件二审开庭审理程序作了特别规定。由于法院讯问和听取意见审理的案件不开庭审理，人民检察院也不派员出席。因此，当前要加强对法院二审讯问和听取意见审理案件，特别是适用该程序审理后改变一审判决的监督，积极探索监督的途径和方法。

对于按照审判监督程序审理的案件，《刑事诉讼法》第242条将"违反法律规定的诉讼程序，可能影响公正审判的"增加为再审的法定事由。《刑事诉讼法》第244条对人民法院指令再审法院作出了规定，除了由原审人民法院审理更为适宜的案件外，应当指令原审人民法院以外的下级人民法院审理。《刑事诉讼法》第245条规定，人民法院按照审判监督程序重新审判的案件，由原审人民法院审理的，应当另行组成合议庭进行；人民法院开庭审理的再审案件，同级人民检察院应当派员出庭。最高人民法院制定的关于刑事再审案件开庭审理程序的司法解释，还对案件受理、庭前工作、开庭和不开庭审理的案件范围以及审理程序等作出了规定。该司法解释规定，除人民检察院抗诉的以外，再审一般不得加重原审被告人的刑罚。当前，应当将人民法院自行决定再审案件纳入监督视野，及时纠正存在的违法问题。此外，最高人民检察院《人民检察院刑事诉讼规则（试行）》第576条至第581条亦确立了人民检察院对审判活动的监督模式，并明确列举了16种对审判活动中主要发现和纠正的违法行为：（1）人民法院对刑事案件的受理违反管辖规定的；（2）人民法院审理案件违反法定审理和送达期限的；（3）法庭组成人员不符合法律规定，或者违反规定应当回避而不回避的；（4）法庭审理案件违反法定程序的；（5）侵犯当事人和其他诉讼参与人的诉讼权利和其他合法权利的；（6）法庭审理时对有关程序问题所作的决定违反法律规定的；（7）二审法院违反法律规定裁定发回重审的；（8）故意毁弃、篡改、隐匿、伪造、偷换证据或者其他诉讼材料,或者依据未经法定程序调查、质证的证据定案的;(9)依法应当调查收集相关证据而不收集的;(10)徇私枉法,故意违背事实和法律作枉法裁判的;(11)收受、索取当事人及其近亲属或者其委托的律师等人财物或者其他利益的;(12)违反法律规定采取强制措施或者采取强制措施法定期限届满,不予释放、解除或者变更的;(13)应当退还取保候审保证金不退还的;(14)对与案件无关的财物采取查封、扣押、冻结措施,或者应当解除查封、扣押、冻结不解除的;(15)贪污、挪用、私分、调换、违反规定使用查封、扣押、冻结的财物及其孳息的;(16)其他违反法律规定的审理程序的行为。

对于死刑复核程序,为了严格控制和慎重适用死刑,坚持少杀,防止错杀,根据最高人民法院《关于统一行使死刑案件核准权有关问题的决定》,自2007年1月1日起,死刑除依法由最高人民法院判决的以外,应当报请最高人民法院核准。人民检察院对死刑复核程序依法履行法律监督职能,可以提高死刑案件的质量,保证死刑的正确适用。根据《刑事诉讼法》第239条和最高人民法院《关于复核死刑案件若干问题的规定》,最高人民法院复核死刑案件,应当作出核准或者不核准死刑的裁定。对于不核准死刑的,最高人民法院可以发回重审或者予以改判。根据司法解释,除了对死刑案件进行事实审查外,还要进行程序审查,对于原审人民法院违反法定诉讼程序,可能影响公正审判的,裁定不予核准,并撤销原判发回重审。为了保证死刑案件的办案质量,《刑事诉讼法》第240条第1款规定,最高人民法院复核死刑案件,应当讯问被告人,辩护律师提出要求的,应当听取其意见。该条第2款还规定了检察机关的法律监督职能,即"在复核死刑案件过程中,最高人民检察院可以向最高人民法院提出意见。最高人民法院应当将死刑复核结果通报最高人民检察院"。"两高"、公安部、司法部印发了《关于进一步严格依法办案确保办理死刑案件质量的意见》,对办理死刑案件应当遵循的原则,侦查、公诉、审判、执行中确保死刑案件办案质量的措施等作了规定。该《意见》第44条规定:"人民检察院按照法律规定加强对办理死刑案件的法律监督。"此外,根据最高人民检察院《人民检察院刑事诉讼规则(试行)》第604条至606条的规定,最高人民检察院发现在死刑复核期间的案件具有以下情形,经审查认为确有必要的,应当向最高人民法院提出意见:(1)认为死刑二审裁判确有错误,依法不应当核准死刑的;(2)发现新情况、新证据,可能影响被告人定罪量刑的;(3)违反法律规定的诉讼程序可能影响公正审判的;(4)司法人员在审理该案件的时候,有贪污受贿、徇私舞弊、枉法裁判等行为的;(5)其他需要提出意见的。最高人民检察院对于最高人民法院通报的死刑复核案件,认为确有必要的,应当在最高人民法院裁判文书下发前提出意见。省级人民检察院对于进入最高人民法院死刑复核程序的下列案件,应当制作提请监督报告并连同案件有关材料及时报送最高人民检察院:(1)案件事实不清、证据不足,依法应当发回重新审判,高级人民法院二审裁定维持死刑立即执行确有错误的;(2)被告人具有从轻、减轻处罚情节,依法不应当判处死刑,高级人民法院二审裁定维持死刑立即执行确有错误的;(3)严重违反法律规定的诉讼程序,可能影响公正审判的;(4)最高人民法院受理案件后一年以内未能审结的;(5)最高人民法院不核准死刑发回重审不当的;(6)其他需要监督的情形。另外,《人民检察院刑事诉讼规则(试行)》第609条规定,最高人民检察院死刑复核检察部门对死刑复核监督案件的审查可以采取下列方式进行:(1)书面审查最高人民法院通报的材料、省级人民检察院报送的相关案件材料、当事人及其近亲属或者受委托的律师提交的申诉材料。(2)听取原承办案件的省级人民检察院的意见,也可以要求省级人民检察院呈报相关案件材料。(3)必要时可以审阅案卷、讯问被告人、复核主要证据。该条明确了最高人民检察院针对死刑复核监督案件的具体审查方式。此前,死刑立即执行的核准权统一收归最高人民法院行使,死刑缓期执行的核准权仍由高级法院行使。因此,对死刑复核程序的监督,主要由最高人民检察院和省级人民检察院承担。这就需要省级人民检察院积极配合最高人民检察院做好该项工作。根据《人民检察院刑事诉讼规则(试行)》第607条的规定,省级人民检察院发现死刑复核案件被告人自首、立功、达成赔偿协议取得被害方谅解等新的证据材料,可能影响死刑适用的,应当及时向最高人民检察院报告。当前,要加大对死刑立即执行改判缓期二年执行案件的监督,发现违法情形,及时予以纠正。

特别程序是2012年刑事诉讼法新增加的四个程序,即未成年人刑事案件诉讼程序,当事人和解的公诉案件诉讼程序,犯罪嫌疑人、被告人逃匿死亡案件违法所得的没收程序,依法不负刑事责任的精神病人的强制医疗程序。对于后两个特别程序,虽然其发生在刑事诉讼过程中,但总体上属于行政类程序,人民检察院应当注意对其监督对象、监督方式的研究。

(二)按审判方式,监督对象包括普通程序、简易程序

普通程序是刑事诉讼的通常程序,除特殊情况外,案件适用普通程序审理,刑事诉讼法对普通程序也作出了详细规定。因此,对审判活动的监督首先是对适用普通程序审理案件的监督。2012年刑事诉讼法对普通程序作了修改和完善,删除了关于移送主要证据复印件的规定,增加了移送案卷材料的规定,以及在法院主持下听取控辩双方意见的庭前预备程序;规定了人民法院审判公诉案件,人民检察院应当派员出席法庭支持公诉;关于证人、人民警察、

鉴定人、专家证人出庭以及定罪、量刑的法庭调查和辩论程序。因此，对检察机关审判活动监督提出了新的要求。

对于简易程序，刑事诉讼法专节规定了其可以适用、不得适用的范围和程序。《刑事诉讼法》第208条规定，基层人民法院管辖的案件，符合下列条件的，可以适用简易程序审判：（1）案件事实清楚、证据充分的；（2）被告人承认自己所犯罪行，对指控的犯罪事实没有异议的；（3）被告人对适用简易程序没有异议的。该条第2款规定，人民检察院在提起公诉的时候，可以建议人民法院适用简易程序。据此，适用简易程序的案件，不再局限于3年以下有期徒刑的轻微刑事案件，甚至可以扩大到15年有期徒刑以下的案件。为改变过去简易程序案件公诉人不出庭造成的监督空白，《刑事诉讼法》第210条第2款规定，适用简易程序审理公诉案件，人民检察院应当派员出席法庭。同时，《刑事诉讼法》第209条规定，有下列情形之一的，不适用简易程序：（1）被告人是盲、聋、哑人，或者是尚未完全丧失辨认或者控制自己行为能力的精神病人的；（2）有重大社会影响的；（3）共同犯罪案件中部分被告人不认罪或者对适用简易程序有异议的；（4）其他不宜适用简易程序审理的。根据刑事诉讼法的规定，适用简易程序审理案件，对可能判处3年有期徒刑以下刑罚的，可以组成合议庭进行审判，也可以由审判员1人独任审判；对可能判处的有期徒刑超过3年的，应当组成合议庭进行审判。适用简易程序审理案件，审判人员应当询问被告人对指控的犯罪事实的意见，告知被告人适用简易程序审理的法律规定，确认被告人是否同意适用简易程序审理。适用简易程序审理案件，经审判人员许可，被告人及其辩护人可以与公诉人、自诉人及其诉讼代理人互相辩论。简易程序案件的法庭审理从简，但在判决宣告前应当听取被告人的最后陈述意见。人民法院在适用简易程序审理公诉案件时，发现有不应当适用简易程序的四种情形之一的，应当将简易程序转为普通程序重新审理。根据"两高"和司法部《关于适用简易程序审理公诉案件的若干意见》，人民法院对自愿认罪的被告人，酌情予以从轻处罚。

（三）按案件性质，监督对象包括刑事公诉案件、自诉案件和附带民事诉讼案件

我国实行公诉为主、自诉为辅的刑事追诉机制。人民检察院刑事审判活动的监督重点是公诉案件，对人民法院直接受理的自诉案件，也属于人民检察院法律监督的范围。但目前，对自诉案件的审判活动监督基本处于"真空"状态。根据《刑事诉讼法》第102条的规定，与刑事案件一并审判的附带民事诉讼，人民检察院要在监督刑事案件审判的同时，对附带民事诉讼的审判活动进行监督。对于为了防止刑事案件审判的过分迟延，在刑事案件审判后由同一

审判组织继续审理的附带民事诉讼（根据最高人民法院的司法解释，如果同一审判组织的成员确实无法继续参加审判的，可以更换审判组织成员），人民检察院也要加强监督。根据最高人民法院《关于刑事附带民事诉讼范围问题的规定》，对于作为刑事案件延伸的附带民事诉讼，即犯罪分子非法占有、处置被害人的财产而使其遭受物质损失，人民法院经过追缴或责令退赔仍不能弥补损失的，被害人可以向人民法院民庭另行提起民事诉讼。这是否属于附带民事诉讼，人民检察院能否对其进行同步监督有待进一步探讨。

（四）按监督活动，监督对象包括对庭审活动的监督和对庭外活动的监督

法庭审理活动是整个刑事诉讼的核心和关键，因而是刑事审判活动监督的重点。刑事诉讼法、最高人民法院关于刑事诉讼法解释对庭审活动的内容和程序均作了翔实的规定。最高人民检察院《人民检察院刑事诉讼规则（试行）》除规定了出席第一审法庭、第二审法庭、再审法庭等具体程序外，又专门规定了审判监督的对象和方法。实践中，人民检察院也加强了庭审活动的监督，取得了较好的效果。但是人民检察院对庭外活动的监督还比较薄弱，方法和措施不多。如对立案庭审查的监督，对人民法院庭外调查核实证据的监督，对内部审批程序的监督，对审判人员和审判委员会成员回避的监督，对扣押、冻结财物处理的监督，对司法鉴定的监督等。目前，这些监督还没有实质性启动。

［案例］在一起故意杀人拟判处死刑的案件中，一审人民法院认为被告人行为异常，遂聘请鉴定人员对被告人进行了司法精神病鉴定，鉴定意见为被告人系无刑事责任能力的精神病人，亦无受审能力；检察机关提出异议后，人民法院重新委托了鉴定，鉴定意见为被告人系限制刑事责任能力人；检察机关再次提出异议，人民法院又委托市级鉴定复审机构进行鉴定，鉴定意见为被告人无精神病，具有完全刑事责任能力。对此，检察机关对司法鉴定机构的行为进行了通报和纠正。

（五）按审判对象，监督对象包括对单位犯罪案件的审理程序、涉外刑事案件审理程序、在法定刑以下判处刑罚程序的监督

由于单位犯罪不同于自然人犯罪，涉外案件也具有自身的特点。因此，最高人民法院的相关司法解释规定了单位犯罪的审理程序、涉外刑事案件审理程序、在法定刑以下判处刑罚程序。在法定刑以下判处刑罚程序主要是指根据《刑法》第63条第2款规定的报批程序。人民检察院应当注重对上述三种刑事审判程序的监督。

五、刑事审判活动监督的特点

刑事审判活动监督，作为检察机关刑事审判监督的重要组成部分，具有自

身的特点，其主要表现为：

（一）整体性

刑事审判活动监督的主体是人民检察院，监督对象是人民法院的审判活动。根据最高人民检察院的相关规定，人民检察院对违反法定程序的庭审活动提出纠正意见，应当由人民检察院在庭审后提出。这一规定，突出了检察机关法律监督主体的地位，提法更为科学，但其并没有改变出庭检察人员作为法律监督机关代表的身份，因为检察机关法律监督职能不可能仅凭一个抽象的组织去实施，而必须通过具体的检察人员去完成。如果否认出庭检察人员的法律监督职责，人民检察院的法律监督权就难以实现。

（二）事后性

对法庭审理中的严重违法行为，原则上实行事后提出、书面纠正。根据最高人民检察院《人民检察院刑事诉讼规则（试行）》第434条第7项、第580条的规定，出庭检察人员对庭审中有无违反法律规定的诉讼情况应记明笔录，发现违反法定的诉讼程序，应当在休庭后及时向本院检察长报告，由人民检察院在庭审后提出。这一事后性监督的规定，立法目的旨在保障庭审活动的顺利进行，强化抗辩式诉讼中举证、论证、析证等公诉职能，保持控辩平等对抗，而将监督职能与公诉职能在一定程度上相剥离，监督行为放在庭审后实施，因而具有一定的合理性。但是，这种事后监督所针对的往往是法庭审理中的严重违法行为，对审判过程中轻微违反诉讼程序，采取口头方式足以纠正的，或者审判活动正在进行当中，应当及时指出错误的，检察人员可以采取口头方式进行监督并记录在案。这种监督方法类似于提出诉讼异议，并不为法律所禁止，而且被最高人民检察院《关于进一步加强刑事抗诉工作强化审判监督的若干意见》（高检诉发〔2005〕92号）确认。此外，对于人民法院在庭审以外的其他诉讼活动中违反法定程序的行为，如庭外调查、赃物处理等，法律也未禁止检察人员当场监督。

（三）程序性

刑事审判活动监督的内容主要针对的是人民法院的审判活动是否违反法律规定的诉讼程序，属于"过程"监督，一般不包括对刑事判决裁定的实体性监督。这就决定了监督重点是人民法院是否严格遵守法定程序的行为、是否与刑事诉讼法及相关司法解释规定的诉讼行为相背离。当然，程序监督和实体监督是紧密联系的，严重违反诉讼程序也可能影响公正判决或裁定，因此还要在一定程度上对是否影响公正判决或裁定进行审查，但刑事审判活动监督主要是对审判程序不合法或者存在技术性错误的监督，如错误适用简易程序、采信的证据未经庭审质证、直接以裁定形式补正原刑事判决中认定的事实或者适用的法律、判决或裁定中存在文字差错等。

(四) 依附性

刑事审判活动监督的依附性是指其依从于办案活动，与案件办理共始终。刑事审判活动监督不是独立于办案以外的另一种职能，而是与办案融为一体，糅合于案件的提起公诉、出席法庭、裁判审查直至二审、再审以及其他公诉活动之中。因此，履行公诉职能与强化审判监督应当并重。刑事审判活动监督的依附性绝不代表其是附带的，是可有可无的，而是应当进一步强化监督职能，改变重配合轻监督、重出庭公诉而忽视纠正审判违法的行为，及时发现、纠正和查处违法行为。同时，对与检察机关办理公诉案件并不直接相关的法院其他审判活动，如自诉案件、人民法院在决定再审案件中对被告人采取强制措施等，也应当履行审判活动监督职能。

(五) 广泛性

如前所述，刑事审判活动监督按审判程序包括对一审、二审、再审、死刑复核以及特别程序的监督，在二审中，还包括对法院调查讯问审的监督；按审判方式包括对普通程序、简易程序的监督；按案件性质包括对刑事公诉案件以及作为监督空白的自诉案件和附带民事诉讼程序的监督；按监督活动包括对庭审活动的监督以及作为监督难点的庭外活动的监督等，因而其监督的空间和范围非常广泛。

第二节　准确把握刑事审判活动监督的主要内容

人民法院在审理刑事案件过程中所有违反法定程序的行为，都属于刑事审判活动监督的内容。根据《刑事诉讼法》第227条、242条和最高人民法院《关于适用〈中华人民共和国刑事诉讼法〉的解释》以及最高人民检察院《人民检察院刑事诉讼规则（试行）》、《关于刑事抗诉工作的若干意见》（高检发诉字〔2001〕7号）、《关于进一步加强刑事抗诉工作强化审判监督的若干意见》（高检诉发〔2005〕92号）、《关于在公诉工作中全面加强诉讼监督的意见》（〔2008〕高检诉发53号）、《关于进一步加强对诉讼活动法律监督工作的意见》（高检发〔2009〕30号）等的规定，人民检察院刑事审判活动监督的内容十分广泛。其主要包括：

一、违反有关回避规定造成不良影响

刑事诉讼法确立回避制度的目的，是防止审判人员滥用权力，偏袒一方，影响案件的客观公正处理，增强当事人及其法定代理人对审判人员的信任感，提高办案透明度。对此，我国刑事诉讼法、最高人民法院的相关司法解释对审判人员的回避条件、程序等都作了具体规定，并且《刑事诉讼法》第 31 条第 2 款还增加了"辩护人、诉讼代理人可以依照本章的规定要求回避、复议"的规定。为了进一步确保司法公正，最高人民法院于 2011 年 4 月 11 日制定了《关于审判人员在诉讼活动中执行回避制度若干问题的规定》，对审判人员回避条件、适用范围、回避程序、法律责任予以进一步细化。人民检察院在刑事审判活动监督中，对于审判人员明知具有法定回避情形而故意不依法自行回避，或者对审判人员明知辩护人、诉讼代理人具有法定禁止履职情形而未责令其停止相关诉讼代理或者辩护行为的，应当依法履行监督职能。

二、审判组织的组成不符合法律规定

《刑事诉讼法》第 178 条至第 180 条以及《人民法院组织法》对人民法院的审判组织分别作出了具体规定。基层人民法院、中级人民法院审判第一审案件，应当由审判员 3 人或者由审判员和人民陪审员共 3 人组成合议庭进行，但是基层人民法院适用简易程序的案件可以由审判员 1 人独任审判。另外，根据《刑事诉讼法》第 210 条的规定，适用简易程序审理案件，对可能判处 3 年有期徒刑以下刑罚的，可以组成合议庭进行审判，也可以由审判员 1 人独任审判；对可能判处的有期徒刑超过 3 年的，应当组成合议庭进行审判。高级人民法院、最高人民法院审判第一审案件，应当由审判员 3 人至 7 人或者由审判员和人民陪审员共 3 人至 7 人组成合议庭进行。人民法院审判上诉和抗诉案件，由审判员 3 人至 5 人组成合议庭进行。合议庭的成员人数应当是单数。合议庭由院长或者庭长指定审判员一人担任审判长。院长或者庭长参加审判案件的时候，自己担任审判长。人民法院对于发回重审的案件、按照审判监督程序指令原审人民法院重新审判的案件，应当另行组成合议庭进行审判，不得有原审判人员参加。此外，《刑事诉讼法》第 225 条第 2 款对限制发回重审作了规定，人民检察院应当对不得发回重审的案件，二审法院是否由自己组成合议庭进行审理进行监督。对于死刑二审、复核案件，根据《刑事诉讼法》第 238 条和"两高"《关于死刑第二审案件开庭审理程序若干问题的规定（试行）》第 11 条的规定，第二审人民法院开庭审理死刑上诉、抗诉案件，应当由审判员 3 人至 5 人组成合议庭，对于疑难、复杂、重大的死刑案件，应当由院长或者庭长担任审判长。最高人民法院复核死刑案件，高级人民法院复核死刑缓期执行案件，应当由审判员 3 人组成合议庭进行。人民检察院应当监督人民法院是否按照刑事诉讼法和相关司法解释的规定，依法组成合议庭进行审判。

三、违反公开审理或者不公开审理的法律规定

公开审判,是人民法院审判案件的一项基本原则。根据刑事诉讼法和最高人民法院《关于严格执行公开审判制度的若干规定》以及最高人民法院《关于适用〈中华人民共和国刑事诉讼法〉的解释》,对于第一审刑事案件,除了涉及国家秘密的案件,涉及个人隐私的案件,经当事人申请人民法院决定不公开审理的涉及商业秘密的案件,审判的时候被告人不满18周岁的案件以及法律另有规定的其他不公开审理的案件之外,应当依法一律公开审理。同时,根据《刑事诉讼法》第274条的规定,不公开审理的未成年人犯罪案件,经未成年被告人及其法定代理人同意,未成年被告人所在学校和未成年人保护组织可以派代表到场。对于第二审案件,当事人对不服公开审理的第一审案件的裁判提起上诉的案件应当公开审理,但因违反法定程序发回重审的和事实清楚依法径行判决、裁定的除外;人民检察院对公开审理的裁判提起抗诉的案件应当公开审理,但需发回重审的除外。对于公开审理的案件,最高人民法院《关于严格执行公开审判制度的若干规定》,对中国公民、外国人和无国籍人旁听,中外记者记录、录音、录像、摄影、转播庭审实况等作了具体规定。2007年6月15日,最高人民法院发布了《关于加强人民法院审判公开工作的若干意见》,对审判公开的基本原则和要求作出了规定。2010年8月16日,最高人民法院又发布了《关于庭审活动录音录像的若干规定》。人民检察院在依法履行刑事审判活动监督中,应当按照最高人民法院《关于严格执行公开审判制度的若干规定》、《中华人民共和国人民法院法庭规则》、《关于人民法院公开审判刑事案件时一般不要对被告人使用戒具的通知》、《关于公开审判正在服刑的罪犯又犯罪的案件可否组织劳改犯参加旁听问题的批复》等的规定,对公开审理的案件,应当监督是否有不公开审理的情形,是否允许公民到庭旁听和允许新闻记者采访,参加旁听的是否有法律规定不得参与旁听的精神病人、醉酒的人、未成年人等;外国人要求旁听或者采访非涉外案件,是否符合最高人民法院《关于人民法院公开审判非涉外案件是否准许外国人旁听或采访问题的批复》规定的程序和范围;对于不公开审理的案件,应当监督开庭时是否宣布不公开审理的理由以及人民法院对判决是否一律公开宣告,等等。

四、非法剥夺或者限制当事人的法定诉讼权利

当事人和其他诉讼参与人在刑事诉讼中享有广泛的权利,人民检察院应当监督人民法院切实保护当事人和其他诉讼参与人的诉讼权利和其他合法权益,对人民法院侵犯其诉讼权利的行为,应当依法予以纠正。

(一) 被告人的权利

人民法院的审判活动是围绕被告人的行为而展开的，因此被告人是刑事诉讼的核心人物。被告人的权利包括：在法定期限内收到起诉书和抗诉书副本、被告知相关权利义务等权利；自行和委托辩护权；被告人是盲、聋、哑人，或者是尚未完全丧失辨认或者控制自己行为能力的精神病人，或者是未成年人，或者是可能被判处无期徒刑、死刑的人，没有委托辩护人的，人民法院应当通知法律援助机构指派律师为其提供辩护；不被强迫自证其罪权；庭审中适用普通程序或简易程序的选择权；申请回避权；拒绝辩护人继续为其辩护权；另行委托辩护人权；出席法庭并就起诉书指控的犯罪进行陈述权；申请排除非法证据权；参加证据调查和质证权；申请证人、人民警察、鉴定人出庭权；申请通知新的证人到庭、调取新的物证、重新鉴定或勘验权；参加定罪和量刑的法庭辩论权；最后陈述权；核对庭审笔录权；上诉权；申诉权；死刑复核案件应当被讯问权；未成年被告人的法定代理人或合适成年人到场权、犯罪记录封存权；公诉案件和解权；向人民法院申请变更、解除强制措施或强制医疗决定权以及自诉案件中的反诉权等。

(二) 辩护人的权利

2012年刑事诉讼法进一步扩大了辩护人的权利。辩护律师可以同在押或者被监视居住的被告人会见和通信，其他辩护人经人民法院许可，也可以同在押或者被监视居住的被告人会见和通信；辩护律师会见在押的被告人，除3类案件需经侦查机关许可外，应当在48小时内安排；辩护律师会见在押或者被监视居住的被告人，有权向其了解案件情况、提供法律咨询、核实有关证据；辩护律师会见在押或者被监视居住的被告人时不被监听；辩护律师可以查阅、摘抄、复制本案的案卷材料，其他辩护人经人民法院许可，也可以查阅、摘抄、复制上述材料；辩护律师有权申请人民检察院、人民法院调取证明被告人无罪、罪轻的证据材料；辩护律师经证人或者其他有关单位和个人同意，可以向他们收集与本案有关的材料，也可以申请人民检察院、人民法院收集、调取证据，或者申请人民法院通知证人出庭作证；辩护律师经人民检察院或者人民法院许可，并且经被害人或者其近亲属、被害人提供的证人同意，可以向他们收集与本案有关的材料；涉嫌犯罪由其所承办案件侦查机关以外的侦查机关办理权；知悉的委托人信息保密权；对阻碍其行使权利而向人民检察院的申诉和控告权；庭审中辩护人有申请排除非法证据权；向被告人、证人、鉴定人发问权；举证和质证权；申请证人、人民警察、鉴定人出庭权；申请通知新的证人到庭、调取新的物证、重新鉴定或勘验权；参加定罪和量刑的法庭辩论权；庭后的获得判决书权、经被告人同意的上诉权；向人民法院申请变更、解除被告人强制措施权；死刑复核案件听取意见权等。

（三）被害人的权利

被害人在法庭审理阶段的权利包括：申请回避权，出席法庭并就起诉书指控的犯罪进行陈述权，申请排除非法证据权，经审判长许可向被告人发问权，参加证据调查和质证权，申请证人、人民警察、鉴定人出庭权，申请通知新的证人到庭、调取新的物证、重新鉴定或勘验权，参加定罪和量刑的法庭辩论权，核对庭审笔录权，申请抗诉权，提起附带民事诉讼权，未成年人被害人的法定代理人或合适成年人到场权，公诉案件和解权，对强制医疗决定不服而向上一级法院申请复议权等。

（四）自诉人的权利

自诉权和委托诉讼代理人权，申请撤诉权，自行和解权，提起附带民事诉讼权，申请回避权，参加法庭调查和法庭辩论权，上诉权等。

（五）法定代理人和诉讼代理人的权利

法定代理人除不能代替被代理人陈述案情和作证、不能代替被代理人承担与人身自由相关的义务外，享有与被代理人相同的权利。诉讼代理人依委托人授权，不同程度地享有委托人的诉讼权利。2012年刑事诉讼法还增加了诉讼代理人获得法院送达判决书的权利。

（六）证人、鉴定人、翻译人员的权利

他们除享有诉讼参与人的一般权利外，在审判阶段还享有各自的权利。如对于危害国家安全、恐怖活动犯罪、黑社会性质的组织犯罪、毒品犯罪等案件，享有《刑事诉讼法》第62条规定的各项司法保护权；证人作证地点的选择权；作证的经济补偿权；核对庭审笔录权；被告人配偶、父母、子女的出庭作证豁免权等。鉴定人和翻译人员有权了解与鉴定、翻译有关的案情，有权获得鉴定、翻译费用等。

五、合议庭未经评议直接宣判

合议庭评议是审判活动的必经程序。根据刑事诉讼法和最高人民法院关于刑事诉讼法解释的规定：在被告人最后陈述后，审判长宣布休庭，合议庭进行评议，根据已查明的事实、证据和有关法律规定，分别作出相关判决或裁定。合议庭是人民法院审判案件的基本组织形式，是一种在审判长主持下，合议办案、集体负责的审判形式。人民法院组织法规定："人民法院审判案件，实行合议制。"合议庭审判和评议对于防止个人主观片面和徇私舞弊，发挥集体的智慧和力量，保证审判活动的客观公正具有重要作用。合议庭进行评议的时候，如果意见分歧，应当按多数人的意见作出决定，但是少数人的意见应当写人笔录。评议笔录由合议庭的组成人员认真审阅后签名。开庭审理、评议案件、作出判决以及宣判，必须由同一合议庭进行。合议庭开庭审理并且评议后，应当作出判决。对于疑难、复杂、重大的案件，合议庭认为难以作出决定的，由合议庭提请院长决定提交审判委员会讨论决定。人民检察院对于合议庭未经评议直接宣判的审判违法行为，应当依法予以纠正。

六、错误决定适用简易程序

错误决定适用简易程序审理案件主要指人民法院对法律已经明确规定不应当适用简易程序的案件而适用简易程序进行审理，如《刑事诉讼法》第209条规定了不适用简易程序的4种情形：被告人是盲、聋、哑人，或者是尚未完全丧失辨认或者控制自己行为能力的精神病人的；有重大社会影响的；共同犯罪案件中部分被告人不认罪或者对适用简易程序有异议的；其他不宜适用简易程序审理的案件。对于上述情形，如果仍然适用简易程序审理，检察机关应当予以纠正。同时，《刑事诉讼法》第208条规定了可以适用简易程序的3种情形，即案件事实清楚、证据充分的；被告人承认自己所犯罪行，对指控的犯罪事实没有异议的；被告人对适用简易程序没有异议的。由此可以推导出以下结论，案件事实、证据疑难或者存在争议的，被告人、辩护人作无罪辩护的，被告人不同意适用简易程序的案件，均不能适用简易程序审理。虽然简易程序案件的法庭审理从简，但在判决宣告前应当听取被告人的最后陈述意见。人民检察院应当通过出席简易程序庭审，依法履行法律监督职能。

[案例] 荣某买卖国家机关证件案，人民法院适用简易程序审理后判处被告人无罪。人民检察院审查后认为，人民法院判决认为荣某买卖伪造的证件不构成买卖国家机关证件罪，裁判确有错误；同时，人民法院判决程序严重违法。法律及相关司法解释明确规定，适用简易程序审理的案件，如发现被告人的行为不构成犯罪，应当将简易程序转化为普通程序重新审理。人民检察院依法提起抗诉后，二审人民法院终审判决被告人犯买卖国家机关证件罪，判处有期徒刑2年。

七、具有法定中止审理的情形而未中止审理或不具有法定中止审理的情形而中止审理

具有法定中止审理的情形而未中止审理主要指人民法院对法律已经明确规定应当裁定中止审理的案件没有裁定中止审理的情形。根据《刑事诉讼法》第200条的规定，在审判过程中，有下列情形之一，致使案件在较长时间内无法继续审理的，可以中止审理：（1）被告人患有严重疾病，无法出庭的；（2）被告

人脱逃的；（3）自诉人患有严重疾病，无法出庭，未委托诉讼代理人出庭的；（4）由于不可抗拒的原因，如孕妇临产等。中止审理的原因消失后，应当恢复审理。中止审理的期间不计入审理期限。

虽然刑事诉讼法规定了人民法院中止审理的法定事由，但是，在司法实践中，一些被告人虽然患病，但并未达到中止审理的程度；还有一些被告人，由于采取强制措施不当，导致其脱逃；此外，个别公安机关、法院对潜逃的被告人抓捕力度不大，造成表面上具有法定中止审理的情形。为此，检察机关必须强化对该类案件的监督，以维护法律的权威。

[案例] 近年来，山东省枣庄市公诉部门发现中止审理的案件数量呈逐年上升趋势，且因检察机关缺乏有效的跟踪监控办法和监督措施，使得对中止审理案件的监督成为审判监督的一个薄弱环节。为此，该院着力强化对中止审理案件的法律监督，防止不符合条件的案件进入中止审理程序。

首先，对被告人起诉后在逃的，协调公安机关、人民法院加大抓捕力度。被告人在逃占中止审理案件的80%，为此该院建议法院对在逃被告人及时决定逮捕，并将逮捕决定书移送公安机关原办案部门，实施布控、抓捕，对无固定住所或缺乏行踪线索的被告人，实施网上追逃。近两年来逃跑的18案23人中，已缉拿归案7案11人。

其次，被告人因患严重疾病的，对被告人病情建立动态监控机制。一是要求被告人近亲属或者辩护人定期报告病情，必要时会同审判人员、法医调阅查看病历，与被告人接触谈话，走访主治医师等相关人员，实地了解病情及治疗情况。二是做好庭前证据开示，开庭时适当简化审理，并建议医护人员到庭，确保法庭审理顺利进行。三是与人民法院及时进行沟通，对身体行动不便但思维清晰的被告人，建议人民法院采取巡回开庭的方式，到被告人家中或方便的场所开庭。全市已恢复审理4案4人。

最后，该院除将关口前移，正确把握逮捕条件外，对取保候审的被告人，在审查起诉工作中严格履行诉讼权利义务告知义务，耐心释法说理，帮助分析逃跑对个人及家庭的危害后果；对家庭生活困难的被告人需要判处罚金的，建议法院判处较低数额的罚金刑，并向其讲明减、免、缓的条件和程序，防止其因未交罚金而逃避审判。

八、裁定终止审理不符合法律规定

裁定终止审理不符合法律规定主要指人民法院对不具有法定终止审理情形的案件却裁定终止审理的情形。根据《刑事诉讼法》第15条、第283条以及最高人民法院关于刑事诉讼法的相关解释，犯罪已过追诉时效期限并且不是必须追诉的案件、经特赦令免除刑罚的案件、被告人死亡的案件以及被告人逃匿、死亡案件违法所得的没收程序，在审理过程中，在逃的犯罪嫌疑人、被告人自动投案或者被抓获的，人民法院应当裁定终止审理。

九、对二审应当开庭审理的案件不开庭审理

根据《刑事诉讼法》第223条的规定，第二审人民法院对于4类案件，应当组成合议庭，开庭审理：（1）被告人、自诉人及其法定代理人对第一审认定的事实、证据提出异议，可能影响定罪量刑的上诉案件；（2）被告人被判处死刑的上诉案件；（3）人民检察院抗诉的案件；（4）其他应当开庭审理的案件。《刑事诉讼法》第223条还规定，第二审人民法院决定不开庭审理的，应当讯问被告人，听取其他当事人、辩护人、诉讼代理人的意见。第二审人民法院开庭审理上诉、抗诉案件，可以到案件发生地或者原审人民法院所在地进行。为此，人民检察院应当对人民法院应当开庭审理的二审案件是否组成合议庭开庭审理进行监督。

十、违反关于特别程序的法律规定

刑事诉讼法对四个特别程序作了详细规定，人民检察院应当对人民法院是否依法履行职责进行监督。

（一）未成年人刑事案件诉讼程序

检察机关应当根据刑事诉讼法的规定，履行法律监督职能，其内容包括：一是在法庭审理阶段，未成年被告人没有委托辩护人的，人民法院应当通知法律援助机构指派律师为其提供辩护。二是对未成年被告人应当严格限制适用逮捕措施，人民法院决定逮捕，应当讯问被告人，听取辩护律师的意见。三是根据《刑事诉讼法》第270条的规定，对于未成年人刑事案件，在讯问和审判的时候，应当通知未成年被告人的法定代理人到场。无法通知、法定代理人不能到场或者法定代理人是共犯的，也可以通知未成年被告人的其他成年亲属、所在学校、单位、居住地基层组织或者未成年人保护组织的代表到场，并将有关情况记录在案。到场的法定代理人可以代为行使未成年被告人的诉讼权利。到场的法定代理人或者其他人员认为办案人员在讯问、审判中侵犯未成年人合法权益的，可以提出意见。讯问笔录、法庭笔录应当交给到场的法定代理人或者其他人员阅读或者向他宣读。讯问女性未成年犯罪嫌疑人，应当有女工作人员在场。审判未成年人刑事案件，未成年被告人最后陈述后，其法定代理人可以进行补充陈述。询问未成年被害人、证人，适用上述规定。四是根据《刑事诉讼法》第274条的规定，审判的时候被告人不满18周岁的案件，不公开审理。但是，经未成年被告人及其

法定代理人同意，未成年被告人所在学校和未成年人保护组织可以派代表到场。

（二）当事人和解的公诉案件诉讼程序

人民检察院对该类案件监督的重点，一是应当对人民法院适用的案件范围进行监督。根据《刑事诉讼法》第 277 条的规定，该类案件的前提条件是被告人真诚悔罪，通过向被害人赔偿损失、赔礼道歉等方式获得被害人谅解，被害人自愿和解的公诉案件。其适用范围包括两类：第一类是因民间纠纷引起，涉嫌刑法分则第四章、第五章规定的犯罪案件，可能判处 3 年有期徒刑以下刑罚的；第二类是除渎职犯罪以外的可能判处 7 年有期徒刑以下刑罚的过失犯罪案件。但是，被告人在 5 年以内曾经故意犯罪的，不适用该程序。二是应当对人民法院在案件审理中，双方当事人达成的和解协议是否系自愿、合法进行监督。三是对于达成和解协议的案件，人民法院对被告人从宽处罚的裁判是否合法进行监督。

（三）被告人逃匿、死亡案件违法所得的没收程序

人民检察院对该类案件监督的重点，一是审查该类案件的管辖是否符合法律规定。根据《刑事诉讼法》第 281 条的规定，没收违法所得的申请，由犯罪地或者被告人居住地的中级人民法院组成合议庭进行审理。二是该类案件的审判程序是否合法。根据刑事诉讼法的规定，人民法院受理没收违法所得的申请后，应当发出公告。公告期间为 6 个月。被告人的近亲属和其他利害关系人有权申请参加诉讼，也可以委托诉讼代理人参加诉讼。人民法院在公告期满后对没收违法所得的申请进行审理。利害关系人参加诉讼的，人民法院应当开庭审理。人民法院经审理，对经查证属于违法所得及其他涉案财产，除依法返还被害人的以外，应当裁定予以没收；对不属于应当追缴的财产的，应当裁定驳回申请，解除查封、扣押、冻结措施。对于人民法院依照前款规定作出的裁定，被告人的近亲属和其他利害关系人或者人民检察院可以提出上诉、抗诉。在审理过程中，在逃的犯罪嫌疑人、被告人自动投案或者被抓获的，人民法院应当终止审理。没收犯罪嫌疑人、被告人财产确有错误的，应当予以返还、赔偿。

（四）依法不负刑事责任的精神病人的强制医疗程序

《刑事诉讼法》第 289 条明确规定："人民检察院对强制医疗的决定和执行实行监督。"人民检察院对该类案件监督的重点，一是该类案件的适用对象，应当是实施暴力行为，危害公共安全或者严重危害公民人身安全，经法定程序鉴定依法不负刑事责任的精神病人，有继续危害社会可能的。二是人民法院的审理程序是否合法。根据刑事诉讼法的规定，人民法院受理强制医疗的申请后，应当组成合议庭进行审理，并应当通知被申请人或者被告人的法定代理人到场。被申请人或者被告人没有委托诉讼代理人的，人民法院应当通知法律

援助机构指派律师为其提供法律帮助。

十一、审判人员在审理该案件时有贪污受贿、徇私舞弊、枉法裁判行为

审判人员代表国家依法行使审判权,应当严格按照国家法律的规定,根据案件事实、证据和法律,客观公正地作出裁判,决不能贪污受贿,徇私枉法,徇情枉法,对明知是无罪的人而使他受追诉、对明知是有罪的人而故意包庇不使他受追诉,或者在刑事审判活动中故意违背事实和法律作枉法裁判。否则,不但损害审判机关的形象,而且会造成冤假错案,亵渎国家法律,放纵罪犯,侵犯公民的合法权利。对于审判人员伪造、隐匿、毁灭证据或者指使他人进行该活动,诱使或迫使证人作伪证,挟私报复或迫害当事人,以各种手段包庇、掩盖被告人犯罪行为以及其他贪赃枉法的行为,人民检察院应当依法予以制止或纠正,直至立案查处。

十二、其他常见的严重违反法定诉讼程序的行为

由于刑事诉讼法和司法解释对刑事审判程序的规定量多繁杂,实践中人民法院违反法定程序的行为也呈现出多样化和复杂性的特征,一般来说,其他严重违反法定诉讼程序的行为主要包括:

(一)非法证据排除程序的启动和运行不合法

非法证据排除程序,是《关于办理刑事案件排除非法证据若干问题的规定》增加的法庭调查程序,2012年刑事诉讼法吸收并完善了该规定的内容。

《刑事诉讼法》第54条规定:"采用刑讯逼供等非法方法收集的犯罪嫌疑人、被告人供述和采用暴力、威胁等非法方法收集的证人证言、被害人陈述,应当予以排除。收集物证、书证不符合法定程序,可能严重影响司法公正的,应当予以补正或者作出合理解释;不能补正或者作出合理解释的,对该证据应当予以排除。"人民法院在审判时"发现有应当排除的证据的,应当依法予以排除,不得作为判决的依据"。

根据《刑事诉讼法》第54至58条和《关于办理刑事案件排除非法证据若干问题的规定》的规定,在庭审中,应当先行对非法证据当庭调查。非法证据调查的启动方式有两种:一是在法庭审理过程中,审判人员认为可能存在《刑事诉讼法》第54条规定的以非法方法收集证据情形的,应当对证据收集的合法性进行法庭调查。二是当事人及其辩护人、诉讼代理人有权申请人民法院对以非法方法收集的证据依法予以排除。申请排除以非法方法收集的证据的，应当提供相关线索或者材料。如涉嫌非法取证的人员、时间、地点、方式、内容等相关线索和证据。

关于排除非法证据的程序，根据刑事诉讼法和《关于办理刑事案件排除非法证据若干问题的规定》，在对证据收集的合法性进行法庭调查的过程中，人民检察院应当对证据收集的合法性加以证明。现有证据材料不能证明证据收集的合法性的，人民检察院可以提请人民法院通知有关侦查人员或者其他人员出庭说明情况，人民法院可以通知有关侦查人员或者其他人员出庭说明情况，有关侦查人员或者其他人员也可以要求出庭说明情况。经人民法院通知，有关人员应当出庭。控辩双方可以就证据的合法性进行质证和辩论。

经过法庭审理，确认或者不能排除存在《刑事诉讼法》第54条规定的以非法方法收集证据情形的，对有关证据应当予以排除。人民检察院应当对非法证据排除程序是否合法履行法律监督职能。

（二）量刑程序违反规定

"规范裁量权，将量刑纳入法庭审理程序"是中央确定的重大司法改革项目。为此，"两高三部"于2010年9月13日印发了《关于规范量刑程序若干问题的意见（试行）》和《关于加强协调配合积极推进量刑规范化改革的通知》，最高人民法院、最高人民检察院也分别制定了《人民法院量刑指导意见》、《人民检察院开展量刑建议工作的指导意见》。根据上述规定，从2010年10月1日起，在全国推行量刑规范化改革。2012年刑事诉讼法正式确立了量刑辩论程序，其第193条规定："法庭审理过程中，对与定罪、量刑有关的事实、证据都应当进行调查、辩论。"

根据刑事诉讼法和上述规定，人民法院审理案件，应当保障量刑活动的相对独立性。一是量刑建议的提出，是控辩双方都享有的权利。人民检察院提出量刑建议一般应当制作量刑建议书，与起诉书一并移送人民法院；人民检察院也可以在公诉意见书中提出量刑建议。量刑建议一般应当有一定的幅度，但对于敏感复杂的案件、社会关注的案件、涉及国家安全和严重影响局部地区稳定的案件等，可以不提出具体的量刑建议，而仅提出依法从重、从轻、减轻处罚等概括性建议。在诉讼过程中，当事人和辩护人、诉讼代理人可以提出量刑建议，并说明理由。二是人民检察院以量刑建议书方式提出量刑建议的，人民法院在送达起诉书副本时，应将量刑建议书一并送达被告人。三是关于被告人的权利保障。对于公诉案件，特别是被告人不认罪或者对量刑建议有争议的案件，被告人因经济困难或者其他原因没有委托辩护人的，人民法院可以通过法律援助机构指派律师为其提供辩护。四是关于庭审中量刑的适用。适用简易程序审理的案件，在确定被告人对起诉书指控的犯罪事实和罪名没有异议，自愿认罪且知悉认罪的法律后果后，法庭审理可以直接围绕量刑问题进行；对于适用普通程序审理的被告人认罪案件，在确认被告人了解起诉书指控的犯罪事实和罪名，自愿认罪且知悉认罪的法律后果后，法庭审理主要围绕量刑和其他有争议的问题进行；对于被告人不认罪或者辩护人做无罪辩护的案件，在法庭调查阶段，应当查明有关的量刑事实。在法庭辩论阶段，审判人员引导控辩双方先辩论定罪问题。在定罪辩论结束后，审判人员告知控辩双方可以围绕量刑问题进行辩论，发表量刑建议或意见，并说明理由和依据。此外，上述规定还对法庭对被告人量刑事实的调查、对未成年人的社会调查报告的质证等作了规定。五是量刑辩论活动的顺序。首先，公诉人、自诉人及其诉讼代理人发表量刑建议或意见；其次，被害人（或者附带民事诉讼原告人）及其诉讼代理人发表量刑意见；最后，被告人及其辩护人进行答辩并发表量刑意见。在法庭辩论过程中，出现新的量刑事实，需要进一步调查的，应当恢复法庭调查，待事实查清后继续法庭辩论。人民检察院应当对人民法院的量刑程序进行监督，对于违反法律规定的审判活动，依法履行审判监督职能。

[工作实例] 2009年以来，辽宁省本溪市人民检察院在全地区积极推行量刑建议制度，要求各基层院向同级人民法院移送起诉书时，务必附有量刑建议书。在庭审时，引入量刑辩论，从量刑情节、量刑幅度、缓刑适用、附加刑适用等方面为判决提供意见。同时，对没有采纳量刑建议的案件及时审查分析，从中寻找抗诉线索。

[工作实例] 2009年以来，上海市检察机关量刑建议的主要特点：一是量刑建议的适用呈现"两高一低"。"两高"，即提出率高、采纳率高。2009年至2011年3月，全市各级公诉部门共提出量刑建议34033件49150人，占全部公诉案件的89.32%，被一审判决采纳率达到94.39%。"一低"，即因量刑建议未被采纳而提出抗诉率低。2009年至2011年3月，全市各级公诉部门因量刑建议未被采纳而抗诉的，仅为37件62人，占提出建议案件的0.29%，其中主要是因为检、法在重大量刑事实或量刑情节认定上存在明显分歧。二是探索形成了相对固定的量刑纳入法庭审理模式。对于出庭支持公诉案件，根据不同案件逐步探索形成了完全独立式、相对独立式、混合式三种不同的方式。(1)完全独立式。一般适用于被告人不认罪案件或对定罪存在争议的案件。其特点是定罪事实与量刑事实的法庭调查完全独立，定罪事实法庭调查完毕再进行量刑事实的法庭调查，即先就定罪事实讯问、发问并举证、质证，后就量刑事实讯问、发问并举证、质证，确保定罪的讯问、发问、举证、质证一气呵成，定罪法庭调查更加连贯，庭审中清晰地展示出指控的事实清楚、证据确实充分。(2)相对独立式。一般适用于被告人认罪案件，其特点是定罪事实与

量刑事实的法庭调查相对独立地进行，在讯问阶段先就定罪事实由公诉人、辩护人先后讯问、发问完毕，后就量刑事实进行讯问、发问；之后进入举证阶段，举证阶段先进行定罪证据举证、质证，完毕后进行量刑证据的举证、质证。相对独立式通过简化定罪事实的讯问、举证，把庭审重点放在量刑事实的讯问、举证上，检察机关量刑建议的依法进行、有理有据得到充分展示，量刑的公开、公正得到充分体现。（3）混合式。一般适用于定罪事实与量刑事实相互交织、有密切关系的案件。该方式的特点是定罪事实与量刑事实一并讯问、举证、质证，保证查明事实的连贯性、完整性。

上海市检察机关在开展量刑建议工作中，一是加强与人民法院的沟通。在重视个案量刑问题的沟通基础上，注重收集工作中出现的一类问题，定期以检法联席会议等形式，就量刑建议中涉及的量刑标准理解、提出方式、法庭量刑辩论、判决书采纳及表述等问题，及时沟通，进一步明确量刑建议的标准、操作规范与要求。二是加强各级公诉部门上下级之间的沟通。对量刑建议工作推行过程中遇到的工作机制、规范性文件层面的问题或某一类问题，要求下级公诉部门及时上报，便于上级公诉部门全面掌握。在此基础上，由市院公诉部门对全市普遍性的问题作出指导，统一认识，规范认定标准和操作规程，对需要其他部门、单位协调解决的问题，由市院公诉部门商请有关部门、单位解决。

上海市检察机关开展量刑建议工作遇到的主要问题包括：一是量刑监督面临现实障碍。在思想认识上，重定性监督轻量刑监督。如抗诉多集中在罪名及法定情节认定方面，而对量刑问题提出抗诉的不多，且一般也不会通过检察公函等形式予以纠正。在工作导向上，重"畸轻畸重"监督轻"偏轻偏重"监督。如将量刑抗诉限于畸轻畸重的若干情形，并明确将"量刑偏轻"排除于抗诉范围之外，弱化了对量刑失当问题的审查力度。在监督方式上，重个案监督轻类案监督。当前的途径主要还是审查个案裁判结果，对一类问题的监督强调不够；特别是针对一个地区一个时期同一类案件中反映出的问题进行比较、分析、研判的工作不到位，影响了监督成效。二是量刑建议对人民法院量刑制约有限。目前一些人民法院的裁判文书重定罪说理轻量刑说理，尤其对酌定量刑情节是否采纳或不置可否，或说理不够。检察机关提出量刑建议以后，人民法院无论采纳检察机关的量刑建议与否，一般不在判决书中予以说明，如量刑明显超过量刑建议的范围量刑的，也缺少说理，这也使得检法两家的量刑分歧很难通过个案协调沟通，检察机关的监督无的放矢，导致检察机关对人民法院量刑监督制约有限。

上海市检察机关进一步推进量刑建议工作的设想：第一，拓展渠道，加强人民法院量刑监督。针对当前对人民法院量刑监督抗诉案件少、监督手段单一的特点，拟多管齐下，强化人民法院量刑监督。一是通过检法联席会议等形式，敦促法院在判决书中对是否采纳检察机关的量刑建议予以明确，对不采纳检察机关量刑建议的，应写明不采纳的理由。二是要求各级公诉部门对法院的判决、裁定，不仅要重视对定性、主要犯罪事实认定的审查，还要注重对法定、酌定量刑情节的审查，对于判决、裁定量刑确有错误，符合抗诉条件的，依法及时向人民法院提出抗诉。三是对量刑失衡、偏差较大的，虽不属畸轻畸重，可采取检察公函等方式进行监督。四是定期对类案的量刑情况进行综合分析，及时发现同类案件不同判的症结所在，通过检法联席会议或书面通报等形式，予以监督纠正。第二，确立不采纳量刑建议的说理制度。量刑建议不被采纳，人民法院应说明不采纳的理由符合常理，既不会违反法律规定，又易于操作，也有利于提高效率，节约司法资源。检察机关对审判机关不采纳量刑建议说明进行审查后，如果量刑建议确实不应被采纳，可以知道量刑建议错误所在，有利于总结经验，提高量刑建议水平。如果量刑建议应当采用而不被采纳，不采纳理由不成立，符合抗诉条件的可以依法抗诉，不符合抗诉条件但属量刑不当的，可以依法提出纠正意见，这样可以充分发挥出量刑建议应有的审判监督作用。

（三）直接以裁定形式补正原刑事判决书中认定的事实或适用法律的错误

对于原刑事判决书中认定事实或适用法律错误的，应当通过二审程序或者审判监督程序予以纠正，人民法院不得以裁定的形式规避法律规定，补正原刑事判决书中认定事实或适用法律的错误。

[案例] 上海市静安区人民检察院公诉部门经审查发现，闸北区人民法院作出的黄某等四人非法拘禁一案判决确有错误。黄某曾因强奸罪被静安区法院判处有期徒刑13年，剥夺政治权利4年，后经减刑于2006年4月22日刑满释放，由静安区公安分局对其执行剥夺政治权利。在执行剥夺政治权利期间，黄某又犯非法拘禁罪，闸北区人民法院对其判处有期徒刑10个月，但对黄某在执行附加刑期间又犯新罪这一事实未予认定。后闸北区人民法院又以刑事裁定书补充对黄某判处剥夺政治权利4年。

静安区人民检察院认为，闸北区人民法院存在两个错误：一是以刑事裁定书纠正不妥，不能以纠正程序错误的文书来纠正实体错误；二是剥夺政治权利的刑期计算不当，没有减去实际已经执行的3年2个月28天的刑期。据此，静安区人民检察院向闸北区人民法院制发检察公函，督促法院纠正错误。最终，闸北区人民法院全部采纳了静安区人民检察院的意见，对原审作出了改判。

（四）违法采信证据

《刑事诉讼法》第242条增加了"据以定罪量刑的证据不确实、不充分、依法应当予以排除"，应当成为法院再审法定事由的规定。根据最高人民检察院《关于进一步加强刑事抗诉工作强化审判监督的若干意见》第2条的规定，对于人民法院采信自行收集的证据，未经庭审质证即作为裁判的根据，导致裁判错误的，或者人民法院不采纳公诉人庭前收集并经庭审质证的有效证据，仅因被告人翻供而判决无罪或改变事实认定，造成错误裁判的，应当认为有抗诉必要，依法提出抗诉。实践中，对于指控的犯罪证据确实、充分而未被采纳，影响案件事实认定和定罪量刑的；采信的主要证据不具备合法性、客观性和关联性条件，影响案件事实认定和定罪量刑的；据以定案的证据没有经过庭审质证，可能造成案件事实错误或定罪量刑不当的，人民检察院应当依法纠正，直至提出抗诉。

[案例] 被告人杨某因犯合同诈骗罪、冒充军人招摇撞骗罪被长宁区人民检察院提起公诉。长宁区人民法院审理后以"直接确认被告人杨某的行为构成合同诈骗，证据的确凿性、充分性缺乏"为由，未采纳区人民检察院对杨某犯合同诈骗罪的指控意见。长宁区人民检察院经检委会讨论认为，区人民法院判决未认定杨某合同诈骗罪，属于采信证据有误，导致事实认定不当，遂提起抗诉并获改判。

2008年人民法院在依简易程序审理张某、陈某某故意伤害案时，未经庭审质证就采纳辩护人提供的立功材料作为定案的依据直接判决，一审检察机关以审判程序严重违法为由提出抗诉，后该案被中级人民法院裁定发回重审。

(五) 违反管辖规定

刑事案件管辖分为两大类：第一类是公、检、法之间的职能管辖，第二类是各人民法院之间的审判管辖。其中，审判管辖又包括级别管辖、地域管辖、移送管辖、指定管辖和专门管辖。刑事诉讼法除了专章共10个条文规定了刑事案件的管辖外，公、检、法关于刑事诉讼法的实施细则也专门规定了管辖的内容。刑事案件管辖错误主要包括：

第一，职能管辖错误。《刑事诉讼法》第204条规定了人民法院直接受理的自诉案件范围，最高人民法院关于刑事诉讼法解释又对告诉才处理的案件、被害人有证据证明的轻微刑事案件作出了进一步细化规定。对于其他案件，应当由公安机关或人民检察院受理，不能由人民法院直接受理。

第二，级别管辖错误。刑事诉讼法对级别管辖进行了补充和完善，对于外国人犯罪的刑事案件，不再由中级人民法院管辖。根据刑事诉讼法以及最高人民法院、最高人民检察院的司法解释，对于依法应当由上级人民法院管辖的第一审刑事案件，不能再指定下级人民法院管辖。人民检察院认为可能判处无期徒刑、死刑而向中级人民法院提起公诉的普通刑事案件，中级人民法院受理后，认为不需要判处无期徒刑以上刑罚的，可以依法审理，不再交基层法院审理。一人犯数罪、共同犯罪和其他需要并案审理的案件，只要其中一人或者一罪属于上级人民法院管辖的，全案由上级人民法院管辖。二审人民法院对一审人民法院认定事实没有错误，但适用法律有错误或者量刑不当的案件，应当改判，不得发回重审。对于原判决事实不清或者证据不足，发回原审人民法院重新审判的案件，原审人民法院作出判决后，被告人提出上诉或者人民检察院提出抗诉的，二审人民法院应当依法作出判决或者裁定，不得再发回原审人民法院重新审判。人民检察院按照审判监督程序提出抗诉的案件，接受抗诉的人民法院应当组成合议庭重新审理，除事实不清或证据不足的以外，不得指令下级人民法院再审。上级人民法院指令下级人民法院再审的，应当指令原审人民法院以外的下级人民法院审理；由原审人民法院审理更为适宜的，也可以指令原审人民法院审理。

第三，地域管辖、移送管辖、指定管辖和专门管辖错误。最高人民法院关于刑事诉讼法的司法解释对什么是犯罪地和涉外犯罪地、服刑罪犯服刑期间或脱逃期间犯罪、移送管辖和指定管辖的程序、地方法院和军事法院的管辖分工等都作出了具体规定。对于职能管辖和审判管辖中的错误，人民检察院应当要求人民法院依法纠正。

（六）违反法定审理和送达期限

我国刑事诉讼法、最高人民法院关于刑事诉讼法的司法解释以及关于案件审理期限的有关规定等，对一审、二审、再审、特别程序和公诉案件、自诉案件、简易程序案件、被告人是否羁押案件的审理期限以及法律文书的送达期限等，都作出了明确规定。

第一，审理期限。适用普通程序审理的第一审刑事公诉案件、被告人被羁押的第一审刑事自诉案件，应当在受理后2个月以内宣判，至迟不得超过3个月。对于可能判处死刑的案件或者附带民事诉讼的案件，以及有《刑事诉讼法》第156条规定情形之一的，经上一级人民法院批准，可以延长3个月；因特殊情况还需要延长的，报请最高人民法院批准。第二审人民法院受理上诉、抗诉案件，应当在2个月以内审结。对于可能判处死刑的案件或者附带民事诉讼的案件，以及有《刑事诉讼法》第156条规定情形之一的，经省、自治区、直辖市高级人民法院批准或者决定，可以延长2个月；因特殊情况还需要延长的，报请最高人民法院批准。最高人民法院受理上诉、抗诉案件的审理期限，由最高人民法院决定。适用普通程序审理的被告人未被羁押的第一审刑事自诉案件，期限为6个月。适用简易程序审理的刑事案件，审理期限为20日，对可能判处的有期徒刑超过3年的，可以延长至1个半月。按照审判监督程序重新审理的刑事案件,应当在作出提审、再审决定之日起 3 个月内审结;需要延长期限的,不得超过 6 个月。接受抗诉的人民法院按照审判监督程序审判抗诉的案件,审理期限适用前述规定;对需要指令下级人民法院再审的,应当自接受抗诉之日起 1 个月以内作出决定,下级人民法院审理案件的期限适用前款规定。特别程序中,人民法院经审理,对于被申请人或者被告人符合强制医疗条件的,应当在 1 个月以内作出强制医疗的决定。

最高人民法院关于案件审理期限的有关规定,对第一审人民法院收到起诉书(状)后的立案审查的时间,收到自诉人自诉状或者口头告诉的立案审查的时间,均作出了规定;对于改变管辖的刑事案件,规定了应当在收到案卷材料后的立案期限;对于第二审人民法院在收到第一审人民法院移送的上(抗)诉材料及案卷材料后的立案期限也作了规定。同时,规定了发回重审或指令再审的案件、按照审判监督程序重新审判案件的立案时间。立案机构应当在决定立案的法定期限内将案卷材料移送审判庭,但对于立案庭承担有关法律文书送达、对管辖权异议的审查、诉讼保全、庭前证据交换等庭前程序性工作的,向审判庭移送案卷材料的期限,第一审、第二审案件移送案卷材料的期限可以在法定期限内延长。案件的审理期限从立案次日起计算。由简易程序转为普通程序审理的第一审刑事案件的期限,从决定转为普通程序次日起计算。此外,关于案件审理期限的有关规定,对不计入审理期限的情形、结案日期的确定、案件延长审理期限的报批、上诉和抗诉案件的移送期限,对案件审理期限的监督和检查等作出了规定。

第二,送达期限。刑事诉讼法和最高人民法院关于刑事诉讼法的司法解释,对起诉书副本送达被告人、传票和通知书送达诉讼参与人、通知被告人和辩护人提供庭审证据、送达当庭和定期宣告判决书、二审上抗诉文书和卷宗的送达时间和送达方式等都作出了具体规定。人民检察院应当对人民法院是否执行法律规定的审理和送达期限,依法进行审查并履行监督职能。

[**工作实例**] 上海市静安区人民检察院在推进审判监督工作中,一方面把实体监督作为重中之重;另一方面对审判机关的刑事诉讼程序的合法性不断加大监督力度,以程序公平促司法公正。如由该院提起公诉的冯某故意伤害案,区人民法院审理后依法对该案进行宣判,但判决书却迟滞了 30 余天才送达该院。该院针对这一违反送达期限的行为发出了纠正违法通知书。区人民法院收到通知书后,不仅制定了整改措施,责成相关书记员作出书面检查,还专门制作了《书记员工作规范手册》,详列了有关程序法规,强化了法律程序意识。

(七)法庭审理违反法定程序

法庭审理案件违反法定程序主要包括法庭审判活动不规范或者不合法、违法进行庭外调查核实证据等。根据刑事诉讼法、最高人民法院《关于适用〈中华人民共和国刑事诉讼法〉的解释》，人民法院的庭审活动是刑事审判活动的核心，法庭审判的五个阶段即开庭、法庭调查、法庭辩论、被告人最后陈述、评议和宣判都应当依法进行。在开庭的时候，应当由审判长查明当事人是否到庭，不能由书记员查明；审判长应当依法告知被告人的权利义务。在法庭调查和法庭辩论阶段，人民检察院应监督法庭是否限制控辩双方的讯问、询问以及举证、质证和辩论，审判人员是否以威胁、引诱、欺骗以及其他方法问供；有出庭必要的证人、人民警察、鉴定人的，法庭是否通知其出庭；法庭强制证人到庭及对其拒绝出庭或出庭后拒绝作证的处罚是否合法；法庭对控辩双方申请通知有专门知识的人出庭的决定是否合法；法庭是否对定罪、量刑有关的事实、证据都进行调查、辩论。在被告人最后陈述阶段，人民检察院应对法庭是否限制其陈述时间、制止其陈述是否有法律依据，人民法院庭审笔录是否交证人、当事人阅读或者向其宣读，对诉讼参与人或者旁听人员违反法庭秩序的处理是否合法等予以监督。此外，还应监督人民法院进行庭外调查核实证据的程序和方法是否符合法律规定；必要时，是否通知检察人员、辩护人到场；对获得证据是否经过开庭质证等。

（八）适用决定违反法律规定

人民法院在案件审理过程中，可以针对一些程序问题的处理依法作出决定。决定一经作出，立即生效，不得上诉或抗诉，但某些决定可以复议。决定的适用是否正确，将影响到法庭审理能否顺利进行，案件能否得到及时、准确处理。人民检察院对于人民法院在案件审理过程中所作出的决定，应当根据刑事诉讼法和最高人民法院的规定进行监督。

第一，不予受理决定。根据最高人民法院《关于适用〈中华人民共和国刑事诉讼法〉的解释》，对于不属于受诉法院管辖或者被告人不在案的，人民法院应当决定退回人民检察院；对于根据《刑事诉讼法》第195条第3项规定，以证据不足，不能认定被告人有罪而作出证据不足、指控的犯罪不能成立的无罪判决，人民检察院依据新的事实、证据材料重新起诉的，人民法院应当依法受理；人民法院裁定准许人民检察院撤诉的案件，没有新的事实、证据，人民检察院重新起诉的，人民法院不予受理；对于符合《刑事诉讼法》第15条第2项至第6项规定的情形，人民法院应当裁定终止审理或者退回人民检察院；对于被告人真实身份不明，但符合《刑事诉讼法》第158条第2款规定的，人民法院应当依法受理。

第二，回避决定。根据最高人民法院《关于适用〈中华人民共和国刑事诉讼法〉的解释》，如果当事人及其法定代理人申请审判人员、出庭支持公诉的检察人员回避，应当依照刑事诉讼法及本解释有关规定处理。同意或者驳回回避申请的决定及复议决定，由审判长宣布，并说明理由。必要时，也可以由院长到庭宣布。人民检察院应当根据最高人民法院《关于适用〈中华人民共和国刑事诉讼法〉的解释》以及 2011 年 4 月 11 日制定的《关于审判人员在诉讼活动中执行回避制度若干问题的规定》，对人民法院有关申请回避的决定进行监督，发现人民法院的有关人员应当回避而没有回避的，也应当主动向人民法院提出纠正。

第三，适用或变更强制措施决定。人民法院在审理案件中，可以根据案件情况，对被告人拘传、取保候审、监视居住、决定逮捕。根据刑事诉讼法的规定，人民法院决定再审的案件，也可以对被告人采取强制措施。因此，人民法院对被告人适用或变更强制措施的条件和程序，应当符合《刑事诉讼法》第六章"强制措施"和最高人民法院《关于适用〈刑事诉讼法〉的解释》的规定。

第四，延期审理决定。《刑事诉讼法》第 198 条规定了法庭审判过程中可以延期审理的情况：需要通知新的证人到庭，调取新的证据，重新鉴定或勘验的；检察人员发现提起公诉的案件需要补充侦查而提出建议的；由于申请回避而不能进行审判的。最高人民法院《关于适用〈中华人民共和国刑事诉讼法〉的解释》和最高人民检察院《人民检察院刑事诉讼规则（试行）》对具体程序也作了进一步规定。此外，根据最高人民法院《关于适用〈中华人民共和国刑事诉讼法〉的解释》，对于辩护人依照有关规定当庭拒绝继续为被告人进行辩护的，合议庭应当准许。被告人当庭拒绝辩护人辩护，要求另行委托辩护人或者指派律师的，合议庭应当准许。被告人拒绝辩护人辩护后，没有辩护人的，应当宣布休庭；仍有辩护人的，庭审可以继续进行。有多名被告人的案件，部分被告人拒绝辩护人辩护后，没有辩护人的，根据案件情况，可以对该被告人另案处理，对其他被告人的庭审继续进行。

当事人及其法定代理人申请回避的，依照刑事诉讼法及本解释的有关规定处理。同意或者驳回回避申请的决定及复议决定，由审判长宣布，并说明理由。必要时，也可以由院长到庭宣布。

第五，罚款和拘留决定。根据《刑事诉讼法》第 188 条、194 条和最高人民法院《关于适用〈中华人民共和国刑事诉讼法〉的解释》的规定，在法庭审判过程中，如果证人没有正当理由拒绝出庭或者出庭后拒绝作证，情节严重的，经院长批准，可以对证人处以 10 日以下的拘留，被处罚人对拘留决定不服的，可以向上一级人民法院申请复议；复议期间不停止执行。如果诉讼参与人或者旁听人员违反法庭秩序，情节严重的，经报请院长批准后，对行为人处以 1000 元以下的罚款或者 15 日以下的拘留。当事人对人民法院罚款、拘留的决定不服，可以向上一级人民法院申请复议。复议期间不停止执行。

（九）其他违反法定程序的行为

如人民法院对刑事案件的受理活动违反法律规定，刑事判决、裁定书中存在多处文字、技术性差错，挪用或私自处理赃证物品，等等。

[案例] 1997 年 8 月 29 日，辽宁锦州铁路运输检察院收到锦州铁路运输法院（97）锦告裁字第 1 号裁定书，该裁定以检察机关"对被告人刘××、魏××未采取强制措施，二被告人未在案"为由，裁定不予受理此案。锦州铁路运输检察院认为，法院对公诉案件不予受理，于法无据，况且被采取了取保候审措施的二被告人并非传唤不到案。经与法院沟通无效，锦州铁路运输检察院于同年 9 月 3 日依法向沈阳铁路运输中级法院提出抗诉。后锦州铁路运输法院撤销原裁定，受理了刘××、魏××盗窃一案。①

[案例] 上海市人民检察院公诉一处承办的上诉人周某走私珍贵动物制品案，一审法院判决认定被告人周某走私象牙原牙一整根及象牙制品 12 件，价值人民币共计 37.82 万余元，据此以走私珍贵动物制品罪对其判处无期徒刑。被告人周某对一审判决确认的一整根疑似象牙为现代象牙的鉴定意见表示异议，并提出上诉。

承办人审查中，注意到上诉人周某在侦查阶段及一审阶段均提出被查获的一整根疑似象牙原牙，系从网上以 15000 日元购买的仿真品，并对上海野生动植物鉴定中心出具的该象牙原牙为非洲象象牙的鉴定意见提出质疑，多次要求重新鉴定，但未获准许。

经全面阅卷及讯问上诉人周某，承办人认为周某的辩解具有合理性，鉴定意见可能有误。理由是：

首先，上诉人周某到案后第一次供述即作无罪辩解，后虽作过有罪供述，但由于鉴定意见出具在先，周某到案在后，不排除周某的有罪供述是通过诱导性发问等非正常方式所形成。况且，被告人对价值 12 万余元的 12 件象牙制品为非洲象象牙制品的鉴定意见从未提出质疑，仅对整根象牙的真伪作出辩解，并建议可用燃烧的鉴定方式，还可听取收藏家协会对象牙有研究人的意见。

其次，由于网站关于拍品的页面记录保存有时间限制，上诉人周某的电脑在案发前重新安装过操作系统，经鉴定无法恢复以前的所有上网信息及资料，

---

① 梁国庆主编：《中国检察业务教程》（修订版），中国检察出版社 2002 年版，第 268 页。

因此侦查机关未从网络、电脑中获取周某网购信息是正常的，相反以此否定其通过网购获取仿真象牙的辩解真实性，不具有排他性。

最后，上海野生动植物鉴定中心仅采用肉眼观察，依照传统真假象牙在纹路等方面的区别鉴别真伪的鉴定方法，在高仿真技术迅速发展的现代社会具有一定的局限性。

为此，承办人联系了华南野生动物物种鉴定中心对涉案象牙原牙及制品进行重新鉴定。华南所的鉴定人员对涉案象牙原牙进行截样后，根据样品特有的形态特征及燃烧化学分析，确定疑似象牙原牙一根为用高分子化学聚合物进行高仿真制作的象牙赝品，其他象牙制品为现代象象牙制品，价值12.82万元。由于该鉴定方法避免了目测鉴定的主观性、局限性，因而鉴定意见更具客观真实性，且关于整根疑似象牙为仿制品的鉴定意见也得到了原鉴定人的认可，并能够与上诉人周某的辩解相互印证。据此，承办人建议采信华南所的鉴定意见，获二审人民法院支持。

日前，二审人民法院改判上诉人周某有期徒刑5年。

第三节　刑事审判活动监督的发现途径

根据最高人民检察院《人民检察院刑事诉讼规则（试行）》的规定，审判监督由审查起诉部门和刑事申诉检察部门承办，对于人民法院审理案件违反法定期限的，由监所检察部门承办。人民检察院可以通过调查、审阅案卷、受理申诉等活动，监督审判活动是否合法。在审判活动监督实践中，人民检察院只有运用各种方法，通过各种渠道，全面掌握人民法院刑事审判活动的情况，才能从中发现和纠正违法行为。经过长期的司法实践，人民检察院刑事审判活动监督的发现途径有传统的审查裁判文书、出席法庭、受理申诉等，同时人民检察院又在实践中摸索新的监督途径，尤其是对职务犯罪案件一审同步审查、刑事自诉案件、调查讯问审理的上诉案件的监督途径，以不断拓宽监督渠道。

一、审查刑事判决、裁定文书

根据最高人民检察院的规定，人民检察院通过受理申诉，对人民法院判决、裁定的审查等活动，监督人民法院的判决、裁定是否正确。人民检察院在收到人民法院第一审判决书或者裁定书后，应当及时审查，承办人员应当填写刑事判决、裁定审查表,提出处理意见,报审查起诉部门负责人审核。对需要提出抗诉的案件,审查起诉部门应当报请检察长决定;案情疑难或者重大复杂的案件,由检察长提交检察委员会讨论决定。因此,对刑事裁判文书的审查是发现和纠正审判违法行为的重要途径。实践中一般通过"三书"(起诉意见书、起诉书、判决书)对照的方法,审查法院审判活动是否符合法定程序,填写对人民法院刑事判决、裁定审查表,提出同意判决或其他具体意见。在刑事裁判审查中,应当对案件从受理到判决的各个时间节点是否符合法律规定、是否超期羁押、法院采取或变更强制措施情况、辩护和提供法律帮助情况、延期审理情况、法庭证据的质证和采信情况、判决书送达情况、判决书的文字等进行审查。但目前的实践中,存在着主要针对诉判不一等实体问题的审查,对法院审判活动是否违反法定程序重视和审查不够,刑事裁判审查表涉及程序审查问题较少。

[案例] 被告人王某,原系某省投资服务总公司总经理,某区人民检察院以被告人王某犯受贿罪向区人民法院提起公诉。起诉书指控被告人王某利用担任省投资服务总公司总经理的职务之便,在与金某商谈办理豪运运输公司注册资金验资的业务活动中,收受金某送的好处费3万元,并为金某谋取利益,其行为构成受贿罪。上述事实,有被告人王某的供述、证人金某的证言证实。王某从金某处收受了3万元好处费;省投资服务公司营业执照及王某的身份证明材料证实王符合国家工作人员身份,证据间相互印证,足以认定。

区人民法院公开开庭审理了本案。法庭审理过程中,被告人王某对指控其收受了金某人民币3万元无异议,但辩解:受贿的款中有2万元以公司名义已借给公司聘用的职员曹某。其辩护人辩称:3万元受贿款中有2万元以公司名义预支借给曹某,作为公司支付给曹某的部分年薪,应将其从受贿犯罪数额中扣除;被告人王某认罪态度较好,已退出赃款,建议对其从宽处罚并判处缓刑。公诉人认为,被告人王某当庭提出"受贿款中有2万元以公司名义借给曹某,应从受贿犯罪数额中扣除"的辩解与其以前的供述相矛盾,又没有相应的证据证明,因此,上述辩解及辩护人的辩护意见不能成立。庭审后,法庭对被告人王某及其辩护人的辩护意见进行了调查,认为被告人王某以省投资服务总公司名义借支给聘用人员曹某2万元人民币,作为曹的年薪预支款,尽管当时该款并未从公司会计处作过财务支出,但有曹某、邵某等人证言以及借条等证据证实,故被告人及其辩护人的辩护意见可予采纳。据此,区人民法院作出判决,认定被告人王某在担任省投资服务总公司总经理期间,与金某商谈办理豪运运输公司注册资金验资的业务活动中收受金某给的好处费计人民币3万元,后被告人王某以省投资服务总公司名义借支给聘用人员曹某2万元人民币,作为曹的年薪预支款,此款应从其受贿犯罪数额中扣除,被告人王某个人实得1万元人民币,判处有期徒刑1年零6个月,缓刑2年。

一审判决后,区人民检察院依法审查后认为:一审判决采纳了未经庭审质证的证人证言作为判决的依据,违反了《中华人民共和国刑事诉讼法》第59条之规定,影响了对案件事实的正确认定。为严肃国法,严厉打击经济犯罪,维护合法的诉讼程序,依据《中华人民共和国刑事诉讼法》第217条之规定,某区人民检察院向市中级人民法院提出抗诉。市中级人民法院经开庭审理,作出裁定:撤销原判,发回重审。①

(一)各类案件判决、裁定审查表

人民检察院
对法院刑事判决、裁定审查表
(第一审案件)

	□普通程序案件	□简易程序案件	
	□诉判不一	□诉判一致	
起诉案号	×检 刑诉〔 〕第 号		
提起公诉时间	年 月 日		
判决日期	年 月 日		
收到判决书日期	年 月 日		
判决情况	被告人姓名	起诉罪名	判决罪名	判处刑罚

---

① 黄河等:《刑事抗诉的理论与实务》,中国检察出版社2000年版,第378—379页。

(诉判一致的案件无须填写第二、三页)

审查内容		是	否
事实证据	判决认定的事实与起诉指控是否一致		
	判决认定的罪名与起诉指控是否一致		
定性分歧	存在的问题以及审查意见：		

量刑分歧	诉判不一的被告人姓名	法定情节		酌定情节		量刑建议		宣告刑	
		起诉	判决	起诉	判决	主刑	附加刑	主刑	附加刑
	存在的问题以及审查意见：								

审判程序	审判程序是否存在违法的情形	□是	□否
	存在的违法问题以及审查意见：		
赃款赃物	赃款赃物处理是否正确	□是	□否
	存在的问题以及审查意见：		
公诉人审查意见	办案检察官意见：		
	主诉检察官意见：		
科(处)长审核意见			
分管检察长审批意见			
检察长意见或检委会决定			
备　注			

人民检察院对法院刑事判决、裁定审查表

（上诉案件）

检察员出庭意见：	□提出改判		□维持原判	
法院裁判意见：	□改判		□发回重审	□维持原判
上诉人：				
原审被告人：				
案　由				
审公诉机关				
上诉日期	年　月　日			
判决、裁定日期	年　月　日			
收到判决、裁定书日期	年　月　日			

（二审判决、裁定与出庭检察员意见一致的案件无须填写本页）

审查内容	
事实证据及定性分歧	存在的问题及审查意见：
量刑情节及量刑分歧	存在的问题及审查意见：

审判程序	审判程序是否存在违法的情形	□是	□否
	存在的问题以及审查意见：		
出庭检察员审查意见	办案检察官意见：		
	主诉检察官意见：		
处长审核意见			
分管检察长审批意见			
检察长意见或检委会决定			
备　　注			

人民检察院对法院刑事判决、裁定审查表
（抗诉案件）

□二审程序抗诉　　　　□审判监督程序抗诉	
□改判　　　□发回重审　　　□驳回抗诉	
被抗诉人：	
原审被告（上诉）人：	
案　由	
提出抗诉或提请抗诉单位	
提出抗诉日期	年　月　日
判决、裁定日期	年　月　日
收到判决、裁定书日期	年　月　日

检察机关意见	抗诉理由及法律依据：
法院意见	法院判决、裁定结果：
	判决、裁定理由及法律依据：
二审抗中未被抗诉的原审被告人（上诉人）的审查情况	检察员出庭意见：
	法院判决、裁定的意见：

审判程序	审判程序是否存在违法的情形 □是 □否
	存在的问题以及审查意见:
出庭检察员审查意见	办案检察官意见:
	主诉检察官意见:
处长审核意见	
分管检察长审批意见	
检察长意见或检委会决定	
备 注	

(二) 刑事判决、裁定审查表填写说明

1. 表格使用说明

(1) 根据职能分工和诉讼程序特点,第一审案件审查表供基层院公诉部门和分、州、市院公诉部门使用,上诉案件和抗诉案件审查表供分、州、市院二审部门和省级院公诉部门使用。

(2) 上诉案件和抗诉案件审查表的区别。上诉案件审查表针对的是被告人上诉案件,抗诉案件审查表针对的是二审程序抗诉和审判监督程序抗诉案件。若同一案件中既有被告人上诉,又有检察机关提出二审抗诉的情况,此类案件应填写抗诉案件审查表。

2. 第一审案件审查表填写方法

(1) 突出重点,繁简分流。根据不同案件的类型,区分诉判不一和诉判一致案件,分别设立不同的填写要求。首先,诉判不一的案件应全表填写,即除填写第一页基本情况和第四页审查意见外,应在第二、三页的审查项目中,在相应的诉判不一致的栏目中打钩,并必须分析检法分歧所在和填表人对此分歧的审查意见。若系检法对被告人量刑有分歧意见的案件,可仅填写量刑不一致的被告人，量刑一致的被告人无须填写。其次，诉判一致且检察机关对判决无异议的案件，除填写第一页基本情况和第四页审查意见外，第二、三页可不再填写。

（2）开宗明义，明确项目。第一页和第四页的内容为必填栏目。首先，将案件类型栏安排在表格首部，开宗明义，对案件是诉判一致或诉判不一案件、简易程序或普通程序案件可一目了然，便于在审批表格时对重点案件引起必要的重视。其次，检察机关对法院审判程序进行监督，是法定的审判监督内容之一，应对依法保护被告人的合法权利以及诸如审理期限、公开审理、送达等审判程序依法进行监督。因此，对审判程序的审查作为每个案件的必填项目。最后，"赃款赃物处理是否正确"是指在判决书中是否表述了对赃款赃物的追缴，以及对赃款赃物的判决内容是否正确。

（3）分门别类，各有侧重。如在事实认定方面，应当注意审查：判决认定的事实是否清楚；是否存在判决认定事实与证据不一致，认定的事实与裁判结论有重大矛盾，新的证据证明判决认定确有错误的情形。在证据采信方面，应当注意审查：判决据以认定案件事实的证据是否确实；据以定案的证据是否足以认定案件事实，案件事实与裁判结论之间是否具有必然联系，据以定案的证据之间是否相互印证，且无矛盾；判决所采信的证据是否均经过庭审举证、质证。在定性和法律适用方面，应当注意审查：法院判决的罪名与起诉指控的罪名是否一致，法院引用法条是否正确、完整。在量刑情节和量刑方面，应当注意审查：自首、立功、累犯等法定情节认定是否准确；未遂、中止、预备等犯罪形态认定是否准确；主、从犯认定是否准确，量刑是否均衡；量刑建议与法院量刑是否一致，是否存在畸轻畸重、偏轻偏重的情况；缓刑、免刑适用是否恰当；共同犯罪被告人量刑是否均衡；数罪并罚的刑期计算是否准确；单位犯罪认定是否准确；正当防卫、紧急避险等认定是否准确。

3. 上诉案件审查表填写方法

（1）二审判决、裁定与出庭检察员意见一致的案件，第二页无须填写，第一、三页仍为必填项目。二审判决、裁定与出庭检察员意见不一致的案件，则需全表填写，并在相应的不一致栏目中分析检法分歧所在以及相应的审查意见。

（2）若检察员出庭意见与一审判决不一致，但被二审判决、裁定所采纳，属"二审判决、裁定与出庭检察员意见一致"，基于承办检察官的审查理由和意见必然在审查报告中有所阐述，并经领导审批，所以在审查表中无须再次填写。

（3）上诉案件对事实、证据、定性和量刑的审查要求，与前述一审案件一致,不再赘述。

4. 抗诉案件审查表填写方法

(1) 抗诉案件审查表应全表填写。

(2)"检察机关意见"栏目中,若是二审抗的案件,则包括了下级人民检察院提出抗诉的意见和上级人民检察院支持抗诉的意见;若是审监抗案件,则是指提出抗诉的意见。

二、职务犯罪案件一审判决同步审查

职务犯罪案件第一审判决上下两级人民检察院同步审查,具有监督一审人民法院判决和强化检察机关内部制约的双重价值。上级人民检察院通过对侦查、公诉和审判的"远距离"审视,可以畅通职务犯罪案件一审处理过程中发现问题的渠道,产生对各诉讼主体的震慑效果,通过发挥"检察一体化"的体制优势,提升职务犯罪案件办理质量。

根据最高人民检察院《关于加强对职务犯罪案件第一审判决法律监督的若干规定(试行)》,从2011年1月1日起,对人民法院作出的职务犯罪案件第一审判决实行上下两级人民检察院同步审查的内部工作机制。作出一审判决人民法院的同级人民检察院是同步审查的主要责任主体,上一级人民检察院负有督促和制约的责任。

职务犯罪案件一审判决同步审查涉及:一是材料的报送。我们认为,一审庭审后,提起公诉的人民检察院公诉部门应当在庭审结束后的5日内,将公诉案件审查报告、起诉书、出庭意见书以书面或电子邮件方式报送上一级人民检察院公诉(二审)部门。有量刑建议书的,应当一并报送。上一级人民检察院公诉(二审)部门应当确定专人及时审查。对庭审中控辩双方有较大分歧意见的案件,下级人民检察院公诉部门应当一并书面上报庭审情况。对庭审后检法分歧意见较大的案件,下级人民检察院公诉部门应当及时向上一级人民检察院公诉(二审)部门报送法院审理的动向。人民检察院公诉部门收到同级人民法院作出的职务犯罪案件第一审判决书后,应当立即进行审查,并在2日内将判决书报送上一级人民检察院公诉(二审)部门。对诉判不一的案件,下级人民检察院公诉部门在报送判决书的同时,应及时与上一级人民检察院公诉(二审)部门沟通。上一级人民检察院公诉(二审)部门收到第一审判决书后,应当立即审查,审查意见应当及时反馈给下级人民检察院公诉部门。二是审查的重点。对于审判活动监督而言,审查的重点是:采信证据是否正确;量刑是否适当,对没有采纳检察机关的量刑建议是否说明理由,是否存在破格减轻处罚的情形;审理程序是否合法,是否存在严重违反法定诉讼程序的情形；是否存在司法工作人员贪污受贿、徇私舞弊、枉法裁判等影响公正判决的违法犯罪行为。三是沟通与协调。我们认为，两级人民检察院公诉部门审查职务犯罪案件第一审判决，审查决定均应当在收到第一审判决书后的法定期限内作出，上下两级人民检察院在审查过程中，其中一级人民检察院认为案件有抗诉必要的，可提请启动抗前会商机制，就是否应当抗诉、如何正确确定抗点等问题进行共同分析研究。四是上下两级人民检察院同步审查职务犯罪案件第一审判决，认为判决确有错误但无抗诉必要的，可以采取"检察公函"、"纠正违法通知书"、"工作通报"等非抗诉方式监督。

三、量刑专门审查

最高人民检察院《人民检察院开展量刑建议工作的指导意见（试行）》规定，人民检察院收到人民法院的判决、裁定后，应当对判决、裁定是否采纳检察机关的量刑建议以及量刑理由、依据进行审查，认为判决、裁定量刑确有错误、符合抗诉条件的，经检委会讨论，依法向人民法院提出抗诉。为此，人民检察院应当强化对量刑的审查。

审查的重点：一是审查法院的刑事裁判文书。根据"两高三部"《关于规范量刑程序若干问题的意见（试行）》的规定，人民法院的刑事裁判文书中应当说明量刑理由。量刑理由主要包括：（1）已经查明的量刑事实及其对量刑的作用；（2）是否采纳公诉人、当事人和辩护人、诉讼代理人发表的量刑建议、意见的理由；（3）人民法院量刑的理由和法律依据。二是对照检察机关的量刑建议书。其包括：与起诉书一并移送人民法院的量刑建议书，公诉意见书中提出的量刑建议或者庭审中调整量刑建议并于庭后向人民法院提交的修正量刑建议书，二审或再审案件认为应当改变原审量刑的量刑建议书。三是人民法院的量刑活动是否符合最高人民法院《人民法院量刑指导意见（试行）》和最高人民检察院《人民检察院开展量刑建议工作的指导意见（试行）》规定的量刑种类、幅度等。

当然检察机关不能单纯以量刑建议未被采纳作为提出抗诉的理由，人民法院未采纳检察机关量刑建议并无不当的，检察机关在必要时可以向有关当事人解释和说明。

[案例] 被告人杨某与同案犯刘某（另案处理）等人在KTV唱歌后，因无钱支付消费账目而迁怒于KTV工作人员王××。为泄愤，二人分别从暂住处取了一把未开封的西瓜刀和工艺刀返回KTV包房，并持刀砍伤被害人的头部及全身多处部位，造成被害人头顶部轻微伤、躯干及四肢轻伤。宝山区人民检察院建议法院以寻衅滋事罪判处杨某有期徒刑1年6个月。但宝山区人民法

院审理后只判处杨某拘役3个月。为此，宝山区人民检察院认为，一审判决对全案的量刑事实考虑失衡，过于考虑经济赔偿而忽略了本案应当酌情加重的量刑事实，如犯罪起因、工具、手段及后果等因素，导致量刑明显不当。同时，一审判决存在两名共犯之间量刑明显失衡，另案处理的同案犯刘某被区人民法院判处有期徒刑1年，而本案中两人的行为性质相同，仅因被告人杨某赔偿被害人人民币7000元，处罚上即产生刑种和刑期上的巨大差异，造成同罪不同判。经该院检委会讨论于2011年4月18日提出抗诉并获得二审法院改判。

[工作实例] 近年来，四川省简阳市人民检察院积极探索建立和完善量刑建议制度，对提起公诉的每一起案件均向法院发出量刑建议书，并积极协调法院，将量刑建议作为法庭辩论的内容之一，着力增强检察机关及案件当事人对法院量刑活动的监督。对人民法院没有采纳量刑建议的案件，要求案件承办人要及时审查分析，并形成书面审查报告交由公诉科集体讨论。对量刑建议适当，而人民法院判决畸轻畸重的，依法提出抗诉；对人民法院判决偏轻偏重又不宜提出抗诉的，则视情况向人民法院发出检察意见。2008年，该院共向人民法院提出量刑建议书350份，其中建议从轻量刑的162人，建议从重量刑的38人，有效地促进了量刑公正。

四、出庭支持公诉或履行检察职务

出席法庭是人民检察院履行审判活动监督的主要途径。根据刑事诉讼法的规定，第一审公诉案件、简易程序案件，人民检察院都应当派员出庭。人民检察院提出抗诉的案件或者第二审人民法院开庭审理的公诉案件，同级人民检察院都应当派员出庭。《刑事诉讼法》第245条规定："人民法院开庭审理的再审案件，同级人民检察院应当派员出席法庭。"人民检察院通过出席一审、二审、再审法庭，在支持公诉或履行检察职务的同时，对法庭的刑事审判活动是否符合法律规定进行监督。出庭检察人员应当履行公诉职能与强化审判监督并重，打击犯罪与保障人权并重，实体监督与程序监督并重，监督质量与监督效果并重，围绕出庭充分履行法律监督职能，在指控和证明犯罪的同时，强化审判活动监督。对于一些重大案件，可以采取同步录音录像的方法，记载庭审活动的全部内容，并在庭后仔细研究，既总结出庭公诉的质量，又强化庭审监督。

[工作实例] 黑龙江省鸡西市人民检察院公诉部门针对在庭审抗诉过程中，审判人员尤其是主审法官的询问行为、对证据的采信意见、庭审中的情感流露通常预示着判决的实际走向，要求出庭履行抗诉职责的检察员充分履行法律规定的出庭职责，注意收集审判人员的意向性信息，掌控案件的出庭进展情况，

并在休庭后立即报告科（处）长和主管副检察长。对庭审中的违法行为要在报告检察长后及时提出纠正意见，以便及时反馈信息，提早作出应对准备。

五、查阅庭审笔录

对于讯问审理的二审上诉案件、再审不开庭案件、自诉案件、与刑事案件分别审理的附带民事诉讼案件，人民检察院可以向人民法院调阅案卷材料和重点查阅庭审笔录，审查人民法院对刑事案件的审理活动，从中发现和纠正审判活动中存在的违反法定程序的行为。为了节约司法资源，人民检察院可以选择一些案件影响大、案情比较复杂的案件进行审查，并对人民法院比较容易出现违法行为的重点环节进行监督，以取得良好的审判活动监督效果。

六、庭外调查和取证

庭外调查取证是发现人民法院审判活动违法和核实证据材料的重要途径。人民检察院要广泛收集和查实人民法院在审判活动中的违法事实和证据，大量的工作要在法庭审判外进行，这是因为：一方面，法律规定了人民法院庭外调查取证的权力，人民法院的一些审判活动要在庭外进行，如立案前的审查、开庭准备、采取或变更强制措施、文书送达、赃款赃物处理等；另一方面，一些违法行为往往出现在庭外，即使是在庭审中发现的违法行为，在许多情况下也要经过法庭以外的进一步调查核实。人民检察院庭外调查和取证的方法主要有：

（一）参与庭外活动

根据《刑事诉讼法》第191条和最高人民法院《关于适用〈中华人民共和国刑事诉讼法〉的解释》的规定，在法庭审理过程中，合议庭对证据有疑问的，可以宣布休庭，对证据进行调查核实，调查核实的方法包括勘验、检查、扣押、鉴定和查询、冻结六种方法，但不得使用其他方法，如搜查等。人民法院在必要时，可以通知检察人员、辩护人到场。人民检察院通过参与法院调查核实证据时，依法对证据的来源、手段、种类、形式、程序履行监督职能，同时只有通过开庭审理和证据质证，该证据才能作为定案的依据。

（二）听取诉讼参与人意见和受理被害人及其法定代理人的抗诉请求

《刑事诉讼法》第14条规定："人民法院、人民检察院和公安机关应当保障犯罪嫌疑人、被告人和其他诉讼参与人依法享有的辩护权和其他诉讼权利。诉讼参与人对于审判人员、检察人员和侦查人员侵犯公民诉讼权利和人身侮辱的行为，有权提出控告。"第47条规定："辩护人、诉讼代理人认为公安机关、人民检察院、人民法院及其工作人员阻碍其依法行使诉讼权利的，有权向同级或者上一级人民检察院申诉或者控告。人民检察院对申诉或者控告应当及时进行审查，情况属实的，通知有关机关予以纠正。"人民检察院通过听取诉讼参与人即当事人、法定代理人、诉讼代理人、辩护人、证人、鉴定人和翻译人员对法院庭前工作、审判活动、文书送达、权益保障等问题的意见，从中发现和纠正法院审判活动中的违法情形。诉讼参与人直接参与人民法院的刑事审判活动，对人民法院在审判活动中的违反法定程序的行为使自己的权利受到侵害有着切身的体验。在发现人民法院审判程序违法的线索后，人民检察院可以主动询问诉讼参与人，进一步核实人民法院的审判程序违法情况。根据刑事诉讼法的规定，被害人及其法定代理人不服地方各级人民法院第一审判决，自收到判决书后5日以内，有权请求人民检察院抗诉。人民检察院应当听取被害人及其法定代理人的意见及理由，通过审查刑事判决书和必要的调查，以查明人民法院的审判活动是否违反法定程序，决定采取相应的纠正措施，在5日内作出是否抗诉的决定，并且答复请求人。当前在司法实践中，人民法院不送达或延期送达判决书给被害人的情况时有发生，剥夺了被害人申请按照第二审程序抗诉的权利。根据《刑事诉讼法》第196条的规定，无论是当庭判决还是定期判决，判决书不仅应当送达当事人（包括被害人）和提起公诉的人民检察院，而且应当同时送达辩护人、诉讼代理人。因此，对人民法院不送达起诉书给被害人的情况，应当予以纠正。但同时《关于适用简易程序审理公诉案件的若干意见》第8条规定，对于适用简易程序审理的公诉案件，判决书的送达对象仅为被告人和提起公诉的检察院，这一规定与刑事诉讼法的规定不相符合，应当予以修改和完善。

（三）受理控告申诉检察、监所检察等部门移送的线索

控告申诉部门通过接待和处理人民群众来信、来访，可以从中了解和掌握人民法院刑事审判活动违法的情况，发现违法行为的蛛丝马迹。监所检察部门通过讯问犯罪嫌疑人、被告人和罪犯，受理其法定代理人、近亲属的申诉，可以从中发现和找出问题。最高人民检察院《人民检察院刑事诉讼规则（试行）》对人民检察院控申、监所、公诉部门受理当事人及其法定代理人、近亲属认为人民法院已经发生法律效力的刑事判决、裁定确有错误情况的程序以及需要抗诉的处理情况，分别作了具体规定。人民检察院通过受理控申、监所检察等部门移送的线索，可以充分掌握人民法院审判活动违法的事实和证据材料，履行审判活动监督职能。

（四）受理有关单位、个人提供的线索

受理有关单位或个人提供的线索，是我国刑事诉讼法规定的专门机关与群众路线相结合的体现。我国宪法和法律赋予了公民申诉、控告和检举的权利，

其提供的线索是人民检察院发现人民法院审判活动违反法定程序的重要途径，特别是人民检察院不派员出庭的自诉案件、附带民事诉讼案件以及赃款赃物处理情况、司法鉴定情况等。对这些线索，人民检察院应当依法审查，认真处理。

七、其他途径

由于刑事审判活动监督内容广泛，涉及的法律法规和司法解释也比较多，并且随着实践的发展，审判活动中的违法行为也会出现新形式、新情况。因此，需要针对不同情况，采取其他相应的措施，不断拓宽监督的途径和方法。如可以通过新闻媒体披露、人民法院信息报道、网上查阅公开判决、开展法制宣传、人民检察院与人民法院的走访和联络机制以及人大代表、政协委员、上级人民检察院听庭反馈、上级人民检察院的备案审查制度、检察机关通过检查工作和复查案件、办理各级权力机关交办案件等方法，以扩大审判活动监督的来源和途径。

第四节 刑事审判活动监督的主要方法

为了保障国家法律统一正确实施，促进司法公正，在司法实际工作中，人民检察院进一步增强了刑事审判监督工作的全面性，树立了实体与程序并重的观念，既加强了对违反实体法的监督，又加强了对违反程序法的监督，并在实践中通过提出抗诉、纠正违法、检察建议、检察公函、工作通报以及其他规范刑事审判程序和实现司法公正的方法，从抗诉的单一监督手段中解放出来，在多元化的审判监督途径上动脑筋。通过构建多元化的刚柔并济的审判监督体系，从传统单一化、平面化的监督体系，向多元化、立体化的监督体系转变，在体现监督分量、放大监督效果上下功夫，切实履行审判程序监督职能。

根据最高人民检察院《人民检察院刑事诉讼规则（试行）》的规定，人民检察院对人民法院审判活动中违法行为的监督，可以参照该规则有关人民检察院对公安机关侦查活动中违法行为监督的规定办理。因此，刑事审判活动监督的方法包括口头纠正方式、纠正违法通知书、依法追究刑事责任等。在司法实践中，人民检察院根据人民法院刑事审判活动违法行为的不同情况和结果，采取不同的纠正方法，同时，人民检察院还进一步探索和摸索了新的监督方式。

刑事抗诉重点与方法（修订版）

一、提出抗诉

刑事抗诉是人民检察院依法履行审判活动监督职能的主要方式，是纠正人民法院严重违反法定诉讼程序并据此作出刑事判决、裁定的重要途径。根据最高人民检察院《关于刑事抗诉工作的若干意见》的规定，人民检察院对人民法院在审判过程中严重违反法定诉讼程序，影响公正判决或裁定的，应当提出和支持抗诉。最高人民检察院《关于进一步加强刑事抗诉工作强化审判监督的若干意见》，进一步提出要通过抗诉以及其他多种方法，充分履行审判监督职能。我们认为，对人民法院严重违反法定诉讼程序的抗诉，包括第二审程序的抗诉、审判监督程序的抗诉、不宜抗诉、特别程序抗诉等情况，其适用标准不尽相同。①

[案例] 被告人曾××先后6次采取撬门扭锁的手段，秘密窃取他人财物共计10234.60元，破案后，公安机关追缴赃款1158.10元发还失主，其余赃款及赃物变卖款被其挥霍一空。

一审庭审情况：被告人曾××盗窃一案，由某县人民检察院提起公诉。县人民法院开庭审理了此案，庭审中曾××当庭"检举"了廖××等人的盗窃犯罪事实，其辩护人提出应当认定曾××有立功表现。公诉人则当庭宣读了公安机关出具的证明曾××"检举"的事实是公安机关早已掌握和查证的事实，并已作了相应处理，有些情况则根本无法查证，因此，曾××的所谓检举揭发行为不能认定其有立功表现。鉴于控辩双方在此方面的争论，法庭要求辩护人在休庭后就曾××是否立功的问题进行调查。随后，县人民法院再次开庭审理此案，在辩护人调取的证据既未在法庭上出示又未进行质证的情况下，审判长就称"被告人的辩护人对被告人检举揭发他人犯罪的材料进行了查证，可以认定被告人有立功表现"。由此，一审判决认定曾××犯盗窃罪，但有立功表现，因此减轻判处其有期徒刑2年6个月，并处罚金1000元。

抗诉情况：一审判决宣判后，县人民检察院提出抗诉，认为：原审判决量刑畸轻，应在3—10年有期徒刑幅度内量刑；辩护人提供的有关立功表现的材料未经庭审质证，严重违反诉讼程序，不能作为定案根据。原审被告人揭发他人犯罪的事实属公安机关早已掌握的事实，不能认定原审被告人有立功表现，请求中级人民法院依法改判。

审理情况：中级人民法院依法开庭审理此案。庭审中被告人的辩护人提出：曾××检举了8人的犯罪行为，属检举多人的重大立功表现，查证的责任在公安机关，被告人在押，不能说没查证就不属实，没查证的也属提供重要线

---

① 黄河等：《刑事抗诉的理论与实务》，中国检察出版社2000年版，第377页。

索。中级人民法院经审理查明，原审判决认定的盗窃犯罪事实清楚，证据确凿。曾××在审讯中检举他人的违法犯罪行为所提供的情况基本属实，但公安机关在抓获曾××以前已对此问题基本掌握，有的已破案并进行了处理，有的正在查证。因此，对其立功表现不予认定。据此，中级人民法院认为检察机关抗诉有理，应予采纳。依照《中华人民共和国刑法》第12条第1款、第264条、第64条及《中华人民共和国刑事诉讼法》第225条第2项之规定，判决维持一审判决定性和罚金部分，撤销量刑部分；改判曾××有期徒刑4年。

二、纠正违法

《刑事诉讼法》第203条规定："人民检察院发现人民法院审理案件违反法律规定的诉讼程序，有权向人民法院提出纠正意见。"因此，纠正违法是一种常见的、在实践中运用较为广泛的审判活动监督的方式。其主要针对审判活动中的违法活动予以纠正，也是一种比较成熟的、有法律支撑的审判活动监督途径。纠正违法主要有书面和口头两种方式。

（一）纠正违法通知书

对于人民法院的刑事判决、裁定或者审判活动有下列情形之一的，应当制发纠正违法通知书：

1. 采信的证据未经庭审质证，但尚未影响定罪量刑的。
2. 案件超过法定审理期限的。
3. 送达法律文书超过法定期限，妨碍刑事诉讼正常进行，造成一定影响的。需要注意的是，并非送达法律文书一超过法定期限就制发纠正违法通知书。我们认为，只有当该违法行为影响了刑事诉讼正常进行，并且造成一定影响的，才能制发纠正违法通知书。
4. 违反法定程序，但不影响裁判正确性的其他违法行为。如人民法院对刑事案件的受理违反管辖规定，尚未造成严重后果的；人民法院对刑事案件的受理活动违反法律规定，情节较轻的；法庭审理时对有关程序问题所作出的决定违反法律规定的；挪用或私自处理赃款赃物的，等等。制发纠正审理违法通知书，应当由检察人员办理，报部门负责人审核，经主管检察长批准。

[工作实例] 2010年以来，辽宁省大连市两级人民检察院公诉部门，注意监督纠正审判程序存在的问题。两级院公诉部门针对公诉案件的审理时限和审判效率等普遍存在的问题进行跟踪监督，共书面提出纠正违法53件次，已纠正49件次。其中，大连市院公诉处针对市人民法院刑事审判工作存在的诉讼拖延问题进行了集中监督清理，向大连市中级人民法院发出纠正违法通知书10份，对53件案件进行了监督。在接到纠正违法通知书后的1个月内，市中级

人民法院共开庭审理案件75件（2010年同期20件），送达各类判决105份（2010年同期57份）。

（二）口头纠正违法

根据最高人民检察院《关于进一步加强刑事抗诉工作强化审判监督的若干意见》的规定，对审判过程中轻微违反诉讼程序，采取口头方式足以纠正的，或者审判活动正在进行当中，应当及时指出错误的，可以采取口头方式进行监督并记录在案。

有人认为出席法庭的检察人员不能当庭提出纠正意见，依据是相关司法解释的规定，出席法庭的检察人员发现法庭审判违反法律规定的诉讼程序，应当在休庭后及时向本院检察长报告。人民检察院对违反程序的庭审活动提出纠正意见，应当由人民检察院在庭审后提出。但我们认为，出席法庭的检察人员代表国家履行法律监督职责是检察官法赋予的权力。出席法庭的检察人员如对必须当庭予以纠正的违法情形一律留到庭后处置，不仅会造成不良后果，而且不符合诉讼经济的原则。所以当庭提出纠正意见，与《刑事诉讼法》第203条"人民检察院发现人民法院审理案件违反法律规定的诉讼程序，有权向人民法院提出纠正意见"的规定并不矛盾。另一方面，出席法庭的检察人员当庭提出纠正意见，既有利于法院及时纠正错误，又能够保证庭审活动公正、合法地进行；既能够体现监督效果，又能够确保诉讼效率。但同时，为了规范监督工作，最大限度地克服庭审中口头纠正违法的随意性，口头纠正意见仅限于"出席法庭的检察人员发现法庭审判活动有违反法定诉讼程序，须当即予以纠正的，应当庭提出意见并记录在案"。如果出席法庭的检察人员发现法庭的审理活动违反法定程序、严重侵犯诉讼参与人的诉讼权利，可能影响公正审判的，应当立即建议休庭，庭后经检察长决定，依法提出纠正意见。

三、检察建议

检察建议是人民检察院为促进法律正确实施、促进社会和谐稳定，在履行法律监督职能过程中，结合执法办案，建议有关单位完善制度，加强内部制约、监督，正确实施法律法规，完善社会管理、服务，预防和减少违法犯罪的一种重要方式。

根据2009年《人民检察院检察建议工作规定（试行）》，检察建议的适用范围包括6种，其中第5项为"人民法院、公安机关、刑罚执行机关和劳动教养机关在执法过程中存在苗头性、倾向性的不规范问题，需要改进的"。在上海市的司法实务中，将该项规定细化为7个方面，其中，与审判活动监督相关的包括两个方面：一是人民法院已经生效的判决、裁定确有错误，但依法不能启动再审程序予以纠正，或者虽有错误但不宜提出抗诉的；二是人民法院庭审活动违反法律规定或者民事执行、调解以及其他执法活动确有错误，但不影响案件实质性结论，需监督纠正的。根据最高人民检察院的规定和审判活动监督实践，我们认为，检察建议应包括以下三类：

1. 刑事再审检察建议书。对于已经生效的刑事判决、裁定虽有错误，但不宜提出抗诉，应当建议人民法院自行启动再审程序纠正。建议人民法院自行启动再审程序纠正的，应当制发刑事再审检察建议书。检察建议书由检察人员办理，报部门负责人审核，经主管检察长批准。

[工作实例] 辽宁省本溪市人民检察院对于法院制作的法律文书在引用法律条款、语句表述等方面存在的错误，及庭审中的违法情况以及其他不适宜抗诉的情况，采取向人民法院发出再审检察建议的方式予以监督，充分发挥再审检察建议及时、快捷、灵活的优势。截至2011年2月，该市两级人民检察院已向同级人民法院提出再审检察建议5件5人，人民法院全部采纳并自行纠正错误。

[案例] 上海松江区人民检察院在审查犯罪嫌疑人冉某涉嫌抢劫、盗窃一案时发现，浦东新区人民法院于2011年4月11日对其同案犯董某、王某以诈骗罪判处刑罚。人民检察院经审查认为，被告人在被害人完全不知情的情况下以秘密手段窃取财物，应认定为盗窃罪而非诈骗罪，故原判认定诈骗罪系适用法律错误。鉴于此，松江区人民检察院于2011年6月10日向浦东新区人民法院制发再审检察建议书，建议对该刑事判决进行再审。浦东新区人民法院回函表示检察建议书所述情况属实，该案以盗窃罪判处刑罚更为准确。针对该案存在的问题，浦东新区人民法院高度重视并予以通报，同时要求审判人员对此类案件的犯罪定性问题加以注意，引以为戒。

2. 建议更换办案人员检察建议书。对于发现审判人员涉嫌犯罪，或者确有严重渎职违法行为，可能影响公正审判的，可以建议人民法院更换办案人员。建议人民法院更换办案人员的，应当制发检察建议书。检察建议书由检察人员办理，报部门负责人审核，经主管检察长批准。

3. 一类问题检察建议书。一类问题检察建议，是履行审判活动监督的重点，其有利于促进人民法院纠正执法工作中存在的苗头性、倾向性不规范问题，提高审判工作质量。该检察建议书也应由检察人员办理，报部门负责人审核，经主管检察长批准。

[工作实例] 为进一步加强审判活动监督，四川省简阳市人民检察院建立了裁判季度分析与类案分析相结合的监督制度。通过对同一时期不同案件、不同时期同类案件的判决进行认真比较，分析发生裁判不公、量刑失衡问题的原因，进而提出解决建议，并在此基础上，向人民法院发出检察建议书，必要

时，向人大常委会、政法委进行专题报告，切实增强监督效果。如该院通过对市人民法院2008年第一季度裁判的分析，发现其对容留卖淫罪的量刑较之其他犯罪明显偏重，便专题向资阳市人民检察院报告，同时向人民法院提出监督意见，督促其准确适用法律、重视量刑失衡的问题。

某市人民检察公诉处针对人民法院2007年以来单处罚金刑大量适用的情况和趋势，进行专项调研分析，发现人民法院罚金数额随意性大，执行不规范，重罚金、轻赔偿等一系列问题，遂依法通过检察建议书提出监督意见，引起市中级人民法院、市人大和省高级人民法院的高度重视，市中级人民法院为此进行了全面复查整治，随后，人民法院适用单处罚金刑的数量降幅达30%。

河南省郑州市检察机关利用掌握全市基层法院判决的优势，通过对同类案件进行综合量刑比对，及时发现人民法院在对同一地区、同类罪名和同类犯罪人群量刑时存在的不平衡、不均衡问题，并通过向人民法院发检察建议或召开研讨会等形式进行监督纠正。如在综合量刑比对时发现基层人民法院对未成年人抢劫未遂案件存在严重的量刑不均衡现象，为此组织召开了由省人民检察院、省高级人民法院、市中级人民法院和郑州大学法学院及二七区、金水区人民检察院等单位同志参加的座谈会，就这一问题进行了深入研讨，统一了认识，减少了分歧，促进了量刑统一。

四、检察公函

对于法院刑事判决、裁定或者审理活动具有以下情形之一的，应当发出检察公函：（1）判决书、裁定书存在多处或重要文字差错，但不影响案件正确认定的；（2）判决书、裁定书存在刑期计算错误等差错，不影响案件基本认定的；（3）其他应当发出检察公函的。

制发检察公函，应当由检察人员办理，报部门负责人审核，由主管检察长批准。[①] 最高人民检察院《关于进一步加强刑事抗诉工作强化审判监督的若干意见》第3条第1项肯定了检察公函的效力和适用范围。由于检察公函具有极大的运用灵活性，而且避免了"纠正违法"的用语，因而在实践中运用广泛。但同时也要注意防止检察公函的滥用，不能对应该发出纠正违法通知书的案件本着"检法和睦"的思想而以检察公函代替。

[案例] 上海宝山区人民检察院在办理犯罪嫌疑人胡某志诈骗一案中，发现

---

① 参见最高人民检察院研究室编：《人民检察院法律文书格式（样本）》，中国法制出版社2002年版，第351、353页；最高人民检察院编著：《检察法律文书制作与适用》，中国法制出版社2002年版，第723、726页。

胡某志曾冒用其兄"胡某文"的身份进行诈骗并由上海市闸北区人民法院作出生效判决,该案判决书中未查明胡某志的真实身份。人民检察院通过比对指纹、询问证人等工作,确认该判决书中的被告人应系胡某志,遂制发检察公函向闸北区人民法院提出纠正建议。后闸北区人民法院作出刑事裁定纠正了上述错误。

五、工作通报

工作通报是指人民检察院对人民法院在审判活动中的严重违法行为,经依法监督未及时纠正,造成一定社会影响,或者发现人民法院在审判活动中有较严重且具普遍性的违法行为,可以向同级党委、人大报告,也可以向同级人民法院通报,或者建议上级人民检察院向同级人民法院通报。

由于种种原因,检、法对一些法律问题的理解存在着一定的分歧,人民法院在审判实践中也形成了一些审判惯例和习惯做法,但有些做法存在着违法或者不严格执法之嫌。对此人民检察院应该及时监督并发出工作通报,达到双方信息互通、消除分歧、对一些问题引起重视的效果,使得检察机关在履行审判监督职责时避免片面性,共同促进公正执法。最高人民检察院《关于进一步加强刑事抗诉工作强化审判监督的若干意见》,进一步扩大了工作通报的范围,规定"通过向党委、人大报告和向上级人民法院通报的方式进行监督"。根据最高人民检察院的规定,要加强对人民法院落实监督意见情况的跟踪工作,确保监督效果。

具有以下情形之一的,可以人民检察院的名义向同级人民法院发出工作通报:(1) 发现人民法院执法指导思想、政策法律适用存有偏差需要改进的;(2) 认为人民法院在法律适用上标准不一、显失平衡需要统一的;(3) 发现人民法院在审判活动中对一类案件存在量刑偏轻偏重等倾向性问题,需要规范或改进的;(4) 认为人民法院在刑事诉讼活动中妨害当事人权益等一类问题需要纠正的。

向同级人民法院通报,应当由公诉部门提出,报主管检察长批准。向同级党委、人大报告,或者通过上级人民检察院向同级人民法院通报,应当由检察委员会讨论决定。

[**工作实例**] 上海市静安区人民检察院对 2006 年 1 月至 2009 年 7 月本区人民法院办理的 36 件寻衅滋事、聚众斗殴刑事案件、46 件故意伤害刑事案件判决情况进行了对比分析,归纳了其中存在的量刑情节适用标准不统一、量刑结果不平衡等问题,向同级人民法院分别制发《关于寻衅滋事、聚众斗殴犯罪案件量刑规范化情况的通报》、《关于故意伤害犯罪案件量刑规范化情况的通报》,并建议检法两家就相关情节的处理和有关法律的适用达成共识,以预防和减少此

类问题的产生。通报引起了人民法院的高度重视，检法二家召开专门会议，以《检法联席会议纪要》就寻衅滋事、聚众斗殴、故意伤害案件的基本量刑尺度达成共识，制定了具体、细化、可操作的量刑标准，规范本区相关案件的量刑。

上海市金山区人民检察院分别对2006年至2009年11月该区人民法院判决的20件72人聚众斗殴案件、2009年1至11月该区人民法院判缓刑在考验期间再犯新罪的14件14人案件情况进行调研后发现，区人民法院在聚众斗殴刑事案件的判决上存在量刑轻缓化、量刑依据不明确、标准不统一、量刑失当以及缓刑犯考验期间再犯率较高等问题，遂向区人民法院提出《关于聚众斗殴案件量刑情况的通报》、《关于缓刑适用情况的工作通报》。检法两家充分沟通，对此类案件的量刑规范以及正确适用缓刑、加强考验期间帮教工作等达成共识，收到了较好的监督效果。

静安区、金山区人民检察院立足检察职能，积极采取法律监督措施，以工作通报形式指出法院在量刑中存在的一类问题，同时提出了解决问题的有效措施。这种做法值得肯定。

六、检法联席会议

最高人民检察院《关于进一步加强刑事抗诉工作强化审判监督的若干意见》规定："通过与人民法院建立联系机制的方式进行监督。"根据最高人民检察院的规定，检法联席会议应成为一项经常性的制度。人民法院刑事审判活动中存在的共性问题，可以通过联席会议提出纠正意见；对检法两家在法律适用上有分歧的问题以及抗诉程序操作上需要协调一致的问题，可以通过联席会议进行讨论。召开检法联席会议，虽然其初衷是一种案件沟通的方式，但也可以作为审判活动监督的一种方法。其可以集中对法院审判活动中出现的问题与法院及时沟通，并阐明监督意见。检法联席会议形成的会议纪要可以作为一种监督方式和成果，由人民检察院和人民法院共同组织监督实施。

[工作实例] 上海市黄浦区人民检察院通过联席会议推进诉讼监督工作。黄浦区人民检察院公诉一科根据"三书一表"中存在的差异，及时发现了判决书表述存在的一些问题，例如，人民法院在判处被告人罚金刑的判决书中，缺乏对《刑法》第53条关于对罚金刑缴纳规定的表述。又如，人民法院在判处被告人缓刑的判决书中，缺乏对《刑法》第73条关于对缓刑考验期限的表述。针对上述问题，区人民检察院公诉部门联系区人民法院召开检法联席会议进行沟通协商，进一步提升了监督成效。

静安区人民检察院在加强个案监督的同时，要求公诉干部转变思维，拓宽视野，跳出个案看类案，跨越局部看整体，寻找带有倾向性和普遍性的突出问题，开展类案监督。2011年，该院在梳理近年来的近百起暴力犯罪案件判决情况时发现，存在量刑不平衡情况，同为致一人轻伤无其他法定情节的故意伤害案件，出现了拘役2个月、缓刑3个月以及有期徒刑6个月等不同判决结果。针对这一情况，该院向区人民法院制发工作通报，并召开检法联席会议，建议对暴力犯罪中酌定情节的适用形成相对稳定的量刑标准。最后，检法两家就该问题以会议纪要形式达成执法共识。

七、检察长列席审委会

《刑事诉讼法》第180条规定："对于疑难、复杂、重大的案件，合议庭认为难以作出决定的，由合议庭提交审判委员会讨论决定。"在这一环节，检察机关的审判程序监督存在着空白点。因此，检察长列席审判委员会是一种较好的审判活动监督方法。对于调查讯问审理的案件、附带民事诉讼案件等，检察长通过列席审判委员会了解合议庭对案件的审理和评议情况，有利于促使和监督审判委员会全面掌握案情，作出正确决定，同时对审判委员会的审理活动实行监督，保证程序合法。

实践中，对可能涉及罪与非罪、检法意见存在分歧、案情重大、疑难复杂以及抗诉案件，检察长或者主管检察长应当列席同级法院审判委员会会议，充分发表意见，并及时将审判委员会讨论意见或者决定反馈公诉部门。各级人民检察院公诉部门应当做好检察长列席审判委员会会议的辅助工作，包括：会前报告案件进展情况、法院审理意见；提供案件材料和参考意见；必要时派员陪同检察长列席审判委员会会议；根据审判委员会讨论意见或者决定，履行审判监督职责。

[工作实例] 江苏省常州市人民检察院着力提高检察长列席审委会的工作成效，如积极做好预审讨论，对有争议的问题讨论分析后拟定列席发言提纲，提高列席发言的针对性和有效性；会中积极参与讨论，充分发表观点，区别情况提出意见，力争多数审委会委员的支持；会后对会议内容、列席情况等及时登记汇总，加强资料积累及情况统计，对人民法院审委会关于一些类案的倾向性处理意见进行深入分析论证，切实增强预判性和法律监督的针对性。2006至2008年，全市检察长共列席审委会讨论案件46次，强化了审判监督，减少了诉判不一。

辽宁省鞍山市人民检察院公诉部门注意调动审判机关接受监督的积极性、主动性，走出去、请进来，共同商议司法实践中遇到的困难和问题，会同人民法院共同签署了《在刑事诉讼中互相配合、互相制约的若干规定》、《检察长列席审判委员会制度》等文件。其中，检察长列席审判委员会制度规定了需要列席审判委员会的情形、双方负责联络的部门、提前通知的时间要求，并且规定检察长可以根据案件情况配备一至二名助手（处长或案件承办人）列席审判委员会，对具体法律适用问题，可以与人民法院充分交换意见，努力达成共识，从而变刑事审判监督的事后监督（抗诉）为事前监督，增强了法律监督的实效性。

北京市人民检察院加强与人民法院的沟通、协调，对于抗诉案件、可能判决无罪的案件以及其他重大案件，要求检察长或者主管检察长列席法院审判委员会。同时，立足于加大抗诉力度，形成上下一体的抗诉合力，落实下级人民检察院检察长列席上级人民检察院检察委员会制度，建立上下级人民检察院公诉部门的沟通配合机制。

八、依法追究刑事责任

根据最高人民检察院《人民检察院刑事诉讼规则（试行）》的规定，人民检察院审查起诉部门发现审判人员在审判过程中的违法行为情节严重，构成犯罪的，应当移送本院侦查部门审查，并报告检察长。侦查部门审查后应当提出是否立案侦查的意见，报请检察长决定。对于不属于人民检察院管辖的，应当移送有管辖权的机关处理。最高人民检察院《关于调整人民检察院直接受理案件侦查分工的通知》第4条规定："人民检察院审查起诉部门在实施法律监督工作中，发现涉嫌职务犯罪行为的，报经检察长同意后，可以进行初查。经初查，认为应当立案追究刑事责任的，应当移送贪污贿赂部门或者渎职侵权部门办理。"

九、其他监督方法

随着刑事审判程序监督工作的实践和时代发展需要，我们在肯定抗诉、纠正违法等传统监督方式的同时，结合近年来审判活动监督工作的实际，在宪法和法律允许的框架范围内，提出了检察建议、检察公函、工作通报等审判活动监督方式，以体现刚柔并济的监督原则和源头监督、科学监督的监督理念。刑事审判监督的目的在于维护国家法律的统一正确实施，维护公平正义和司法公正。因此，只要是有利于严肃国家法制，维护司法公正，符合国家立法精神的，都可以成为检察机关开展刑事审判监督的手段和措施。当然，这些监督方式还需要经过实践的检验，不断规范和完善。人民检察院应当在审判活动监督工作中大胆探索其他监督方法，积累和提供宝贵的经验，同时要拓宽思路，不断创新审判活动监督工作方式，充分体现监督效果。特别是对法院庭外活动、不开庭审理案件、自诉案件、附带民事诉讼案件、适用或变更强制措施情况等监督盲点，积极探索新的行之有效的规范审判活动、维护程序公正的监督途径和方法。

第五节 刑事审判活动监督的技巧

刑事审判活动监督相对于刑事审判结果监督而言起步较晚，目前尚需积极探索、总结提高。根据多年来的司法实践，我们认为，要做好刑事审判活动监督，应把握好以下方法和技巧。

一、法律法规要熟悉——监督知识技巧

刑事审判活动监督的依据主要是刑事程序法和相关的解释，既包括刑事诉讼法，也包括"两高"的司法解释，如最高人民检察院《人民检察院刑事诉讼规则（试行）》、最高人民法院《关于适用〈中华人民共和国刑事诉讼法〉的解释》以及关于公开审判、回避、案件审理期限等规定，也包括部分刑事实体法和民事实体法、程序法。同时，司法解释的种类包括"解释"、"规定"、"批复"、"决定"等。面对庞杂的法条和司法解释、烦琐的司法程序，检察人员只有熟练掌握法律法规和司法解释，才能监督有底气、制约不疏漏，做到成竹在胸、监督有力、说理到位，便于人民法院接受和改正。因此，熟练掌握法律法规，是强化刑事审判活动监督的基础和第一步工作。特别是要在掌握检察机关内部规定的前提下，要重点掌握人民法院的司法解释，做到以子之矛攻子之盾，才能把握监督的重点和难点，取得良好的监督效果。

[案例] 在一起滥用职权案件的庭审中，辩护人当庭提交了一份证人证言，公诉人当庭表示不予质证，并提请法庭不予采信该证据。因为根据最高人民法院关于刑事诉讼法的司法解释，人民法院对于决定开庭审理的案件，应当通知辩护人于开庭 5 日前提供出庭作证的身份、住址、通讯处明确的证人、鉴定人名单及不出庭作证的证人、鉴定人名单和拟当庭宣读、出示的证据复印件、照片。

[案例] 在 1996 年刑事诉讼法施行期间，在一起故意杀人案件的庭审中，公诉人宣读了一名亲眼目睹杀人经过的未满 18 周岁证人的证言。审判长询问公诉人，侦查机关在询问证人时是否通知其法定代理人到场。公诉人即当庭回答，根据《刑事诉讼法》第 98 条的规定，询问不满 18 周岁的证人，可以通知其法定代理人到场，而不是"应当"通知其法定代理人到场，从而使得证据被采信且避免了庭审的尴尬。当然，根据《刑事诉讼法》第 270 条的规定，

今后对于未成年人犯罪的案件，讯问和审判时，应当通知其法定代理人到场。

二、静态监督要仔细——审查文书技巧

审查法院的刑事判决文书要耐心和仔细。实践中存在着认为庭审已经结束，法院已作出有罪判决，因而审查时消极应付等情况。在审查裁判文书时，要进行实体审和程序审、事实审和法律审、定性审和量刑审，为公诉案件画上圆满的句号。审查时，对裁判文书的标题、首部、正文、尾部以及附项都要进行严格审核。如对于判决书的标题，如果系外国人犯罪，应查明裁判文书是否标明"中华人民共和国"字样。在正文的开始部分，应当对法院采取或变更强制措施情况或者相关强制措施的表述进行审查。

[工作实例] 为切实强化刑事审判监督，河南省郑州市人民检察院公诉二处从2006年7月开始，要求全市基层公诉部门收到判决书5日内将案件的起诉意见书、起诉书、判决书（以下简称"三书"）向该处备案，该处指派专人进行认真审查分析，及时发现不当判决和起诉书认定事实、法律定性方面存在的错误，在加强对下指导、保证办案质量的同时，也拓宽了刑事抗诉案件来源，切实强化了刑事审判监督，取得了良好效果。他们要求在审查"三书"材料时，要通过对比起诉意见书、起诉书、判决书对犯罪事实、定性表述等细微差别发现问题，力争通过把握细节找到问题。如被告人梅某盗窃一案，该处检察人员在审查"三书"时发现，人民法院在量刑时刑期折抵错误，被告人因敲诈勒索被行政拘留的时间不能折抵盗窃罪的刑期，经向基层人民检察院反馈，由基层人民检察院以向人民法院发检察公函的方式给予了纠正。

[案例] 在一起故意伤害案的判决书中，被告人从拘留至逮捕的时间超过了37天，致使形式上拘留的时间超过了法定最长的37天时间。后查明，其中包括对被告人进行司法精神病鉴定的时间。

又如刑事诉讼法和最高人民法院《关于适用〈中华人民共和国刑事诉讼法〉的解释》，对盲、聋、哑人或者限制行为能力人、开庭时不满18周岁的未成年人、可能判处无期徒刑或死刑的被告人，没有委托辩护人的，规定了人民法院应当通知法律援助机构指派律师为其提供辩护的法定义务，检察机关对此应当进行审查。对正文部分的事实认定、证据采信、法律程序、定罪量刑等要重点进行审查，从中发现刑事审判活动违法的线索。对刑事裁判文书的各个时间节点应当进行审核，防止出现超期羁押。

[案例] 在一起事实清楚、证据确凿的故意杀人案件中，从起诉到一审判决的时间超过了10个月。经调查发现，人民法院为了减缓案件数量大的压力，以辩护人需要调取新的证据为借口，多次向辩护人"借"时间而延期审理，

实际上本案辩护人根本没有调取新证据。

最高人民法院《关于适用〈中华人民共和国刑事诉讼法〉的解释》规定，当事人和辩护人申请通知新的证人到庭，调取新的证据，申请重新鉴定或者勘验、检查，审判人员根据具体情况可以宣布延期审理，但延期审理的时间不得超过一个月。为此，人民检察院通过检法联席会议向法院提出了该类问题并形成了落实整改的会议纪要。此外，对判决书中的法律和司法解释的引用也要进行审核。最高人民法院《关于在裁判文书中如何引用刑法修正案的批复》（法释〔2007〕7号）规定："人民法院在裁判文书中适用刑法修正案的规定时，应当直接引用修正后的刑法条文，表述为《中华人民共和国刑法》第×××条的规定，或者《中华人民共和国刑法》第×××条之×的规定。"最高人民法院《关于司法解释工作的规定》（法发〔2007〕12号）规定："人民法院同时引用法律和司法解释作为裁判依据的，应当先援引法律，后援引司法解释。"2009年10月最高人民法院颁布了《关于裁判文书引用法律、法规等规范性法律文件的规定》（法释〔2009〕14号），规定裁判文书引用法律、法规应当准确完整写明规范性法律文件的名称、条款序号，需要引用具体条文的，应当整条（款、项）引用。同时引用两部以上法律的，应当先引用基本法律，后引用其他法律；引用包括实体法和程序法的，先引用实体法，后引用程序法；刑事裁判文书应当引用法律、法律解释或者司法解释；刑事附带民事诉讼裁判文书引用规范性法律文件，同时适用本规定第4条关于民事裁判文书的有关规定。目前，由于法院案件数量较多，判决书中经常出现刑期折抵错误、犯罪金额和罚没金额书写错误等。对此，人民检察院可以用检察公函的形式予以纠正。除了要对主文进行审查外，对裁判文书的附项也要进行审查。

[**案例**] 在某人民法院关于一起放火案的一审判决书中，所附的条文为《刑法》第114条，而该条内容已被《刑法修正案（三）》修正。人民检察院对此口头向人民法院提出了纠正意见并记录在案。

[**工作实例**] 上海市虹口区人民检察院积极探索和实践审判监督新形式，以检察公函的方式开展"柔性监督"，均得到回复或纠正。如发现一刑事判决书中因笔误将"抢夺罪"错误写成"盗窃罪"后，及时向人民法院发出检察公函，人民法院以刑事裁定书形式予以纠正，取得了较好的效果。

三、动态监督要灵敏——出庭监督技巧

出席法庭支持公诉或者履行职务是进行审判活动监督的重要途径，在出席一审、二审、再审法庭过程中，检察人员应敏捷、果断，及时发现问题并纠正。在庭审过程中，要对审判长宣布开庭、告知被告人和其他诉讼参与人的权

利义务、法庭调查中的证据"三性"条件和证据质证情况、定罪和量刑辩论、被告人最后陈述、评议和宣判等充分履行监督职能。对于简易程序案件,应当对审判人员核实被告人是否自愿认罪、是否告知被告人适用简易程序审理的法律规定、是否确认被告人同意适用简易程序审理、被告人的合法权益是否得到切实保障等进行监督。

[案例]在一起盗窃案件中,审判人员由于疏忽,没有让被告人作最后陈述即宣布休庭评议并准备宣判。检察人员当庭向审判长指出剥夺被告人最后陈述权的严重后果,法庭当庭予以接受并恢复了被告人最后陈述阶段。

在一起贩卖毒品案件中,合议庭未经退庭评议而直接当场宣判。嗣后,人民检察院通过二审程序提出抗诉,二审人民法院裁定撤销原判,发回重审。

四、程序监督要严格——层层把关技巧

对人民法院判决裁定的审查应当设立多道程序,强化对人民法院裁判监督审批的流程管理。一是案件承办人、主诉检察官、处(科)负责人和分管检察长逐级把关。二是业务管理部门进行案件质量督查时严格审查裁判文书质量。如上海市某区人民检察院2007年1月至7月共向同级人民法院发出检察公函19份,其中,在逐级审批中发现判决书存在问题发出检察公函6份,占31.6%;根据业务督查反馈发出检察公函2份,占10.5%。① 目前,一些地方在三级把关基础上,又增加了专人审查程序,其对于提升监督质量,发挥了较大作用。

[案例]某检察分院在审查被告人钱某运输冰毒498.23克、"摇头丸"269.4克案时发现,在判决书主文的第二项明载"查获的毒品海洛因予以没收",但本案涉案毒品没有海洛因。前述表述系审判人员按照习惯思维,将没收的毒品种类写错。经过人民检察院督查反馈,向人民法院发出检察公函,人民法院最终以裁定形式予以补正。

五、正面监督要到位——直面监督技巧

正面监督是指检察人员在执行法律职务过程中,与审判人员相互接触过程中履行审判活动监督。正面监督具有直观性、现实性和当场性,便于及时发现和纠正审判违法行为。所以,正面监督是审判活动监督的主要形式和重点。正面监督主要包括出庭、听庭、参与庭外调查等。

[案例]在一起贩卖毒品案件中,人民法院对本案的案发经过、被告人是否存在贩毒行为、是否具有自首和立功情节等情况需要调查核实,检察人员遂与审

---

① 资料来源:上海市人民检察院《今日情况》2007年第150期。

判人员一同赴公安机关听取技侦监控电话录音，并及时进行书面记录。经双方确认无误后，由人民法院作为认定案件事实、犯罪情节的依据附卷并予以裁量。

在一起盗窃案件中，被告人户籍年龄、骨龄鉴定、证人证言等存在矛盾。为了查明案件事实，正确定罪量刑，检察人员与审判人员共同到被告人出生地，通过查询户籍资料、医院证明，复核证人证言等方式，查明被告人的实际年龄。其间，检察人员一方面协助审判人员调查取证，另一方面履行审判活动监督职能，确保收集证据的程序符合法律规定。最后查明了被告人的实际年龄不满16周岁。经开庭审理和证据质证，人民法院依法宣告被告人不负刑事责任。

对于法院的庭外调查，检察人员应当积极参与，通过到场参与的形式，进行审判活动监督。对于刑事自诉案件、二审书面审理案件、法院自行提起再审案件、未与刑事案件一并审理的附带民事诉讼案件，检察人员可以通过旁听法庭审判并做好书面记录的方式，从中发现审理违法行为，并予以纠正。

六、侧面监督要抓好——外围监督技巧

侧面监督是指检察人员不与审判人员直接接触，通过多种外围查证方法对法院庭审外的活动进行调查取证，从中发现审判违法行为线索，履行审判活动监督职能。由于人民法院大量的审判活动要在庭外进行，一些违反法定程序的行为也会出现在庭外。因此，人民检察院应当通过侧面监督的方法，发现程序监督的来源和线索，使人民法院的审判活动庭内庭外始终依法进行。侧面监督从提起公诉后开始，直至案件审结或交付执行。其中包括法院刑事立案庭的工作是否依法进行，庭前告知权利义务、送达文书、通知、传唤等情况是否符合刑事诉讼法和司法解释的规定，采取或变更强制措施活动是否合法，自诉案件、调查讯问审理案件等审理活动是否存在违法情形，延期审理的理由、时间和恢复审理的情况是否合法，赃款赃物是否依法处理、是否依法保障诉讼参与人的合法权益等。

[案例] 某市中级人民法院一审判决被告人有罪，被告人上诉到省高级人民法院，高级人民法院认为事实不清，发回重审。中级人民法院重审后作出同样判决，被告人再次上诉，高级人民法院仍认为事实不清，再次发回中级人民法院重审。但这次中级人民法院来了个金蝉脱壳，将案件下放到基层人民法院作第一审审理，然后自己就可以稳稳当当地做第二审，避免被高级人民法院驳回的风险。①

---

① 柯葛壮：《维护司法权威：独立与监督》，载《专家学者谈司法权威》，文汇出版社2004年版，第130页。

根据刑事诉讼法的规定，该案例中人民法院有两个违法行为：一是高级人民法院违反了限制发回重审的规定。根据《刑事诉讼法》第225条第2款的规定，对于事实不清、证据不足发回重审的案件，被告人上诉后，二审人民法院应当作出判决或裁定，不得再发回重审。二是中级人民法院下放案件错误。根据《刑事诉讼法》第23条的规定，目前级别管辖只能"上审下，下移上"，而不能"上交下"。相关司法解释对此也作出了重申。因此，对于高级人民法院违反管辖规定以及中级人民法院的违法行为，人民检察院应当通过纠正违法通知书予以纠正。

七、迂回监督要勤奋——全面监督技巧

迂回监督是指结合正面监督、侧面监督，进一步拓宽审判活动监督渠道，围绕人民法院的审判活动，形成多方位、全覆盖的审判活动监督体系。

迂回监督要做有心人，平时要勤奋，要有嗅觉。通过报刊、杂志、网络等，收集新闻媒体披露情况；关注人民法院简报、刊物等信息报道；网上查阅人民法院公开上网的自诉案件等刑事判决书；通过法制宣传接受群众举报；对人大代表、政协委员暗访、听庭以及上级人民检察院听庭反馈进行调查；查阅调查讯问审案件、自诉案件、人民法院自行提起再审案件、附带民事诉讼案件的卷宗材料和庭审笔录等措施，全面搜索人民法院违反法定程序的线索和来源，充分履行审判活动监督职能。由于检察人员时间和精力有限，可以先选择"点"，再发展到"面"；也可以"点"、"面"结合，或者选择某一阶段，针对某一类案件，全面铺开，重点监督。在迂回监督中，要构建与控申、监所、侦监部门的联络机制，及时发现违法线索；要通过受理有关单位、个人的控告、申诉、检举，从中寻找问题；要通过听取诉讼参与人意见和受理被害人及其法定代理人的抗诉请求，全面履行审判活动监督职能。

第六节 刑事审判活动监督机制的完善

为加强对人民法院刑事审判活动的监督，提高监督的质量、效率和效果，有必要进一步完善刑事审判活动的监督机制。刑事审判活动的监督机制是一个系统工程，其包括科学、合理的办案机制，有效的评价、考核、激励机制以及内部衔接配合、外部沟通协作等机制，本节主要针对进一步完善刑事审判活动监督的办案机制进行探讨。

一、重大有影响案件的检察一体化办案机制

重大有影响案件是指因案件本身特质（如犯罪主体身份、犯罪情节）、当事人诉求表达方式（如网络发帖）、诉讼外主体（如主流媒体）介入等因素引发广泛关注的一类案件的统称，其在刑事检察领域主要表现为涉案人员为厅（局）级以上领导干部、行政执法和刑事司法人员等人群的案件，发生于社会保障、征地拆迁等与国计民生直接相关领域的案件，其实质特点为具有引发领导机关、公共舆论关注的潜质（如犯罪情节触及公众道德底线）。

长期以来，由于各种原因，在某一人民检察院或某一地区的人民检察院范围内，公诉人力资源的配置尚未达到"人案匹配"的理想状态。公诉部门惯行的"一人承办"办案模式难以对新形势下攸关办案综合效果的诸多重要方面作出周延安排，"单打独斗"的公诉人较少有足够的智慧和精力照顾案件处理的各个方面，不利于审判活动监督案件质量的提高。我们认为，对于某一重大有影响案件，应当合理审视、平衡程序公正与诉讼效益这对司法价值的关系，对办案组织架构进行调整，科学、合理地调配办案人手，统筹考虑和分配重大有影响案件与常规案件的办理任务。

2005年，最高人民检察院《关于进一步加强刑事抗诉工作强化审判监督的若干意见》提出了上下联动建立刑事抗诉一体化的运行机制。2008年，最高人民检察院《关于在公诉工作中全面加强诉讼监督的意见》第13条进一步指出："要调动全国检察机关公诉部门办案力量，相互支持，紧密协作，形成整体联动的诉讼监督新模式。要分级设立人才库，必要时从中抽调人员办理重大诉讼监督案件。"

为了办好每一起重大有影响案件，我们应当认真贯彻最高人民检察院的意见，结合各地实际，破解阻碍公诉人"因案流动"的制度"瓶颈"。在这里，可供借鉴的思路之一是取法上海市人民检察院反贪局组建"重大案件侦查协作机动队"的成功经验，集合各级人民检察院内基本素质好、专业特长强的业务骨干，建立起一支公诉部门自己的常设"机动队"。不过，此处所谓的"常设"，并非就如上述"反贪机动队"那样通过干部挂职锻炼的正式制度渠道，将入选人员集合至特定业务部门内统一调派，而是指领导机关从一定范围内的公诉业务骨干中选取历年办案质量、擅长案件领域、出庭公诉风格等方面具有突出表现者纳入公诉人才库备用，待重大有影响案件进入检察环节后，视情调派合适人选单独或成立专案组承办案件。同时，应建立高效的人事任免机制，确保"因案流动"的"公诉机动队"成员在行使公诉权之前已经法定程序被任命为案件管辖人民检察院的检察官，努力实现执法办案数量、质量、效率、效果、安全的统一。

二、抗前（三级）会商机制

为进一步规范公诉部门重大疑难抗诉案件的办理，形成抗诉工作合力，确保重大疑难抗诉案件的质量和效果，一些地方的检察机关，采取了抗前会商、抗中督办和抗后评议等工作机制。

抗前三级会商机制，是上海检察机关根据直辖市的特点提出的一项审判监督工作机制。其内涵是指基层院公诉部门认为有抗诉必要（包括二审抗和再审抗）的案件，应当事先听取分院公诉部门意见，对于符合一定条件的案件，基层院、分院公诉部门均可以提出启动三级会商工作机制的建议，由市院公诉部门决定，市院公诉部门认为有必要也可以直接决定；对于二审抗案件，基层院公诉部门应当在收到法院判决书后5日内提请。在一些幅员辽阔的地区，部分检察机关也建立了抗前启动（二级）会商机制。

根据司法实践，对符合下列情形之一的案件，应当启动三级会商工作机制：（1）基层院、分、州、市院对是否抗诉意见分歧的；（2）涉及罪与非罪的；（3）可能影响一类案件办理的；（4）新类型的；（5）有较大社会影响的。三级会商会议的参加人员主要包括：基层院公诉部门负责人和承办人，分、州、市院公诉部门负责人或者部门负责人指派的主诉检察官，省级院公诉部门负责人、诉讼监督指导办公室主诉检察官和联络员。

对于提请三级会商的案件，其主要程序包括：一是下级院公诉部门应当制作书面报告，客观反映案件事实、分歧焦点及抗诉理由，连同案件审结报告、起诉书和判决书等材料在三级会商前，及时报送上级院公诉部门。二是案件会商由基层院公诉部门汇报案件情况，上级院公诉部门在听取汇报后，应当充分发表意见，就是否提出抗诉、如何确定抗点、理由等问题进行分析研究，并形成会商纪要。三是经三级会商认为有抗诉必要的，基层院公诉部门应当立即提交本院检察委员会讨论决定，并应当在提请本院检察委员会讨论的报告中写明三级会商意见，供检察委员会决策时参考。四是经三级会商后基层院抗诉的案件，分、州、市院在审查后发现情况有变化不支抗的，在提请检察委员会讨论前应当向上级院公诉部门汇报，必要时再次启动三级会商程序。五是基层院检察委员会讨论后决定抗诉的案件，基层院公诉部门应当立即上报省级院公诉部门。此外，省级院公诉部门对三级会商的抗诉案件实行挂牌督办，跟踪后续情况。对于挂牌督办的抗诉案件，省级院公诉部门组织对案件的文书质量和抗诉效果进行个案讲评。2011年上半年，上海市共有10起抗诉案件启动三级会商程序，其中5件提出了抗诉并由分院支持抗诉，三级合力进一步形成。

[工作实例] 各地抗前会商机制的主要做法：

四川省成都市青羊区人民检察院在办理程某强奸案时，一审人民法院以证据不足判处被告人无罪，青羊区人民检察院审查后认为现有证据足以证明被告人程某实施了强奸行为，在与一审人民法院沟通协调过程中，一审人民法院表示此案曾请示过上级人民法院，即使抗诉也会裁定维持。对此，青羊区人民检察院没有畏缩，积极通过会商机制争取上级检察机关支持抗诉。最终，二审人民法院采纳了检察机关的抗诉意见，改判程某犯强奸罪，判处有期徒刑3年。

辽宁省本溪市人民检察院建立了两级院共同审查、讨论案件机制。对基层院拟提请抗诉的案件及市院检查基层院卷宗发现的可能提起抗诉的案件，要求基层院与市院公诉部门共同审查、讨论，由案件承办人、两级院公诉部门负责人及公诉业务骨干参与研讨，准确、全面地阐述抗诉理由，力争做到每件抗诉意见均被人民法院采纳。

黑龙江省鸡西市人民检察院公诉部门确立了抗诉前请示沟通制度，要求本院及下级院在开展抗诉工作中要与上级院加强联系，主动通报信息。对于拟提出抗诉的案件，特别是对抗与不抗把握不准、争议较大的案件，要携卷到上级院汇报案件情况，共同分析研究法院裁判中事实认定、证据采信、法律适用和审判程序是否合法，对于上级院公诉部门研究认为不符合抗诉条件的，要及时向本院检察长反馈情况，慎重行使提出抗诉权，有效控制撤回抗诉率。

浙江省检察机关建立了刑事抗诉工作整体联动机制。各基层人民检察院对拟提出抗诉的案件，特别是重大疑难复杂或有重大社会影响的案件，均在抗诉前就案件的证据、定性、量刑等问题主动向上级院汇报，听取上级院意见，上级院也派专人指导，认为抗诉不当的，在作出撤回抗诉决定前先听取下级院公诉部门的意见，必要时赴下级院做专门沟通交流，严把抗诉案件质量关。如忻某某绑架案，一审人民法院判处其死刑，二审改判死缓，省院提请最高人民检察院抗诉并获得支持。

浙江省温州市人民检察院健全了抗诉案件的抗前请示沟通制度。在指派专人加强对基层院指导的同时，也要求各基层院在向人民法院提出刑事抗诉前，要事先将案件基本情况与市院沟通，多角度思考，共同分析研究法院裁判中的事实认定、证据采信、法律适用和审判程序是否合法等问题，探讨案件的可抗性，力求做到检察机关内部上下协调，达成共识，节约诉讼资源，降低撤抗率。

三、审判监督数据库和专人审查机制

审判监督数据库，是指将案件中的各项审判监督考量因素予以细化，录入数据库中，通过分析对比，从中发现问题的审判监督工作方式。审判监督数据库，不仅能够强化个案监督，而且能够强化对一类问题的监督，并且可以区别不同情形，灵活运用抗诉、纠正违法、检察建议、检察公函、工作通报等形式

开展监督。审判监督数据库机制,往往和专人审查相结合,以便于由专人通过分析比对,发现问题。

[工作实例] 上海市浦东新区人民检察院探索全方位立体监督模式。一是设立审判监督组,建立多级审核机制。选派法学理论功底深厚、实战经验丰富的资深公诉人和优秀公诉人作为专职监督员,组成审判监督组,实行审判监督专人审查制度,从而形成承办人初审、主诉复审、专门小组专审的多级审核机制,进一步强化对监督线索的管理、分析、处置。二是找准监督重点,做到两个并重。改变以往承办人仅重视个案监督的弊端,坚持做到个案监督与类案监督并重,法律适用监督和量刑规范监督并重,侧重对共同犯罪先后到案的判决、对前罪判决和刑罚执行情况的监督,侧重对同种犯罪的量刑均衡、判处缓刑、免刑、减轻处罚、单处罚金等一类问题的监督。三是建立审判监督数据库,实行分人分类审查,进一步拓展监督方法。根据以往的监督经验,设计专门的审判监督表格,包括犯罪事实、量刑情节、适用法条、庭审程序等23个方面的内容。审判监督组成员采取分人分类审查的方法,对受理案件的起诉意见书、起诉书、判决书和量刑建议监督表进行逐一录入,详细比对,根据"三书一表"中存在的差异进行分析,及时发现存在的问题,以便与审判机关进行沟通协商,进一步提升监督成效。

[工作实例] 1. 四川省简阳市人民检察院的专人审查机制。裁判审查是审判监督的基础。现行模式一般由案件承办人对判决自行审查后提出意见。这种审查方式使得案件承办人往往只注重对是否有罪、量刑畸轻畸重进行审查,而忽略了对量刑偏轻偏重、程序是否违法的审查,过于片面。

简阳市人民检察院对此进行了改进,实行刑事裁判专人审查制度,专门确定一名经验丰富且具有较高法律水平和较强责任心的检察官,严格审查程序。具体做法是:承办人初审并填写审查表,交指定专人进行审查并填写审查意见,再交部门负责人审查,最后交分管检察长审批。专人审查的优越性主要在于可以克服承办人审查的局限性和片面性,更易于通过对全部判决、同类判决进行比较、及时发现个案量刑失衡等错误问题。

2. 辽宁省本溪市人民检察院的专人审查机制。为完善监督流程,本溪市人民检察院推行了刑事裁判专人审查机制。基层院每季度最后一个月末,将本院整个季度收到的人民法院裁判的案件卷宗送至市院公诉处,公诉处指定专人对各基层院的卷宗进行全面审查。不仅审查人民法院的判决是否支持人民检察院的起诉意见、量刑意见是否存在程序违法等问题,而且审查讯问提纲、质证提纲、答辩提纲、起诉书、起诉意见书、案件审查报告等检察机关法律文书的格式是否正确、内容是否完整、法律用语是否规范乃至标点符号的运用是否精准等内容,从而提高了公诉案件的质量。

3. 四川省绵阳市人民检察院的专人审查机制。该院加强对刑事判决、裁定的审查,要求办案人员在收到判决书 3 日内及时审查并报处(科)长审核和主管检察长审定。同时要求各基层院对自侦案件、适用简易程序案件、未成年人案件、重特大案件在收到判决书 7 日内,将起诉意见书、审结报告、起诉书、判决书报市人民检察院,市人民检察院指定专人负责审查。重点审查判决、裁定认定的事实、证据与起诉书指控的事实、证据是否一致,适用法律是否正确,量刑是否适当,审判程序是否合法。通过审查,对确有错误的裁判及时抗诉。

4. 河南省郑州市人民检察院的专人审查机制。该院公诉二处从 2006 年 7 月开始,规定基层公诉部门收到人民法院判决书经审查后无意见的,5 日内将起诉意见书、起诉书、判决书等材料复印后报市院内勤;内勤登记后按照分工将"三书"材料分给审查人;审查人审查起诉书序号是否连续,是否漏报,如有问题则及时查明;审查人 2 日内审查完毕,对发现的问题通过专线电话与原承办人、负责人交流沟通,必要时调卷审查;及时审查分析基层公诉部门在认定事实、适用法律、起诉书格式和办案程序等方面存在的问题;对认为有问题的判决,由处长报主管检察长决定是否抗诉或通知基层院向人民法院发检察建议、纠正违法通知书。

四、其他监督机制

(一)案件复查机制

案件复查机制,是指对本辖区内案件,针对刑事审判活动中某一类或某几类案件,或者某一类或某几类事项,定期(半年或 1 年)进行再次检查,以发现问题并要求法院依法纠正的机制。

根据最高人民检察院《关于进一步加强刑事抗诉工作强化审判监督的若干意见》,案件复查是解决审判监督工作中存在的问题,确保办案质量,有效加大审判监督力度的重要手段,省级院和分州市院对本辖区的案件要每年复查 1 次。复查重点是撤回抗诉案件、不支持抗诉案件、抗诉后人民法院维持原判案件以及无罪案件,对存在的问题应当提出具体的改正意见,对确有错误的判决、裁定,符合抗诉条件的,要依法提出抗诉。

[**工作实例**] 北京市人民检察院公诉处指定专人负责全市诉讼监督工作的复查工作,继续开展对无罪、抗诉、法院改变定性等案件的复查工作,同时,还对连续 3 年无抗诉案件的院的三类重点案件进行复查,形成复查报告,并将其作为全市主诉检察官培训的重要内容,指导全市公诉部门加强监督工作,提

高监督工作的水平和能力。

江苏省常州市人民检察院以深化类案监督为目标,努力形成个案监督与类案监督两项工作共同推进、相互补充的格局。针对全市两级人民法院审判实践中忽轻忽重、标准不统一等问题,选择典型课题进行调研剖析,提出针对性监督意见。先后对自侦案件判处缓刑的情况、抢劫案件的量刑情况、诈骗案件的量刑标准、单处罚金刑情况等作了专门复查研究,并根据调研中发现的突出问题,有针对性地提出监督意见,取得了较好成效。

(二) 分析通报机制

分析通报机制,是指对审判监督工作中遇到的重大问题、工作经验、典型案例以及监督工作情况进行汇总分析,通过本院或者上级检察院进行发布,在监督实践中供干警学习和借鉴的工作制度。

根据最高人民检察院《关于进一步加强刑事抗诉工作强化审判监督的若干意见》,上级人民检察院公诉部门应当对下级人民检察院上报的各类情况进行汇总,形成年度抗诉工作报告。其中,省级人民检察院应当在每年3月中旬,将上年度审判监督情况通报分州市院。上级人民检察院公诉部门对具有指导意义的报告、经验和案例要及时下发下级人民检察院参考。

[**工作实例**] 为总结经验,不断提高审判监督工作水平,上海市检察机关积极开展审判监督工作的分析通报工作。一是常规通报。在市院《公诉业务交流》刊物上开设"诉讼监督专刊",增强审判监督工作指导的经常性,并在市院内网上开辟"诉讼监督专栏",进行通报和交流。二是检委会通报。市院公诉部门积极向市院研究室提供成功案例和优秀文书,通过检委会讨论并以编发检委会通报的形式向全市发布,2011年被市院检委会通报抗诉成功案例4件、优秀抗诉文书3份。三是编写案例。市院从历年抗诉案件中选取40余个典型案件拟写案例研究,已陆续通过专刊下发,并于2011年第4季度汇编后下发指导。四是培训指导。在组织编写的《公诉实务教程》中,对审判监督工作进行了系统的介绍;在条线培训中,专门开设了监督工作经验介绍和讲评课程。

北京市人民检察院开展分析通报的几种做法包括:一是每季度撰写全市诉讼监督情况专门报告,分别送侦查机关、审判机关、政法委和人大等有关部门,以提高整体监督效果。二是建立诉讼监督案件特别是抗诉案件研究机制及重大情况通报制度,对于人民法院维持原判、上级院不支持抗诉的案件,认真分析原因,并形成案例下发全市公诉部门。三是开展精品监督案例评选。2003年和2007年,北京市人民检察院开展了两届由人民监督员、特约监督员、法官、律师、专家学者等担任评委的公诉部门十大诉讼监督精品案例评选活动,引导全体办案人员进一步明确监督重点、监督手段及要达到的监督效果，提高运用刑事政策能力，促进诉讼监督工作不断深入发展。

浙江省温州市人民检察院将市中级法院抗诉案件二审改判以及发回重审的案件情况及时反馈给基层院，以便基层院全面分析、总结抗诉案件规律。由于有效地加强了对基层院抗诉工作的沟通和指导，基层院提出和提请抗诉案件的数量和质量都有了大幅度提高。在确保刑事抗诉案件质量的基础上，该院还特别注重加强同法院的沟通与协调，主动邀请市中级人民法院相关领导座谈，通报工作情况，客观分析抗诉工作的必要性和重要性。

河南省郑州市人民检察院为提高各基层院报送"三书"的积极性，建立了季度通报制度，定期对各单位报送情况进行通报，并对一个季度内备案审查发现的突出问题进行详细分析，在对案件质量实现全面、及时、有效监督的同时，也强化了各基层公诉人员的审判监督意识，切实保证了案件质量。

（三）专项监督机制

专项监督机制，是指检察机关在审判监督工作中，就经常发生或者一定时期内较为突出的某类违法现象，如量刑失衡、审理超期、违法请示等事项，集中开展监督，主动提出意见和建议，督促审判机关建章立制，予以整改，并避免同样问题在其他案件中再次出现，确保诉讼监督取得实效的监督工作机制。

根据最高人民检察院《关于在公诉工作中全面加强诉讼监督的意见》，最高人民检察院公诉厅和各省级检察院公诉部门要定期或者不定期地开展专项检查活动，摸清存在的问题，提出应对措施。其中，各省级检察院公诉部门每年要确定1至2个专项监督问题并组织实施。

第八章
如何提高刑事审判监督能力

第一节 制约刑事审判监督工作开展的主要因素

长期以来,各级检察机关认真履行法律监督职能,通过刑事抗诉和刑事审判活动监督等手段,积极推进刑事审判监督工作,有力地维护了司法公正,保障了当事人的合法权益。但是,由于法律规定不完善、思想认识不到位、工作机制不健全、队伍素质不适应等种种原因,刑事审判监督工作还存在一些亟须解决的问题。

一、立法因素

制约刑事审判监督工作开展的因素,在立法方面主要体现为以下几点:

（一）刑事诉讼法规定的抗诉标准不够明确

抗诉是刑事审判监督的主要形式。《刑事诉讼法》第217条和第243条第3款分别规定了上诉审程序的抗诉和审判监督程序的抗诉。上述法条中,对检察机关提出抗诉的基本要求就是"判决、裁定确有错误"。但对"确有错误"如何界定和把握,刑事诉讼法没有明确规定。最高人民检察院制定的司法解释对检察机关应当进行抗诉的情形进行了细化,但从实际操作的情况看,在一些问题上的规定仍然显得较为原则,可操作性不强。比如,按照有关司法解释,人民法院判决、裁定"认定事实不清、证据不足"是检察机关应当提出抗诉的主要情形之一,这显然就涉及如何理解"事实清楚、证据确实充分"的证明标准问题,由于"两高"未就此联合制发过司法解释,司法实践中检法双方在"事实清楚、证据确实充分"的理解和把握方面产生分歧的情况屡有发生。2012年《刑事诉讼法》第53条规定"证据确实、充分"应当同时具备三个条件:定罪量刑的事实都有证据证明;据以定案的证据均经法定程序查证属实;综合全案证据,对所认定的事实已排除合理怀疑。最高人民检察院《人民检察院刑事诉讼规则(试行)》第390条规定,具有下列情形之一的,可以确认犯罪事实已经查清:(1)属于单一罪行的案件,查清的事实足以定罪量刑或者与定罪量刑有关的事实已经查清,不影响定罪量刑的事实无法查清的;(2)属于数个罪行的案件,部分罪行已经查清并符合起诉条件,其他罪行无法查清的;(3)无法查清作案工具、赃物去向,但有其他证据足以对被告人定罪量刑的;(4)证人证言、犯罪嫌疑人供述和辩解、被害人陈述的内容中主要情节一致,只有个别情节不一致且不影响定罪的。从刑事诉讼法的层面将"证据确实、充分"的标准具体化,是立法的一大进步。但是,将"排除合理怀疑"作为判断"证据确实、充分"的主要标准,使"证据确实、充分"的客观标准增添了主观判断的色彩,在司法实践中如何把握"证据确实、充分"的争议并没有随着立法的规定而消弭,从事实证据方面判断判决裁定是否"确有错误"仍然存在标准不够清晰、难以把握的困难。由于抗诉标准的过于抽象与不易把握,实践中一些检察干警对于如何认定"判决、裁定确有错误"存在分歧,甚至上下级检察机关之间在具体把握上也标准不同,影响了刑事审判监督的质量和力度。

[案例]被告人陈某原系中汽财务公司副总经理,主管资金调度工作,后同时担任中汽财务公司控股下的中汽三恒公司的董事。1997年12月,陈某从中汽三恒公司划走150万元用于购买住房,并自己入住。一审人民法院认为,根据现有证据,能够证明被告人陈某从中汽三恒公司账上划走150万元购房的事实存在,但因在案言词证据矛盾,其划走涉案款项的行为是经过领导同意还是擅自利用职务便利所为,无法查明,故以证据不足为由判决陈某无罪。检察机关抗诉认为,该案关键证人就案件主要事实所作的证言内容基本一致、相互印证,足以证明陈某未经领导同意,私自决定挪用公款用于个人购房的事实。原判仅因证言之间就部分事实证明内容不一致,就得出言词证据相互矛盾的结论,属于证据采信有误。二审人民法院审理后认为,围绕陈某动用公司款项购房究竟是擅自决定还是征得公司领导的同意这一关键问题,本案证人的证

言之间存在严重矛盾。检察机关仅凭涉案房屋由陈某个人居住和使用的事实,认定其行为属于挪用公款归个人使用,依据不足,证据未达到确实、充分的程度,因而维持一审的无罪判决。①

(二) 刑法中某些犯罪构成要件不易把握、法定刑幅度过大

现行刑法中不少罪名在立法技术上选择引证罪状和空白罪状的形式,有的在罪状表述中包含了"情节严重"、"数额较大"等定量要素。由于罪状表述不够明确,且最高司法机关没有及时出台相应的司法解释,因此,对于此类犯罪的构成要件和证明标准,无论理论上还是司法实践中都存在较大争议。司法实践中,由于检法两家对某些争议问题的理解不同,一些案件出现了检察机关起诉后被轻判,抗诉又被驳回,或者上级检察机关考虑到检法两家对该问题素有分歧而不予支持抗诉的情况。

[案例] 某区人民检察院起诉认为陈某等被告人的行为构成组织淫秽表演罪,且属"情节严重",应依据该罪第二档法定刑处罚。区人民法院认为陈某等被告人的行为不属"情节严重",按刑法该罪第一档法定刑分别对陈某等被告人判处刑罚。区人民检察院认为法院判决量刑畸轻,提出抗诉。上级检察机关审查认为,3名主犯在多个娱乐场所组织淫秽表演,涉及场次多,人数多,持续时间长,且被查获的脱衣舞表演人员中还有未成年人,造成的社会影响极为恶劣,应当认定情节严重,依据《刑法》第365条规定的第二档法定刑予以量刑处罚。某市中级人民法院审理后认为原审法院判决并无不当,裁定维持原判。

[案例] 某市人民检察院以市中级人民法院判决错误引用想象竞合犯理论导致数罪判为一罪、量刑畸轻提出抗诉,后省人民检察院支持抗诉,省高级人民法院裁定驳回抗诉,维持原判。检察机关抗诉认为,被告人冯某某、朱某某利用货船在香港走私废煤渣过程中,又将旧发动机同船走私入境,属于两个不同主观故意和客观行为,构成走私废物罪和走私普通货物罪。而人民法院认为被告人属于一个走私行为触犯数个罪名,以想象竞合犯理论从一重罪处罚,定为走私废物罪。②

此外,有些犯罪法定刑幅度设置过宽,刑种之间呈跳跃性,在刑罚的具体量定上法官裁量权过大。实践中,同一类型、相似情节的案件,不同地区、不同人民法院甚至同一人民法院的不同法官,可能作出量刑差异很大的判决。对

---

① 周晓燕:《刑事抗诉未改判案件实证研究》,载《国家检察官学院学报》2010年第3期。

② 魏良荣:《刑事抗诉效果的实证分析》,载《中国刑事法杂志》2009年第6期。

于这些有着很宽量刑幅度的犯罪，各个具体案件处刑的基准点在哪里，从重、从轻如何体现，减轻处罚能减到何种程度，量刑畸轻畸重又如何反映等，检察院、法院在认识上往往差距较大，即使在上下级人民检察院之间也常常存在分歧。这种分歧的存在一方面使检察机关的抗诉案件经常面临被驳回，二审维持原判的局面；另一方面也是上级检察机关对一些抗诉案件不予支持、撤回抗诉的重要原因。①

二、认识因素

制约刑事审判监督工作开展的因素，还包括刑事抗诉的属性等一些基础性问题在理论上尚未得到有效澄清，以及某些检察干警在观念认识上存在认识误区，从而影响监督的质量和效果。

（一）对检察机关刑事抗诉属性以及检察人员出席公诉法庭的地位和作用存在认识偏颇

对刑事审判的监督是法律监督权、检察权的重要组成部分。但是，作为刑事审判监督的重要方式，刑事抗诉的属性在理论上长期处于"未定"状态。当前，法学界在刑事抗诉的属性方面主要存在"公诉说"、"公诉与法律监督双重属性说"、"具体分析说"和"法律监督说"等观点。② 理论界对刑事抗诉本质属性的认识分歧，使得一些检察人员行使刑事抗诉权时指导思想不够清晰，特别是不能正确处理公诉权与抗诉权、指控犯罪与法律监督的关系。特别是随着庭审方式改革后"控辩对抗"的强化，一些公诉人过分注重自己的控方角色，自觉不自觉地忽视了审判监督职能的发挥，没有以法律监督者的角色全面地维护法制，维护被告人或被害人及其法定代理人的合法权利，从而影响检察机关作为国家法律监督机关所应有的公正立场和态度。这种认识偏颇的直接后果就是审判监督工作存在片面性，即对轻罪重判以及人民法院程序违法的情况进行抗诉的案件极少。如某市检察机关2003年至2007年共提出抗诉案件30起，其中没有一起案件是对轻罪重判的情况提起的抗诉，也没有一起案件是针对审判机关严重违反诉讼程序提起的抗诉。③ 与刑事抗诉性质定位不清直接相关的，是检察机关派员出席刑事抗诉法庭的法律地位问题也存在很大争

---

① 刘建柱、郑利辉：《刑事抗诉的实践与制度完善》，载《国家检察官学院学报》2002年第6期。

② 朱孝清：《论刑事抗诉的属性》，载《刑事司法指南》（总第44集），法律出版社2011年版，第1—2页。

③ 魏良荣：《刑事抗诉效果的实证分析》，载《中国刑事法杂志》2009年第6期。

议。对于这一问题，理论界和检察机关内部分别有"一种身份、一种任务"、"一种身份、两种任务"、"两种身份、两种任务"几种不同的看法，这种认识分歧直接导致司法实践中检察人员出席刑事抗诉法庭时不能准确地把握自己的职能、任务，影响抗诉成效。①

（二）对刑事审判监督工作存在认识误区

对刑事审判监督工作存在的误区，有人将其总结为六种心理：一是"一手硬、一手软"的失衡心理。一些检察院往往注重对审查起诉、出庭支持公诉案件的质量把关，列入硬指标进行考核和量化管理，而把刑事抗诉工作作为软任务，一般没有具体要求。二是"重配合、轻制约"的忍让心理。有的检察院担心刑事抗诉会引起检法冲突，影响关系，于是碍于情面，一味追求和睦相处，该抗不抗。三是"以法院为准绳"的消极心理。有的检察院认为法院具有最终审判权，很难改变原审判决结果，对刑事抗诉工作容易产生消极态度，得过且过。四是"以改判为标准"的求全心理。有的检察院过分强调抗准，错误地把法院是否改判作为衡量抗诉质量的唯一标准，实际上束缚了自己的手脚。五是"报喜不报忧"的功利心理。有的检察院片面追求"政绩工程"，既担心上级检察机关不支持抗诉，又担心被上级检察机关发现案件质量问题会影响单位声誉，于是不愿抗诉。六是"重打击轻保护、重实体轻程序"的机械心理。如重视惩罚犯罪，轻视保障人权；重视案件的实体结果，忽视案件的程序问题，这种在审查起诉、出庭支持公诉工作中存在的错误观念也体现在刑事抗诉工作中。②这些认识上的错误和偏差严重制约了刑事抗诉乃至刑事审判监督工作的开展。

三、机制因素

制约检察机关刑事审判监督工作开展的机制因素可以分为内部机制因素与外部机制因素两个方面。

（一）内部机制因素

1996年刑事诉讼法修改后，庭审方式发生了重大改变，但出庭公诉人在法庭上的地位和职权并没有改变。公诉人在法庭上既履行公诉职能，也承担法律监督责任。这种公诉权与刑事审判监督权行使上的合一性，在某种意义上淡

---

① 刘建柱、郑利辉：《刑事抗诉的实践与制度完善》，载《国家检察官学院学报》2002年第6期。

② 吴筠萍、庞良程：《四大障碍影响刑事抗诉》，载《人民检察》2005年第12期（下）。

化了刑事抗诉权的正确行使。随着刑事庭审方式的改革，出庭检察官往往更加关注审查起诉、出庭支持公诉活动中公诉权的运作，更容易站在控方立场，忽略自己法律监督者的角色，不能正确对待抗诉工作，导致实践中抗重罪轻判多、抗轻罪重判少；抗实体错误多、抗程序错误少；抗无罪多、抗有罪少等现象。同时，依照刑事诉讼法的相关规定，抗诉权的最终实现应该是下级检察院提起抗诉和上级检察院支持抗诉的有机结合，这种抗诉权的合力机制要求上下级检察院之间必须协调配合。但实践中，上级检察机关在对下级检察机关提出抗诉或提请抗诉的案件的审查过程中，较少了解案件一审时的具体情况以及案件在事实和证据方面的问题。其审查案件的进展情况，下级检察机关也无从知晓。对于不予支持的抗诉，往往在提出抗诉的一段时间以后，上级检察机关会送达一份不予支持抗诉的文书至下级检察机关，对不予支持的原因和理由一般不给予阐述和说明。也有的上级检察院不能给予下级检察院有力指导和支持，检察一体化在抗诉中没有充分体现，影响了刑事审判监督工作的开展。

（二）外部机制因素

就我国的审判体制而言，上下级法院具有独立的审级，不存在上下级领导关系。但司法实践中，下级人民法院遇到有争议的疑难案件，往往先将案件情况或定罪量刑的意见向上级人民法院请示报告，在得到答复后再进行审理或作出判决。最高人民法院曾以内部文件的形式对该工作方式加以规范，使之成为一种工作制度。对此类案件，检察机关在了解"内情"后，即使认为判决、裁定确有错误，考虑到改判的可能性小，也很难轻易提出抗诉。即使提出抗诉，上级法院一般不会轻易否定原审判决。这种案件请示报告制度破坏了下级法院审判权的独立性和两审终审制的审级制度，使法律上的两审终审制成为事实上的一审终审制，在很大程度上影响了检察机关抗诉权的有效行使。

就检察机关与人民法院的权力配置而言，刑事审判监督工作表现为法律监督权与审判权的抗衡。由于检察机关对人民法院的刑事审判监督没有处分措施，包括抗诉权在内的监督权只能是一种程序性司法请求权或者司法建议权，不具有实体判定的权能。与此相对应，审判权是一种司法决定权，对实体法律关系具有最后判定和处分的权力属性。由于能否改判往往最终要取决于人民法院，实践中一些基层检察院和检察干警往往采取"以法院为准绳"的错误思想，对于一些检法两家有争议的案件不敢大胆抗诉，从而影响到刑事审判监督工作的开展。

四、素质因素

近年来，检察人员的整体素质有所提高，但与刑事审判监督工作的要求相比，仍然存在一定差距。尤其是部分检察人员受传统观念、体制的影响，重视公诉权轻视抗诉权，在实践中对审查起诉、出庭支持公诉研究训练较多，对刑事抗诉案件的证据标准、程序规范、出庭技能、协作关系等方面缺乏经验积累和理论总结，导致抗诉案件经办人办理抗诉案件业务不熟、水平不高、效果不好。就刑事抗诉工作而言，检察机关对法院的判决、裁定提出抗诉，必须建立在确有错误的基础上。换言之，提起抗诉必须有充分的事实和法律依据。因此，对某一判决、裁定应否提起抗诉，以及提起抗诉后如何出庭支持抗诉，都是对承办案件的检察人员自身业务素质和执法能力的检验。有的办案人员个人水平和能力有限，又缺乏办理抗诉案件的经验，提出抗诉的理由阐述不充分，不能击中要害，提出抗诉前后不能有效补充完善证据，造成抗诉不被上级检察机关支持或人民法院认可。有的检察人员不能客观、冷静地对待法院的判决，一旦一审判决未达到自己的预期，特别是法院作出了无罪判决，即要求抗诉，而忽略了对案件事实和证据本身存在问题的反思。个别检察人员对提起抗诉反应冷漠，应当抗诉而怠于抗诉。他们认为对于不公正裁判或严重违反诉讼程序所作出的裁判是否提起抗诉是领导决定的事情，只要向领导反映过自己的反对意见即可，抗与不抗应当由领导决定，与自己关系不大，缺乏对案件本身进行独立、客观、全面思考的主动性，抗诉的积极性较低。检察人员这种姿态和看待抗诉问题的角度，导致了其对案件是否抗诉的消极和冷漠态度。上述在抗诉方面的不作为和乱作为的现象，既损害了法律的尊严，也严重影响了检察机关作为法律监督机关的良好形象。[1]这种情况的存在虽然有着抗诉决策程序繁杂等多方面原因，但一些检察人员的素质不能适应刑事审判监督工作要求的因素不容忽视。

[案例] 某市人民检察院以该市中级人民法院判决认定事实错误、适用法律不当提出抗诉，认为被告人刘××在丧失偿还能力的情况下，伪造印章向银行借款1100万元的行为构成贷款诈骗罪。而人民法院认为根据刘××对银行催收的态度、资金使用情况以及事后拿出红宝石质押的行为，认定其不具有非法占有的故意。从本案证据分析，检控方收集证据和进行指控着重围绕被告人借款不还的客观事实，但对被告人"不愿还"、"不想还"等主观意图方面的证据收集和论证明显不足，无法充分论证其非法占有的目的。省人民检察院审查认为，该案中作为诈骗罪的关键构成要件即"非法占有为目的"无法充分证明，故作出撤抗决定。[2]

---

[1] 刘林呐：《关于刑事抗诉问题的几点思考》，载《检察实践》2005年第6期。
[2] 魏良荣：《刑事抗诉效果的实证分析》，载《中国刑事法杂志》2009年第6期。

[案例] 某市人民检察院以市中级人民法院判决适用法律不当、量刑畸轻提出抗诉，认为对被告人林××、黄××合伙走私的6898克氯胺酮毒品溶液应当以查明的毒品属性和数量认定，不以纯度折算。而人民法院认为根据本案事实可判定该批氯胺酮不具备常态特征，有伪装痕迹，不应当将其他物品计入毒品数量，据此对毒品作出纯度鉴定并作出较轻量刑。抗诉书阐述的主要理由是：毒品犯罪不应以纯度折算，如果按照纯度折算并量刑会对其他毒品犯罪不公平。由于人民法院判决强调的是存在掩护、伪装毒品犯罪情况下，需要将其他物品排除在计算范围外。因此，检察机关抗诉的重点应当调查并论证氯胺酮溶液的其他非毒品成分是人为添加的起伪装作用的其他物品，还是由于毒品制造技术限制而无法排除的杂质。由于检察机关对人民法院判决的依据存在理解上的偏差，抗诉理由没有抓住问题争议的关键，该案最终被人民法院驳回。①

第二节　强化刑事审判监督应正确处理的六个关系

提高刑事审判监督能力，必须针对实践中制约工作开展的主要因素，扭转认识偏差，理顺工作关系，破解实践难题。当前，要特别注意处理好以下六个关系：

一、正确处理刑事审判监督与公诉的关系

根据《人民检察院组织法》第5条的规定，对刑事案件提起公诉、支持起诉与对人民法院的审判活动是否合法实行监督，是检察机关的重要职权，也是检察机关法律监督职能的重要实现方式。1996年刑事诉讼法修改后，我国刑事庭审方式发生了重大变革。在控辩式庭审方式下，如何在履行公诉职能的同时，依法有效地行使刑事审判监督权，存在一些模糊认识，一些地方也出现了重指控轻监督的问题。事实上，在履行指控犯罪诉讼职能的同时，履行对诉讼活动的监督职能，正是我国公诉制度区别于其他国家公诉制度的最大特点。最高人民检察院也就此多次强调，庭审方式改变后，出庭的公诉人在法庭上的地位和职权并没有变。公诉人在法庭上既履行公诉职能，也承担法律监督责任。我们认为，刑事审判监督与公诉的关系，一方面表现为二者的相互促动和制约，另一方面则表现为检察机关在行使两种职能时的角色冲突。

以刑事抗诉工作为例，从实际情况看，案件质量有问题的地方往往是撤诉率高、撤抗率高、无罪率高和改判率低的情况同时存在。就抗诉而言，其质量

---

① 魏良荣：《刑事抗诉效果的实证分析》，载《中国刑事法杂志》2009年第6期。

往往决定于公诉的质量。公诉质量好，判决错误，抗诉就有基础；反之，公诉质量差甚至存在一定错误，判决有问题，抗诉也理不直、气不壮，即使勉强抗诉，也不能产生好的效果。比如，某地检察机关抗诉的周某嫖宿幼女案。现有证据表明被告人两次嫖宿一幼女，但是起诉和判决都只认定了一次。该案法院的判决固然存在问题，但是一审起诉时，检察机关在认定被告人犯罪事实方面同样存在问题。这种案件提起抗诉，虽然法院也会改判，但效果并不好。再如，某地检察机关 2009 年至 2011 年 6 月共办理审监抗案件 37 件，其中因未查实身份、前科致判决错误的有 16 件，占 43.2%。经调查，上述案件中被告人身份、前科认定错误都是在侦查阶段即已产生，检察机关在审查起诉中均未能发现错误。法院按照起诉内容作出判决，诉判并无差异。法院裁判存在的问题，在公诉环节同样存在。在某种意义上，法院是延续了检察机关的错误。因此，公诉部门抓抗诉工作不能就抗诉论抗诉，要努力从源头把好公诉质量关。① 同时，公诉工作成效也需要刑事审判监督工作的有效开展加以保障。刑事抗诉是刑事审判监督的主要方式。就诉讼构造而言，抗诉既是检察机关审判监督职权的行使，也是公诉活动的延伸。因为抗诉本身就具有行使诉权的性质，是对原公诉决定的继续支持。② 对于人民法院在事实认定、证据采信、案件定罪量刑方面与检察机关指控意见不一致，导致判决裁定确有错误的，检察机关可以通过抗诉权的行使以启动法院的再次审判程序，以促进指控目的的实现。

但是，除了充分关注二者的促进、制约关系外，更应当关注的是检察机关的角色冲突与协调问题。正如我国学者所指出："从诉讼关系看，检察机关是实施侦查与起诉的国家检控机关，而公诉权与审判监督权具有一种请求与决定的关系。在诉讼程序上，审判最终决定起诉的命运。但就监督关系看，检察机关又是监督的主体而法院是被监督的对象。检察机关在两种法律关系中，兼任两种角色，这种客观情况，需要检察机关协调法律关系，避免角色冲突。"③ 因此，我们认为，检察机关在处理刑事审判监督与公诉的关系时，应当注意以下几点：一是开展刑事审判监督应基于客观的诉讼立场，不能将自己混同为诉讼当事人。实践中要特别注意抗诉的全面性问题。在具体工作中，既要强调指控犯罪，又要注重保障人权；既要抗有罪判无罪和量刑畸轻案件，又要抗无罪判有罪和量

---

① 王军：《目前刑事抗诉工作的形势和任务》，载《人民检察》2005 年第 12 期（下）。

② 龙宗智：《检察制度教程》，中国检察出版社 2006 年版，第 208 页。

③ 龙宗智：《检察制度教程》，中国检察出版社 2006 年版，第 102—103 页。

刑畸重案件。二是检察机关要按照法律规定的范围、程序和方法实施监督，不能超越法律规定的范围滥用监督权。三是具体操作中应当注意公诉角色与监督者角色的适当分离，避免可能出现的角色冲突。"六部委规定"强调："人民检察院对违反法定程序的庭审活动提出纠正意见，应当由人民检察院在庭审后提出。"就是充分注意了检察机关公诉角色与监督者角色的协调问题。

二、正确处理检法之间依法监督与相互配合的关系

如何正确认识和处理检察机关与人民法院的关系，是开展刑事审判监督工作经常面临的问题，也是长期以来影响监督工作开展的一个重点问题。个别地方检察机关和检察干警在正确处理检法关系方面认识不明确、处理不到位，甚至产生若干认识偏差，影响到刑事审判监督的质量和效果。

在刑事审判工作中，检察机关与人民法院之间的关系表现为两个方面：一是监督与被监督的关系，二是相互配合的关系。就前者而言，监督与被监督，是由检察机关的审判监督职能所决定的，是宪法、法律赋予检察机关的法定职权。法律监督具有单向性、主动性的特点。从本质而言，这种关系并不是两个机关之间的关系，而是宪法确定的刑事审判监督权与审判权的关系，是一种宪法关系。就后者而言，检法之间相互配合，是由人民检察院和人民法院在刑事诉讼中的地位和承担的任务决定的。虽然刑事审判监督权是基于监督而进行的，但行使过程中也同样需要与审判权相互配合。如人民检察院通过提出抗诉、支持抗诉指出原审法院判决、裁定中存在的认定事实或者适用法律上的错误，敦促并帮助法院重新审理时加以纠正；人民法院则以主动的姿态，尊重人民检察院的抗诉意见，对抗诉案件进行全面、细致、认真的审理，发现错误，及时纠正。这就要求人民检察院、人民法院在整个刑事抗诉案件的提起、审理、裁决过程中，都切实履行好双方的责任，通力合作，互通情况，互相支持，协调一致，共同完成刑事诉讼的任务，使法律得到统一、正确的实施，而不能互不通气、彼此掣肘，甚至互相扯皮、抵消力量。

检法机关之间监督与配合的关系是一个完整的统一体，彼此之间不是孤立的，而是相辅相成的辩证关系，不能任意偏废其中的某个方面。只强调监督，极易助长位高权重的思想，造成监督权的滥用，从而引起检法两家的矛盾，工作中产生对立、抵触情绪；而仅突出配合，则会导致丧失原则，一味顺从迁就法院的错误裁判，实际上是放弃了法律监督的职责，其结果将使审判权的正确行使难以保障，或者放纵犯罪，或者伤害无辜，而且还可能影响检法机关在人民群众中的声誉。因此，监督要以配合为基础，只有充分配合才能协调理解、形成合力，更好地实现监督的目的，收到事半功倍的效果。同时，配合要以监

督为前提，只有有效监督才能公正司法、防止错误，形成真正意义上的配合，完成打击犯罪，保护人民的任务。监督表现出一种原则，配合则反映特定的灵活，其中包含着敢于监督与善于监督的合理思想，这对检察机关行使刑事审判监督权时，处理好与审判权的关系具有重要的指导意义。实践中，各地人民检察院已出现了不少卓有成效的方法。如加强与人民法院的沟通与交流，对于案件有分歧意见的，在坚持原则的前提下，力求通过协商，达成一致，否则，对人民法院坚持自己意见而作出的判决、裁定，该抗诉的还是要依法抗诉；又如坚持列席法院审判委员会，一方面防止人民法院案件承办人汇报案件时出现错漏或偏向；另一方面充分表达观点，阐明理由，交换双方意见，如果其不接受检察机关的意见，作出的决定确有错误，再进行抗诉等。[①]

三、正确处理刑事审判监督质量与数量的关系

刑事审判监督的质量和数量，实际上是监督力度的两个指标。无论是监督数量还是监督质量，都是既要服从于监督力度和监督效果，又要统一于监督力度和监督效果。但在实践中，有的地方检察机关也出现了监督数量与监督质量不够统一的情况，强调案件质量，则数量下滑；强调案件数量，则质量下降。因此，在刑事审判监督工作中，必须正确认识和处理监督质量与监督数量的关系。监督力度是数量与质量的有机统一，没有数量，力度就无从谈起；没有质量，力度也就没有实际意义。加大监督力度必须树立质量与数量并重的观念，克服顾此失彼的片面性，要在保证质量的前提下，力求一定的监督规模特别是抗诉规模。

从数量上看，司法实践中存在着应当依法监督的一定的案件量。法官对刑事案件作出判决、裁定一般都要经过一个十分复杂的过程，既要受到其自身所具有的性格、情绪、气质、经验以及道德观念、法律意识、业务水平等内在因素的影响，也会受社会形势、社会舆论、人际关系、权力地位等外界因素的限制。这些内外因素中，存在着许多负面力量，使得一些法官不能公正、客观地进行裁判，从而出现各种各样的徇私枉法、误判乱判等现象。[②] 刑事审判监督实践说明，这种现象将在相当长的时期内普遍存在。这是进一步强化刑事审判监督工作的客观基础。有的情况下，一些基层检察机关并不是没有符合抗诉条

---

① 史卫忠：《论刑事抗诉权与检察权、审判权的关系》，载《中国刑事法杂志》总第41期。

② 史卫忠：《论刑事抗诉权与检察权、审判权的关系》，载《中国刑事法杂志》总第41期。

件的案件,而是没有去发现或者发现了但没有依法监督。如有的法院判决生效后,检察机关并没有提起抗诉,但上级法院在新闻舆论的监督及社会各界的关注下,自行启动审判监督程序,改变了原来的判决、裁定。这就充分说明了刑事审判监督并非没有案源,而是没有及时发现案源并采取相应监督措施。因此,加大刑事审判监督的力度,不能没有一定的案件数量为基础,这是由司法现状所决定的。

从质量上看,它是保障刑事审判监督效能的必备条件。刑事审判监督效能的发挥,既要依靠权力行使的强制性,更要依靠监督本身的正确性。可以说,强制性是刑事审判监督的基础,而正确性是刑事审判监督的关键。监督是否正确,其实就是监督质量问题。事实上,如果监督案件的数量有所上升,但质量出现问题,不仅不能体现出监督力度,反而会在社会上造成检察机关滥用监督权的不良影响,从而损害检察机关的形象和声誉。因此,开展刑事审判监督工作,要把提高监督质量放在工作的首位,采取切实有效的措施提高监督质量,减少监督的盲目性、随意性。实践中,如何把握审判监督质量特别是抗诉质量的标准,存在一定的争议。有些地方检察机关将改判率作为考核监督质量的依据,存在以法院改判为标准的倾向。对此,最高人民检察院《关于进一步加强刑事抗诉工作强化审判监督的若干意见》中明确指出:"案件是否改判是衡量抗诉是否正确的重要标准,但不是唯一标准,对人民法院未改判的案件,要具体分析未改判的原因,结合抗诉理由是否充分、上级人民检察院是否支持等因素进行综合评价。"我们认为,这种立场是客观的、科学的。

四、正确处理刑事审判个案监督与类案监督的关系

刑事抗诉作为刑事审判监督的主要形式,是针对法院确有错误的刑事判决、裁定提出的,属于典型的个案监督,这也是检察机关对法院刑事审判活动进行监督的传统方式。近年来,各地检察机关从维护司法公正出发,积极探索对法院刑事审判活动中存在的一类问题进行监督的方式、方法,力求在更高的层面上深化检察机关刑事审判监督的效果,取得了一定进展。比如,云南省检察机关鉴于贩毒案件多发,各地量刑不一,在2004年对贩卖毒品案件量刑开展调查,并形成专题调研报告,提交云南省高级人民法院。云南省高级人民法院在复查的基础上制定了毒品案件的量刑指导意见,下发全省法院系统执行,达到了在云南省统一毒品案件量刑标准的目的。2009年,上海市检察机关对全市近三年强奸、抢劫、盗窃、寻衅滋事等7类常见罪名的2024件2703名被告人的量刑情况开展专项调研,梳理出量刑偏轻现象比较明显、同类犯罪区域间量刑标准不统一、同一法院前后所判量刑不平衡等问题,形成量刑情况专项

调研报告,提出"探索规范常见罪名量刑建议方法和标准"、"制定统一的量刑建议工作规范"等对策建议。上海市某区人民检察院通过对3年间被告人先被强制戒毒后被采取刑事强制措施的30件刑事案件进行专项调研分析,发现了人民法院对于强制戒毒期间是否折抵刑期的审判标准不统一的问题,及时向人民法院发出监督通报,建议人民法院对此问题予以充分重视,取得了较好效果。这些都是检察机关对刑事审判活动开展类案监督的有益探索。最高人民检察院朱孝清副检察长在"四公"会议上也强调:"要把日常监督与专项监督结合起来,重视对类案和突出问题的定期分析与研究,及时提出针对性的监督意见。"这就要求我们更加重视类案监督工作,特别要注意把握好个案监督与类案监督的关系。

从本质上来说,个案监督与类案监督是检察机关对刑事审判活动进行监督的两种不同形式,二者是相辅相成的关系,并不矛盾。但是,在检察机关办案任务加重、人案矛盾突出的情况下,如何实现个案监督与类案监督的良性互动,最大限度地实现和优化刑事审判监督的法律效果和社会效果,仍然是需要研究的。在笔者看来,正确处理刑事审判监督中个案监督与类案监督的关系,需要注意以下几点:一是要始终把抗诉作为刑事审判监督的主要形式,对法院判决、裁定确有错误且有抗诉必要的,要依法坚决提出抗诉。抗诉是宪法和法律赋予检察机关的一项重要职权,抗诉的质量和规模,体现了检察机关对法院刑事审判活动进行监督的力度和效果。检察机关要千方百计运用好抗诉这一具有"刚性"的监督手段,维护司法公正和当事人的合法权益。二是要积极运用类案监督的形式,弥补抗诉等个案监督的不足,进一步提升检察机关刑事审判监督的效果。刑事抗诉虽然是开展刑事审判监督的有力手段,但也有一定的局限性。比如,抗诉是针对个案判决、裁定提出的,法院审理后作出改判,其效力也只局限于所抗诉的司法个案,对于其他具有类似错误的案件并没有约束力。同时,检察机关对个案提出抗诉,往往也只能局限于个案判决中的错误,难以对错误的根源以及司法裁判中的共性问题提出监督意见,属于"治标不治本"的监督。另外,人民法院的一些刑事裁判虽有不当,如同案不同判、量刑不均衡等,虽然仍属于法官自由裁量权的范畴,但从维护裁判的公平公正和司法公信力出发,也有必要就一类案件的司法处断等问题提出监督意见。因此,在抗诉等个案监督之外,运用检察建议、情况通报等形式对人民法院的刑事审判活动进行类案监督,就显得十分必要。工作中,检察机关在抓好抗诉等个案监督的同时,还要密切关注刑事审判活动中存在的典型性、倾向性的一类问题,以及在执法指导思想、重要法律政策、类案执法平衡和重要司法程序等方面存在的突出问题,依法提出有质量、有效应的监督意见。三是要注意个案监督与类案监督的互动。在笔者看来，所谓的类案，实际上是在某一方面具有共性的个案的集合，是由一个个活生生的个案组成的。因此，对类案的监督，必须建立在对个案进行监督的基础上，通过对具体个案的剖析，由点及面地分析和揭示相似案件中存在的具有共性的问题。可以说，没有对个案的监督，就没有对类案的监督。只有在个案监督时把问题找准、原因查清，开展类案监督才有必要的基础和条件。工作中，加强对法院刑事审判活动的监督，要坚持个案监督与类案监督并举，在个案监督的基础上，通过类案监督来发挥监督一类、提高一片的效果。

五、正确处理刑事审判监督法律效果与社会效果的关系

正确处理法律效果与社会效果，实现"两个效果"的有机统一，是对包括刑事审判监督在内的整体检察工作的一个基本要求。在刑事审判监督工作中如何实现法律效果与社会效果的统一，实践中存在一些模糊认识。如有的检察人员认为，既然法律、司法解释已经明确规定了抗诉的条件，那么，只要符合条件就应当抗诉，不抗诉就是失职；有的检察人员则认为，有的案件虽然应当提出抗诉，但抗诉之后法院改判的可能性不大，考虑到监督的"社会效果"问题，改判可能性不大的就不宜提出抗诉。实践中，有的检察机关办理抗诉案件不注意时效性，个别的甚至一拖数年；有的基层检察机关对原认为无抗诉必要的案件，时隔数年因外界因素或因涉及赔偿问题而提出抗诉。这些问题的存在，要求我们在刑事审判监督工作中，正确认识和处理法律效果与社会效果的关系，以实现二者的有机统一。

法律效果是指办案活动和办案结果与法律规定相符合的程度，社会效果是指办案结果与社会要求和公共利益相符合的程度。[①] 正确处理法律效果与社会效果的关系，首先要弄清法律效果与社会效果之间的区别和联系。概括地说，社会效果不过是法律效果的一部分，即在法律适用时进行社会需求、社会价值和社会变化的衡量，将这些因素纳入考虑范围，成为法律适用的组成部分，而一旦纳入这些考量，法律适用的社会效果也就与法律效果融为一体了。之所以将社会效果单独提出来，不是因为社会效果与法律效果截然不同或者并驾齐驱，而是因为有时存在不将社会价值考量纳入法律适用考虑范围，而将法律适用简单地概念化和逻辑化的现象，致使最终不能实现良好的或者最佳的社会效果。[②]

---

① 姜伟：《论公诉的刑事政策》，载《中国刑事法杂志》2002 年第 3 期。
② 孔祥俊：《论法律效果与社会效果的统一》，载《法学论坛》2005 年第 1 期。

刑事审判监督工作要实现法律效果与社会效果的统一，必须要注意以下几点：一是要依法监督，既不能应当监督而放弃职责，也不能在不应当监督的情况下出于法律以外的其他考虑而滥用监督权。违法监督直接破坏法律公正和社会公平正义，损害检察机关形象，不可能有好的社会效果。二是要注意监督的及时性和全面性问题。监督的及时性就是在发现需要进行监督的事由时，要及时提出抗诉或者提出监督意见。刑事抗诉的功能之一就是通过抗诉维护公平正义，促进社会的和谐稳定。因此，抗诉越是及时越能体现法律的严肃性，体现检察机关诉讼监督在促进社会和谐稳定中的作用。监督的全面性是在行使监督权时要站在客观的、法律的立场，既打击犯罪，又保障人权；既注重实体，又兼顾程序；既坚持原则，又注意方法等。三是要注意监督的必要性。要全面衡量案件的各种情况，考虑监督结果对社会关系的稳定作用，考虑社会对监督必要性的认同度。考虑社会效果必须联系一定时期的刑事政策。最高人民检察院《关于在检察工作中贯彻宽严相济刑事司法政策的若干意见》指出：对于被告人认罪并积极赔偿损失、被害人谅解的案件、未成年人犯罪案件以及具有法定从轻、减轻情节的案件，人民法院处罚偏轻的，一般不提出抗诉。对于第一审宣判后人民检察院在法定期限内未提出抗诉，或者判决、裁定发生法律效力后六个月内未提出抗诉的案件，没有发现新的事实或者证据，一般也不得为加重被告人刑罚而依照审判监督程序提出抗诉，等等。这些规定从社会秩序修复与社会关系和谐的角度考量刑事审判监督的法律效果和社会效果。因此，刑事审判监督工作必须注意把握宽严相济刑事司法政策的基本价值取向。

六、正确处理依法独立行使刑事审判监督权与社会舆情的关系

刑事审判监督权是检察权的重要组成部分，是宪法和法律赋予检察机关的独立权能。我国《宪法》第131条明确规定："人民检察院依照法律规定独立行使检察权，不受行政机关、社会团体和个人的干涉。"这是从宪法层面对检察机关依法行使刑事审判监督权给予的法律保障。但是，检察机关和检察人员并非生活于"真空"之中，在行使刑事审判监督权时必然面临着如何正确对待、处理社会舆情的问题。特别是随着互联网等新媒体的兴起，网络舆情已经成为社会舆情的重要表现形式，其所蕴含的非理性因素和巨大杀伤力，进一步增加了问题的复杂性。就当前社会舆情发展的状况看，一方面，随着公民法治意识、权利意识的增强以及检察机关社会知晓度的提升，一些认为受到法院"不公正对待"的案件当事人到检察机关寻求法律救济的情况将会越来越多，在其意愿得不到满足的情况下，原本针对法院的网络舆情就会转向检察机关，甚至使检察机关成为舆论焦点。另一方面，随着网民对网络舆情主导权的掌控

以及微博客、微视频等网络工具的应用,网络"曝料"的速度将更加迅捷,规模和范围将进一步扩大。特别是随着网民组织化程度的提高,网上网下互动的趋势增强,网民走下网络在现实社会中对社会公共事件"发声"的情况将更多,由虚拟"压力集团"演变而来的"新意见阶层"对现实生活的影响将更为明显。

因此,如何在"公开、透明、信息化"的条件下实现独立行使刑事审判监督权与尊重、吸纳社会舆情中反映出的民情民意的有机统一,已经成为检察机关面临的重要课题。在笔者看来,在刑事审判监督工作中正确看待和处理社会舆情,应当注意以下两点:一是要尊重和重视社会舆情。虽然社会舆情不能完全等同于民意,但是它无疑是民意表达的重要形式之一,在某种程度上体现了人民群众的意愿和呼声。我国《宪法》第27条第2款规定,一切国家机关和国家工作人员必须倾听人民的意见和建议,接受人民的监督;第41条规定,"中华人民共和国公民对任何国家机关和国家工作人员,有提出批评和建议的权利"。检察机关在行使刑事审判监督权的过程中尊重和重视社会舆情,本身就体现了对人民群众知情权、参与权、表达权和监督权的尊重。同时,自觉接受社会舆情的监督,也有利于检察机关强化自身建设,促进检察权的依法规范行使。社会舆情对刑事审判活动中司法不公行为的批评和揭露,更是为检察机关加大刑事审判监督力度营造了良好的外部环境和舆论支持。可以说,尊重和重视社会舆情,既体现了人民主权的原则和以人为本的要求,同时也是加强和改进刑事审判监督工作的需要。二是要学会正确辨别社会舆情。在尊重和重视社会舆情的同时,检察人员还必须学会如何判断社会舆情。首先,由于表达方式、表达渠道等媒介的不同,受传播规律的影响,舆情可能在特定时间与真实民意之间发生差异,舆情中既包含真民意也可能包含伪民意。① 也就是说,社会舆情并不等同于民意。其次,社会舆情诉诸公民的情感和常识,具有浓重的道德色彩,在某种程度上还具有非理性、可变性、模糊性的特点,特别是由于网民年龄、阅历和认识水平的限制,非理性和过于主观的声音容易在网络上占据上风,甚至产生"群体极化"现象。再次,由于一般大众并不直接接触当事人和证据,对某个事物的评判往往凭借他人提供的不全面或者不真实的信息或材料,由此而形成的社会舆情特别是网络舆情往往并不能真实地反映社会公众对司法个案的真实看法。在刑事审判监督工作中,如果将社会舆情等同于民情民意,片面迎合社会舆情甚至让社会舆情"牵着鼻子走",就会走入误区和歧途。因此,检察人员开展刑事审判监督工作,必须在充分尊重社会舆

---

① 冯仁强:《舆情民意与司法公正》,载《河南社会科学》2011年第4期。

情、充分吸纳舆情中的合理成分的同时,坚持以事实为根据、以法律为准绳,重事实、重证据、重调查研究,全面了解案情,正确运用证据,准确适用法律,做到依法独立行使检察权,不被舆情左右,实现维护司法公正和法律的正确统一的目标。

第三节　提高刑事审判监督能力的方法

当前,理论界和检察机关内部对刑事审判监督能力研究尚不够深入。实际上,刑事审判监督能力作为检察机关和检察人员在行使刑事审判监督职能过程中表现出的本领,本身就是检察机关法律监督能力的有机组成部分。研究刑事审判监督能力的结构、要素,探讨有效提高刑事审判监督能力的方法和途径,对于进一步加强刑事审判监督工作具有重要意义。

一、法律监督能力与刑事审判监督能力

（一）法律监督能力

法律监督能力是指检察机关严格依照法定程序和权限,运用符合司法规律的组织体系和管理方式,动员和组织检察人员准确地揭露犯罪,证明犯罪,惩治犯罪,保障人权,监督执法和司法活动,正确解释和适用法律,保障宪法和法律统一正确实施,实现社会公平正义的本领。①一般认为,检察机关法律监督能力应当包括五个方面的能力：一是履行检察职能,打击刑事犯罪,维护社会稳定的能力；二是依法打击预防职务犯罪的能力；三是正确处理群众诉求,化解矛盾纠纷,促进社会和谐的能力；四是敢于监督、善于监督、规范监督,促进严格执法和公正司法的能力；五是强化自身建设和制约,严格、公正、文明执法的能力。刑事审判监督能力的核心,就是对人民法院的刑事审判活动敢于监督、善于监督、规范监督,促进严格执法和公正司法的能力。

（二）刑事审判监督能力

从能力主体的角度,刑事审判监督能力可以分为个体刑事审判监督能力、团体刑事审判监督能力和整体法律监督能力。个体刑事审判监督能力是指从事刑事审判监督工作的检察人员在监督工作中表现出的能力和本领,如检察人员对刑事抗诉案件的审查能力、出庭支持抗诉的能力等,其能力源于检察人员长期形成的执法观念、专业技能、职业素养等；团体乃至整体法律监督能力指的

---

① 张巍、梁敏、黄俊平：《论法律监督能力》,载《人民检察》2005年第3期（下）。

则是检察机关内部负责刑事审判监督工作的内设机构乃至整个检察机关在监督工作中表现出的能力和本领。这种能力既依赖于个体监督能力,又与决策水平、保障机制、领导体制、外部环境等密切相关。个体监督能力是团体乃至整体监督能力的基础,但整体和团体监督能力并不是个体监督能力的简单相加。如在刑事抗诉工作中,实行专人审查、检察官会议或者公诉部门会议讨论、检察委员会决定的制度;对重要的刑事抗诉案件,上级人民检察院公诉部门要提前指导,下级人民检察院对于拟抗诉的重要案件,应当在决定抗诉前向上级人民检察院公诉部门汇报,上级人民检察院公诉部门应当提出具体指导意见。这些制度和规定很清楚地说明,刑事审判监督工作能力虽然归根结底是检察机关中人的活动能力的体现,但它并不等同于个体刑事审判监督能力,而是在"检察一体化"原则下形成的监督合力。

二、刑事审判监督能力的基本构成要素

刑事审判监督能力作为检察机关的一种监督合力,是多种能力要素有机组合形成的能力结构。考虑到刑事抗诉与刑事审判程序监督的异同点,为便于集中论述,此处只就刑事审判监督能力中的刑事抗诉能力问题加以研究。

(一)审查判决、裁定能力

审查判决、裁定的能力是指检察机关对法院作出的刑事判决、裁定进行审查判断,发现是否存在应当提出抗诉的事由,以决定是否启动刑事抗诉程序的能力。审查重点是判决、裁定认定的事实、证据与起诉书指控的事实、证据是否一致,适用法律是否正确,量刑是否适当,审判程序是否合法。通过审查,确定裁判是否确有错误,并根据错误的性质和程度,决定采取何种方式进行监督。审查判决、裁定,是检察机关多层次、多环节的协作过程,并非承办人的"单兵作业"。根据规定,对判决、裁定的审查,实行承办人审查、公诉部门负责人审核、检察长决定的审查制度,其中对于判决、裁定全部或部分否定起诉书指控的事实,或者改变定性的,承办人审查后,报公诉部门负责人审核;对拟抗诉的,报检察长决定或提交检察委员会讨论决定。可见,对判决、裁定的审查,涉及承办人、公诉部门负责人、检察长乃至检察委员会等多个层级,反映了检察机关整体能力素质。

(二)审查刑事抗诉案件能力

审查刑事抗诉案件的能力是指上级检察机关对下级检察机关提请抗诉的案件进行审查,以决定是否支持抗诉的能力。审查刑事抗诉案件的重点是抗诉主张在事实上、法律上的依据以及支持抗诉主张的证据的合法性、客观性和关联性。审查刑事抗诉案件,以决定支持抗诉还是撤回抗诉,体现了"检察一体

化"的基本原则。审查刑事抗诉案件的能力,既包括上级检察机关对抗诉案件本身的审查能力,又包括上下级检察机关之间的沟通协作能力。就前者而言,通过专人审查、检察官会议或者公诉部门会议讨论、检察委员会决定等制度,反映了上级检察机关的整体能力和素质。就后者而言,通过上下级检察机关之间的沟通交流,体现出上下协作从而形成监督合力的能力。实践中,有些地方也存在上下级之间沟通不畅,上级检察机关对于下级检察机关的抗诉主张和理由了解不全面,撤回抗诉前不善于与下级检察机关沟通、不注意听取意见的问题,影响了监督的质量和效果。因此,加强审查刑事抗诉案件能力建设,既要注意自身素质的培养,同时也要关注上下级的协调配合。

(三) 出庭支持抗诉能力

出庭支持抗诉的能力是指检察人员出席抗诉法庭、发表抗诉意见、论证抗诉主张、阐明抗诉理由的能力。出庭支持抗诉是刑事抗诉的核心内容。检察人员出席刑事抗诉法庭,必须紧紧抓住抗诉案件的争议焦点和案件重点,围绕抗诉主张展开法庭调查和法庭辩论,充分论证检察机关的抗诉主张,实现监督目的。毋庸讳言,检察人员出庭支持抗诉能力的高低直接决定出庭支持抗诉的效果,但是,我们不能简单地将出庭支持抗诉的能力等同于检察人员在抗诉法庭上的驾驭能力和论辩技巧。事实上,审查刑事抗诉案件的能力与出庭支持抗诉的能力紧密相关,审查案件的情况是整个抗诉案件成败的基础,直接影响着出庭支持抗诉的效果。加强出庭支持抗诉能力建设不能就出庭谈出庭,而要从审查阶段做起,从抗诉的事实、证据和法律依据着手,把握抗点,弄清辩点,做好庭审预案,抓住争议焦点和案件重点,做好准备工作。在此基础上,提高应变能力,加强技能训练,以确保刑事抗诉成效。

(四) 制作法律文书的能力

制作法律文书的能力是指检察人员在履行刑事抗诉职权时,按照要求制作抗诉书、支持抗诉意见书等法律文书,指出判决、裁定的错误及其原因,提出抗诉主张,阐明抗诉理由及依据的能力。制作法律文书不仅仅体现着抗诉案件承办人的文字表达能力,更重要的是它反映了案件承办人乃至所在检察机关对案件事实、证据的认知能力,法律推理论证能力以及逻辑思维水平,是检察机关、检察干警综合能力的集中体现。应当指出,法律文书是检察机关对外的一个窗口。抗诉法律文书的制作水平,直接影响着检察机关的形象。因此,检察机关、检察干警要高度重视抗诉法律文书的制作,既要增强抗诉书等法律文书的内容上的说理性,做到找准错误、查明原因、主张明确、理由充分,又要注重文书的形式美,从文字、语言、标点、文法等各个方面严格要求,做到结构紧凑、逻辑清晰、语言规范、文字严谨,切实杜绝语病、错字等情况的出现。

根据有关规定，对重要案件的抗诉书要实行部分负责人审核把关，检察长审定的制度，确保抗诉文书的质量。

（五）列席法院审委会能力

列席人民法院审判委员会是人民检察院履行审判监督职能的重要途径。按照有关规定，同级人民检察院检察长应当依法列席人民法院审判委员会讨论刑事抗诉案件，公诉部门负责人或者案件承办人可以作为检察长的助手随同参加。虽然列席审判委员会的主体是同级人民检察院检察长，但是列席审判委员会的能力指的并不仅仅是检察长本人的能力。检察长作为检察机关的代表列席审判委员会，目的是进一步阐明抗诉的理由和依据，并根据审判委员会讨论情况对案件事实、证据和法律适用进行必要的分析和论证，为案件改判奠定基础。检察长列席审判委员会，其基础在于检察机关对抗诉案件的前期审查情况和出庭支持抗诉情况，是对抗诉主张的进一步论证和阐明。检察长列席审判委员会效果如何，由多方面因素决定，既包括检察机关对抗诉案件的审查能力、出庭支持抗诉能力，同时也包括检察机关与法院的沟通协调能力。因此，提高列席法院审判委员会的能力，涉及多个层次，多种因素，需要各方面加强协作，以保证检察长列席人民法院审判委员会工作取得积极成效。

上述五种能力，是检察人员开展刑事审判监督工作的基本功。同时，着眼于我国经济社会发展的宏观形势，着眼于促进社会和谐稳定的要求，检察人员还应当具备进一步做好延伸工作的能力。也就是说，检察人员在刑事审判监督活动中不能仅仅满足于依法办理案件，而是要立足抓源头、抓基础、抓根本，更加注重刑事审判监督职能的必要延伸，促进社会矛盾化解，推动加强和创新社会管理。主要包括四个方面的能力：一是修复社会关系的能力。要坚持把化解矛盾纠纷贯穿于刑事审判监督工作始终，特别是在抗诉环节要注重释法说理，加强教育疏导，解决合理诉求，努力修复被破坏的社会关系，最大限度化消极因素为积极因素，防止因矛盾积累、激化酿成极端事件。二是预防和减少犯罪的能力。在出庭支持抗诉时，要充分运用法庭这个"舞台"，充分阐释抗诉理由，加强法制宣传，弘扬法治，维护社会公平正义。三是防范办案风险的能力。在办理涉及涉众型经济犯罪的抗诉案件、网络媒体关注的抗诉案件等重大敏感案件时，以及拟作不抗诉等决定时，要提前做好风险防范工作，科学制定处置预案。特别是对当事人及其亲属可能采取过激行为的案件，要在加强教育疏导、落实稳控措施的基础上再作决定，防止矛盾激化和转化。四是社会管理综合治理的能力。要结合办案，加强类案剖析和犯罪调查，深入分析犯罪态势、特点和规律，积极提出强化社会管理、消除治安隐患的检察建议，推动社会治安防控体系建设，促进提高社会管理水平。还要结合刑事审判监督工作，注意分析研究诉讼过程中违法犯罪的态势和特点，提出检察建议，促进诉讼管理和司法管理。

三、提高刑事审判监督能力的方法

人和人的活动的现实展开是影响和制约人的能力的两个最重要的因素。其中，"具有一定素质的人"是决定能力的主要条件和内在因素，人的活动的现实展开则是影响能力的次要条件和外部因素。因此，人（能力的主体承担者）和人的活动的现实展开（能力发挥和实现的中介）就构成了能力建设的两个方面。①刑事审判监督能力建设，同样应当着眼于上述两个方面，抓住刑事审判监督的薄弱环节，拓宽工作思路，创新工作方法，全面提高刑事审判监督工作水平。

（一）与时俱进，培养符合时代要求的先进执法理念

第十三次全国检察工作会议提出了"六观"和"六个有机统一"的要求，体现了最高人民检察院党组对检察工作规律性认识的进一步深化和对以往工作思路的完善发展，对于推进当前和今后一个时期的检察工作具有重要指导意义。提高刑事审判监督能力，首要任务是要教育引导检察人员牢固树立"六观"和"六个统一"的理念。将"六观"和"六个有机统一"的要求落实到刑事审判监督工作中，就是要在牢固树立社会主义法治理念，坚持打击犯罪与保障人权相统一，实体与程序相统一，数量、质量、效率、效果相统一，监督制约与支持配合相统一以及理性、平和、文明、规范执法等理念的同时，着重强化以下理念：一是要强化服务大局的理念。要围绕党和国家的中心工作，敏锐把握市场经济和法治国家对刑事审判监督工作的新要求，从构建社会主义和谐社会，推进依法治国进程，维护社会公平正义的高度认识刑事审判监督工作的重要意义，从维护改革、发展、稳定的大局中认识和把握刑事审判监督的地位和价值。二是要强化执法为民的理念。要把人民群众的利益作为刑事审判监督工作的出发点和归宿，怀着对人民深厚的感情执法办案，不断满足人民群众对公诉工作的新要求、新期待。三是要强化自觉接受监督的理念。要树立监督者更要接受监督的观念，自觉接受监督，做到自身正、自身净、自身硬，更好地开展刑事审判活动监督工作。四是要强化恢复性司法和源头治理的理念。在依法办理刑事审判监督案件的同时，努力化解案中矛盾，恢复被损害的权利，修复被违法犯罪破坏了的社会关系，分析违法犯罪原因，从源头上预防和减少违法犯罪，促进解决影响社会和谐稳定的源头性、根本性、基础性问题。五是

---

① 张巍、梁敏、黄俊平：《论法律监督能力》，载《人民检察》2005年第3期（下）。

要强化"三个效果"相统一的理念。要坚持办案法律效果、社会效果和政治效果的统一,在法律范围内最大限度地扩大办案的社会效果和政治效果,既要防止只讲法律效果不讲社会效果和政治效果的偏向,又要防止突破法律底线去追求所谓社会效果和政治效果。

(二)强基固本,进一步加强教育培训和实践锻炼

针对刑事审判监督能力的薄弱环节,采取切实有效、务实有序的措施,不断加大培训力度,提高培训的质量和效果。我们认为,对刑事审判监督人员的培训,要侧重以下几点:

1. 加强对刑事法律理论知识的学习。作为刑事审判监督职能的履行者,要能准确、及时地发现判决、裁定中存在的错误,发现刑事审判程序的违法情形,必须熟练掌握刑法、刑事诉讼法和证据法等学科理论,具有较为扎实的法学理论功底。近年来,我国刑事法学理论研究不断深化,刑法修正案等刑事法律不断出台,刑事诉讼法也进一步修改完善,这些都要求检察人员紧紧把握理论研究和法律修正的新动向,不断强化自己的知识积累。

2. 加强对民事行政法律知识的学习。当前,检察机关从事刑事审判监督工作的人员,一般对刑事法律了解得比较多,对民事行政法律的掌握则相对薄弱。但是,对刑法中规定的很多犯罪特别是新罪名的认定,往往又离不开作为前提法的民事、行政、经济类法律。因此,刑事审判监督工作要适应形势要求,就必须加强对此类相关法律的学习。

3. 加强对党和国家刑事政策的学习。刑事政策决定着刑事司法的基本价值取向,通过某种原则、精神的方式指导着法律在司法中的理解、解释和适用,并且在一定程度上对法律起着具体化和补缺的作用,为检察机关正确行使刑事审判监督权提供了一个合理性标准。特别是在把握某一具体案件抗诉必要性时,更要充分考虑一定时期内党和国家的刑事司法政策。因此,检察人员提高刑事审判监督能力,必须加强对一定时期内党和国家刑事政策的学习和把握。当前,就是要学习领会好宽严相济的刑事司法政策,将这一政策贯彻到刑事审判监督的各个环节。

需要指出的是,做好刑事审判监督工作,既需要深厚的法学理论积淀,同时也需要丰富的实践经验和专业技能。要积极引导和鼓励检察人员多办案、多历练,特别要通过开展"听庭评议"、案例研讨、案件评析以及举办监督技能竞赛、业务评比等多种形式的岗位练兵活动,加大对检察人员的实践锻炼力度,提高检察人员发现问题、收集证据、证实违法犯罪、运用法律政策、排除阻力干扰等方面的能力,促进检察人员在刑事审判监督的实践中求得真知、增长才干。

(三) 健全机制，发挥"检察一体化"的体制优势

刑事审判监督特别是刑事抗诉工作，要特别注意加强"检察一体化"建设。刑事审判监督工作的一体化是检察机关充分履行诉讼监督职能，提高刑事审判监督能力的有效途径。工作中，上级检察机关要充分利用检察机关上下级领导体制的优势，加强对下级人民检察院刑事审判监督工作的领导，发挥检察一体化的积极作用，合理调配公诉资源，统筹运用公诉人才。对于重要案件的审查和出庭支持抗诉工作，上级院可以在本辖区内选调优秀公诉人或者业务骨干充实办案力量。对于重大普通刑事案件、重大职务犯罪案件以及人民群众对司法不公反映强烈的案件以及其他有重大影响的重要抗诉案件，上级院公诉部门要提前指导，以形成工作合力请求支持和指导。对于下级院开展刑事审判监督工作中遇到的阻力，上级院应当积极协调，排除干扰，增大监督力度，保证监督工作顺利开展。对于刑事审判监督工作中的"检察一体化"建设，最高人民检察院和各地检察机关进行了积极探索。比如，最高人民检察院围绕加强对职务犯罪案件的刑事审判监督，制定下发了《人民检察院审查职务犯罪案件第一审判决的若干规定（试行）》，对人民法院作出的职务犯罪案件第一审判决实行上下两级人民检察院同步审查制度。该项制度实施以来，各地积极探索，已经取得了初步成效。湖南省人民检察院为了提高刑事审判监督的合力，坚持备案审查制度，层层把关，把对下级院的被动监督变为主动监督；确立抗诉事前请示制度，对重大、疑难、复杂案件，下级院在抗诉前必须向上级院汇报，有效降低撤回抗诉率，减少不必要的讼累，提高抗诉案件质量；实行撤回抗诉书面预告制度，上级院在正式撤回下级院的抗诉前，必须书面告知下级院撤抗的理由和依据，下级院可以提请复议一次，既防治下级院今后犯类似的错误，同时也在一定程度上避免了上级院错误撤抗的发生。同时，及时对下开展个案和类案指导。对某些疑难、复杂案件，上级院适时加以指导，及早弥补下级院审查当中的疏漏，增强抗诉的信心。湖南省人民检察院还利用网络资源，组织案件"会诊"。为使下级院能在更大范围直接听到多方意见，力求抗准，2005 年该院还通过"点对点"的检察视频，对市州院提出抗诉的 5 起重大、疑难案件，进行"网络会诊"，共同研究证据，讨论焦点，达成共识。上述做法，都是通过发挥"检察一体化"的体制优势，提高了刑事审判监督能力。①

(四) 协调沟通，优化刑事审判监督的外部环境

外部环境在本质上不属于刑事审判监督能力的范畴，但其直接影响着刑事

---

① 湖南省人民检察院公诉处：《刑事抗诉：坚持依法、坚决、准确、有效》，载《人民检察》2001 年第 12 期（下）。

审判监督的质量和效果,与刑事审判监督能力的发挥、提高密切相关。优化刑事审判监督的外部环境,包括争取党委、人大以及社会各界的理解支持和与人民法院加强沟通协调两个方面。① 二者都直接影响着检察机关刑事审判监督的实效。就前者而言,要自觉主动地向党委、人大报告刑事审判监督工作开展情况,坚持刑事抗诉案件向同级人大常委会备案制度,积极邀请人大代表、政协委员、人民监督员旁听有重大影响的抗诉案件庭审,主动接受权力机关的监督和社会各界监督,增进社会公众对刑事审判监督工作的了解,赢得各界的支持。对审判程序严重违法的行为,经依法监督无效,或者发现在审判活动中较严重而又具有普遍性的违法行为,要积极向同级人大报告。就后者而言,关键是要讲究监督方法,加强诉审协调。刑事审判监督案件特别是抗诉案件,本身就是检、法两家有分歧的案件,诉讼的阶段性和二审裁决的终局性决定了诉审协调、横向协作的重要性。履行监督职责时,既要敢于监督,又要善于监督,不能高高在上、盛气凌人,提倡多人来人往、少文来文往,主动与人民法院加强沟通,增进互信,共同把刑事审判监督工作作为维护法律公正的一项重要措施来抓。同时,要通过加强检法联席会议制度和检察长列席人民法院审判委员会制度等,加强检法之间的沟通协调。

---

① 近年来,各级党委、人大都高度重视检察机关诉讼监督工作。截至 2011 年 12 月,全国各省、自治区、直辖市人大常委会都制定了关于加强检察机关诉讼监督工作的决议或决定,刑事审判监督的外部环境进一步优化。

附 录

最高人民检察院关于抗诉案件向同级人大常委会报告的通知

(高检发〔1995〕15号)

各省、自治区、直辖市人民检察院,军事检察院:

为进一步贯彻"严格执法,狠抓办案"的工作方针,自觉地接受人大常委会的监督,切实加强检察机关的法律监督工作,最高人民检察院第八届检察委员会第三十八次会议决定,今后各级人民检察院向人民法院提起抗诉的案件,一律将抗诉书副本报同级人大常委会。在执行此项制度中有什么经验和问题,请及时报告最高人民检察院。

最高人民检察院办公厅关于执行高检院《关于抗诉案件向同级人大常委会报告的通知》中若干问题的通知

(1995年10月5日 最高人民检察院办公厅)

各省、自治区、直辖市人民检察院:

最高人民检察院《关于抗诉案件向同级人大常委会报告的通知》(高检发〔1995〕15号)下发以后,各地在执行通知过程中遇到了一些具体问题。现就有关问题通知如下,请遵照执行。

一、地方各级人民检察院按照上诉程序提出的抗诉,由支持抗诉的上一级人民检察院向同级人大常委会报告。

二、最高人民检察院、上级人民检察院按照审判监督程序提出的抗诉,由作出抗诉决定的人民检察院向同级人大常委会报告。

三、省、区、市人民检察院分院支持抗诉或者作出抗诉决定时,由省级人民检察院向同级人大常委会报告。

四、专门人民检察院提出抗诉时,向上级人民检察院报告。

最高人民检察院关于
刑事抗诉工作的若干意见

(2001年2月5日最高人民检察院
第九届检察委员会第八十一次会议通过)

为了进一步规范和加强刑事抗诉工作,提高办理刑事抗诉案件的质量和效率,根据《中华人民共和国刑事诉讼法》、《人民检察院刑事诉讼规则》及有关规定,结合人民检察院刑事抗诉工作实际,提出如下意见。

一、刑事抗诉工作的原则

刑事抗诉工作应当遵循以下原则:

1. 坚持依法履行审判监督职能与诉讼经济相结合;
2. 贯彻国家的刑事政策;
3. 坚持法律效果与社会效果的统一;
4. 贯彻"慎重、准确、及时"的抗诉方针。

二、刑事抗诉的范围

(一)人民法院刑事判决或裁定在认定事实、采信证据方面确有下列错误的,人民检察院应当提出抗诉和支持抗诉:

1. 刑事判决或裁定认定事实有错误,导致定性或者量刑明显不当的。主要包括:刑事判决或裁定认定的事实与证据不一致;认定的事实与裁判结论有重大矛盾;有新的证据证明刑事判决或裁定认定事实确有错误。

2. 刑事判决或裁定采信证据有错误,导致定性或者量刑明显不当的。主要包括:刑事判决或裁定据以认定案件事实的证据不确实;据以定案的证据不足以认定案件事实,或者所证明的案件事实与裁判结论之间缺乏必然联系;据以定案的证据之间存在矛盾；经审查犯罪事实清楚、证据确实充分，人民法院以证据不足为由判决无罪错误的。

（二）人民法院刑事判决或裁定在适用法律方面确有下列错误的，人民检察院应当提出抗诉和支持抗诉：

1. 定性错误，即对案件进行实体评判时发生错误，导致有罪判无罪，无罪判有罪，或者混淆此罪与彼罪、一罪与数罪的界限，造成适用法律错误，罪刑不相适应的。

2. 量刑错误，即重罪轻判或者轻罪重判，量刑明显不当的。主要包括：未认定有法定量刑情节而超出法定刑幅度量刑；认定法定量刑情节错误，导致未在法定刑幅度内量刑或者量刑明显不当；适用主刑刑种错误；应当判处死刑立即执行而未判处，或者不应当判处死刑立即执行而判处；应当并处附加刑而没有并处，或者不应当并处附加刑而并处；不具备法定的缓刑或免予刑事处分条件，而错误适用缓刑或判处免予刑事处分。

3. 对人民检察院提出的附带民事诉讼部分所作判决、裁定明显不当的。

（三）人民法院在审判过程中严重违反法定诉讼程序，有下列情形之一，影响公正判决或裁定的，人民检察院应当提出抗诉和支持抗诉：

1. 违反有关回避规定的；

2. 审判组织的组成严重不合法的；

3. 除另有规定的以外，证人证言未经庭审质证直接作为定案根据，或者人民法院根据律师申请收集、调取的证据材料和合议庭休庭后自行调查取得的证据材料没有经过庭审辨认、质证直接采纳为定案根据的；

4. 剥夺或者限制当事人法定诉讼权利的；

5. 具备应当中止审理的情形而作出有罪判决的；

6. 当庭审判的案件，合议庭不经过评议直接宣判的；

7. 其他严重违反法律规定的诉讼程序，影响公正判决或裁定的。

（四）审判人员在案件审理期间，有贪污受贿、徇私舞弊、枉法裁判行为，影响公正判决或裁定，造成上述第（一）、（二）、（三）项规定的情形的，人民检察院应当提出抗诉和支持抗诉。

三、不宜抗诉的情形

（一）原审刑事判决或裁定认定事实、采信证据有下列情形之一的，一般不宜提出抗诉：

1. 判决或裁定采信的证据不确实、不充分，或者证据之间存有矛盾，但是支持抗诉主张的证据也不确实、不充分，或者不能合理排除证据之间的矛盾的；

2. 被告人提出罪轻、无罪辩解或者翻供后，有罪证据之间的矛盾无法排除，导致起诉书、判决书对事实的认定分歧较大的；

3. 人民法院以证据不足、指控的犯罪不能成立为由，宣告被告人无罪的案件，人民检察院如果发现新的证据材料证明被告人有罪，应当重新起诉，不能提出抗诉；

4. 刑事判决改变起诉定性，导致量刑差异较大，但没有足够证据证明人民法院改变定性错误的；

5. 案件基本事实清楚，因有关量刑情节难以查清，人民法院从轻处罚的。

（二）原审刑事判决或裁定在适用法律方面有下列情形之一的，一般不宜提出抗诉：

1. 法律规定不明确、存有争议，抗诉的法律依据不充分的；

2. 刑事判决或裁定认定罪名不当，但量刑基本适当的；

3. 具有法定从轻或者减轻处罚情节，量刑偏轻的；

4. 未成年人犯罪案件量刑偏轻的；

5. 被告人积极赔偿损失，人民法院适当从轻处罚的。

（三）人民法院审判活动违反法定诉讼程序，但是未达到严重程度，不足以影响公正裁判，或者判决书、裁定书存在某些技术性差错，不影响案件实质性结论的，一般不宜提出抗诉。必要时可以以检察建议书等形式，要求人民法院纠正审判活动中的违法情形，或者建议人民法院更正法律文书中的差错。

（四）认为应当判处死刑立即执行而人民法院判处被告人死刑缓期二年执行的案件，具有下列情形之一的，除原判认定事实、适用法律有严重错误或者罪行极其严重、必须判处死刑立即执行，而判处死刑缓期二年执行明显不当的以外，一般不宜按照审判监督程序提出抗诉：

1. 因被告人有自首、立功等法定从轻、减轻处罚情节而判处其死刑缓期二年执行的；

2. 因婚姻家庭、邻里纠纷等民间矛盾激化引发的故意杀人案件，由于被害人一方有明显过错或者对矛盾激化负有直接责任，人民法院根据案件具体情况，判处被告人死刑缓期二年执行的；

3. 被判处死刑缓期二年执行的罪犯入监劳动改造后，考验期将满，认罪服法，狱中表现较好的。

四、刑事抗诉案件的审查

（一）对刑事抗诉案件的事实，应当重点从以下几个方面进行审查：

1. 犯罪的动机、目的是否明确；

2. 犯罪的手段是否清楚；

3. 与定罪量刑有关的情节是否具备；

4. 犯罪的危害后果是否查明；

5. 行为和结果之间是否存在刑法上的因果关系。

（二）对刑事抗诉案件的证据，应当重点从以下几个方面进行审查：

1. 认定主体的证据是否确实充分；

2. 认定犯罪行为和证明犯罪要素的证据是否确实充分；

3. 涉及犯罪性质、决定罪名的证据是否确实充分；

4. 涉及量刑情节的相关证据是否确实充分；

5. 提出抗诉的刑事案件，支持抗诉主张的证据是否具备合法性、客观性和关联性；抗诉主张的每一环节是否均有相应的证据予以证实；抗诉主张与抗诉证据之间、抗诉证据与抗诉证据之间是否存在矛盾；支持抗诉主张的证据是否形成完整的锁链。

（三）对刑事抗诉案件的适用法律，应当重点从以下几个方面进行审查：

1. 适用的法律和法律条文是否正确；

2. 罪与非罪、此罪与彼罪、一罪与数罪的认定是否正确；

3. 具有法定从轻、减轻、从重、免除处罚情节的，适用法律是否正确；

4. 适用刑种和量刑幅度是否正确；

5. 对人民检察院提出的附带民事诉讼部分的判决或裁定是否符合法律规定。

（四）办理刑事抗诉案件时，应当审查人民法院在案件审理过程中是否存在严重违反法定诉讼程序，影响公正审判的情形。

人民检察院在收到人民法院第一审刑事判决书或者裁定书后，应当指定专人立即进行审查。对确有错误的判决或者裁定，应当及时在法定期限内按照第二审程序依法提出抗诉。

人民检察院对被害人及其法定代理人提出的抗诉请求，应当在法定期限内审查答复；抗诉请求的理由成立的，应当依法及时提出抗诉。

当事人及其法定代理人、近亲属认为人民法院已经发生法律效力的刑事判决、裁定确有错误，向人民检察院申诉的，人民检察院应当依法办理。

人民检察院按照审判监督程序提出抗诉的案件，应当比照第二审程序抗诉案件的标准从严掌握。

提请抗诉的人民检察院应当讯问原审被告人，复核主要证据，必要时上级人民检察院可以到案发地复核主要证据。

人民检察院审查适用审判监督程序的抗诉案件，应当在六个月以内审结；重大、复杂的案件，应当在十个月以内审结。

对终审判处被告人死刑、缓期二年执行的案件,省级人民检察院认为应当判处死刑立即执行的,应当在收到终审判决书后三个月内提请最高人民检察院审查。

五、刑事抗诉工作制度

(一)刑事抗诉案件必须经检察委员会讨论决定。

(二)按照第二审程序提出抗诉的人民检察院,应当及时将检察内卷报送上一级人民检察院。提请上级人民检察院按照审判监督程序抗诉的人民检察院,应当及时将侦查卷、检察卷、检察内卷和人民法院审判卷以及提请抗诉报告书一式二十份报送上级人民检察院。

(三)刑事抗诉书和提请抗诉报告书应当重点阐述抗诉理由,增强说理性。

(四)上级人民检察院对下级人民检察院按照第二审程序提出抗诉的案件,如果是支持或者部分支持抗诉,应当写出支持抗诉的意见和理由。

(五)办理刑事抗诉案件的检察人员应当制作出庭预案和庭审答辩提纲,做好出庭前的准备。

(六)刑事抗诉案件庭审中的示证和答辩,应当针对原审法院判决、裁定中的错误进行重点阐述和论证。

(七)人民法院审判委员会讨论刑事抗诉案件,同级人民检察院检察长依法应当列席。

关于进一步加强刑事抗诉工作强化审判监督的若干意见

高检诉发〔2005〕92号

长期以来,全国各级人民检察院认真开展刑事审判监督工作,对人民法院确有错误的判决、裁定依法提出抗诉,为促进司法公正,保障国家法律统一正确实施,发挥了积极的作用。当前,随着依法治国方略的实施和司法体制改革的深化,刑事抗诉工作面临着新的机遇和挑战。为适应新的形势与任务,进一步加大刑事抗诉工作力度,提高刑事抗诉案件质量,强化刑事审判监督职能作用,现提出如下意见:

一、树立科学的刑事抗诉观念,正确履行刑事审判监督职能

刑事抗诉是人民检察院履行审判监督职能的主要方式和途径,对于实现"强化法律监督,维护公平正义"的检察工作主题和落实"加大工作力度,提高执法水平和办案质量"的检察工作总体要求具有十分重要的意义。各级人民检察院要切实提高对刑事抗诉工作重要性的认识,依法综合运用包括抗诉在内的各种监督手段,强化审判监督职能,客观、公正、高效地完成法律赋予的这一重要职责。

(一)树立诉讼监督的观念。刑事抗诉是人民检察院依法履行诉讼监督职能,纠正人民法院错误判决、裁定的重要手段。要充分重视其诉讼监督的重要意义,通过办理具体案件履行刑事审判监督职责,启动二审或再审程序,达到促进人民法院刑事审判活动程序合法、裁判公正的目的。

(二)树立依法独立行使抗诉权的观念。人民检察院依法独立行使刑事抗诉权,不受外界干涉。各级人民检察院要敢于坚持正确的观点,上级人民检察院要依法支持下级人民检察院正确的抗诉意见。具体工作中,既要增强信心,敢于抗诉,及时抗诉,又要讲究方法,善于抗诉,准确抗诉。同时要积极寻求党委、人大的支持,加强与审判机关的联系与沟通,争取抗诉实效。

(三)树立质量与数量并重的观念。抗诉案件质量是刑事抗诉工作的基础,是加大刑事抗诉工作力度的重要保证。加大刑事抗诉力度必须树立质量与数量并重的观念,克服重此轻彼的片面性。不能一强调力度就只注重数量而忽视质量,要在保证质量的前提下,进一步加大刑事抗诉工作的力度,依法、坚决、公正、有效地履行刑事审判监督职能。案件是否改判是衡量抗诉是否正确的重要标准,但不是唯一标准,对人民法院未改判的案件,要具体分析未改判的原因,结合抗诉理由是否充分、上级人民检察院是否支持等因素进行综合评价。

(四)树立实体与程序并重的观念。办理刑事抗诉案件,既要严把实体关,又要严把程序关,既要加强对违反实体法的监督,又要加强对违反程序法的监督。要增强刑事抗诉工作的全面性,促进实体公正与程序公正的有机统一。

(五)树立促进社会和谐稳定的观念。刑事抗诉工作要服务于党和国家工作大局,既要严格执行法律,依法办案,也要克服孤立办案、就案论案的片面观点,要讲求办案法律效果和社会效果的有机统一。通过办理抗诉案件,充分彰显刑事抗诉对于强化法律监督、维护公平正义,依法保障人权,促进社会和谐稳定的积极作用。

二、突出刑事抗诉重点,正确把握刑事抗诉条件

刑事抗诉既要坚持符合条件即应依法抗诉,保证国家法律的统一正确实施,又要结合国家改革发展稳定大局和社会治安形势,突出各个时期刑事抗诉工作的重点和实效性。在当前形势下,刑事抗诉应将有罪判无罪、量刑畸轻畸重、因徇私枉法和违反诉讼程序造成错误裁判的案件以及各类错误裁判的重特大案件、有较大社会影响的案件等作为抗诉的重点。

刑事抗诉案件必须做到事实清楚,证据确实、充分,判决、裁定确有错误,抗诉理由充分且有抗诉必要。要认真执行最高人民检察院《人民检察院刑事诉讼规则》以及《最高人民检察院关于刑事抗诉工作的若干意见》等规定。在具体把握抗诉条件时,对具有以下情形之一的,应当认为有抗诉必要,依法提出抗诉:一是人民法院采信自行收集的证据,未经庭审质证即作为裁判的根据,导致裁判错误的;二是人民法院不采纳公诉人庭前收集并经庭审质证的有效证据,仅因被告人翻供而判决无罪或改变事实认定,造成错误裁判的;三是人民法院审判活动严重违反法定诉讼程序,或者审判人员在审理案件期间有贪污受贿、徇私舞弊等行为,影响公正裁判的;四是判决、裁定认定事实或者适用法律错误,量刑虽然未致畸轻畸重,但社会影响恶劣的;五是因重要事实、法定情节认定错误而导致错误裁判,或者因判决、裁定认定犯罪性质错误可能对司法实践产生不良效应的。

要充分发挥刑事政策在刑事抗诉工作中的指导作用,增强打击效果,有效化解社会矛盾,达到抗诉的法律效果和社会效果的有机统一。要认真贯彻惩办与宽大相结合的方针和对未成年人犯罪教育、感化、挽救的方针,对轻微犯罪采取轻缓的刑事政策,特别是对于死刑案件,要贯彻少杀、慎杀的原则。在具体抗诉工作中,对于人民法院判处被告人死刑缓期二年执行的案件,有下列情形之一的,除原判认定事实、适用法律有严重错误或者罪行极其严重、必须判处死刑立即执行的以外,一般不宜按照审判监督程序提出抗诉:一是被告人有自首、立功等法定从轻、减轻处罚情节的;二是因婚姻家庭、邻里纠纷等民间矛盾激化引发的故意杀人案件,被害人一方有明显过错或者对矛盾激化负有直接责任的;三是被判处死刑缓期二年执行的罪犯入监劳动改造后,考验期将满,认罪服法,狱中表现较好的。

三、完善监督手段,全面履行刑事审判监督职能

各级人民检察院要善于综合运用多种监督手段,形成完整的监督体系,增强刑事审判监督工作的全面性和有效性。

(一)采取纠正违法通知书、检察意见函的形式进行监督。对于人民法院采信未经庭审质证的证据,但尚不影响定罪量刑的;违反法定程序,但程度较轻尚未达到抗诉条件的;超过法定审理期限的;裁判文书存在技术性问题但不影响裁判正确性的,以及不影响裁判正确性的其他违法行为,人民检察院可以根据实际情况采取发纠正违法通知书或者检察意见函的形式进行监督。

(二)采取口头方式进行监督。对审判过程中轻微违反程序,采取口头方式足以纠正的,或者审判活动正在进行当中,应当及时指出错误的,检察人员

可以采取口头方式进行监督，但应当将监督情况记录在案。在出庭支持抗诉过程中，如发现法庭的审理活动违反法定程序、严重侵犯诉讼参与人诉讼权利，可能影响公正审判的，出庭的检察人员应当立即建议休庭，庭后经检察长决定，依法提出纠正意见。

（三）通过与人民法院建立联系机制的方式进行监督。要通过召开联席会议的方式加强与人民法院的沟通和协调，并使之成为一项经常性的制度。对人民法院刑事审判活动中存在的共性问题，可以通过联席会议提出纠正意见；对检法两家在法律适用上有分歧的问题以及在抗诉程序操作上需要协调一致的问题，也可以通过联席会议进行讨论。

（四）通过向党委、人大报告和向上级人民法院通报的方式进行监督。要加强对人民法院落实监督意见情况的跟踪工作，确保监督效果。对人民法院在审判活动中严重的违法行为，经依法监督未及时纠正，或者发现人民法院在审判活动中较严重而又具有普遍性的违法行为，可以向同级党委、人大报告，或者采取通过上级人民检察院向同级人民法院通报的方式进行监督。

四、建立查处司法人员违法犯罪机制，增强刑事审判监督工作成效

结合办案查处司法人员职务犯罪，是人民检察院的一项重要法律监督职责，对于促进公正执法，强化法律监督职能作用具有重要意义。各级人民检察院在办理刑事抗诉案件中，要注意发现裁判不公背后可能存在的审判人员违法犯罪问题，在纠正不公正裁判的同时，依法惩治司法人员职务犯罪。

（一）注意在办案中发现审判人员违法犯罪线索。公诉部门应当通过对判决、裁定错误原因的分析，通过接受被害人、发案单位的控告、举报，以及通过对证据的复核等工作，发现审判人员在案件审理过程中可能存在的违法犯罪线索，并根据线索情况，及时移送本院侦查部门查处，或者报经检察长批准初步调查后，移交本院侦查部门立案查处。

（二）建立与侦查部门的协作机制。公诉部门与侦查部门应当建立案件线索移送、查处情况通报和调查协作制度。公诉部门将案件线索移送侦查部门，应当制作案件线索移送函，报经检察长审批后移送。侦查部门应当及时将查处情况通报公诉部门。公诉部门自行调查的，可以商请侦查部门派员协助，侦查部门立案查处的案件，必要时公诉部门可以派员提前介入。

（三）加强对下级人民检察院公诉部门查处司法人员违法犯罪工作的支持。公诉部门将案件线索移送侦查部门后，应当在三日内报上级人民检察院公诉部门备案。上级人民检察院公诉部门对下级人民检察院公诉部门的初步调查工作，应当加强指导并给予必要的支持；对于重大案件线索，可以报经检察长批准，由上级人民检察院公诉部门督办，或者由上级人民检察院侦查部门直接立案侦查。

五、加强刑事抗诉能力建设，提高刑事抗诉案件质量和抗诉工作水平

加强刑事抗诉能力建设，是提高诉讼监督能力的一个重要方面，是确保刑事抗诉案件质量、提高刑事抗诉工作水平的必要手段。各级人民检察院要积极采取有效措施，全面加强刑事抗诉能力建设，为进一步提高刑事抗诉案件质量和抗诉工作水平奠定坚实的基础。

（一）提高对判决、裁定的审查能力。准确审查判决、裁定，对于发现错误，及时启动刑事抗诉程序起着至关重要的作用。要坚持承办人审查，公诉部门负责人审核，检察长审定的审查制度，其中对于判决、裁定全部或部分否定起诉书指控的事实，或者改变定性的，承办人审查后，由检察官会议或公诉部门会议讨论，报检察长审定，对拟抗诉的，由检察长提交检察委员会讨论决定。审查判决、裁定要重点审查认定的事实、证据与起诉书指控的事实、证据是否一致，适用法律是否正确，量刑是否适当，审判程序是否合法。通过审查，确定裁判是否确有错误，并根据错误的性质和程度，研究采取何种方式进行监督。

（二）提高审查刑事抗诉案件的能力。刑事抗诉案件实行专人审查、检察官会议或者公诉部门会议讨论、检察委员会决定的制度。上级人民检察院审查刑事抗诉案件要坚持全案审查的原则，同时要突出审查重点。重点审查抗诉主张在事实上、法律上的依据以及支持抗诉主张的证据是否具有合法性、客观性和关联性。要坚持非法证据排除规则，据以定案的证据必须形成完整链条，排除合理怀疑。对重要案件的抗诉，可以采取对抗式审查方法，一方从支持抗诉角度审查抗诉的事实、证据和法律依据，另一方则从辩护角度提出不利于抗诉的问题和理由。在审查案件过程中，应当提审被告人，复核主要证据。对不支持抗诉的，在撤回抗诉前应与下级人民检察院沟通，充分听取下级人民检察院的意见。

（三）提高出庭支持抗诉的能力。要以制定出庭预案为基础，紧紧抓住争议焦点和案件重点，充分做好庭审的各项准备工作。必要时要对出庭预案组织集体讨论，或者进行模拟演练。提倡在庭审中运用多媒体示证系统，增强出庭效果。庭审中要突出审判监督职能，紧紧围绕抗诉主张展开法庭调查和法庭辩论。要提高庭上应变能力，正确应对庭审中出现的新情况和新问题，重要案件应当事先制作临庭处置方案。

（四）提高制作刑事抗诉法律文书的能力。要严格按照最高人民检察院下发的法律文书格式要求制作刑事抗诉法律文书。抗诉书要指出判决、裁定的错误及其原因，明确提出抗诉主张，着重阐明抗诉理由及依据，增强抗诉书的说理性。支持抗诉意见书要具体说明是全部支持抗诉还是部分支持抗诉,重点阐明支持的理由和依据。对重要案件的抗诉书要实行部门负责人审核把关,检察长审定的制度,确保抗诉文书质量。

(五)提高列席人民法院审判委员会的能力。列席审判委员会是人民检察院履行审判监督职能的重要途径。同级人民检察院检察长应当依法列席人民法院审判委员会讨论刑事抗诉案件,公诉部门负责人或者案件承办人可以作为检察长的助手随同参加。应与人民法院协商建立合议庭意见与抗诉意见不一致的案件提交审判委员会讨论和审判委员会讨论刑事抗诉案件通知人民检察院派员列席的制度。检察长列席审判委员会,应当进一步阐明抗诉的理由和依据,并根据审判委员会讨论情况对案件事实、证据和法律适用进行必要的分析和论证,为案件改判奠定基础。

六、建立长效工作机制,促进刑事抗诉工作全面发展

各级人民检察院要结合检察改革,积极探索强化刑事抗诉工作的新举措、新办法,建立健全刑事抗诉工作机制和制度,促进刑事抗诉工作的全面发展。

(一)建立刑事抗诉工作一体化运作机制。刑事抗诉一体化是检察机关充分履行诉讼监督职能,提高抗诉案件质量的有效途径。上级人民检察院要充分利用检察机关上下级领导体制的优势,加强对下级人民检察院刑事抗诉工作的领导,发挥公诉一体化的积极作用,合理调配公诉资源,统筹运用公诉人才。为加强重要案件的审查和出庭支持抗诉工作,上级人民检察院可以在本辖区内选调优秀公诉人或业务骨干充实办案力量,既可以派员到下级院参与承办或在辖区内选调人员参与承办,也可以从下级院抽调人员到上级院参与承办。对上级人民检察院有关刑事抗诉工作的决定,下级院要坚决执行。

上级人民检察院要加强对重要刑事抗诉案件的指导。对重大普通刑事案件、重大职务犯罪案件、人民群众对司法不公反映强烈的案件以及其他有重大影响的重要抗诉案件,上级人民检察院公诉部门要提前指导,以形成抗诉工作合力,确保重要刑事抗诉案件的质量。下级人民检察院对于拟抗诉的重要案件,应当在决定抗诉前向上级人民检察院公诉部门汇报,上级人民检察院公诉部门应当提出具体指导意见。必要时,上级人民检察院可以派员列席下级人民检察院的检察委员会。对于下级人民检察院在办理抗诉案件中遇到外界干扰的,上级人民检察院应当根据实际情况开展协调和排除干扰工作,以保证抗诉工作顺利开展。

(二)建立复查刑事抗诉案件工作机制。复查刑事抗诉案件是解决刑事抗诉工作存在的问题,确保刑事抗诉案件质量,有效加大刑事抗诉工作力度的重要手段。省级院和分州市院对本辖区内的刑事抗诉案件要每年复查一次,重点复查撤回抗诉案件、不支持抗诉案件、抗诉后人民法院维持原判案件以及无罪判决后未抗诉的案件，对存在的问题应当提出具体改正意见，对确有错误的判决、裁定，符合抗诉条件的，要依法提出抗诉。

（三）完善刑事抗诉案件质量预警机制。要严格执行《人民检察院公诉部门实行办案质量预警机制的规定（试行）》，并根据预警情况及时启动调查研究程序，制定对策，坚决整改。各级人民检察院要从提高刑事抗诉案件质量出发，根据实际工作情况逐步严格预警线。最高人民检察院公诉厅也将根据全国刑事抗诉案件质量发展的具体情况，逐步严格全国刑事抗诉案件质量预警线，并进一步完善对各省级院刑事抗诉案件质量预警情况的考核、通报制度，建立因工作失职、渎职导致抗诉错误造成严重负面影响的问责制度，以保证刑事抗诉案件的质量和效果。

（四）建立刑事抗诉工作情况报告和通报制度。对刑事抗诉工作中遇到的重大问题、工作经验、典型案例以及案件复查情况等要及时报上级人民检察院公诉部门，上级人民检察院公诉部门每年要根据检察统计报表、下级人民检察院上报的各类抗诉情况进行汇总分析，形成年度抗诉工作报告。分州市院要在每年三月初将上年度抗诉工作情况通报基层院，省级院要在每年三月中旬将上年度抗诉工作情况通报分州市院。上级人民检察院公诉部门对具有指导意义的报告、经验、案例等要及时下发下级人民检察院参考。

（五）加强规范化和制度化建设。要按照刑事抗诉工作的规律和特点，逐步规范刑事抗诉工作运行机制，建立健全各项保证抗诉案件质量的工作制度。要坚持抗诉案件报同级人大常委会备案的制度，建立刑事抗诉案件质量标准，制定二审程序、审判监督程序刑事抗诉案件操作规程，进一步完善刑事抗诉案件备案审查制度，规范刑事抗诉案件法庭用语等等。通过规范化和制度化建设，确保刑事抗诉工作高效、平稳、有序发展。

七、加强组织领导，完善刑事抗诉的机构建设和队伍建设

各级人民检察院要高度重视刑事抗诉工作，切实把刑事抗诉工作提到重要议事日程，及时研究解决刑事抗诉工作的方针政策、抗诉干部队伍建设和组织机构建设等重要问题。检察长要亲自过问刑事抗诉工作，亲自办理重大刑事抗诉案件并亲自出庭支持抗诉。检察长和检察委员会要定期听取刑事抗诉工作情况汇报，研究刑事抗诉案件质量、刑事审判监督工作措施和刑事抗诉工作规范化、制度化建设等重大问题，并将刑事抗诉工作纳入公诉工作考评体系，鼓励争先创优，推动刑事抗诉工作再上新台阶。

起诉、抗诉案件数量多的省级人民检察院和分州市级人民检察院如条件允许，可以设立专门的刑事抗诉工作办事机构，其他的省级院和分州市院要设立专门的办案组或者指定专人办理刑事抗诉案件。

省级院和分州市院要加大对刑事抗诉队伍的培训力度,全面推行岗位练兵活动,每年至少举办一期有关刑事抗诉业务的专门培训班,至少组织两次抗诉案件庭审观摩活动,并可采取评选优秀抗诉检察官、优秀抗诉庭、优秀抗诉书和优秀抗诉调研报告等形式,开展抗诉队伍的岗位练兵活动。要在公诉人才库的基础上,注意发现一批政治素质高、业务能力强、具有丰富抗诉工作经验的优秀人才,逐步建立刑事抗诉人才库。

最高人民检察院公诉厅
关于在公诉工作中全面加强诉讼监督的意见

([2008]高检诉发53号)

为适应中国特色社会主义检察事业的时代要求,充分发挥公诉的诉讼监督职能,进一步强化监督意识,完善监督方式,创新监督机制,增强监督实效,实现对诉讼活动法律监督工作的科学发展,实践维护社会公平正义的首要价值,维护广大人民群众的根本权益,促进社会和谐稳定,现就在公诉工作中全面加强诉讼监督提出如下意见:

一、忠实履行诉讼监督职能,积极推进公诉工作的全面发展

1. 要忠实履行公诉的诉讼监督职能。我国检察制度是政治属性、人民属性和法律监督属性的有机统一,具有鲜明的中国特色。作为国家专门的法律监督机关,必须自觉把强化法律监督作为根本任务来抓,把维护社会公平正义作为工作的生命线。公诉职能是检察机关法律监督职能的重要组成部分。公诉部门开展法律监督,主要通过参与并监督刑事诉讼活动来实现,监督的周期长、环节多、范围广、任务重。近年来,各级检察机关公诉部门在继续强化指控犯罪职能的同时,进一步加大诉讼监督力度,为维护社会稳定、促进司法公正作出了积极的贡献。但是,当前公诉环节的诉讼监督工作仍然比较薄弱,一方面诉讼活动中执法不严、司法不公、司法腐败已成为人民群众反映最为强烈的问题之一,社会各界对严格、公正、文明、清廉执法的要求越来越迫切,这对公诉部门的诉讼监督工作提出了新的更大的挑战;另一方面,公诉部门面对日益复杂的诉讼监督工作环境,还不同程度地存在不愿监督、不敢监督、监督不够及时、监督不够有力、监督不够准确、监督不够到位等问题。为此,各级人民检察院公诉部门必须牢牢把握中国特色社会主义检察制度的本质特征,坚持指控犯罪与诉讼监督并重，把功夫下在监督上，认真总结经验，查找薄弱环节，以坚定的信念、扎实的工作、切实的效果，成为中国特色社会主义事业的建设者和捍卫者。要切实树立办案是载体，监督是目的的观念，克服孤立办案、就案办案倾向，依托办案及时发现和纠正侦查、审判和刑罚执行活动中的违法情况；树立不敢监督、不愿监督是失职，随意监督、滥用监督是渎职的观念，克服畏难、懈怠情绪和争面子、耍威风思想，坚决而理性地开展监督。

2. 要在诉讼监督中努力做到"坚决、慎重、准确、及时"。各级公诉部门要正确处理好诉讼监督工作的力度、质量、效率与效果的关系，切实做到四者的有机统一。具体要求是：一是坚决。要充分调动公诉人员开展监督的积极性，尽职尽责，对该监督的敢于监督，不放弃任何监督事项、监督机会，确保违法必纠，切实履行好法律赋予的职责。二是慎重。要根据公诉工作的特点积极稳妥地开展监督工作，把工作做深做细做实，避免监督权行使的盲目性、随意性。要善于监督，讲求监督方式，对不同的违法现象区别对待，依法采取不同的监督措施，有理有节，力求取得最佳监督效果。三是准确。要坚持在以事实为根据、以法律为准绳的基础上开展监督，切实保证监督的质量，做到正确无误。要注意处理好诉讼监督与惩罚犯罪、保障人权的关系，确保客观公正。四是及时。要增强工作的主动性，保证监督的时效性，切实提高监督效率，确保违法即纠。

二、努力拓宽监督渠道，切实提高发现问题的能力

3. 要加强对重点渠道获取线索的审查。要坚持诉讼监督工作的群众路线，把人民的诉求作为发现问题的"风向标"。高度重视人民群众的举报、申诉和人大代表、政协委员、新闻媒体反映司法不公的意见和材料；认真甄别监所检察、控申、人民监督员办公室等有关部门移送的反映刑事诉讼活动违法行为的线索；注意听取犯罪嫌疑人、被告人及其辩护人、近亲属、证人以及其他诉讼参与人对司法人员存在非法取证、超期羁押等问题的举报、控告。结合案件审查工作认真进行分析，发现违法及时监督。

4. 要加强对重点办案环节的审查。要严格依照法律，对案件立案、撤案、采取和变更强制措施、取证、开庭、裁判等诉讼活动重点环节进行有效监控，认真分析有关程序和实体是否合法，是否出现异常现象。特别是要注意审查证据来源、证据规格，依法排除非法证据，完善瑕疵证据，纠正非法取证行为；注意从主要证据、事实变化背后发现可能存在的刑讯逼供、诱供指供、徇私舞弊等职务违法行为；注意审查人民法院刑事判决或裁定认定事实、采信证据、适用法律是否错误，审理程序是否违法，保证公正审理案件。

5. 要加强对特殊案件暴露问题的审查。要结合办案实践，把容易出现诉讼违法问题的案件作为审查重点。注意从共同犯罪、团伙犯罪案件和多次、多地、流窜作案案件查找遗漏的犯罪嫌疑人或者犯罪事实，从黑恶势力犯罪案件揭露暗中支持的"保护伞"，从职务犯罪、经济犯罪案件深挖"串案"、"窝案"，从无罪案件、量刑畸轻畸重案件深挖枉法裁判行为，从法律文书注明"另案处理"、因证据不足未移送审查起诉涉案人员的案件发现有罪不纠。

6. 要加强对热点民生案件的审查。要牢固树立执法为民、司法利民的思想，切实将人民群众热切关注的案件作为监督重点，体现人民愿望，适应人民需要。对于涉及社会保障、劳动就业、征地拆迁、移民补偿、抢险救灾、医疗卫生、招生考试等案件，要高度重视诉讼当事人的诉求，对可能存在的违法现象要认真审查鉴别，对发现的违法问题要坚决监督纠正，切实维护人民群众的切身利益。

7. 要加强对监督薄弱领域的审查。要保证诉讼监督工作覆盖刑事诉讼活动的各个方面，消除监督工作盲区，保证监督工作的严密性。对于应当立案而没有立案、经济犯罪已立案侦查但没有移送审查起诉的案件、法院适用简易程序独任审理案件、刑事自诉案件、二审书面审理后改变一审判决案件、法院自行决定再审案件等，要逐项纳入监督视野，及时审查、纠正存在的违法问题。

三、突出监督重点，综合运用多种监督手段依法纠正

8. 要围绕监督重点用足用好现有诉讼监督手段。在侦查监督中，既要重视对有罪不究、以罚代刑等问题的监督，防止放纵犯罪，又要重视对刑讯逼供、滥用强制措施、严重违反法定程序和侵犯诉讼权利等问题的监督，切实保障人权。在审判监督中，要加强对有罪不究、罚不当罪等问题的监督，维护司法公正。要综合运用多种监督手段，及时纠正各种违法行为。在强调发出纠正违法通知书、检察意见函、提出抗诉等手段的同时要重视通过口头监督、提前介入、联席会议、列席审判委员会等方式实施监督，实现事前监督与事后监督、个案监督与类案监督、日常监督与专项监督的有机结合。特别是要注意发现、查处执法不严、司法不公背后的司法工作人员职务犯罪，以增强监督效果，树立监督权威。

9. 要加强对侦查活动的监督。对于侦查机关违法立案管辖案件的，应要求原侦查机关将案件移送有管辖权的侦查机关，或者在受理移送审查起诉后及时移送有管辖权的检察院依法处理；对于侦查机关违法决定、变更和撤销强制措施的，应要求侦查机关立即改变强制措施决定，必要时可直接予以改变；对于侦查机关超期羁押犯罪嫌疑人的，要及时通报监所检察部门予以纠正；对于以刑讯逼供或者威胁、引诱、欺骗等非法方法取得的犯罪嫌疑人供述、被害人

陈述、证人证言，除对相关证据依法排除、对违法行为提出纠正外，要将涉嫌犯罪的线索及时移交自侦部门立案查处或者报经检察长批准后进行初查；对于侦查机关收集、固定证据不及时、不细致，补充侦查中消极履行职责的，要提出纠正意见，必要时建议其另行指派侦查人员重新调查取证。

对于侦查机关以行政处罚代替刑事追究、遗漏罪行和其他应当追究刑事责任的人等违法情形，特别是经济犯罪违法撤案的，应当及时建议侦查机关移送审查起诉或者直接予以追诉。对于在逃、另案处理以及其他未移送审查起诉的犯罪嫌疑人，应集中建立监督档案，督促侦查机关依法处理；对于不符合起诉条件的案件，应依法作出不起诉决定。对经审查发现犯罪嫌疑人没有违法犯罪行为或犯罪事实并非犯罪嫌疑人所为的案件，应建议侦查机关撤销案件。已经采取强制措施的，应立即予以解除。对经审查属于非法插手经济纠纷，办人情案的，应当提出纠正并通报其上级主管机关。

10. 要加强对本院侦查部门侦查工作的制约。要认真贯彻落实最高人民检察院关于办理自侦案件实行内部制约的规定，积极推行公诉部门提前介入自侦部门侦查活动的工作机制，与反贪污贿赂、渎职侵权检察部门共同研究，完善相关制度和措施，把补充完善证据、建议报请立案、建议逮捕犯罪嫌疑人、建议移送审查起诉、避免侦查违法等作为工作重点努力提高职务犯罪案件质量。对侦查阶段经过检察委员会讨论的职务犯罪案件，公诉部门对案件事实、证据或者处理决定有不同意见的，应当建议检察长提交检察委员会再次讨论。对于在工作中发现本院侦查部门存在违法行为的，应当根据情节分别作出处理。情节较轻的，可以直接提出纠正意见；情节较重，需要追究行政或刑事责任的，应当提出书面意见，报检察长决定。

11. 要加强对审判活动的监督。对于当庭发现人民法院审理活动违反有关公开审理、合议庭组成、回避等法律规定或有剥夺、限制诉讼参与人诉讼权利情形的，应当提出异议，并要求记录在案。严重违法可能影响公正审判的，应当建议休庭，在报经检察长决定后依法提出监督意见；对于人民法院在法定期限内未能作出判决、裁定的，应当依法提出纠正意见并及时通报监所检察部门；对于人民法院违反有关规定，将如何认定案件事实、如何采信证据、如何量刑问题向上级人民法院请示，以请示案件为由规避法律、因请示案件造成超期羁押等情况，应及时提出纠正意见。

对于人民法院适用简易程序案件要积极拓宽监督渠道，及时发现审理程序违法、适用法律不当等问题。加强对定罪但判处免予刑事处罚、缓刑或单处罚金案件的审查；主动与法院沟通，跟踪、了解案件进展情况；注意听取被害人及其法定代理人对审判活动违法的反映及对案件提出抗诉的意见；重视简易程序的出庭工作,对立案监督案件、未成年人犯罪案件、职务犯罪案件等,一般应派员出席法庭。必要时,也可以派员旁听案件的审理;总结、推广兼顾公正与效率的监督方式,探索实行提起公诉时书面提出量刑建议、简易程序案件集中出庭制度。

要把开展量刑建议工作作为强化审判监督力度的有效途径。对于法定刑幅度较大案件、被告人认罪案件、适用简易程序审理案件、未成年人犯罪案件、具有法定量刑情节或重要酌定量刑情节等,可以根据刑法、司法解释和案件的具体情节,就对被告人的量刑标准向法院提出明确建议。对法院不采纳量刑建议而造成判决畸轻畸重的,要依法提出抗诉,促进量刑公正。要加强实证研究,针对重点犯罪,研究量刑规律,切实提高量刑建议质量,并逐步规范提出量刑建议的工作程序。要进一步突出刑事抗诉的审判监督作用,认真执行《关于加强刑事抗诉工作的若干意见》、《关于进一步加强刑事抗诉工作强化法律监督的若干意见》等规定,确保抗诉数量和质量的有机统一,坚决纠正执法不当、审判不公、枉法裁判等突出问题。对于死刑立即执行改判缓期两年执行案件、职务犯罪从轻或减轻处罚案件、简易程序案件、被告人认罪简化审理案件、被告人与被害人达成赔偿和解协议案件、二审书面审理后改变一审判决案件、法院自行决定再审案件等的判决裁定,要加大审查力度。符合抗诉条件的,要及时提出抗诉。

12. 要加强对死刑临场执行活动的监督。要按照有关程序规定,派员监督死刑临场执行活动。要查明有无执行命令,是否由最高人民法院院长签发和签发时间、有无法定停止执行、暂停执行情形以及执行场所、方式和程序是否合法。如发现有停止执行情形的,应当立即建议人民法院停止执行;发现执行活动违法、执行活动对被执行人的人身、名誉、尸体造成侵害的,应当及时予以纠正。

四、创新工作机制,推动诉讼监督的深入发展

13. 要建立健全监督工作公诉整体联动机制。要调动全国检察机关公诉部门办案力量,相互支持、紧密协助,形成整体联动的诉讼监督新模式。要分级设立人才库,必要时从中抽调人员专门办理重大诉讼监督案件。上级人民检察院公诉部门要支持下级人民检察院公诉部门开展诉讼监督工作。对于下级院公诉部门的正确纠正违法意见,应当及时通知同级侦查、审判机关督促下级侦查、审判机关纠正;下级院公诉部门在开展诉讼监督工作中遇到压力、困难或者情况重大复杂时,上级院公诉部门应当加大督办、指导力度,必要时直接派人参与办理。需要异地审查起诉,可以商人民法院同意后指定其他人民检察院公诉部门管辖。对拟抗诉的有重大影响的案件,下级院公诉部门应当在决定抗诉前向上级院汇报。

14. 要建立健全监督工作内部衔接配合机制。要加强同自侦、侦查监督、控申、监所检察等部门的衔接配合，确保形成监督合力。对于建议立案侦查而侦查机关未予采纳的，公诉部门可以将线索移交侦查监督部门实施立案监督。公诉部门经审查发现侦查、审判人员涉嫌职务犯罪的，可以报检察长批准后进行必要的初查，或者直接将有关线索移送本院侦查部门处理。对于发现办案部门超期羁押违法的，应当及时通报监所检察部门纠正。

15. 要建立健全监督工作外部沟通协调机制。立足预防开展诉讼监督，力争从源头上遏制违法行为的发生。要通过适时介入重大案件的侦查活动、提供公诉证据参考标准等，对侦查程序是否合法进行监控，对公安机关收集、固定证据提出意见。要会同法院规范检察长列席审判委员会制度，对于重大疑难案件、有重大影响的案件以及提出抗诉的案件，通过列席法院审判委员会，充分阐明公诉主张，弥补和纠正法院在认定事实、采信证据等方面的遗漏和错误，把意见分歧化解在判决前。各级人民检察院公诉部门要在进一步完善联席会议等制度的同时，将与公安机关、人民法院相关部门联合调研逐步规范化，着力解决执法办案中的共性问题，及时消除违法隐患，实现节约司法资源提高监督效益的双赢。

16. 要建立健全监督工作跟踪报告制度。监督工作不能止于提出纠正意见，必须从确保监督效果上下功夫。对于违法人员和单位的纠正情况要建立监督台账，逐件督促纠正并监督及时回复。各级人民检察院每年应将公诉部门开展诉讼监督工作情况向当地党委、同级人大汇报，并报上级院备案，争取理解和支持。对于漠视监督、拒不纠正的，可以随时将有关情况向违法主体的上级单位通报，或向同级党委、人大报告，敦促其及时加以纠正。

17. 要建立健全专项监督工作机制。要在抓好个案监督的同时，注意总结、研究，就经常发生或者一定时期较为突出的某类违法现象，如非法取证、量刑失衡、审理超限、违法请示等，集中开展监督，主动提出意见和建议，每年真正解决几个重点问题，督促侦查、审判机关建章立制，予以整改，避免同样问题在其他案件再次出现，确保诉讼监督取得实实在在的成效。公诉厅要定期或不定期地在全国或重点省市开展对追诉漏罪漏犯、适用简易程序审理、被告人认罪案件简化审理、刑事抗诉等情况的专项检查活动，采取书面普查与重点抽查的方式，摸清存在的问题，提出应对措施。各省级院公诉部门也要针对当地诉讼监督工作实际，每年确定一至两个专项监督问题，列入工作计划，精心组织实施，并向公诉厅报告有关情况。

18. 要建立健全监督工作科学考评机制。要科学设置诉讼监督的考评项目,涵盖监督工作的重点和难点。既要有质量指标,也要有数量指标。指标的设置要体现监督工作法律效果和社会效果的统一,如果因监督不力出现涉法上访、群体性事件或人民群众、舆论监督反映强烈的,应作为监督工作质量不高进行考核。在考核分值的设置上,要保证其在公诉工作整体考评体系中的适当比重,以体现加大诉讼监督力度的工作导向,把搞不搞监督、能否搞好监督,作为评定一个检察院公诉部门工作成绩和一名公诉干警业务能力的重要标准,奖励先进,鞭策落后,使公诉环节的诉讼监督工作再上一个新台阶。

五、提高公诉队伍的诉讼监督能力,提升执法的公信力

19. 要全面提高公诉队伍的诉讼监督能力。诉讼监督的形势和公诉工作的特点,决定了公诉队伍的诉讼监督能力应当是多层次、高起点的,尤其是被监督者多是熟悉法律的执法、司法人员,就要求监督者必须具有更高的法律水平、更高的业务能力。主要包括:准确运用法律政策的能力、化解社会矛盾纠纷的能力、综合分析发现违法犯罪问题的能力、对判决裁定的审查能力、审查刑事抗诉案件的能力、出席法庭履行监督职责的能力、协调各方确保诉讼监督效果的能力、制作诉讼监督法律文书的能力等。各级人民检察院公诉部门必须全面提高公诉队伍的诉讼监督能力,以有效开展诉讼监督,履行好法律赋予的神圣职责。

20. 要切实强化诉讼监督能力建设。要坚持公诉队伍专业化建设方向,健全分级分类诉讼监督业务培训机制,保证公诉干部每年脱岗业务培训的时间不少于15天;要突出培训工作的针对性与实效性。公诉厅要逐步实施公诉系统全员电视网络培训。各级人民检察院公诉部门也要围绕工作实际需要,选择热点难点问题和重点盲点内容,多层次、多渠道、多形式地进行专题培训;要分层次举办以优秀公诉人为对象的高级研讨班,努力打造一支专家型公诉队伍,带动和促进全国公诉队伍整体素质不断提高。全国一般每三年至少举办一次,省级院每两年至少举办一次;要以岗位练兵为重要抓手,制定切实可行的实施方案,通过各种实战演练,促进诉讼监督能力提高。公诉厅要在全国检察机关公诉部门有步骤、分阶段深入开展全国岗位练兵活动,评选全国十佳公诉人暨全国优秀公诉人,举办公诉人与律师论辩赛,开展优秀诉讼监督案件、优秀综合化审查报告等评比活动,努力发现和培养更多具有精深法律功底、丰富实践经验的诉讼监督专业人才。各省级人民检察院要结合当地实际,制定具体岗位练兵方案,将之制度化,长期坚持下去;要将业务培训、岗位练兵成效纳入公诉工作考评和干警年终考核之中,与奖惩、晋升相结合,促使有关制度落到实处,确保诉讼监督能力建设取得实效。

21. 要加强自身执法活动的监督制约。要做到正人先正己，按照司法民主的要求，不断推进检务公开，开展人大代表、政协委员、特邀检察员等旁听、评议庭审活动，探索扩大人民监督员监督案件范围，积极推行不起诉、不抗诉说理答疑等制度，明确具体对象、程序和方式，切实做到以公开促公正，以公正赢得公信；加强公诉人的职业道德和纪律作风建设，秉持党的事业至上、人民利益至上、宪法法律至上，恪守"忠诚、公正、清廉、严明"的职业道德规范，严格教育、严格管理、严格纪律、严格检查、严肃查处办案中的违法违纪行为，并建立健全各项具体、明确的规章制度，明示各种违纪违法行为及其处罚后果，提醒和促使广大公诉干警依法公正行使公诉权，不断提升公诉队伍的执法形象。

修订版后记

《刑事抗诉重点与方法》是中国检察出版社策划出版的《检察业务技能丛书》之一。本书由首届全国检察业务专家、前三届上海市检察业务专家、第二届上海市优秀公诉人、上海市人民检察院纪检组组长周永年任主编，《刑事抗诉重点与方法》课题组编写，全书由周永年同志统一修改定稿。

本书坚持以中国特色社会主义检察理论为指导，以现行有效的法律、法规、规章、司法解释及最高人民检察院规范性文件为依据，紧密结合刑事抗诉工作实践，通过大量的抗诉成功实例，阐述了二审程序刑事抗诉、审判监督程序刑事抗诉以及刑事审判程序监督的重点和方法，归纳、提炼、总结了刑事抗诉和刑事审判程序监督工作实践中的成功经验，提示了刑事抗诉办案工作中的注意事项，对提高检察机关刑事抗诉案件质量，提升刑事抗诉工作水平，具有一定参考和借鉴作用。本书于2008年2月出版发行以后，得到了全国检察机关广大同仁、理论界及司法实务界的好评。2012年3月刑事诉讼法修改后，编者又根据修改后的法律以及近年来刑事实体法修改的实际情况，对该书内容作了较大幅度的修订，并替换、补充了大量司法实践中新出现的一些典型抗诉案例。

本书主编是全国检察业务专家、华东政法大学兼职教授，并担任中国检察学研究会理事、检察基础理论专业委员会和金融检察专业委员会理事，长期从事和指导刑事抗诉工作实践，具有较高的法学理论素养和丰富的刑事抗诉实践经验。撰稿人员中，张少林是第五届上海市优秀中青年法学家、全国检察理论研究人才、第三届上海市检察业务专家，王延祥、杨志国系全国检察理论研究人才，陈为钢是上海市首届十佳检察官、上海市优秀公诉人、第三届上海市检察业务专家。他们均具有较为丰富的刑事抗诉和刑事审判程序监督的经验与技巧。

本书撰稿人员分工如下：

第一章　张少林（上海市人民检察院研究室副主任、法学博士）

第二章　周永年

第三章　周永年

第四章　周永年

第五章　张　亮（上海市人民检察院第二分院检察官、法学硕士）

第六章　陈为钢（上海市人民检察院第二分院公诉处处长，法律硕士）

第七章　王延祥（上海市优秀办案能手、上海市人民检察院第二分院研究室副主任，法律硕士）

第八章　杨志国（上海市人民检察院第二分院检察官，法学博士）

由于成书时间仓促，加之水平所限，不足之处在所难免，祈请广大检察人员和其他读者批评指正。

编　者

2013 年 2 月